사랑의 세레나데

- 아가서 설교 -

아가서 설교

사랑의 세레나데

초판 1쇄   2026년 1월 20일

지은이   김청만
발행인   김재홍
교정/교열   김혜린
디자인   박효은
마케팅   이연실

발행처   도서출판지식공감
등록번호   제2019-000164호
주소   서울특별시 영등포구 경인로82길 3-4 센터플러스 1117호(문래동1가)
전화   02-3141-2700
팩스   02-322-3089
홈페이지   www.bookdaum.com
이메일   jisikwon@naver.com

가격   25,000원
ISBN   979-11-5622-981-0 03230

| 김청만 지음 |

•아가서 설교•

사랑의 세레나데

지식공감

머리말

세레나데(serenade)는 이탈리아어로 저녁 음악이라는 뜻으로 밤에 사랑하는 연인의 창가에서 사랑을 노래하거나 연주하던 낭만적인 야외음악을 의미합니다. 햇볕에 쬐어서 거무스름한 술람미 여인을 향한 솔로몬의 사랑의 발걸음이 바로 아가(雅歌)입니다.

예수님은 우리를 향하여 '볼지어다 내가 문 밖에 서서 두드리노니 누구든지 내 음성을 듣고 문을 열면 내가 그에게로 들어가 그와 더불어 먹고 그는 나와 더불어 먹으리라'(계 3:2)고 사랑의 세레나데를 지금 부르고 계십니다.

사랑이신 하나님께서 죄로 물든 우리를 정결케 하시고 찾으시는 그 마음을 솔로몬과 술람미 여인의 사랑을 통하여 전달하고 계십니다. 아가(雅歌)를 통하여 술람미 여인이 되어 보십시오. 아가(雅歌)를 설교하는 동안 저자는 하나님의 너무나 크신 사랑을 맛보았습니다. 이 책의 독자분들에게도 동일한 은혜가 임하길 소망합니다.

늘 부족한 저자와 동행하는 사랑하는 아내와 아름다운동행교회 성도님에게 진심으로 감사드리며, 특히 이 책이 아름답게 출판되기까지 임문 자매님, 김효법 형제님, 서미정 자매님의 수고가 함께하였습니다.

2026. 1.

아름다운동행교회 담임목사 **김청만**

사랑을 노래하는 아가

"아가"에서 사용된 "아(雅)"는 "고상하다, 우아하다, 품격 있다" 라는 뜻입니다. 그래서 아가서는 고상한 노래, 우아한 노래를 말합니다. 영어로는 Song of Songs, Song of Solomon으로 표현되어 노래 중에서 가장 아름다운 노래 또는 솔로몬의 노래라고도 합니다. 이를 히브리어로는 "시르 하시림"이라고 하여 역시 "노래 중의 노래" 또는 "가장 아름다운 노래"라고 합니다.

왜 가장 아름다운 노래라고 불릴까요? 죄악 가득한 세상을 가장 아름답고 따뜻하게 만드는 것은 바로 사랑이기 때문입니다! 아가서는 솔로몬과 술람미 여인의 사랑을 직접적으로 기록하고 있습니다. 보잘것없는 술람미 여인과 솔로몬 왕이 서로 사랑하는 모습을 상상해 보십시오. 이 세상이 얼마나 아름답게 보일까요? 이들의 사랑은 불가능해 보이는 상황 속에서 완성되었기에, 더욱더 아름다운 노래인 것입니다. 그래서 아가서는 1장부터 3장은 혼인 전의 사랑하는 모습을, 아가서 4장은 혼인의 모습을, 5장 이후부터는 혼인 이후의 모습과 역경을 이겨내서 더욱 합일(合一)되는 모습을 그려내고 있습니다.

아가서에는 솔로몬, 술람미 여인, 예루살렘 여인, 술람미 여인의 오빠, 귀족과 백성들이 등장하는데, 화자(話者)를 잘 구별하는 것이 아주 중요합니다. 신학자들 사이에서도 해석하는 관점에 따라 화자를 달리 보는 경향이 아주 많습니다. 따라서 우리가 아가서를 읽을 때, 때로는 술람미 여인이 되어 보고, 때로는 솔로몬도 되어 보면 그 사랑의 깊이를 더 잘 이해할 수 있습니다.

솔로몬과 술람미 여인의 사랑을 단순히 개인적인 사랑의 노래로만 본다면, 성경에 기록된 의미를 놓치게 됩니다. 이들의 사랑은 우리 인간으로서는 도저히 상상할 수 없는 하나님의 사랑을 상징적으로 보여줍니다. 첫째는 하나님이 애굽(이집트)에서 노예 생활을 하던 이스라엘 백성을 사랑하신 그 신실한 언약의 사랑이며, 둘째는 예수님이 죄 가운데 있는 우리를 기꺼이 부르신 그 희생적인 구원의 사랑입니다. 따라서 우리가 아가서를 통해 우리를 향한 하나님의 사랑을 깊이 느낄 때, 비로소 아가서의 참된 가치를 깨닫게 됩니다.

성경은 사랑의 중요성을 강조합니다. 요한일서 4:8절은 "사랑하지 아니하는 자는 하나님을 알지 못하나니 이는 하나님은 사랑이심이라"라고 말씀하고 있으며, 고린도전서 13:1~13절에서도 사랑에 대해 이야기를 하고 있습니다.

¹ 내가 사람의 방언과 천사의 말을 할지라도 사랑이 없으면 소리 나는 구리와 울리는 꽹과리가 되고 ² 내가 예언하는 능력이 있어 모든 비밀과 모든 지식을 알고 또 산을 옮길 만한 모

든 믿음이 있을지라도 사랑이 없으면 내가 아무 것도 아니요 ³ 내가 내게 있는 모든 것으로 구제하고 또 내 몸을 불사르게 내 줄지라도 사랑이 없으면 내게 아무 유익이 없느니라 ⁴ 사랑은 오래 참고 사랑은 온유하며 시기하지 아니하며 사랑은 자랑하지 아니하며 교만하지 아니하며 ⁵ 무례히 행하지 아니하며 자기의 유익을 구하지 아니하며 성내지 아니하며 악한 것을 생각하지 아니하며 ⁶ 불의를 기뻐하지 아니하며 진리와 함께 기뻐하고 ⁷ 모든 것을 참으며 모든 것을 믿으며 모든 것을 바라며 모든 것을 견디느니라 ⁸ 사랑은 언제까지나 떨어지지 아니하되 예언도 폐하고 방언도 그치고 지식도 폐하리라 ⁹ 우리는 부분적으로 알고 부분적으로 예언하니 ¹⁰ 온전한 것이 올 때에는 부분적으로 하던 것이 폐하리라 ¹¹ 내가 어렸을 때에는 말하는 것이 어린 아이와 같고 깨닫는 것이 어린 아이와 같고 생각하는 것이 어린 아이와 같다가 장성한 사람이 되어서는 어린 아이의 일을 버렸노라 ¹² 우리가 지금은 거울로 보는 것 같이 희미하나 그 때에는 얼굴과 얼굴을 대하여 볼 것이요 지금은 내가 부분적으로 아나 그 때에는 주께서 나를 아신 것 같이 내가 온전히 알리라 ¹³ 그런즉 믿음, 소망, 사랑, 이 세 가지는 항상 있을 것인데 그 중의 제일은 사랑이라

우리는 고린도전서의 13장을 "사랑장"이라고 합니다. 위 말씀은 노래로도 불리고, 젊은 남녀가 연애를 하거나 결혼식을 할 때에 축사로도 자주 낭송됩니다. 하지만 이 사랑의 내용을 자세히 살펴보면, 이 사랑은 인간의 육체에서 나올 수 있는 사랑이 전혀 아닙니다. 왜냐하면 우리는 근본적으로 죄 아래에 매여 있어 자

신을 더욱 사랑하지, 자신을 희생하면서 타인을 사랑하지는 않기 때문입니다. 물론 연애 초기에는 생명까지 바칠 것처럼 뜨거운 연애감정이 샘솟기도 하지만, 이것은 궁극적으로는 자신을 기쁘게 해주는 그 사랑을 놓치고 싶지 않은 자기 사랑인 것입니다. 그래서 결혼 생활을 조금 하다가 상대방의 약점들이 드러나기 시작하면, 소위 본색이 드러나게 되는 것입니다.

고린도전서 13장에서 말하는 사랑은 바로 하나님의 사랑입니다. 구약성경에서 하나님의 사랑을 표현하는 단어로는 "아하브", "헤세드"가 있습니다. "아하브"는 아버지의 집에서 함께 호흡하며 생명을 나누는 사랑을, "헤세드"는 하나님의 변함없는 사랑을 나타낼 때를 사용합니다. 고린도전서 13장은 바로 이러한 하나님의 사랑을 분명하게 드러내 줍니다. 따라서 우리가 고린도전서 13장의 본질을 가진 사랑을 하기 위해서는, 반드시 하나님의 사랑이 먼저 우리 안에 들어와야만 그 사랑을 흘려보낼 수 있습니다. 앞으로 우리가 배우게 될 아가서의 사랑은, 바로 고린도전서 13장의 사랑을 솔로몬과 술람미 여인의 사랑 이야기를 통해 확인하는 시간이 될 것입니다.

아가서의 저자, 솔로몬

아가서의 저자에 대해서는 약간의 이견이 있지만, 우리는 성경 그대로 솔로몬이 기록한 것으로 받아들입니다. 솔로몬이 기록한 성경으로는 시편 중 일부, 아가, 잠언, 전도서가 있습니다. 특히 시편을 제외한 아가, 잠언, 전도서의 내용을 제대로 이해하려면, 솔로몬의 일생을 간략하게 살펴볼 필요가 있습니다.

솔로몬은 다윗의 아들로, 기원전 970년경 이스라엘의 왕위에 올랐습니다.(열왕기상 1~2장). 그는 하나님에게 지혜를 간구했고(열왕기상 3:5~14), 하나님은 그에게 탁월한 지혜와 부, 명예를 베푸셨습니다. 솔로몬은 이 시기에 이스라엘을 부강하게 만들었으며, 성전 건축(열왕기상 6장)과 같은 위대한 업적을 이루었습니다. 아가서와 잠언은 바로 풍요롭고 활력이 넘치던 초기 시대의 산물로 여겨집니다.

아가서는 젊고 활력이 넘치며 사랑과 아름다움을 찬양하는데 이는 사랑의 근원이신 하나님과의 깊은 교제 속에서만 표현될 수 있는 사랑이기 때문입니다. 언약 신학의 입장에서 바라보면, 마치 예수님이 십자가에서 죽음을 당하시고 부활하신 후 하나님의 우편에서 땅과 하늘을 다스리시는 왕권을 회복한 것과도 비견될 수 있습니다. 결론적으로, 아가서는 단순한 연애시가 아닙니다. 이는 언약 공동체인 이스라엘을 향한 하나님의 사랑과 오늘날의 교회를 향한 그리스도의 사랑을 노래하는 것이라고 할 수 있습니다.

잠언은 지혜와 도덕적 교훈을 담은 말씀으로, 솔로몬의 지혜가 절정에 달했던 시기의 통찰을 보여줍니다. 잠언 8장은 지혜를 의인화된 존재로 묘사하는데, 이는 요한복음 1:1절의 "로고스" 되시는 예수님을 미리 보여주는 것입니다. 예수님도 마태복음 12:42절에서 "심판 때에 남방 여왕이 일어나 이 세대 사람을 정죄하리니 이는 그가 솔로몬의 지혜로운 말을 들으려고 땅 끝에서 왔음이거니와 솔로몬보다 더 큰 이가 여기 있느니라"라고 말씀하고 계십니다. 나아가, 언약 신학의 측면에서 볼 때, 잠언에 나타난 지혜의 계시와 그에 따른 윤리적 삶은 하나님의 언약 백성다운 삶으로 연결됩니다. 이 모든 지혜의 목적과 완성은 예수 그리스도 안에서 이루어지는 것입니다.

솔로몬 왕권의 중기를 보면 이스라엘의 황금기였습니다. 솔로몬은 주변국들과 외교 관계를 강화하고(열왕기상 10장), 무역과 건축으로 엄청난 경제적 번영을 누렸습니다. 그러나 이때부터 이방 아내들과의 결혼(열왕기상 11:1~3)으로 인해 솔로몬은 점차 우상 숭배의 길로 빠지기 시작했습니다.

솔로몬의 말년은 중기의 부와 쾌락을 모두 누린 후, 삶의 허무함을 깨닫는 시기였습니다. 그래서 그는 전도서에 세상의 모든 것이 "헛되고 헛되다"(전도서 1:2)고 선언하며, 하나님을 경외하고 그 말씀을 지키는 것이 참된 지혜임을 강조합니다(전도서 12:13~14). 이는 솔로몬이 인생의 쾌락과 지난날 성취했던 업적을 뒤돌아보고 하나님 중심의 삶으로 회개하여 돌아온 회심의 결과입니다. 만일 전도서가 힘든 삶을 살았던 사람이 쓴 기록이었다면, 그 교훈적 가치는 설득력을 잃었을 것입니다. 따라서 전도서는 모든 것을 누려본 솔로몬이 "해 아래에서의 삶", 즉 이 세상 아래의 삶은 헛되다고 고백하며, 마지막에 "하나님을 경외

하라"는 교훈으로 우리를 이끄는 말씀입니다.

정리하면, 신약 시대를 살아가는 우리에게 아가서는 신랑 되시는 예수님과 신부인 교회의 영적 연합, 그 친밀한 사랑과 성결의 과정이 아름다운 연애 서사 속에 상징적으로 녹아 있습니다. 특히 술람미 여인이 신랑을 찾고 갈망하며, 그와의 재회 속에서 기쁨을 누리는 모습은 신앙인이 겪는 회개와 성결 그리고 다시 주님과 하나 되는 여정을 잘 보여줍니다.

이러한 내용을 가장 잘 표현한 것이 에베소서 5:25~27절의 "남편들아 아내 사랑하기를 그리스도께서 교회를 사랑하시고 그 교회를 위하여 자신을 주심같이 하라. 이는 곧 물로 씻어 말씀으로 깨끗하게 하사 거룩하게 하시고 자기 앞에 영광스러운 교회로 세우사 티나 주름 잡힌 것이나 이런 것들이 없이 거룩하고 흠이 없게 하려 하심이라"라는 말씀입니다.

고대 유대인의 결혼 풍습

히브리 전통의 결혼 문화를 보면, 먼저 부모 또는 중매자가 혼인 약정을 체결하고, 신랑이 신부의 아버지에게 지참금을 지불합니다. 그리고 포도주를 나누고 언약식을 체결하며 '케투바'라는 서류에 서명합니다. 그러면 법적으로는 혼인의 효력이 발생합니다. 그런 후에 신랑은 대략 1년 정도 신부를 위한 집을 마련합니다. 집이 마련되고 나면, 신랑은 나팔소리와 함께 친구들과 행렬을 이루어 신부를 맞이하러 갑니다. 그리고 신랑과 신부가 혼인식을 하고 연회를 7일간 하면서, 신랑과 신부는 신방에서 하나 된 삶을 살아갑니다.

언약(약혼)의 단계는 히브리어로 '키두신'이라고 합니다. 이는 "거룩하게 구별함", "전적으로 헌신함"이라는 뜻을 가지고 있습니다. 이는 오늘날의 약혼보다 훨씬 강한 의미로, 법적 효력을 지닌 언약 체결입니다. 남자가 여인을 "거룩하게 자신을 구별하여 헌신"시키는 행위로서 이제 그 여인은 다른 누구에게도 속하지 않는 자로 구별됩니다. 이 시점부터 여인은 법적으로 한 남자의 아내가 되지만, 아직 동거하지 않으므로 완전한 혼인 관계는 성취되지 않은 상태입니다. 이 때에 '케투바'라는 결혼 계약서에 서명을 하고 지참금이나 반지를 증여하며 "너는 이 반지로 나에게 구별되었다"는 의식을 행합니다.

히브리어로 혼인은 '니수인'이라고 하는데, "올려짐, 들어 올림"이라는 뜻을 가지고 있습니다. 특별히 "올려진다"는 표현은 고대 유대인들이 신부를 수레나 가마에 태워 신랑의 집으로 이동시킨 데서 유래되었습니다. 신랑이 신부의 집에 도착하여 신부를 자신이 마련한 집으로 데려가고, 그곳에 도착하면 혼인 잔치가 시작됩니다. 이처럼 혼인 잔치와 더불어 신부가 신랑의 집에 들어가면서 결혼이 성취되는 것입니다.

CONTENTS

1강
비록 검으나 아름다우니

(아가 1:1~7)

¹ 솔로몬의 아가라 ² 내게 입맞추기를 원하니 네 사랑이 포도주보다 나음이로구나 ³ 네 기름이 향기로워 아름답고 네 이름이 쏟은 향기름 같으므로 처녀들이 너를 사랑하는구나 ⁴ 왕이 나를 그의 방으로 이끌어 들이시니 너는 나를 인도하라 우리가 너를 따라 달려가리라 우리가 너로 말미암아 기뻐하며 즐거워하니 네 사랑이 포도주보다 더 진함이라 처녀들이 너를 사랑함이 마땅하니라 ⁵ 예루살렘 딸들아 내가 비록 검으나 아름다우니 게달의 장막 같을지라도 솔로몬의 휘장과도 같구나 ⁶ 내가 햇볕에 쬐어서 거무스름할지라도 흘겨보지 말 것은 내 어머니의 아들들이 나에게 노하여 포도원지기로 삼았음이라 나의 포도원을 내가 지키지 못하였구나 ⁷ 내 마음으로 사랑하는 자야 네가 양 치는 곳과 정오에 쉬게 하는 곳을 내게 말하라 내가 네 친구의 양 떼 곁에서 어찌 얼굴을 가린 자 같이 되랴

사랑을 갈망하는 술람미 여인

아가서 1:2절은 "내게 입맞추기를 원하니 네 사랑이 포도주보다 나음이로구나"입니다. 이 구절의 히브리어 원문을 직역하면 "그가 내게 입맞추기를 (원하니) 너의 사랑이 포도주보다 낫다"로 표현됩니다.

술람미 여인은 솔로몬의 사랑을 간절히 갈망하고 있습니다. 술람미 여인이 갈망하는 입맞춤을 보면, 마치 창세기 2:7절의 "여호와 하나님이 땅의 흙으로 사람을 지으시고 생기를 그 코에 불어넣으시니 사람이 생령이 되니라"는 말씀이 떠오릅니다. 또한

예수님이 부활하신 후 제자들에게 하신 요한복음 20:22절의 "이 말씀을 하시고 그들을 향하사 숨을 내쉬며 이르시되 성령을 받으라."라는 말씀도 상기됩니다. 하나님의 생기로 아담이 생령이 된 것처럼, 술람미 여인은 솔로몬의 입맞춤을 생각만 해도 내면 깊숙이 갇혀 있던 사랑의 감정이 불타올랐을 것입니다. 볼은 붉게 물들고 심장이 터질 듯한 벅찬 생명력을 느끼지 않았을까요? 진실로 술람미 여인이 솔로몬의 그 입술을 간절히 바라는 소망을 표현한 것은 아담이 생령이 된 것처럼 자신의 존재가 솔로몬의 사랑 안에서 새롭게 태어나는 순간을 꿈꾼 것입니다.

포도주보다 나은 사랑

고대 근동 문화에서 포도주는 기쁨, 축제, 사랑 그리고 풍요를 상징하는 대표적인 음료였습니다. 시편 104:15절에서는 "사람의 마음을 기쁘게 하는 포도주"라고 표현하고 있습니다. 실로 포도주는 인간의 감각을 자극하고, 감정의 고양을 일으키는 물질입니다. 그래서 연인들이 만나면 포도주의 향이 진한 와인을 건배하며 기쁨을 나누는 것입니다.

우리도 고달픈 인생에서 하나님을 찾아 나서고, 하나님의 입술로부터 나오는 생명의 말씀 듣기를 간절히 원합니다. 그 과정에서 하나님의 말씀이 우리 안에 가득 채워지면, 우리의 전(全)존재는 말할 수 없는 기쁨으로 충만해집니다. 이는 에스겔 3:3절에서 "내게 이르시되 인자야 내가 네게 주는 이 두루마리를 네 배에 넣으며 네 창자에 채우라 하시기에 내가 먹으니 그것이 내 입에서 달기가 꿀 같더라"라는 말씀과 같은 것입니다. 이러한 벅찬 고백은 술람미 여인에게 솔로몬이 기쁨의 원천이었듯, 우리에게도 오직 예수님만이 삶의 전부가 될 때 흘러나올 수 있는 것입니다. 빌립보서 3:8~9절의 "또한 모든 것을 해로 여김은 내 주 그리스도 예수를 아는 지식이 가장 고상하기 때문이라. 내가 그를 위하여 모든 것을 잃어버리고 배설물로 여김은 그리스도를 얻고 그 안에서 발견되려 함이니…"의 바울의 고백은 술람미 여인의 고백과도 같은 것입니다.

쏟은 향기름과 같은 이름

아가서 1:3절의 히브리어 원문을 직역하면 "너의 기름들의 향기로움 때문에, 쏟아지는 기름처럼 너의 이름이니, 그러므로 처녀들이 너를 사랑하였나이다."로 표현됩니다. 술람미 여인을 비롯한 이스라엘의 처녀들은 "솔로몬"이라는 이름만 들어도 심장이 주체할 수 없이 뛸 만큼 너무나 설레어 합니다. 마치 오늘날 10대들이 그들이 너무나 흠모하는 아이돌의 일거수일투족(一擧手一投足), 즉 손을 들고 발을 내딛는 사소한 움직임 하나하나에 온 신경을 집중하는 모습과도 같습니다. 사랑하는 사람을 마음에 품으면, 그저 그 이름만 들어도 가슴이 설레고 깊은 사랑의 감정에 빠져드는 법입니다.

우리가 잘 아는 히브리어 "샬롬"은 "평강"과 "평안"을 의미합니다. "솔로몬"은 히브리어로 직역하면 바로 "평안을 주는 자", "그의 평화"라는 뜻입니다. 이스라엘 처녀들이 솔로몬의 사랑을 받는다는 것은 온 세상을 얻는 것과 같은 것입니다. 이는 오늘날 세상과는 구별된 평안을 주시고, 우리를 양육하시고, 생명을 주시는 예수님의 모습을 너무나 잘 보여주는 예표(豫表)입니다. "예수"라는 이름은 "죄에서 우리를 구원하시다"는 뜻이고, "엠마누엘"이라는 이름은 "우리와 함께 하시는 하나님"입니다. 이러한 예수님의 이름만 들어도 우리는 마음 가운데 평안이 임하는 것을 느낍니다.

한편, "기름"은 히브리어로 "세멘"이라고 하는데, 이는 "이름"을 나타내는 "셈"과 어근이 같습니다. 이스라엘 백성들은 하나님 앞에 제사를 드릴 때 반드시 짐승의 기름을 번제단에서 태웠습니다. "기름"은 생명력과 풍성함 그리고 존재의 정수(精髓)를 상징했기에 그 생명의 중심에서 나오는 것은 오직 하나님에게만 돌려드려야 했습니다. 즉 "기름"을 드린다는 것은 전인격적 예배의 상징이자 존재 전체를 드리는 헌신을 의미합니다. 그러므로 "기름"과 "이름"이 같이 표현된 것은 깊은 영적 의미가 있는 것입니다.

구약 성경에서 기름 부음은 왕, 제사장, 선지자를 다른 사람과 구별하여 세울 때, 결혼식에서 사랑과 기쁨을 나눌 때 그리고 장례에서 존귀한 자를 예우할 때 사용되었습니다. 이처럼 기름은 거룩함, 존귀함과 매혹 그리고 영향력을 상징합니다. 따라서 "기름의 향기"라는 것은 그 사람의 인격과 존재가 흘러나오는 복된 영향력, 즉 사랑받는 이의 존재 자체에서 뿜어져 나오는 향기를 비유한 것입니다. "네 이름이 쏟은 향기름 같다."는 것은 곧 그 사람의 존재와 명성이 사람들에게 기쁨을 주는 그윽한 향기가 되어 사랑을 불러일으킨다는 아름다운 표현입니다.

이 사랑의 원리는 에베소서 5:2절의 "그리스도께서 너희를 사랑하신 것 같이 너희도 사랑 가운데서 행하라 그는 우리를 위하여 자신을 버리사 향기로운 제물과 희생제물로 하나님께 드리셨느니라"라는 말씀을 통해 더욱 명확해집니다. 교회를 통해 은혜의 시대를 살아가고 있는 우리는, 술람미 여인이 솔로몬을 향한 사랑보다 비교할 수 없이 더 크고 놀라운 사랑을 받고 있습니다. 그러므로 우리에게는 예수님을 향한 더 깊고 진실한 고백이 있어야 할 것입니다.

너는 나를 인도하라

아가서 1:4절의 히브리어 원문을 직역하면 "나를 끌어 당겨 주소서, 당신을 따라 우리가 달려가리이다. 왕이 나를 그의 방들로 데려왔도다. 우리가 당신 안에서 기뻐하고 즐거워하리이다. 우리가 당신의 사랑을 포도주보다 기억하리이다. 정직하게 그들이 당신을 사랑하였나이다."라고 표현됩니다.

술람미 여인은 솔로몬을 향해 "나를 끌어 당겨 주소서"라고 표현을 하고 있습니다. 술람미 여인의 입장에서는 아무리 자신을 아름답게 단장한다고 해도, 감히 왕이신 솔로몬 앞에 나아갈 수 없는 비천한 신분이었습니다. 세상에서도 연인 사이에 신분의 격차가 너무 크면, 마음이 있어도 "과연 저 사람이 나 같은 사람을 받아 줄까?" 하는 두려움에 사랑을 고백하기가 쉽지 않습니다. 한편, "끌어당겨주소서"에 해당하는 히브리어 "마셰케니"를 살펴보면, "끌어당기다"의 원형인 "마샤크"의 2인칭 명령형과 1인칭 목적격 접미어인 "니"가 결합된 형태입니다. 이는 말하는 이가 스스로 나아갈 힘이 없음을 인정하며, 당신이 나를 이끌어 달라고 요청하는 절대적인 겸손의 자세를 보여줍니다.

영적으로 볼 때 우리 또한 그러합니다. 우리는 하나님의 피조물이지만, 하나님을 떠나 스스로 주인이 되려 했던 죄인들입니다. 그렇기에 우리 힘으로는 하나님을 찾을 수도, 온전히 사랑할 수도 없는 존재들입니다. 아무리 우리가 창조주 하나님과 십자가의 예수님을 믿고 싶어도, 타락한 우리의 자유 의지만으로는 "내가 하나님을 믿습니다."라고 고백할 수 없습니다. 요한복음 6:44절에서는 "나를 보내신 아버지께서 이끌지 아니하시면 아무도 내게 올 수 없으니 오는 그를 내가 마지막 날에 다시 살리리라"라고 기록되어 있는데, 이것이 바로 하나님의 택하심을 받기 전의 우리의 모습입니다. 그러므로 우리는 술람미 여인처럼 "하나님! 저를 이끌어 주소서"라고 회개하며 은혜를 갈망해야 합니다.

술람미 여인의 간절한 사랑의 외침에 응답하여 솔로몬은 그녀를 자신의 방으로 이끌어 들입니다. 여기서 "방"은 히브리어로

"하림"이라 하는데, 이는 아직 혼인 전이지만 깊고도 은밀한 교제가 이루어지는 장소를 뜻합니다. 이 아름다운 광경을 지켜보던 처녀들도 "우리가 너를 따라 달려가리라"라고 화답합니다. 이는 고린도후서 4:6절의 "어두운 데서 빛이 비치라 말씀하셨던 그 하나님께서 예수 그리스도의 얼굴에 있는 하나님의 영광을 아는 빛을 우리 마음에 비추셨느니라"는 말씀과 같습니다. 우리는 진실로 하나님의 부르심이 있어야만 비로소 하나님을 알 수 있고, 그 빛 가운데로 나아갈 수 있습니다.

함께 참여하는 사랑

우리는 여기서 참으로 특별한 사랑의 모습을 발견합니다. 보통 사람들은 사랑을 혼자만 독점하려 합니다. 예를 들어, 아름다운 외모를 가진 사람들이 자신의 미모를 뽐내며 다른 이들의 접근을 막는 것처럼, 자신에게 조금이라도 자랑할 것이 있으면 다른 사람이 자신보다 더 관심 받는 상황 자체를 시기하고 질투하기 마련입니다. 그런데 4절에서는 "우리가 너를 따라 달려가리라"라고 합니다. 여기서 "우리"는 술람미 여인과 예루살렘의 처녀들을 말합니다. 아마도 예루살렘의 처녀들은 '볼품없는 술람미 여인도 초청을 받는데, 하물며 우리는 더욱 그러하지 않을까?'하는 기대감으로, 술람미 여인과 하나 되어 왕의 초청에 함께 달려가고자 했을 것입니다. 이때 술람미 여인은 다른 처녀들의 솔로몬을 향해 품은 마음을 배척하지 않습니다. 도리어 "우리가 너로 말미암아 기뻐하며 즐거워하니", "처녀들이 너를 사랑함이 마땅하니라"라고 화답하며 그 기쁨을 함께 나누려 합니다. 이러한 노래는 사랑이 한 사람에게만 국한되는 독점적이고 배타적인 것이 아니라, 공동체적인 사랑으로 확장됨을 아름답게 보여줍니다. 동시에 이는 술람미 여인이 왕의 부르심에 겸비함을 갖추었음을 잘 드러내는 대목이기도 합니다.

한 사람이 받은 은혜에 깊이 감격하는 모습을 보면, 곁에 있는 다른 이들도 주님의 사랑 앞에 마음을 열게 됩니다. 즉, 은혜의 힘은 자기 자랑에 머무는 것이 아니라, 다른 이를 부르는 초청으로 나아간다는 증거입니다. 바로 이러한 모습이 진정한 구원으로의 초대인 것입니다. 이사야 55:1~3절까지 같이 보도록 하겠습니다.

> [1] 오호라 너희 모든 목마른 자들아 물로 나아오라 돈 없는 자도 오라 너희는 와서 사 먹되 돈 없이, 값 없이 와서 포도주와 젖을 사라 [2] 너희가 어찌하여 양식이 아닌 것을 위하여 은을 달아 주며 배부르게 하지 못할 것을 위하여 수고하느냐 내게 듣고 들을지어다 그리하면 너희가 좋은 것을 먹을 것이며 너희 자신들이 기름진 것으로 즐거움을 얻으리라 [3] 너희는 귀를 기울이고 내게로 나아와 들으라 그리하면 너희의 영혼이 살리라 내가 너희를 위하여 영원한 언약을 맺으리니 곧 다윗에게 허락한 확실한 은혜이니라

진실로 우리가 가진 그리스도의 복음은 나 혼자만의 소유가

아니라, 땅 끝까지 전파되어야 할 기쁜 소식입니다. 은혜는 자신만을 위해 가두어 둘 때보다 함께 기뻐하고 나누어질 때 더욱 깊어지는 법입니다. 우리는 하나님에게 받은 사랑을 독점하며 타인을 판단하려 해서는 안 됩니다. 도리어 "하나님이 이렇게 부족한 저에게도 은혜를 베풀어 주셨습니다. 사랑하는 형제자매님도 주님 앞으로 나아오십시오. 주님 안에 모든 것이 다 있습니다."라고 고백하며, 그 사랑의 향기를 더욱 널리 퍼뜨려야 할 것입니다. 이것이 곧 주님의 영광을 높이는 길입니다.

내가 비록 검으나 아름다우니

술람미 여인의 얼굴은 검게 그을려 있었습니다. 그녀는 자신의 모습이 게달의 장막과도 같다고 고백합니다. 그녀가 이렇게 된 이유는 6절 말씀처럼 "내 어머니의 아들들이 나에게 노하여 포도원지기로 삼았기 때문"이었습니다. 창세기 25:13절을 보면 "이스마엘의 아들들의 이름은 그 이름과 그 세대대로 이와 같으니라. 이스마엘의 장자는 느바욧이요 그 다음은 게달과 앗브엘과 밉삼과"라고 되어 있듯이, 게달은 아브라함과 하갈 사이에 태어난 이스마엘의 둘째 아들입니다. 아라비아 유목 민족이었던 그들의 장막은 보통 검은 염소 털로 만든 천막으로, 햇볕에 그을리고, 거칠었기에 외관상 전혀 아름답지 않은 투박한 모습을 하고 있었습니다. 고된 노동에 시달린 술람미 여인의 모습이 바로 그러했습니다.

그런데 놀랍게도 술람미 여인은 "검으나 아름다우니", "게달의 장막 같을지라도 솔로몬의 휘장과도 같구나"라고 자신을 표현합니다. 솔로몬의 휘장은 얼마나 화려하고 정결했을까요? 초라한 술람미 여인이 감히 자신을 이렇게 표현할 수 있는 이유는 무엇일까요? 그것은 바로 솔로몬 왕으로부터 사랑의 초청을 받았기 때문입니다. 이제 술람미 여인은 왕의 가족으로 신분 상승할 수 있는 길이 열린 것입니다. 솔로몬과 혼인하게 되면 그녀는 왕비가 됩니다. 히브리어로 혼인을 가리키는 "니수인"이란 단어가 신분 상승의 의미를 가지고 있듯이, 왕의 택하심을 받는 순간 게달의 장막 같았던 그녀의 비천한 모습이 왕의 은혜로 온전히 덮여 아름답게 변화되는 것입니다.

사실 우리의 모습도 이와 같습니다. 하나님이 우리를 택하여 부르신 것은 우리가 가진 조건과는 아무런 상관이 없습니다. 심지어 우리의 믿음을 보고서 부르신 것도 아닙니다. 오직 하나님이 사랑하시는 아들, 예수 그리스도 안에 있는 믿음으로 속하였기에, 그 예수님으로 말미암아 부르심의 은혜를 입게 된 것입니다. 바로 므비보셋의 이야기입니다. 사무엘하 9:1~13절을 같이 보도록 하겠습니다.

> [1] 다윗이 이르되 사울의 집에 아직도 남은 사람이 있느냐 내가 요나단으로 말미암아 그 사람에게 은총을 베풀리라 하니라 [2] 사울의 집에는 종 한 사람이 있으니 그의 이름은 시바라 그를 다윗의 앞으로 부르매 왕이 그에게 말하되 네가 시바냐 하

니 이르되 당신의 종이니이다 하니라 ³ 왕이 이르되 사울의 집에 아직도 남은 사람이 없느냐 내가 그 사람에게 하나님의 은총을 베풀고자 하노라 하니 시바가 왕께 아뢰되 요나단의 아들 하나가 있는데 다리 저는 자니이다 하니라 ⁴ 왕이 그에게 말하되 그가 어디 있느냐 하니 시바가 왕께 아뢰되 로드발 암미엘의 아들 마길의 집에 있나이다 하니라 ⁵ 다윗 왕이 사람을 보내어 로드발 암미엘의 아들 마길의 집에서 그를 데려오니 ⁶ 사울의 손자 요나단의 아들 므비보셋이 다윗에게 나아와 그 앞에 엎드려 절하매 다윗이 이르되 므비보셋이여 하니 그가 이르기를 보소서 당신의 종이니이다 ⁷ 다윗이 그에게 이르되 무서워하지 말라 내가 반드시 네 아버지 요나단으로 말미암아 네게 은총을 베풀리라 내가 네 할아버지 사울의 모든 밭을 다 네게 도로 주겠고 또 너는 항상 내 상에서 떡을 먹을지니라 하니 ⁸ 그가 절하여 이르되 이 종이 무엇이기에 왕께서 죽은 개 같은 나를 돌아보시나이까 하니라 ⁹ 왕이 사울의 시종 시바를 불러 그에게 이르되 사울과 그의 온 집에 속한 것은 내가 다 네 주인의 아들에게 주었노니 ¹⁰ 너와 네 아들들과 네 종들은 그를 위하여 땅을 갈고 거두어 네 주인의 아들에게 양식을 대주어 먹게 하라 그러나 네 주인의 아들 므비보셋은 항상 내 상에서 떡을 먹으리라 하니라 시바는 아들이 열다섯 명이요 종이 스무 명이라 ¹¹ 시바가 왕께 아뢰되 내 주 왕께서 모든 일을 종에게 명령하신 대로 종이 준행하겠나이다 하니라 므비보셋은 왕자 중 하나처럼 왕의 상에서 먹으니라 ¹² 므비보셋에게 어린 아들 하나가 있으니 이름은 미가더라 시바의 집에 사는 자마다 므비보셋의 종이 되니라 ¹³ 므비보셋이 항상 왕의 상에서 먹으므로 예루살렘에 사니라 그는 두 발을 다 절더라 다윗은 본래 사무엘하 5:8절의 "그 날에 다윗이 이르기를 누구든지 여부스 사람을 치거든 물 긷는 데로 올라가서 다윗의 마음에 미워하는 다리 저는 사람과 맹인을 치라하였으므로 속담이 되어 이르기를 맹인과 다리 저는 사람은 집에 들어오지 못하리라 하더라"는 말씀과 같이, 여부스 사람으로 인해 다리 저는 사람을 싫어했던 것 같습니다. 요나단의 아들 므비보셋은 사무엘하 4:4절에서 기록된 바와 같이, 유모가 안고 급히 도망치다가 떨어뜨려 두 다리를 절게 되었습니다. 그런데 다윗은 바로 그 다리를 저는 요나단의 아들 므비보셋을 왕의 식탁에 초대하여 항상 함께 먹게 했습니다. 다윗이 이토록 므비보셋을 후대한 이유는 무엇입니까? 바로 사무엘하 9:1절의 "요나단으로 말미암아 그 사람에게 은총을 베풀리라"는 약속 때문이었습니다. 다윗과 요나단이 맺는 아름다운 언약의 모습은 사무엘상 18:1~3절에 잘 나타나 있습니다.

> ¹ 다윗이 사울에게 말하기를 마치매 요나단의 마음이 다윗의 마음과 하나가 되어 요나단이 그를 자기 생명 같이 사랑하니라 ² 그 날에 사울은 다윗을 머무르게 하고 그의 아버지의 집으로 다시 돌아가기를 허락하지 아니하였고 ³ 요나단은 다윗을 자기 생명 같이 사랑하여 더불어 언약을 맺었으며

　　또한 사무엘상 20:17절에서도 "다윗에 대한 요나단의 사랑이 그를 다시 맹세하게 하였으니 이는 자기 생명을 사랑함 같이 그를 사랑함이었더라" 그 사랑을 다시 한번 확인할 수 있습니다.

다윗이 자신이 꺼려하던 다리 저는 자, 그것도 두 발을 모두 저는 므비보셋을 왕의 상에 앉혀 식사하게 한 것은 오직 요나단과의 사랑의 언약 때문이었습니다.

하나님은 잠언 16:5절 말씀인 "무릇 마음이 교만한 자를 여호와께서 미워하시나니 …"와 같이 교만한 자를 미워하십니다. 우리는 본래 "네가 그것을 먹는 날에는 너희 눈이 밝아져 하나님과 같이 되고자"했던 사탄의 유혹에 빠져, 그 교만한 마음을 품고 태어난 존재들입니다. 우리도 므비보셋과 같은 처지에 있었습니다. 그럼에도 불구하고 하나님이 우리를 택하시고 불러 주신 것은 바로 예수 그리스도로 말미암은 것입니다. 에베소서 1:4~6절이 이를 잘 보여주고 있습니다.

> [4] 곧 창세 전에 그리스도 안에서 우리를 택하사 우리로 사랑 안에서 그 앞에 거룩하고 흠이 없게 하시려고 [5] 그 기쁘신 뜻대로 우리를 예정하사 예수 그리스도로 말미암아 자기의 아들들이 되게 하셨으니 [6] 이는 그가 사랑하시는 자 안에서 우리에게 거저 주시는 바 그의 은혜의 영광을 찬송하게 하려는 것이라

우리는 술람미 여인처럼 예수 그리스도로 말미암아 하나님의 자녀로 그리고 예수 그리스도의 신부로 부르심을 받았습니다. 우리가 받은 이 은혜를 하나님 앞에 영광으로 돌려드리기 위해서는, 우리가 본래 게달의 장막같이 거칠고 거무스름했던 존재였음을 기억해야 합니다. 은혜 입을 자격이 하나도 없었던 죄의 자

손이었음을 겸손히 고백할 때, 성령의 충만함이 더해지는 것입니다.

나의 포도원을 내가 지키지 못하였구나

한편, 6절에 "내 어머니의 아들들이 나에게 노하여 포도원지기로 삼았음이라 나의 포도원을 내가 지키지 못하였구나"라고 기록되어 있습니다. 술람미 여인이 자신에게 분노한 이들을 친근하게 "오빠"라 부르지 않고, 거리감이 느껴지는 '내 어머니의 아들들'이라고 표현한 것을 보면, 아마도 어머니가 새어머니였던 것으로 보입니다. 그렇기에 정작 술람미 여인은 자기의 포도원은 가꾸지 못했던 것입니다. 성경에서 포도가 기쁨을 상징하듯, 포도원은 존재, 정체성을 상징하는 장소입니다. 즉 포도원은 단지 농작물을 재배하는 장소를 넘어 하나님과의 관계, 부르심 그리고 기쁨의 열매가 맺는 장소를 의미합니다. 그런데 술람미 여인은 자기의 포도원을 지키지 못했습니다. 어머니의 아들들의 포도원을 지키느라 햇볕에 그을려 검게 되고 거친 게달의 장막처럼 되었던 것입니다.

이는 마치 우리 인생과도 같습니다. 우리는 이 땅에서 육체의 행복을 통해 자기의 만족감과 정체성을 찾으려고 평생을 힘써 일합니다. 그러나 술람미 여인이 어머니의 아들들에게 떠밀려 정작 자신의 포도원을 돌보지 못한 것처럼, 우리 또한 사탄에게 속아 육체만을 위해 해 아래에서 무익한 수고를 하며 살아갈 때가 많습니다. 전도서 2:11절은 "그 후에 내가 생각해 본즉 내 손으로 한 모든 일과 내가 수고한 모든 것이 다 헛되어 바람을 잡는 것이며 해 아래에서 무익한 것이로다"라고 고백하고 있습니다. 또한 로마서 6:20~21절에서도 "너희가 죄의 종이었을 때에는 의에 대하여 자유로웠느니라 너희가 그때에 무슨 열매를 얻었느냐 이제는 너희가 그 일을 부끄러워하나니 이는 그 마지막이 사망임이라"와 같이 말씀하고 있습니다.

술람미 여인이 솔로몬 왕으로부터 꿈같은 교제의 초청을 받았을 때, 그녀는 곱게 자란 예루살렘 딸들을 향해 이렇게 외치는 듯합니다. "예루살렘 딸들아! 내가 비록 과거에는 나의 포도원을 지키지 못하였지만, 이제 솔로몬 왕의 부르심으로 인하여 나는 참된 존재의 의미를 찾을 수 있게 되었다" 이는 술람미 여인이 솔로몬의 부르심으로 말미암아 자신의 본질적인 정체성을 회복했음을 선포하고 있는 것입니다. 참으로 사랑이라는 것은 술람미 여인의 전 존재를 완전히 변화시키는 기적 같은 하나님의 선물입니다. 우리도 더 이상 사탄에게 속해 육체의 종처럼 매여 살 것이 아니라, 참된 우리의 정체성을 되찾고 가꾸는 삶을 살아야 합니다. 우리의 참된 정체성은 무엇입니까? 곧 예수 그리스도의 사랑으로 말미암아 죄인에서 의인으로 칭함을 받고, 하나님을 아버지라 부를 수 있는 양자의 영을 받으며, 하나님의 기뻐하심이 곧 나의 기쁨이 되는 존재로 거듭난 것입니다. 진실로 하나님은 사랑이십니다.

내 마음으로 사랑하는 자야

아가서 1:7절의 히브리어 원문을 직역하면 "말해 주소서 내게, 내 영혼이 사랑하는 자여, 어디서 당신이 목양하며, 어디서 당신이 한낮에 쉬게 하십니까? 어찌하여 내가 당신의 동료들의 양 떼 곁에서 얼굴을 가린 여자처럼 되어야 하오리까?"로 표현됩니다.

술람미 여인은 솔로몬을 향해 "내 마음으로 사랑하는 자야"라고 부르고 있습니다. 이들은 아직 온전히 하나가 된 것은 아니지만, 솔로몬의 부름은 그녀의 마음을 움직였습니다. 그녀는 애틋함과 갈망 그리고 정서적인 따름을 통해 더 깊은 교제의 연합을 향한 친밀한 바람을 표현하며 사랑하는 이를 부르고 있습니다. 이는 진실로 사랑하는 연인이 편지를 주고받을 때의 그 설레는 마음과도 같습니다. 혼인을 앞두고, 사랑하는 이와 함께하고 싶은 그 애틋한 기다림의 시간은 참으로 소중합니다. 그 이유는 이 시간을 겪음으로써 비로소 함께하게 되었을 때 그 소중함이 더욱 크게 느껴지기 때문입니다. 고난이 하나님의 긍휼과 사랑이 들어오는 문이듯, 기다림은 사랑을 더욱 사랑답게 만드는 간절함의 문과 같습니다.

하나님이 구약 시대부터 계속하여 메시아 되시는 예수 그리스도를 바라보게 하신 섭리도 이와 같을 것입니다. 우리 인생은 쉽게 얻은 것에 대해서는 결코 감사할 줄 모릅니다. 그래서 하나님은 인생의 모든 고난으로부터 우리를 구원해 줄 참된 메시아를 끊임없이 약속하시고, 우리로 하여금 그분을 기다리게 하셨습니다. 이는 메시아 되시는 예수님이 오셨을 때, 그 깊은 사랑을 진실로 깨닫고 함께 나누게 하려 하심입니다.

이제 술람미 여인은 "네가 양 치는 곳과 정오에 쉬게 하는 곳을 내게 말하라"고 간청합니다. 솔로몬의 아버지 다윗은 목동 출신이었지만 왕궁에서 태어난 솔로몬이 실제로 목동의 일을 했는지는 알 수는 없습니다. 하지만 성경에서는 왕을 목자에 많이 비유하곤 합니다. 목자가 양을 인도하고 먹이며 상처 입은 양을 보살피고 보호하는 모습이, 왕이 백성을 인도하고 말씀으로 양육하며 대적으로부터 보호하는 것과 닮아 있기 때문입니다. 따라서 여기서 "양 치는 곳"이란 단순히 물리적인 장소를 의미하기보다는 "내가 당신과 만나고 싶습니다. 당신이 계신 곳에 나도 있고 싶습니다."라는 깊은 교제를 향한 갈망의 표현입니다. 즉 술람미 여인은 더 이상 오빠들의 포도원을 지키는 일에 머물지 않고, 솔로몬에게 속하여 외로이 방황하고 싶지 않다는 간구입니다. 그 양치는 곳은 시편 23:1~2절의 "여호와는 나의 목자시니 내게 부족함이 없으리로다. 그가 나를 푸른 풀밭에 누이시며 쉴 만한 물가로 인도하시는 도다"라는 말씀과 같은 곳입니다. 그곳은 돌봄과 공급, 보호 그리고 깊은 교제가 있는 목자의 임재의 자리입니다. 술람미 여인은 지금 솔로몬을 향하여, 그 왕의 임재가 있는 자리로 자신을 안내해 달라고 사랑의 고백을 하고 있는 것입니다. 이는 마치 예수님이 오셨을 때 세례 요한의 제자가 요한의 말을 듣고 예수님을 따르기 시작한 요한복음 1:35~39절의 말씀을 생각나게 합니다.

> [35] 또 이튿날 요한이 자기 제자 중 두 사람과 함께 섰다가 [36] 예수께서 거니심을 보고 말하되 보라 하나님의 어린 양이로다 [37] 두 제자가 그의 말을 듣고 예수를 따르거늘 [38] 예수께서 돌이켜 그 따르는 것을 보시고 물어 이르시되 무엇을 구하느냐 이르되 랍비여 어디 계시오니이까 하니 (랍비는 번역하면 선생이라) [39] 예수께서 이르시되 와서 보라 그러므로 그들이 가서 계신 데를 보고 그 날 함께 거하니 때가 열 시쯤 되었더라

요한의 제자는 하나님의 어린 양 되시는 참된 메시아를 만나, 예수님의 보호하심을 아래서 참된 자아를 발견하고 싶었습니다. 그래서 스승인 요한을 떠나 예수님에게 "어디 계시오니이까?"라고 물었던 것입니다. 예수님은 이러한 요청에 바로 그들과 함께 거하셨습니다. 요한복음 10:11절에서는 "나는 선한 목자라. 선한 목자는 양들을 위하여 목숨을 버리거니와…"라고 말씀하십니다. 예수님은 다윗의 후손으로 오셨고, 다윗은 목자에서 왕이 되었듯, 예수님은 왕이시며 동시에 목자이신 분입니다. 우리는 늘 "주님, 당신의 임재가 있는 곳으로 나를 이끄소서. 당신의 사랑을 모르고 방황하는 삶이 아니라, 언제나 당신과 함께 교제하는 자로 살게 하소서."라는 기도로 나아가야 할 것입니다.

어찌 얼굴을 가린 자 같이 되랴

정오는 하루 중 태양 볕이 가장 뜨거운 시간으로 짐승이나 사람이나 모두 쉬어야만 하는 때입니다. 하지만 이 시간은 목자와 양 떼가 그늘 아래 함께 머물며 가장 가까이에서 교제와 안식을 누리는 시간이기도 합니다. 술람미 여인은 솔로몬과 가장 가까운 은밀한 쉼의 자리로 인도되기를 원하고 있습니다. 그러면서 술람미 여인은 "왜 내가 얼굴을 가린 여자처럼 되겠습니까?"라고 묻습니다. 이스라엘 문화에서 "얼굴을 가린 여자"와 관련하여 창세기 38:15~16절에 보면 "그가 얼굴을 가리었으므로 유다가 그를 보고 창녀로 여겨 길 곁으로 그에게 나아가 이르되 청하건대 나로 네게 들어가게 하라 하니 그의 며느리인 줄을 알지 못하였음이라. 그가 이르되 당신이 무엇을 주고 내게 들어오려느냐"와 같은 기록이 있습니다. 이처럼 "얼굴을 가린 자"와 같은 표현은 당시 창녀나 신분을 숨긴 여인을 나타낼 때 사용되었습니다. 이제 술람미 여인은 사랑하는 사람이 어디에 있는지 알지 못한 채 이리저리 방황하며, 마치 사랑의 대상을 잃어버린 부정한 여인처럼 보이게 되는 것을 두려워하고 있는 것입니다.

사랑하는 형제자매님!

우리는 술람미 여인이 솔로몬을 향해 품었던 그 간절한 마음을 잘 기억해야 합니다. 술람미 여인은 왕으로부터 교제의 초청을 받기 전까지는 예루살렘 딸들로부터 멸시당하던, 그저 게달의 장막같이 볼품없는 여인이었습니다. 그러나 왕의 부르심을 입자마자 왕의 지극한 사랑을 받는 존귀한 존재가 되었습니다. 그 랬기에 그녀는 더욱더 왕과 함께하고 싶은 간절함으로 솔로몬을 향해 그 거처를 묻고 있는 것입니다.

우리의 삶이 바로 이 술람미 여인과 동일합니다. 만약 하나님의 택하심과 부르심이 없었다면, 우리는 아무도 주목하지 않는 죄의 자녀로서 사탄의 포도원인 육체의 정욕만 섬기다가 죽을 수밖에 없는 존재였습니다. 그런데 이제 예수님이 신랑으로서 우리를 신부로 불러 주셨습니다. 이 사실 하나만 생각해도 우리는 얼마나 감격스러운지, 잠을 설칠 만큼 오직 예수님만을 생각하고 사모해야 하지 않겠습니까? 그럼에도 불구하고 때때로 우리는 그 사랑을 가볍게 여깁니다. 그 이유는 다른 곳에 있지 않습니다. 바로 술람미 여인처럼 자신의 비천했던 본질을 생각하는 것이 아니라, 오직 자기의 옳음을 의지하고 있기에 예수님의 사랑이 작게만 보이는 것입니다. 우리는 오직 예수님 한 분만으로 만족하며 사는 삶을 살아내야만 합니다. 이것이 왕의 사랑을 입은 참된 그리스도인의 모습입니다.

내가 비록 검으나 아름다우니

아가의 뜻은 "고상한 노래, 품격 있는 노래"를 말합니다. 그래서 Song of Songs라고 하여 노래들 중에서 가장 아름다운 노래를 말합니다. 죄 아래에 있는 이 세상을 가장 아름답게 하는 것은 바로 사랑입니다. 하나님은 아가서에 담긴 솔로몬과 포도원 지기였던 술람미 여인의 사랑을 통하여 하나님의 사랑을 이야기해 주고 계십니다.

하나님의 사랑은 술람미 여인을 향한 솔로몬의 사랑과 비교될 수가 없을 정도로 기이한 사랑입니다. 우리 인간은 하나님을 떠나서 스스로 하나님이 되고자 하였던 존재였습니다. 그리하여 공중 권세 잡은 사탄의 통치 아래에서 온갖 우상 숭배와 죄악으로 나아갔습니다. 그럼에도 불구하고 하나님은 끊임없이 우리를 찾아오셔서 그 사랑의 향기로 품어 주셨습니다. 이 사랑이 인간으로 표현된 분이 바로 예수님이십니다. 그래서 하나님은 사랑이십니다.

우리는 예수님을 만나야만 뜨거운 정오 햇살 속에서 그 품에 안겨 쉼과 보호를 받을 수 있습니다. 그래야만 우리는 술람미 여인처럼 얼굴을 가린 자처럼 방황하지 아니하고, 이 광야 교회의 여정을 아름다운 소풍 삼아 걸어갈 수 있습니다. 우리가 마지막 육체의 숨을 거두는 순간 하나님 앞에서 "하나님 안에서 참으로 아름다운 이 세상 소풍이었습니다."라고 고백하면서 영혼을 맡길 수 있기를 소망합니다.

2강

바로의 병거의
준마에 비하였구나

(아가 1:8~17)

⁸ 여인 중에 어여쁜 자야 네가 알지 못하겠거든 양 떼의 발자취를 따라 목자들의 장막 곁에서 너의 염소 새끼를 먹일지니라 ⁹ 내 사랑아 내가 너를 바로의 병거의 준마에 비하였구나 ¹⁰ 네 두 뺨은 땋은 머리털로, 네 목은 구슬꿰미로 아름답구나 ¹¹ 우리가 너를 위하여 금 사슬에 은을 박아 만들리라 ¹² 왕이 침상에 앉았을 때에 나의 나도 기름이 향기를 뿜어냈구나 ¹³ 나의 사랑하는 자는 내 품 가운데 몰약 향주머니요 ¹⁴ 나의 사랑하는 자는 내게 엔게디 포도원의 고벨화 송이로구나 ¹⁵ 내 사랑아 너는 어여쁘고 어여쁘다 네 눈이 비둘기 같구나 ¹⁶ 나의 사랑하는 자야 너는 어여쁘고 화창하다 우리의 침상은 푸르고 ¹⁷ 우리 집은 백향목 들보, 잣나무 서까래로구나

양 떼의 발자취를 따라

아가서 1:8절의 히브리어 원문을 직역하면 "만일 네가 너 자신을 위하여 알지 못한다면, 여인들 중에 아름다운 자여, 양 떼의 발자취를 따라 그리고 너의 염소 새끼들을 먹이라, 목자들의 장막 곁에서."로 표현됩니다.

7절에서 술람미 여인은 솔로몬 왕과 함께하고 싶은 마음을 간절히 표현하며 "양 치는 곳을 말하라"고 요청합니다. 이는 단순히 솔로몬 왕에게 가겠다는 뜻을 넘어, 자신이 품은 속마음을 공개적으로 드러내고 싶은 소망이 담겨 있습니다. 하지만 8절에서 솔로몬 왕은 양치는 장소와 정오에 쉬는 곳을 알려주는 대신 "네가 알지 못하겠거든 양 떼의 발자취를 따라 목자들의 장막 곁"으로

오라고 말합니다. 현대인의 관점에서 볼 때, 이들의 대화는 연인들이 만날 시간과 장소를 정하고, 서로 실시간으로 소통하는 모습과 너무나 대비됩니다. 이는 마치 연인이 "오늘 어디서 만날까요?"라고 물었을 때, 상대방이 "사랑하는 사람이 만나기 좋은 곳을 찾아서 오세요."라고 대답하는 것과 같은 느낌을 줍니다.

솔로몬과 술람미 여인의 이러한 대화는 사랑이 성숙해 가는 과정을 잘 보여줍니다. 사랑은 "나"와 "타인"이 하나가 되어가는 과정입니다. 진정한 하나 됨은 자신 즉 "나"에 대해 깊이 아는 것에서 시작하며, 서로를 이해하고 용납할 때 비로소 온전히 "나"를 내어줄 수 있습니다. 그러나 아무리 사랑하는 사람이라고 할지라고 표현된 말과 행동만으로는 그 사람의 깊은 마음을 진정으로 알 수 없습니다. 흔히 "열 길 물속은 알아도 한 길 사람 속은 모른다."는 속담처럼, 진심을 아는 것은 어렵습니다. 그래서 솔로몬 왕은 술람미 여인에게 진정으로 "나"를 찾는 이유가 무엇인지 한번 앞서간 사람의 발자취를 통해 살펴보라고 권면하는 것입니다. 이는 여유가 없는 시대를 살아가는 오늘날 현대인들에게 너무나 필요한 여정입니다. 우리의 사랑은, 성급하게 불타오르다가 북풍한설(北風寒雪)보다 더 차갑게 식어버리는 찰나의 감정이 되기 쉽습니다. 그렇기에 사랑의 발자취를 따르는 이 여정이 더욱 소중하게 다가옵니다.

우리는 아가서를 통해 참된 사랑으로 나아가는 여정이 무엇인지 깊이 돌아보아야 할 것입니다. 두 사람이 한 사람이 되기 위해서는, 단순히 육체적인 결합을 넘어 전 인격이 온전히 하나가 되도록 사랑의 접착제가 견고히 발라져야 합니다. 정말로 이러한 사랑이 삼위일체 하나님의 사랑인 것입니다. 우리의 신앙 역시 마찬가지입니다. 우리가 하나님을 믿는다고 고백하지만, 진정으로 하나님을 찾는 이유가 무엇인지 끊임없이 되물어야 합니다. 요한복음 4:13~18절을 보면, 예수님이 사마리아를 지나시다가 야곱의 우물가에서 한 여인과 대화하시는 모습이 나옵니다. 그때 예수님이 하신 말씀이 다음과 같습니다.

> [13] 예수께서 대답하여 이르시되 이 물을 마시는 자마다 다시 목마르려니와 [14] 내가 주는 물을 마시는 자는 영원히 목마르지 아니하리니 내가 주는 물은 그 속에서 영생하도록 솟아나는 샘물이 되리라 [15] 여자가 이르되 주여 그런 물을 내게 주사 목마르지도 않고 또 여기 물 길으러 오지도 않게 하옵소서 [16] 이르시되 가서 네 남편을 불러 오라 [17] 여자가 대답하여 이르되 나는 남편이 없나이다 예수께서 이르시되 네가 남편이 없다 하는 말이 옳도다 [18] 너에게 남편 다섯이 있었고 지금 있는 자도 네 남편이 아니니 네 말이 참되도다

사마리아 여인은 영원히 목마르지 않는 샘물을 마시고 싶었지만, 예수님은 갑자기 사마리아 여인에게 "네 남편을 불러오라"고 하셨습니다. 참으로 뜬금없는 맥락처럼 보입니다. 그러나 이 예상치 못한 말씀은 여인에게 자신의 삶을 돌아보게 하는 거울이 되었습니다. 자기가 진정으로 의지할 사람이라고 생각했던 남편

이 다섯 번이나 바뀌었으며, 심지어 지금 함께 사는 남자도 남편이 아니었습니다. 이 여인의 지난 삶은 결국 시편 146:3~4절의 "귀인들을 의지하지 말며 도울 힘이 없는 인생도 의지하지 말지니 그의 호흡이 끊어지면 흙으로 돌아가서 그 날에 그의 생각이 소멸하리로다"의 말씀과도 같았습니다. 이제 사마리아 여인은 마침내 예수님이 선지자로 보이기 시작했고, 나아가 기다리던 메시아, 곧 그리스도로 믿기 시작했습니다. 참으로 우리는 아가서를 통해 하나님의 부르심 앞에서, 우리가 하나님을 찾는 이유가 무엇인지에 대해 진지하게 성찰해야 할 것입니다. 오직 하나님 한 분만으로 기뻐하는지, 아니면 나의 삶에 필요한 조건들을 채워 주실 수단으로서 하나님을 찾고 있는지 돌아보아야 합니다.

목자는 많은 양을 인도하기 때문에 그의 발걸음은 잘 드러나지 않습니다. 하지만 양 떼의 발자취를 따라가다 보면, 목자가 머무는 곳을 알 수 있습니다. 이제 술람미 여인은 솔로몬 왕의 이야기를 듣고 "양 떼의 발걸음"을 따라 사랑의 여정이 시작되는 길을 걷기 시작합니다. 목자는 언제나 양 떼를 위해 푸른 풀밭과 쉴 만한 물가로 인도합니다. 그러므로 양 떼가 지나온 발자취는 참으로 평안하고 복된 길이라 할 수 있습니다. 우리 또한 신앙생활을 하면서 온전한 믿음을 소망하며, 그 믿음 안에서 하나님이 주시는 평안을 진정으로 누리기를 소망합니다. 우리가 오늘날 하나님 앞에 이를 위해 기도하면, 하나님은 우리에게 "믿음의 선배들"의 발자취를 따르라고 말씀하실 것입니다. 히브리서 11장에 바로 이 믿음의 선배들에 대한 기록이 상세하게 나와 있습니다.

그중 일부인 11:1~10절까지만 보면 다음과 같습니다.

¹ 믿음은 바라는 것들의 실상이요 보이지 않는 것들의 증거니 ² 선진들이 이로써 증거를 얻었느니라 ³ 믿음으로 모든 세계가 하나님의 말씀으로 지어진 줄을 우리가 아나니 보이는 것은 나타난 것으로 말미암아 된 것이 아니니라 ⁴ 믿음으로 아벨은 가인보다 더 나은 제사를 하나님께 드림으로 의로운 자라 하시는 증거를 얻었으니 하나님이 그 예물에 대하여 증언하심이라 그가 죽었으나 그 믿음으로써 지금도 말하느니라 ⁵ 믿음으로 에녹은 죽음을 보지 않고 옮겨졌으니 하나님이 그를 옮기심으로 다시 보이지 아니하였느니라 그는 옮겨지기 전에 하나님을 기쁘시게 하는 자라 하는 증거를 받았느니라 ⁶ 믿음이 없이는 하나님을 기쁘시게 하지 못하나니 하나님께 나아가는 자는 반드시 그가 계신 것과 또한 그가 자기를 찾는 자들에게 상 주시는 이심을 믿어야 할지니라 ⁷ 믿음으로 노아는 아직 보이지 않는 일에 경고하심을 받아 경외함으로 방주를 준비하여 그 집을 구원하였으니 이로 말미암아 세상을 정죄하고 믿음을 따르는 의의 상속자가 되었느니라 ⁸ 믿음으로 아브라함은 부르심을 받았을 때에 순종하여 장래의 유업으로 받을 땅에 나아갈 새 갈 바를 알지 못하고 나아갔으며 ⁹ 믿음으로 그가 이방의 땅에 있는 것 같이 약속의 땅에 거류하여 동일한 약속을 유업으로 함께 받은 이삭 및 야곱과 더불어 장막에 거하였으니 ¹⁰ 이는 그가 하나님이 계획하시고 지으실 터가 있는 성을 바랐음이라

히브리서 기자는 오늘날 우리에게도 믿음의 선배들의 발자취를 찾아서 따라가라고 힘써 권하고 있습니다. 우리도 성경을 읽

을 때 막연한 과거 역사의 한 페이지로 읽을 것이 아니라, 말씀 안에서 현재 우리에게 주시는 이야기로 받아들여 믿음의 자취를 따라 읽어야 합니다.

목자들의 장막 곁에서 너의 염소 새끼를 먹일지니라

우리는 양은 정결하고 유순한 동물, 염소는 다소 거칠고 제어가 필요한 동물로 알고 있습니다. 그래서 마태복음 25:32~33절은 "모든 민족을 그 앞에 모으고 각각 구분하기를 목자가 양과 염소를 구분하는 것 같이 하여 양은 그 오른편에 염소는 그 왼편에 두리라"고 기록되어 있습니다. 이러한 측면에서 볼 때, 솔로몬이 술람미 여인에게 "목자들의 장막 곁에서 너의 염소 새끼를 먹일지니라"라고 말한 부분은 선뜻 이해하기 어려운 면이 있습니다. 염소는 혼자 두면 여기저기 다니기 때문에 쉽게 방황하고 길을 벗어납니다. 반면 양 떼는 목자 아래에 조화롭게 모여서 풀을 뜯고 쉼을 얻습니다. 그런데 염소 새끼를 양 떼 곁에 두면 양과 함께 목자 곁에서 보호받고, 양 떼의 질서를 따라서 잘 성장할 수 있습니다. 이러한 모습을 비추어 볼 때, 술람미 여인은 아직 성숙하지 못하고 방황하기 쉬운 존재로서 자신을 "염소 새끼"로 솔로몬에게 알렸음을 짐작할 수 있습니다. 솔로몬 왕은 그것을 알아채고 술람미 여인에게 이렇게 이야기한 것입니다. 솔로몬 왕은 술람미 여인에게 조건적인 사랑이 아닌 진실한 사랑을 전하며, 양 떼의 공동체 안에서 말씀과 보호 가운데 훈련되고 성장하기를 바라는 마음을 표현하고 있습니다. 참으로 아름다운 모습입니다.

오늘날 우리의 사랑을 보면 서로에게 높아지고 싶고 인정받고 싶어서 자신의 뜻을 상대방에게 강요하며, 이것이 받아들여지지 않으면 '성격과 사고방식이 다르다.'라고 하면서 헤어지는 일들이 참으로 많습니다. 그러나 술람미 여인은 자기를 염소 새끼로 비유하고, 솔로몬 왕은 이러한 여인을 감싸 안아 보호해 주고 싶어 합니다. 이 아름다운 모습을 통해 우리는 두 사람이 어떻게 하나가 되어 가는지 그 과정을 배워야 합니다. 하나님이 이스라엘을 애굽에서 인도하여 내신 후, 곧바로 가나안 땅으로 이끌지 않으시고 광야 교회의 삶을 살게 하신 이유도 바로 이러한 훈련과 성장을 위함이었음을 신명기 8:1~3절을 통해 알 수 있습니다.

> [1] 내가 오늘 명하는 모든 명령을 너희는 지켜 행하라 그리하면 너희가 살고 번성하고 여호와께서 너희의 조상들에게 맹세하신 땅에 들어가서 그것을 차지하리라 [2] 네 하나님 여호와께서 이 사십 년 동안에 네게 광야 길을 걷게 하신 것을 기억하라 이는 너를 낮추시며 너를 시험하사 네 마음이 어떠한지 그 명령을 지키는지 지키지 않는지 알려 하심이라 [3] 너를 낮추시며 너를 주리게 하시며 또 너도 알지 못하며 네 조상들도 알지 못하던 만나를 네게 먹이신 것은 사람이 떡으로만 사는 것이 아니요 여호와의 입에서 나오는 모든 말씀으로 사는 줄을 네가 알게 하려 하심이니라

오늘날 예수 그리스도 안에서, 참 이스라엘인 교회에 대해 로마서 12:2~3절은 "너희는 이 세대를 본받지 말고 오직 마음을 새롭게 함으로 변화를 받아 하나님의 선하시고 기뻐하시고 온전하신 뜻이 무엇인지를 분별하도록 하라"고 말씀합니다. 우리도 술람미 여인과 같이 길을 잃기 쉽고, 누군가의 보호 없이는 살아갈 수 없는 존재임을 깊이 깨달아야 합니다. 술람미 여인이 예루살렘 딸들을 통해 자신의 비천했던 과거를 깨달았듯이, 우리는 말씀과 교회의 신앙공동체 안에서 자기의 정체성을 분명히 발견하고 양육 받아야 할 것입니다.

바로의 병거의 준마

아가서 1:9절의 히브리어 원문을 직역하면 "나는 파라오의 병거들 가운데 있는 나의 암말에 너를 비유하였다, 나의 사랑아"라고 표현됩니다. 고대 전쟁의 병거에는 일반적으로 수말(stallion)이 사용되었습니다. 이는 수말이 더 크고 힘세며, 통제가 쉬웠기 때문입니다. 욥기 39:19~25절에는 두려움을 모르는 말에 대해 기록하고 있습니다. 특히 22절에는 "두려움을 모르고 겁내지 아니하며 칼을 대할지라도 물러나지 아니하니", 25절에는 "나팔 소리가 날 때마다 힝힝 울며 멀리서 싸움 냄새를 맡고 지휘관들의 호령과 외치는 소리를 듣느니라"라고 기록되어 있습니다. 이처럼 병거에는 힘이 센 수말을 주로 사용하였습니다.

그런데 아가서 1:9절에 사용된 바로의 병거의 "준마(駿馬)"에 해당하는 히브리어는 "쑤사티"입니다. 이는 "말"의 히브리어 기본형인 "쑤스"에 여성형 소유 접미어가 붙어서 "쑤사티"가 된 것입니다. 한편, 병거 부대에 암말이 등장하면 큰 문제가 생깁니다. 수말들이 암말을 보고 흥분하여 집중력을 잃게 되고, 결국 전열이 흐트러질 수 있기 때문입니다. 솔로몬 왕은 바로 자신의 마음을 이러한 상태에 비유하고 있습니다. 즉 솔로몬 왕이 술람미 여인을 보자마자, 마치 수말이 암말로 인해 사랑에 취한 것처럼 자신도 정신을 차릴 수 없을 만큼 강렬한 사랑에 빠졌다는 고백입니다. 솔로몬 왕이 술람미 여인을 바라보았을 때, 한눈에 반한 그 강렬한 첫 설렘을 너무나 멋지게 표현하고 있는 것입니다.

술람미 여인은 자신을 염소 새끼로 비유하며 보호받아야 할 미약한 존재로 생각하였는데, 솔로몬 왕은 그녀를 "바로의 병거의 준마"에 비유했습니다. 진실로 사랑은 모든 것을 품어내고 모든 것을 아름답게 변화시키는 신비한 힘을 가지고 있습니다. 사랑은 바로 이래야 합니다. 서로가 필요로 하는 조건에 묶은 사랑은 사실 "사랑"이라고 표현할 수도 없는, 그저 "도금된 사랑"일 뿐입니다. 그래서 작은 고난이라도 오면, 이 도금된 사랑은 금세 빛을 잃고 그 안에 숨겨져 있던 희생이 아닌 이기적인 욕망이 드러나게 됩니다. 참된 사랑은 조개가 몸 안에 생긴 상처를 인고로 품어 진주를 만들어 내듯, 상대방의 가치를 발견하고 그가 가장 아름다운 보석처럼 빛날 수 있도록 돕는 것입니다.

신명기 7:6~7절까지 보면 "너는 여호와 네 하나님의 성민이라.

네 하나님 여호와께서 지상 만민 중에서 너를 자기 기업의 백성으로 택하셨나니 여호와께서 너희를 기뻐하시고 너희를 택하심은 너희가 다른 민족보다 수효가 많기 때문이 아니니라. 너희는 오히려 모든 민족 중에 가장 적으니라"고 기록되어 있습니다. 참으로 하나님은 사랑이십니다. 그러나 이 선택은 단순한 특권이 아닌, 엄중한 책임을 요구합니다. 아모서 3:2절에는 "내가 땅의 모든 족속 가운데 너희만을 알았나니 그러므로 내가 너희 모든 죄악을 너희에게 보응하리라 하셨나니"라고 기록되어 있습니다. 오직 하나님은 택하신 이스라엘만을 바라보셨기 때문에, 이스라엘이 우상 숭배로 나아갈 때에는 질투를 발하시리라고 표현하고 있습니다. 나아가, 베드로전서 2:9절에서는 "그러나 너희는 택하신 족속이요 왕 같은 제사장들이요 거룩한 나라요 그의 소유가 된 백성이니 …"라고 기록되어 있습니다. 마치 술람미 여인이 자신을 염소 새끼로 볼 때, 솔로몬 왕은 이를 바로의 병거의 준마에 비유하여 기뻐했던 것과 같이, 하나님은 우리를 감당하기 박찬 이름으로 불러 주셨습니다. 이것이 바로 우리를 향한 하나님의 영광스러운 선택의 은혜입니다.

한편, 솔로몬이 이렇게 술람미 여인을 바로의 병거의 준마로 부를 수 있었던 것은 그녀의 현재 모습을 보고 그렇게 부른 것은 결코 아닙니다. 솔로몬의 언약적인 사랑 안에서 변화될 술람미 여인의 미래를 미리 본 것입니다. 이는 마치 하나님이 아들 하나 없는 "아브람"을 "아브라함", 즉 "열국의 아버지"로 부르신 하나님의 믿음과 똑같은 선포인 것입니다. 그리스도인이 성화되어 가는 삶도 그렇습니다. 신앙의 초기에는 우리는 하나님이 주신 믿음 가운데에 있지만 연약할 수밖에 없습니다. 그렇지만 하나님은 당신의 신실하신 믿음으로 우리가 제사장 같고 왕 같다고 선포하셨습니다. 그러므로 그리스도인은 바로 이러한 믿음 안에서 오직 말씀만을 바라보며 걸어가야 합니다.

네 두 뺨은 땋은 머리털로 아름답구나

솔로몬은 부끄러움에 고개를 살포시 숙이고 있는 여인의 머릿결 사이로 비치는 두 뺨을 노래합니다. 마치 가을 햇살을 받아 붉게 물든 홍시처럼 상기되어 붉은 빛을 발하고 있다는 것입니다. 이러한 모습은 술람미 여인이 목에 착용한 구슬 장식과 어우러져 더욱 빛을 발합니다. 여기에 더하여 솔로몬은 장인들과 하나가 되어 여인을 위해 은 점을 박은 금 사슬(귀고리)을 만들어 주고 싶어 합니다. 당시 고대 근동에서는 왕이 사랑하는 여인을 위해 목걸이, 장신구, 머리 장식, 귀고리 등을 주문 제작하였는데, 금 사슬은 귀하고 권위 있는 장신구이며, 은을 박는 것은 장식성과 정교함 그리고 아름다움을 극대화하는 작업입니다. 이는 사랑받는 이의 가치를 돋보이게 하여, 그 존재가 얼마나 귀하고 사랑스러운지를 왕이 직접 드러내려는 상징적 행위입니다. 참된 사랑은 나를 높이는 것이 아니라, 상대방을 더욱 높여주고 그 존재 하나만으로도 기뻐하는 것임을 잘 보여줍니다.

하나님이 아담을 창조하실 때도 다른 짐승들과 구별되게 하셨

사랑의 세레나데

습니다. 창세기 2:7절 "여호와 하나님이 땅의 흙으로 사람을 지으시고 생기를 그 코에 불어넣으시니 사람이 생령이 되니라"는 말씀에서 사용된 히브리어는 "아파르"입니다. 이는 체로 곱게 쳐서 받아낸 고운 흙을 의미하며, 이 흙으로 아담을 빚으신 모습이 떠오릅니다. 또한, 하나님이 유다를 책망하시면서도 그들을 얼마나 사랑하셨는지를 보여준 에스겔 16:6~14절도 연상됩니다.

> [6] 내가 네 곁으로 지나갈 때에 네가 피투성이가 되어 발짓하는 것을 보고 네게 이르기를 너는 피투성이라도 살아 있으라 다시 이르기를 너는 피투성이라도 살아 있으라 하고 [7] 내가 너를 들의 풀 같이 많게 하였더니 네가 크게 자라고 심히 아름다우며 유방이 뚜렷하고 네 머리털이 자랐으나 네가 여전히 벌거벗은 알몸이더라 [8] 내가 네 곁으로 지나며 보니 네 때가 사랑을 할 만한 때라 내 옷으로 너를 덮어 벌거벗은 것을 가리고 네게 맹세하고 언약하여 너를 내게 속하게 하였느니라 나 주 여호와의 말이니라 [9] 내가 물로 네 피를 씻어 없애고 네게 기름을 바르고 [10] 수 놓은 옷을 입히고 물돼지 가죽신을 신기고 가는 베로 두르고 모시로 덧입히고 [11] 패물을 채우고 팔고리를 손목에 끼우고 목걸이를 목에 걸고 [12] 코고리를 코에 달고 귀고리를 귀에 달고 화려한 왕관을 머리에 씌웠나니 [13] 이와 같이 네가 금, 은으로 장식하고 가는 베와 모시와 수 놓은 것을 입으며 또 고운 밀가루와 꿀과 기름을 먹음으로 극히 곱고 형통하여 왕후의 지위에 올랐느니라 [14] 네 화려함으로 말미암아 네 명성이 이방인 중에 퍼졌음은 내가 네게 입힌 영화로 네 화려함이 온전함이라 나 주 여호와의 말이니라

하나님은 애굽에서 노예 생활로 인해 피투성이로 살아온 이스라엘 백성들에게 하나님의 때(kairos)가 이를 때까지 살아있으라 하시고 그들을 씻겨 기름 바르고, 온갖 패물로 장식하여 왕후의 지위에 올리셨음을 말씀하고 있습니다. 사실 우리도 술람미 여인처럼 아무것도 아닌 자들입니다. 그야말로 흙에 불과한 존재입니다. 그럼에도 불구하고 마치 우리를 왕후의 지위에까지 올리신 것처럼 택하신 것은, 바로 하나님의 신실하심과 사랑 때문입니다. 이 원리가 고린도후서 4:7절의 "우리가 이 보배를 질그릇에 가졌으니 이는 심히 큰 능력은 하나님께 있고 우리에게 있지 아니함을 알게 하려 함이라"는 말씀에 담겨 있습니다. 진실로 사랑이란, 나의 존재 안에 상대방의 참된 사랑을 담아 그 사랑이 더욱 높여지도록 하는 것임을 잘 보여줍니다.

나도 기름이 향기를 뿜어냈구나

아가서 1:12절부터는 술람미 여인이 솔로몬 왕으로부터 받은 풍성하고 고귀한 사랑에 감격하여, 솔로몬 왕을 매우 사랑스럽게 묘사하는 장면이 이어집니다. 먼저 12절은 "왕이 침실에 앉았을 때에 나의 나도 기름이 향기를 뿜어냈구나"입니다. 이 구절을 히브리어 원어에 충실하게 직역하면 "왕이 그의 침상에 있을 때, 나의 나도(nard) 향기를 내었다"라고 표현됩니다. 여기서 "침상"으로 번역된 히브리어는 "메씨보"인데, 이는 "침상", "식탁 주위", "사적인 공간" 등으로 번역됩니다. 당시 고대 근동에서는 식사도

반쯤 비스듬히 누운 자세로 하는 경우가 많았습니다. 이 침상을 오늘날 우리가 잠자는 침대로만 국한해서 볼 것은 아닙니다. 이는 왕의 가장 사적인 공간을 의미하며, 왕이 여인과 함께하는 친밀한 자리를 나타냅니다.

"나도 기름"은 값비싼 향유로서 고대 근동에는 결혼 준비와 거룩한 사랑 그리고 헌신을 상징했습니다. 왕과 함께 식사 자리에 앉았다는 사실만으로도, 술람미 여인의 내면에서 사랑의 향기가 그윽하게 피어나는 모습을 비유적으로 표현하고 있습니다. 술람미 여인은 왕이 자신에게 무엇을 해주어서가 아니라, 오직 그 존재 자체로 인해 내면이 깊이 진동합니다. 왕의 말이나 행동 이전에, 함께 있다는 사실만으로 마음이 일렁이며, 나드 향유처럼 사랑과 헌신이 자연스럽게 흘러나오는 것입니다. 이는 단지 육체적 매력에 반응하는 감정이 아니라, 존재론적 갈망이며, 인격적 존경과 사랑의 전인적 응답입니다.

자, 이제 다 같이 눈을 감고 상상의 나래를 펼쳐봅시다! 사랑하는 연인이 식사 자리에 마주 앉아 서로의 눈을 지그시 바라봅니다. 그 순간, 서로를 향한 그리움과 연모의 감정이 벅차오르며 주변의 모든 것이 아름답게 보이며, 행복을 축복하는 노래처럼 느껴질 것입니다. 그렇게 두 사람의 마음은 온통 사랑의 향기로 가득 채워지는 것입니다.

하나님이 이스라엘 백성을 홍해를 마른 땅으로 건너게 하시고, 바로의 말과 병거와 마병을 모두 물리치시는 하나님의 임재를 보았을 때 이스라엘 백성들은 노래하였습니다. 출애굽기 15:20~21절의 "아론의 누이 선지자 미리암이 손에 소고를 잡으매 모든 여인도 그를 따라 나오며 소고를 잡고 춤추니 미리암이 그들에게 화답하여 이르되 너희는 여호와를 찬송하라 그는 높고 영화로우심이요 말과 그 탄 자를 바다에 던지셨음이로다 하였더라"는 바로 구원자에 대한 기쁨과 감격의 찬양입니다. 술람미 여인도 바로 이러한 마음으로 자신을 택하신 왕에 대한 기쁨과 사랑을 노래하고 있는 것입니다.

내 품 가운데 몰약 향주머니요

아가서 1:13절에는 "나의 사랑하는 자는 내 품 가운데 몰약 향주머니요"라고 기록되어 있습니다. 몰약은 고대에서 가장 귀한 향료 중의 하나였습니다. 시편 45:8절을 보면 "왕의 모든 옷은 몰약과 침향과 육계의 향기가 있으며 상아궁에서 나오는 현악은 왕을 즐겁게 하도다"라고 기록되어 있습니다. 이처럼 왕의 의복에는 몰약과 침향 같은 귀한 향기가 났으며, 이는 왕의 임재와 권위를 상징했습니다. 고대 근동 지역에서는 사람들이 몰약을 천에 싼 향주머니를 몸에 지니고 다녔습니다. 특히, 여성들은 이 향주머니를 가슴 또는 옷깃 안쪽에 넣고 다니며 은은하게 향을 풍겼습니다. 그래서 "내 품 가운데 몰약 향주머니"라는 것은 늘 가까이에 있으면서 향기를 지속적으로 누릴 수 있는 존재, 은밀하지만 확실하게 임재하는 사랑의 존재인 솔로몬 왕을 비유적으로 표현하고 있는 것입니다.

우리도 내면 깊은 곳에서 하나님의 임재하심을 느낄 때 우리의 모든 것을 다 드리고 싶은 마음 그리고 하나님이 가장 기뻐하시는 것을 드리고 싶은 마음이 넘쳐흐릅니다. 그래서 우리가 그리스도 사랑의 임재에 온전히 취할 때, 우리 안에 내주하시는 그리스도의 향기가 흘러나가게 되는 것입니다. 이는 곧 고린도후서 2:15~16절 "우리는 구원받는 자들에게나 망하는 자들에게나 하나님 앞에서 그리스도의 향기니, 이 사람에게는 사망으로부터 사망에 이르는 냄새요, 저 사람에게는 생명(生命)으로부터 생명에 이르는 냄새라 누가 이 일을 감당하리요"라고 기록된 바와 같습니다.

나의 사랑하는 자는 엔게디 포도원의 고벨화 송이로구나

아가서 1:14절에서 술람미 여인은 "나의 사랑하는 자는 내게 엔게디 포도원의 고벨화 송이로구나"라고 고백하고 있습니다. 엔게디는 사해 서쪽 기슭에 있는, 사막과 접한 오아시스 지역입니다. 히브리어로 "엔"은 "샘", "게디"는 "새끼염소"의 뜻을 가집니다. 엔게디 포도원은 비록 황폐한 광야 지역이지만, 기쁨의 원천인 샘이 흐르는 포도원이 있는 곳입니다. 또한,"엔게디"라는 표현은 자신을 연약한 "염소 새끼"로 표현하는 술람미 여인에게 "생명의 젖줄"이 되는 솔로몬 왕을 나타내기도 합니다. 고벨화는 히브리어 원어로는 "케포르"라고 하며, 영어로는 "henna"라고 번역됩니다. 즉 고벨화는 헨나 꽃 또는 붉은 향기가 나는 꽃입니다. 고대 근동 지역에서 매우 귀한 향료와 염색 재료로 사용이 되었으며, 주로 결혼식 전에 신부가 몸에 바르는 향기로운 기름으로 쓰일 만큼 그 향이 매우 진한 것이 특징입니다.

술람미 여인에게 솔로몬 왕은 자신이 처한 황폐한 광야에서 생명수를 공급하는 "엔게디 포도원의 고벨화"처럼 사랑과 기쁨의 원천이 되어 사랑의 향기를 내뿜게 해주는 존재임을 노래하고 있습니다. 진실로 술람미 여인은 "게달의 장막", "햇볕에 그을린 피부", "포도원에서 오빠의 포도원을 지키면서 살았던 삶"처럼 상처받고, 비천하며, 소외된 존재였습니다. 하지만 그런 그녀에게 솔로몬 왕이 다가와 사랑을 이야기하자, 그녀의 마음은 메마른 광야에서 갑자기 터져 나오는 생명의 샘처럼 변화되었습니다. 연인의 사랑은 고독한 삶으로 인해 차갑고 메마른 감정에 스며드는, 마치 온돌방의 따뜻한 온기와 같습니다. 특히 활활 타오르는 모닥불의 열기처럼 뜨거운 사랑의 감정은 스스로 기쁨의 본질을 찾게 해 줍니다. 그리고 이러한 본질을 통해, 이 모든 것의 원천이 되어준 연인을 더욱 노래하게 합니다. 참으로 사랑이란 내가 낮아짐으로써 상대방의 모든 것이 나에게 흘러와 채워지고, 그로 인해 생명을 만들어내는 원천입니다.

솔로몬의 사랑은 어찌 그리도 우리 예수님의 사랑과 닮았을까요? 우리는 예수님을 만나기 전엔 죄 아래에서 육체의 이익을 위해 서로 싸우고 판단하며 미움 가운데 차갑게 살았습니다. 그런데 우리를 향한 예수님의 그 고귀한 희생적 사랑을 보며 우리는 비로소 생명수를 마시게 되었고, 예수님의 포도원 아래에서 "하나님의 사랑하는 자"라는 그 정체성을 깨닫게 되었습니다. 술람미 여인이 솔로몬에게 모든 영광을 돌리는 것처럼, 우리 또한 오직 하나님에게 영광 돌리는 향기로운 삶을 살아야 할 것입니다.

네 눈이 비둘기 같구나

이러한 사랑의 세레나데를 받은 솔로몬 왕은 술람미 여인을 바라보며 1:15절에서 "내 사랑아 너는 어여쁘고 어여쁘다 네 눈이 비둘기 같구나"라고 화답합니다. 특별히 왕은 술람미 여인의 눈을 칭찬합니다. 비둘기의 눈은 머리 양옆에 위치하여 거의 340도 이상의 넓은 시야각을 갖고 있습니다. 그러나 인간과 달리, 양쪽 눈으로 동시에 한 대상에 초점을 맞추어 인식하는 입체 시각이 제한적입니다. 그래서 머리와 몸이 움직이면 시야가 쉽게 흔들리기 때문에 걷는 도중에도 계속해서 "시선 고정"이 필요합니다. 우리가 비둘기가 걷는 모습을 자세히 보면, 머리를 고정한 후 몸이 따라 움직이고, 다시 고개를 내밀어 앞을 보는 식으로, 걷는 중에도 끊임없이 머리를 고정하고 이동하는 것을 관찰할 수 있습니다. 이것을 "머리 흔들기"(Head-bobbing behavior)라고 합니다. 즉, 비둘기는 시선을 고정하기 위해 자기의 몸을 온전히 사용하는 것입니다.

참으로 사랑이란 시선을 단순화시키고 상대방을 향해 고정하는 것입니다. 사랑의 묘약을 마시기 전까지 남녀는 두리번거리지만, 자기의 마음에 합한 사랑을 만나면 다른 것은 눈에 보이지 않게 됩니다. 오직 나의 사랑하는 연인이 무엇을 기뻐하는지에만 초점이 맞춰집니다. 그래서 아담은 하와를 보고 "이는 내 뼈 중의 뼈요 살 중의 살이라"라고 고백한 것입니다.

성경에서는 비둘기를 순결함과 부드러움, 단순함과 한결같음 그리고 속 깊은 응시를 상징합니다. 마태복음 3:16절의 "… 하나님의 성령이 비둘기 같이 내려…"라는 말씀처럼 성령의 상징으로도 표현됩니다. 술람미 여인은 그 시선을 다른 곳으로 돌리지 않고, 오직 솔로몬 왕만을 바라보고 또 바라보고 있습니다. 솔로몬 왕에게는 바로 그 술람미 여인의 시선이 너무나 아름다웠던 것입니다. 그래서 "네 눈이 비둘기 같구나"라고 찬탄하는 것입니다.

오늘날 주님이 우리에게 바라시는 것도 바로 이러한 술람미 여인의 시선이 아닐까요? 세상의 많은 유혹이 있을지라도, 하나님이 가시적으로 보이지 않을지라도, 오직 예수님만을 바라보는 그 순결한 시선이 있다면, 솔로몬 왕이 술람미 여인을 "아름답다"고 표현하는 것처럼 주님도 기뻐하실 것입니다. 예수님이 부활하신 후, 의심하는 도마에게 하신 말씀이 요한복음 20:27~29절에 기록되어 있습니다.

²⁷ 도마에게 이르시되 네 손가락을 이리 내밀어 내 손을 보고 네

손을 내밀어 내 옆구리에 넣어 보라 그리하여 믿음 없는 자가 되지 말고 믿는 자가 되라 ²⁸ 도마가 대답하여 이르되 나의 주님 이시오 나의 하나님이시니이다 ²⁹ 예수께서 이르시되 너는 나를 본고로 믿느냐 보지 못하고 믿는 자들은 복되도다 하시니라

예수님은 도마를 향해 진실로 보지 못하고 믿는 자를 복되다고 하십니다. 우리는 술람미 여인이 오직 솔로몬 왕만을 바라보는 비둘기의 시선을 가졌던 것처럼, 오직 신랑 되시는 예수님만을 바라봄으로써 주님에게 "네 눈이 비둘기 같구나"라는 칭찬을 들어야 할 것입니다.

우리의 침상은 푸르고

아가서 1:16~17절은 "나의 사랑하는 자야! 너는 어여쁘고 화창하다. 우리의 침상은 푸르고 우리 집은 백향목 들보, 잣나무 서까래로구나"라고 표현되어 있어, 마치 솔로몬 왕이 술람미 여인을 향해 노래하는 것처럼 느껴질 수도 있습니다. 그러나 히브리어를 직역하면 "보라, 내 사랑이여, 당신은 아름답고 참으로 즐겁습니다. 우리의 침상은 푸르고, 우리 집의 들보는 백향목이며, 서까래는 잣나무로 되어 있습니다."라고 표현됩니다. 여기서 "아름답다"로 표현된 히브리어 "야페"는 남성형으로 사용되고 있습니다. 그래서 위 구절은 술람미 여인이 솔로몬 왕을 향해 부르는 노래임을 알 수 있습니다.

히브리어에는 사랑을 나타내는 여러 표현이 있습니다. "아하브", "헤세드"는 주로 하나님의 신실하신 사랑, 하나님과 하나 되는 사랑을 표현합니다. "레아"는 우정 중심의 친구 간의 사랑이며 "도드"는 연인 간의 사랑을 표현합니다. 여기서 술람미 여인이 사용하는 "나의 사랑하는 자"는 "도디"로 표현되어 있습니다. "도드"는 "나"의 소유격이 붙어 "도디"가 된 것입니다. "도드"는 히브리어 알파벳으로 보면 "달렛", "바브", "달렛"으로 조합된 단어입니다. "달렛"은 "문"을, "바브"는 "연결고리"를 나타내는 상형문자에서 유래했습니다. 따라서 "도드"의 뜻을 풀이해 보면 "문과 문을 연결하는 것"이라는 의미가 됩니다. 이처럼 "도드"는 연인들이 서로를 향해 문을 열어 하나가 되는 사랑의 지속성과 관계의 견고함을 나타냅니다. 이는 깊은 언약적인 친밀함과 상호적인 사랑의 관계를 표현하는 것입니다. 솔로몬 왕과 술람미 여인은 이제 "도디"의 사랑을 통해 서로가 긴밀한 관계가 되었습니다. 솔로몬 왕이 술람미 여인을 향해 "바로의 병거의 준마"에 비유하고, "두 뺨"과 "목"을 노래하며 귀고리를 만들어 주겠다고 약속합니다. 이렇게 술람미 여인의 존재를 드높여 주는데, 어찌 그녀가 사랑의 세레나데를 부르지 않겠습니까? 그래서 그녀는 솔로몬 왕을 향해 "나의 사랑하는 자", "너무나 멋진 남자", "너무나 가을 햇살의 화창함 같이 매력적인 남자"로 화답하고 있는 것입니다.

이러한 사랑에 물들면 더 이상 돌이킬 수 없습니다. 사랑하는 연인의 시선은 이제 오직 한 사람만 바라보게 됩니다. 사랑하는 연인이 기뻐할 것을 생각하면 천 리 길도 마다 않고 한 걸음에 기쁜 마음으로 쏜살같이 달려가게 됩니다. 사랑하는 연인의 작은 입맞춤은 세상의 어떤 꿀보다도 생기를 북돋우고, 그 머리칼에서 내뿜는 향기는 세상의 그 어떤 비싼 향수보다도 더 정신을 아찔하게 만듭니다. 사랑은 참으로 치유할 수 없는 중독성을 지닌 매력입니다.

이는 고라 자손의 마스길이 사랑을 노래한 시편 45:1~2절의 "내 마음이 좋은 말로 왕을 위하여 지은 것을 말하리니 내 혀는 글솜씨가 뛰어난 서기관의 붓끝과 같도다. 왕은 사람들보다 아름다워 은혜를 입술에 머금으니 그러므로 하나님이 왕에게 영원히 복을 주시도다"라는 표현과 너무나 잘 어우러집니다. 우리도 예수님의 그 희생적인 사랑에 감동하면 마스길처럼 자연스럽게 하나님을 찬양할 수밖에 없습니다. 그래서 베드로전서 2:9절에는 "… 이는 너희를 어두운 데서 불러 내어 그의 기이한 빛에 들어가게 하신 이의 아름다운 덕을 선포하게 하려 하심이라"고 기록되어 있습니다. 우리는 솔로몬 왕과 술람미 여인의 사랑을 통해, 진실로 우리를 향한 하나님의 사랑이 어떠한가를 늘 묵상해야 할 것입니다.

술람미 여인은 이제 솔로몬 왕과 사랑하는 사이가 되었고, "침상은 푸르고"라고 노래하며 솔로몬과 함께 있는 공간이라면 그곳이 어디든 사랑의 장소임을 고백합니다. 진실로 사랑하는 이와 같이 있다면, 그곳이 단칸방이든 초가삼간이든 그 존재가 함께하는 공간이라는 이유만으로 왕궁보다 더욱 아름다운 곳이 되어 버립니다. 여기서 침상은 히브리어로 "미타"이며 단순한 침대가 아니라 "쉼과 교제의 장소"를 의미합니다. 아담이 하나님과의 교제 속에 있었을 때, "내 뼈 중의 뼈요 살 중의 살"이라 고백했던 하와와 함께했었을 때 그 에덴 동산은 얼마나 아름다운 곳이었을까요?

백향목은 솔로몬 성전과 왕궁 건축의 주된 재료로 사용되었습니다. 잣나무 역시 향기와 무늬의 아름다움을 나타내는 곳에 사용되었습니다. "푸른 침상"은 사랑하는 연인이 쉼과 교제를 통해 생명을 꿈꾸게 합니다. 그래서 이러한 사랑이 깊어져 사랑 안에서 세워진 "우리 집"을 노래하게 됩니다. 이렇게 사랑 가운데 엮어진 삶은 "백향목 들보"와 "잣나무 서까래"처럼 든든하고 견고하며 향기롭습니다.

우리는 이 땅에서 어떻게 하면 솔로몬 왕과 술람미 여인이 노래하는 이 사랑을 이야기할 수 있을까요? 바로 그리스도와 함께하는 사랑의 자리를 귀하게 여겨야 합니다. 주님의 사랑이 임하면, 그곳이 메마른 광야라 할지라도 백향목처럼 견고하고 잣나무처럼 향기로운 곳이 되는 것입니다. 그러므로 우리는 늘 기도의 자리에서 주님을 찾고, 주님의 임재를 사모해야 합니다.

바로의 병거의 준마에 비하였구나

솔로몬 왕은 술람미 여인에게 "네가 알지 못하겠거든 양 떼의 발자취를 따라 목자들의 장막 곁에서 너의 염소 새끼를 먹일지니라"라고 하였습니다. 술람미 여인은 양 떼의 발자취를 따라가는 과정에 자신이 광야에서 길을 잃기 쉬운 염소 새끼라는 것을 알게 되면서 진정으로 솔로몬 왕에게 속하고자 하는 정체성을 확인하였습니다.

이러한 낮아짐을 보고 솔로몬 왕은 "내가 너를 바로의 병거의 준마에 비하였구나"라고 칭송하고 있습니다. 바로의 병거의 준마는 히브리어로 "수사티"로서 암말을 의미합니다. 그래서 솔로몬 왕이 술람미 여인을 보고 모든 수말이 암말을 향하여 나아가듯이, 자신의 마음도 술람미 여인에게 빼앗겼음을 표현하고 있습니다. 그리고 솔로몬 왕은 술람미 여인에게 은 점박이가 있는 금귀고리도 해주고 싶은 마음을 전합니다.

솔로몬 왕의 이러한 부름을 받은 술람미 여인은 자신의 모든 존재가 사랑으로 불타올라서 그 사랑의 향기를 내뿜고 싶은 마음이 가득하였습니다. 이런 술람미 여인을 향하여 솔로몬은 오직 시선을 한 곳에만 고정시키는 비둘기로 화답합니다.

솔로몬과 술람미의 연인의 사랑의 세레나데는 하나님이 마치 이스라엘을 "내가 땅의 모든 족속 가운데 너희만을 알았나니"라고 말씀하시는 바와 같이 온전히 죄 아래에 있던 우리를 세상으로부터 불러내어 주시고 우리로 하여금 하나님의 사랑을 노래하게 합니다.

3강
그 사랑은 내 위에 깃발이로구나

(아가 2:1~9)

¹ 나는 사론의 수선화요 골짜기의 백합화로다 ² 여자들 중에 내 사랑은 가시나무 가운데 백합화 같도다 ³ 남자들 중에 나의 사랑하는 자는 수풀 가운데 사과나무 같구나 내가 그 그늘에 앉아서 심히 기뻐하였고 그 열매는 내 입에 달았도다 ⁴ 그가 나를 인도하여 잔칫집에 들어갔으니 그 사랑은 내 위에 깃발이로구나 ⁵ 너희는 건포도로 내 힘을 돕고 사과로 나를 시원하게 하라 내가 사랑하므로 병이 생겼음이라 ⁶ 그가 왼팔로 내 머리를 고이고 오른팔로 나를 안는구나 ⁷ 예루살렘 딸들아 내가 노루와 들사슴을 두고 너희에게 부탁한다 내 사랑이 원하기 전에는 흔들지 말고 깨우지 말지니라 ⁸ 내 사랑하는 자의 목소리로구나 보라 그가 산에서 달리고 작은 산을 빨리 넘어오는구나 ⁹ 내 사랑하는 자는 노루와도 같고 어린 사슴과도 같아서 우리 벽 뒤에 서서 창으로 들여다보며 창살 틈으로 엿보는구나

나는 사론의 수선화요 골짜기의 백합화도다

솔로몬 왕으로부터 풍성한 사랑의 노래를 들은 술람미 여인은 다시금 자신을 겸손히 낮추어 표현하고 있습니다. 사론은 이스라엘 서부 해안 지역의 평야 지대로서, 오늘날의 텔아비브 부근까지 이어지는 비옥한 땅입니다. 구약 성경에서는 주로 아름다운 들꽃과 목초지가 있는 지역으로 묘사가 됩니다. 수선화는 일반적으로 야생 백합이나 들판의 흔한 들꽃으로 이해됩니다. 따라서 술람미 여인이 "나는 사론의 수선화"라고 고백하는 것은 자신이 화려하거나 특별하지 않은, 그저 들판에 피어난 수많은 꽃 중

사랑의 세레나데

하나일 뿐이라는 겸손한 표현을 한 것입니다.

그런데 이제 그녀는 자신을 "골짜기의 백합화"라고 표현합니다. 골짜기는 은밀한 곳, 고난의 자리 또는 외로운 장소를 의미합니다. 바로 이 골짜기에서 하얗고 순결한 백합화가 피어있다는 것은 놀라운 표현입니다. 한편, 백합화는 히브리어로 "쇼샨나"라고 하며, 신부의 순결과 아름다움을 나타내는 꽃입니다. "쇼샨나"의 알파벳을 보면 "쉰", "바브", "쉰", "눈", "헤"로 구성되어 있습니다. 이 상형 문자의 의미를 해석해 보면 "구별되고 구별되어 하나님의 호흡과 연결된 생명"이라는 뜻이 됩니다. 솔로몬 왕이 자기를 찾아오기 전까지, 술람미 여인은 이름 없는 들판의 평범한 꽃 한 송이에 불과했습니다. 아무도 찾지 않는 골짜기에서, 자신을 사랑해 줄 누군가를 기다리며 순결함을 간직하고 있던 존재였습니다. 그러나 이제 그 골짜기를 솔로몬 왕이 찾아와 그녀의 이름을 불러주었고, 그로 인해 그녀는 비로소 의미 있는 생명이 되었습니다. 그래서 "쇼샨나"라고 하는 백합화는 너무나 아름다운 표현인 것입니다.

가시나무 가운데 백합화 같도다

솔로몬 왕은 골짜기 가운데 피어난 그 백합화를 바라보았습니다. 아무도 찾지 않아 존재의 의미조차 모른 채, 흐르는 세월 속에 시들어 가던 백합화였습니다. 하지만 그 백합화는 왕의 사랑이 깃들기를 간절히 염원하고 있었습니다. 그래서 솔로몬 왕은 사랑하는 술람미 여인을 보고 "내 사랑은 가시나무 가운데 백합화 같도다"라고 표현합니다. 백합화는 조그만 상처에도 금세 검게 물드는 아주 여린 꽃입니다. 그 새하얀 백합화가 가시나무 사이에 피어 있다고 상상해 보십시오. 작은 바람이라도 불어 가시나무가 흔들리면, 백합화는 그 연한 속살이 깊이 상처 입은 고난을 겪게 됩니다.

진실로 하나님이 이 땅을 저주 가운데 두셨을 때, "땅이 네게 가시덤불과 엉겅퀴를 낼 것이라"라고 하셨습니다. 가시덤불은 히브리어로 "호힘"이며 "헤트", "바브", "헤트", "요드", "멤"의 알파벳으로 이루어져 있습니다. 여기서 "헤트"는 울타리를 의미하고 "멤"은 혼돈을 나타냅니다. 결국 가시덤불은 "울타리를 치고 또 울타리를 쳐서 혼돈으로 연결된 상태"를 의미합니다. 이는 인간이 하나님과의 관계가 끊어지는 순간, 스스로를 지키기 위해 울타리를 치고 또 울타리를 치지만, 그 끝은 결국 혼돈의 상태가 되고 마는 현실을 상징합니다.

술람미 여인은 어머니의 아들들에게 떠밀려 자신의 포도원이 아닌 타인의 포도원을 지켜야 했습니다. 그로 인해 얼굴은 검게 그을렸고, 예루살렘 딸들의 눈에는 보잘 없는 존재로 비쳤습니다. 이러한 상황 속에서 그녀는 타인과의 사이에 더욱 높은 울타리를 치고 단절할 수밖에 없었으며, 그 마음은 더욱 공허하고 혼돈 상태에 빠졌습니다. 그런데 바로 이 자리에 사랑이 임하는 순간, 한 사람을 향한 그녀의 간절한 순결함이 비로소 의미를 지니게 되었습니다. 아가서 2:1~2절을 보면 "존재는 관계 안에서 이름을 부여받고, 의미를 가지며, 꽃이 된다."는 핵심 주제를 잘 보여준 김춘수 시인의 「꽃」을 떠올리게 됩니다.

꽃

내가 그의 이름을 불러 주기 전에는
그는 다만
하나의 몸짓에 지나지 않았다

내가 그의 이름을 불러 주었을 때
그는 나에게로 와서
꽃이 되었다

내가 그의 이름을 불러 준 것처럼
나의 이 빛깔과 향기에 알맞은
누가 나의 이름을 불러다오
그에게로 가서 나도
그의 꽃이 되고 싶다

우리들은 모두
무엇이 되고 싶다
너는 나에게 나는 너에게
잊혀지지 않는 하나의 눈짓이 되고 싶다

술람미 여인은 스스로 "나는 사론의 수선화요, 골짜기의 백합화로다"라고 고백했습니다. 그러나 왕이 그녀를 부르고, 그녀의 진정한 아름다움을 알아주었을 때, 그녀는 마침내 왕의 꽃이 되었습니다. 아가서 1장에서 말하는 사랑은 히브리어로 "도드"였습니다. 이는 서로를 향한 전인격적인 나의 문과 당신의 문이 하나로 연결되는 것을 의미합니다. 실로 술람미 여인은 자신의 평범함을 깨닫고 솔로몬 왕에게 마음의 문을 열었습니다. 솔로몬 왕은 그 모습을 보고 술람미 여인에게 긍휼의 마음을 담아 사랑의 시선을 보냈습니다. 이로써 그들은 온전히 하나가 되었습니다.

이러한 사랑은 하나님의 그리스도인들을 향한 사랑의 모습을 너무나 잘 보여줍니다. 우리는 저주 아래 갇혀 땀 흘리지 않고서는 육체의 욕망을 만족시킬 수 없는 고난의 삶을 살았습니다. 타인과의 마주치는 관계 속에서는 서로가 가시가 되어 찌르고 상처를 주었으며, 그 결과 더욱 철저하게 단절된 삶을 살 수밖에 없었습니다. 바로 이러한 우리에게 하나님의 사랑이 찾아왔습니다. 요한복음 15:16절은 "너희가 나를 택한 것이 아니요 내가 너희를 택하여 세웠나니 이는 너희로 가서 열매를 맺게 하고 또 너희 열매가 항상 있게 함이라"고 말씀합니다. 바로 이 선택의 사랑이 우리를 찾아와 부르신 것입니다.

예수님은 가시나무 가운데 있던 택함 받은 자들을 위하여 친히 가시나무 사이를 지나시며 찔림을 당하셨습니다. 예수님이 참으로 우리를 위해 하나님의 갈보리, 즉 골짜기의 백합화가 되어 주셨습니다. 로마 군병들은 가시나무로 관을 엮어 예수님의 머리에 씌우고 손으로 때렸습니다. 예수님의 이마에 선홍빛 피가 땀

방울처럼 맺히면서 그분의 콧등을 타고 흘러내려 입술을 거쳐 온몸을 적셨습니다. 바로 우리가 있어야 할 그 자리에 예수님의 사랑이 우뚝 서 있었습니다. 우리는 그 예수님의 붉은 피와 사랑으로 인해, 하나님과의 관계에서 비로소 의미 있는 존재로 다가가게 되었습니다. 주님의 사랑을 찬양합니다.

수풀 가운데 사과나무 같구나

아가서 2:3절의 히브리어 원문을 직역하면 "숲 속의 나무들 가운데 있는 사과나무처럼, 그와 같이 나의 사랑은 젊은이들 가운데 있도다. 내가 그의 그늘을 사모하여 거기에 앉았고, 그의 열매는 내 입에 달콤하였다"로 표현됩니다. 3절의 전반부는 수풀 가운데 있는 사과나무를 표현하고, 후반부는 사과나무가 베푸는 그늘과 열매를 노래합니다. 여기서 나무들(수풀)은 히브리어로 "아체이"로 복수형, 사과나무는 "타푸아"로 단수형을 사용하고 있습니다. 즉, 숲속의 수많은 나무 가운데 단 하나의 사과나무를 의미합니다. 수풀은 잎만 무성할 뿐 열매가 없고 그늘도 제공하지 못하는 세상의 다른 사랑들이나 거짓된 보호처를 의미합니다. 반면 사과나무는 성경에서 드물게 등장하는 과일나무로 그늘과 생명의 열매를 동시에 주는 상징적인 나무입니다. 이 표현은 솔로몬이 술람미 여인에게 세상 모든 것 중에서 유일하게 참된 쉼과 열매를 주는 존재라는 것을 강조하는 표현입니다.

사랑으로 맺어진 연인에게는 주위에 아무리 많은 사람들이 있을지라도, 그들은 단순히 잎만 무성한 수풀에 불과할 뿐입니다. 오직 사랑하는 연인만이 보호와 쉼 그리고 달콤함을 주는 사람임을 분명히 보여줍니다. 사과나무는 그 그늘 아래에서 쉼과 보호를 누리는 사람으로 인해 그 존재의 의미가 더해지고, 그 열매의 달콤함으로 생기를 불어넣어 주었을 때, 그제야 힘써 맺은 열매의 가치를 더하게 됩니다. 이처럼 사랑은 일방적인 관계가 아니라 상호관계적인 것입니다.

하나님은 이스라엘을 애굽에서 이끌어내어 광야에서 구름 기둥과 불 기둥을 통하여 그늘과 보호의 쉼터가 되어주셨습니다. 그리고 하늘의 문을 여시어 만나를 내려주셨는데, 이 만나는 깟씨같이 희고 맛은 꿀 섞은 과자와 같았습니다. 참으로 하나님은 이스라엘 백성에게 수풀 가운데 있는 사과나무와 같은 은혜를 베푸셨습니다. 그리고 예수님이 오셔서 마태복음 11:28절의 "수고하고 무거운 짐 진 자들아 다 내게로 오라 내가 너희를 쉬게 하리라"는 말씀으로 우리를 초대하고 계십니다.

그런데 이스라엘은 안타깝게도 하나님의 사랑과 은혜에 합당한 열매를 맺지 못했습니다. 마태복음 21:19절에 기록된 사건처럼, 예수님은 길가에서 한 무화과나무를 보시고 가까이 가셨으나 아무것도 찾지 못하셨습니다. 이에 나무에게 이르시기를 "이제부터 영원토록 네가 열매를 맺지 못하리라 하시니 무화과나무가 곧 마른지라"고 기록되어 있습니다. 예수님은 무화과나무가 열매 맺기를 원하시며 온 사랑을 부어주셨지만 열매는 맺지 않

사랑의 세레나데

고 가지만 무성했습니다. 이는 열매를 맺지 못하는 이스라엘을 향한 예수님의 엄중한 경고이자 심판입니다. 하나님은 이스라엘만을 택하시고, 그들을 장자로 삼으셔서 제사장 나라가 되기를 원하셨습니다. 그런데 이스라엘은 율법과 제사를 통해 그들의 겉모습만 부풀렸을 뿐, 아무런 생명의 열매를 맺지 못했습니다. 오늘, 이 순간 하나님이 우리에게도 열매를 찾으신다면, 우리도 바로 그러한 위치에 있지는 않은지 두려운 마음으로 자신을 돌아보며 살아가야 할 것입니다.

그리하여 지금 이 순간에도 우리는 심판을 받아 마땅한 존재입니다. 그럼에도 불구하고 예수님의 중보와 일하심으로 말미암아 우리는 은혜의 때를 누리고 있습니다. 누가복음 13:6~9절은 다음과 같이 기록하고 있습니다.

> [6] 이에 비유로 말씀하시되 한 사람이 포도원에 무화과나무를 심은 것이 있더니 와서 그 열매를 구하였으나 얻지 못한 지라 [7] 포도원지기에게 이르되 내가 삼 년을 와서 이 무화과나무에서 열매를 구하되 얻지 못하니 찍어버리라 어찌 땅만 버리게 하겠느냐 [8] 대답하여 이르되 주인이여 금년에도 그대로 두소서 내가 두루 파고 거름을 주리니 [9] 이 후에 만일 열매가 열면 좋거니와 그렇지 않으면 찍어버리소서 하였다 하시니라

참으로 우리에게서 무화과나무의 열매가 맺어진다면, 이는 모두 우리로 하여금 열매 맺게 하신 하나님의 은혜입니다. 이렇게 사과나무는 사과나무의 열매를 통하여, 무화과나무는 무화과나

무의 열매를 통하여 그 가치를 드러냅니다. 마찬가지로 생명나무에 접붙임을 받은 우리는 생명의 열매를 통하여 그 나무, 곧 우리를 있게 하신 근원인 하나님을 더욱 귀하게 만드는 것입니다.

내 사랑은 내 위에 깃발이로구나

우리는 앞서 아가서 1:2~2:3절까지 솔로몬 왕과 술람미 여인이 서로를 향한 사랑의 마음을 확인하는 과정을 살펴보았습니다. 아가서 2:4절의 히브리어 원문을 직역하면 "그가 나를 포도주의 집으로 이끌었고, 그의 깃발은 내 위에 사랑이었도다."라고 표현됩니다.

한글 성경에서는 "잔칫집"으로 번역되어 있는데 반해, 히브리어로는 "베이트 하야인" 즉, "포도주의 집"으로 되어 있습니다. 한편, 요한복음 2장을 보면 예수님이 가나의 혼인 잔치에 초대를 받으신 일이 있습니다. 마침 그때 포도주가 다 떨어지자, 예수님은 하인들에게 항아리에 물을 채우게 하신 후 그 물을 포도주로 변화시켜 주셨습니다. 이러한 모습을 보면 "포도주의 집"이라고 표현한 것이 더욱 그 의미를 깊이 있게 해 줍니다. 잔칫집에서 흥을 돋우고 활력을 불어넣는 것이 바로 포도주이기 때문입니다. 결국 그곳이 잔칫집이든, 연회장이든, 포도주의 집이든 실로 우리 영혼을 기쁨의 장소로 이끄는 것은 하나님의 사랑입니다.

그리고 "이끌다"라는 단어는 히브리어로 "헤비아니"이며, 이는 히브리어 문법의 "히필형"을 사용하고 있습니다. 이 "히필형"은 영어의 "사역동사"와 유사한 문법으로, 술람미 여인이 간절히 솔로몬이 자신을 이끌어 주기를 간청하는 모양을 드러내는 표현입니다. 과연 포도원지기로서 사론의 수선화요 골짜기의 백합화에 불과했던 술람미 여인을 기쁨의 장소로 이끈 것은 다름 아닌 솔로몬의 사랑이었습니다.

솔로몬은 만인의 통치자인 "왕"이었습니다. 반면, 술람미 여인은 게달의 장막과도 같은 외모를 가진 비천한 포도원지기에 불과했습니다. 왕이 시골의 평범하고도 보잘 것 없는 여인을 취하기 위해서는, 왕이 직접 그 시골 여인의 자리로 내려와야만 합니다. 비록 다른 사람이 보기에 비천하고 기이하게 보일지라도, 그렇게 해야만 그 여인을 얻을 수 있기 때문입니다. 빌립보서 2:6~11절을 같이 보도록 하겠습니다.

> [6] 그는 근본 하나님의 본체시나 하나님과 동등됨을 취할 것으로 여기지 아니하시고 [7] 오히려 자기를 비워 종의 형체를 가지사 사람들과 같이 되셨고 [8] 사람의 모양으로 나타나사 자기를 낮추시고 죽기까지 복종하셨으니 곧 십자가에 죽으심이라 [9] 이러므로 하나님이 그를 지극히 높여 모든 이름 위에 뛰어난 이름을 주사 [10] 하늘에 있는 자들과 땅에 있는 자들과 땅 아래에 있는 자들로 모든 무릎을 꿇게 하시고 [11] 모든 입으로 예수 그리스도를 주라 시인하여 하나님 아버지께 영광을 돌리게 하셨느니라

예수님은 진실로 하나님이셨습니다. 그러나 지극히 낮아지셔서 인간의 모습, 곧 종의 형체로 이 땅에 오셨습니다. 이 모든 것은 바로 술람미 여인이 솔로몬 안에서 발견되었듯이, 우리가 하나님 안에서 발견되게 하려는 목적이었습니다. 또한 예수님은 당신의 사랑을 우리에게 전하시기 위해, 우리가 죄인 되었을 때 친히 십자가에 못 박히심으로써 그 사랑을 확증하셨습니다.

하나님은 바로 그 사랑을 통하여 우리를 부르시고 이끌어 주셨습니다. 요한복음 6:44절에는 "나를 보내신 아버지께서 이끌지 아니하시면 아무도 내게 올 수 없으니, 오는 그를 내가 마지막 날에 다시 살리리라"라고 기록되어 있습니다. 하나님은 참으로 예수 그리스도의 보혈, 그 희생의 사랑으로 우리를 이끌어 주셨습니다. 또한 성령 하나님은 요한복음 16:13절의 "그러나 진리의 성령이 오시면 그가 너희를 모든 진리 가운데로 인도하시리니 그가 스스로 말하지 않고 오직 들은 것을 말하며 장래 일을 너희에게 알리시리라"는 말씀처럼, 우리 안에 임하셔서 모든 것을 깨닫게 하십니다. 이처럼 삼위일체 하나님의 사랑으로 말미암아, 우리는 하나님의 포도주의 집, 기쁨의 집으로 인도함을 받았습니다.

그래서 아가서 2:3절까지는 사랑을 "도드" 또는 "도디"로 표현했는데, 4절에서는 "아하브"로 표현하고 있습니다. 실로 놀라운 변화입니다. "도드"가 서로 마음의 문을 열고 하나가 되는 연인의 사랑이라고 한다면, "아하브"는 아버지의 집 안에서 이루어지는 지속적인 관계의 사랑으로서 언약적인 사랑, 성령의 내주하심, 신부된 교회의 정체성을 확증하는 사랑입니다.

성경은 너무나도 신비롭습니다. 성경을 깊이 알면 알수록, 이 말씀이 성령의 감동으로 기록되었음을 인정하게 됩니다. 아가서를 통해서 하나님의 사랑이 우리에게 어떻게 다가오는지 분명하게 확인할 수 있습니다. 술람미 여인보다 더 깊은 죄로 검게 물든 얼굴을 가진 죄인이 바로 우리였습니다. 이처럼 고난의 삶에 지쳐 가시나무 가운데 있는 우리에게 하나님이 먼저 찾아와 주셨습니다. 또한, 우리에게 그 사랑을 보여주셨습니다. 우리를 사랑의 집으로 초대하신 분은 바로 사랑 자체이신 하나님이십니다.

이제 술람미 여인은 솔로몬 왕과의 사랑이 한층 더 깊어졌습니다. 그녀는 죽음 외에는 끊을 수 없는 언약적인 사랑으로 한 걸음 더 나아갔습니다. 이제 그녀는 얼굴을 가린 여인이 아니라, 솔로몬의 언약적인 사랑이 그녀의 표지가 된 자입니다. 히브리어로 "깃발"은 "다갈"이라고 하는데, 이는 "두르러지게 하다", "눈에 띄게 높이 들다"라는 뜻입니다. 여기서는 "디글로"라는 형태로 사용되었으며, 이는 "다갈"에 3인칭 단수 소유격이 붙어 "그의 깃발"이라는 의미로 표현됩니다. 깃발은 소속된 정체성을 나타냅니다. 그러므로 술람미 여인에게 솔로몬의 사랑은 단순히 내밀한 감정이 아니라, 깃발처럼 그녀를 덮고 보호하며 대표하는 관계를 의미합니다. 술람미 여인은 더 이상 길을 잃어서 양 떼의 발자취를 따라 솔로몬을 찾아 헤매지 않아도 됩니다. 이제 그녀는 그분의 사랑 아래 영원히 속한 자가 되었기 때문입니다.

오늘날 그리스도의 모임은 세상으로부터 부름을 받은 자들의 모임인 교회, 즉 "에클레시아"를 의미하며, 예수 그리스도의 사랑의 깃발 아래 모인 백성입니다. 예수님의 십자가는 결코 실패의 상징이 아닙니다. 그것은 승리의 십자가이며 사랑의 십자가입니다. 이로써 우리는 갈라디아서 3:27절의 "누구든지 그리스도와 합하기 위하여 세례를 받은 자는 그리스도로 옷 입었느니라"는 말씀과 에베소서 1:13절의 "그 안에서 너희도 약속의 성령으로 인치심을 받았느니라"의 말씀처럼 예수님에게 속한 존재가 되었습니다.

병이 생겼음이라

아가서 2:5절의 히브리어 원문을 직역하면 "건포도 과자로 나를 붙들어 주고, 사과들로 나를 덮어 주라. 왜냐하면 나는 사랑으로 병이 났기 때문이다."라고 표현됩니다.

건포도 과자는 히브리어로 "아쉬쇼트"로서 "아쉬쉬"가 어근입니다. 이 "아쉬쉬"는 "강하게 하다", "지지하다"는 뜻을 가지고 있습니다. 따라서 건포도는 고대 이스라엘에서 축제와 사랑의 상징적인 음식으로 사용되었으며, 사랑에 감정적으로 소모된 기력에 회복과 활력을 되찾아 주는 음식으로 상징되었습니다. 또한, 사과는 감정적 고조 속에서 상쾌함, 안정, 감미로움, 회복을 주는 과일을 나타냅니다. 그래서 이를 종합해 보면, 몸도 마음도 사랑의 감동으로 인해 약해진 상태에서 회복을 구하는 외침인 것입니다. 그리고 여기서 "붙들어 주라"는 히브리어로 "삼마쿠니"로서 "삼마쿠"의 남성 2인칭 복수 명령형을 사용하고 있고, "덮어 주라"는 히브리어로 "라파두니"로서 "라파드"로 남성 2인칭 복수 명령형을 사용하고 있습니다. 즉, 술람미 여인은 2인칭 복수의 남성들을 향해 간절히 부탁하고 있는 것으로 볼 수 있습니다.

우리는 이 상황을 잘 생각해 보면 이해할 수 있습니다. 술람미 여인은 이제 솔로몬과 서로 존재적으로 의미 있는 언약의 관계가 되었습니다. 그녀는 게달의 장막과 같은 존재에서 솔로몬 왕에게 부름을 받은 존재로 변화되었습니다. 왕의 깃발이 그 여인 위에 펄럭이고 있습니다. 얼마나 감격스런 상황입니까? 여기에 언급된 "병"은 히브리어로 "홀라"로서 "내면의 심장 깊은 곳에서 시작된, 존재를 뒤흔드는 생명의 요동"이라는 뜻을 가지고 있습니다. 그래서 술람미 여인은 이 상황이 너무나 감격스러운 나머지, 이제 누구에게라도 이렇게 외치고 싶은 것입니다.

> 나는 사랑의 깃발 아래 속하였습니다.
> 나는 너무 큰 기쁨에 취하여 사랑의 열병이 났습니다.
> 그러나 나는 더 사랑하고 싶습니다.
> 사과와 포도를 마음껏 주세요.
> 내가 힘을 내어서 왕을 더 사랑할 수 있도록 해 주세요.

참으로 사랑이라는 것은 창 없는 단자(windowless monad)인 고

독한 인간의 마음에 서로의 마음이 연결될 수 있도록 창문이 되어 소통하게 해 줍니다. 그리고 그 열린 창문을 통하여 이제는 서로가 하나의 단자가 되어 그 사이에 흐르는 전자의 흐름처럼 사랑의 불빛을 발하는 존재가 되었습니다. 이 사랑은 단순히 감정이 아닙니다. 이것은 술람미 여인을 바꾸는 힘이고, 술람미 여인이 솔로몬 왕을 전적으로 의탁하게 하는 언약적인 사랑의 호흡입니다.

이러한 사랑은 신명기 7:7~8절에서 "여호와께서 너희를 기뻐하시고 너희를 택하심은… 여호와께서 다만 너희를 사랑하심으로 말미암아… 속량하셨나니"에 나타난 바로 그 사랑입니다. 하나님은 이스라엘의 조건 때문이 아니라, 오직 하나님의 사랑 때문에 부르셨음을 말하고 있습니다. 이는 술람미 여인이 "게달의 장막"에서 "왕의 깃발 아래로 들어온" 사건과 같은 맥락입니다.

예수님도 아버지 안에서 우리를 부르셨습니다. 요한복음 15:9절의 "아버지께서 나를 사랑하신 것 같이 나도 너희를 사랑하였으니 나의 사랑 안에 거하라."는 초청의 말씀으로 우리를 불러주셨습니다. 그리고 에베소서 5:25~27절의 "그리스도께서 교회를 사랑하시고… 자신을 주심 같이… 거룩하게 하시고… 자기 앞에 영광스러운 교회로 세우사 티나 주름 잡힌 것이나 이런 것들이 없이 거룩하고 흠이 없게 하려 하심이라"는 말씀과 같이, 교회를 향한 사랑은 단순히 감정에 그치는 것이 아니라 존재의 변화를 일으키는 능력입니다. 우리는 아가서에서 노래하는 이 사랑을

사랑의 세레나데

통해 그리스도를 향한 처음 사랑으로 돌아가야 합니다. 요한계시록 2:4절에서는 에베소 교회를 향해 "그러나 너를 책망할 것이 있나니 너의 처음 사랑을 버렸느니라"고 경고하십니다. 우리는 늘 우리의 존재의 본질을 잊어서는 안 됩니다. 이 본질을 잊어버리는 순간, 우리는 아담처럼 스스로 높아지고자 하며 상대를 지배하려는 타락의 상태에 떨어지게 됩니다. 우리는 본래의 위치에 머물 때에야 비로소 하나님의 깃발 아래에 거할 수 있는 것입니다.

내 사랑이 원하기 전에는 흔들지 말고 깨우지 말지니라

아가서 2:6절의 히브리어 원문을 직역하면 "그의 왼팔이 내 머리 아래에 있고, 그의 오른팔이 나를 끌어안고 있도다."라고 해석됩니다. 이 구절은 단순한 신체적 포용의 묘사를 넘어, 완전한 사랑의 안식과 보호를 상징하고 있습니다. 왼팔을 머리 아래에 둔다는 것은 신부의 연약함과 불안을 안정시켜 주는 것이며, 오른팔로 끌어안고 있다는 것은 사랑의 완전한 수용과 인도를 나타냅니다. 지금 술람미 여인은 솔로몬의 완전한 사랑 안에서 평안과 보호를 누리는 상태입니다. 그렇기에 술람미 여인은 사랑이 깊어질 수밖에 없습니다. 그래서 술람미 여인은 솔로몬 왕의 전적인 사랑과 언약의 품 안에 안긴 상태에서 고백하고 있는 것입니다.

아가서 2:7절의 히브리어 원문을 직역하면 "예루살렘의 딸들아, 들의 사슴이나 암노루를 두고 내가 너희에게 맹세하게 하노니, 사랑을 깨우지 말고, 일으키지도 말지니라. 그가 원할 때까지."로 해석됩니다. 여기서 "원할 때까지"라고 되어 있는 부분은 히브리어로 여성형 동사가 사용되었습니다. 그래서 "그"가 가리키는 부분은 바로 "사랑"인 것입니다. 그래서 이 구절은 "사랑이 원할 때까지"로 해석이 됩니다. 그리고 NIV 성경에서도 "예루살렘 딸들아! 사랑이 그렇게 되기를 원하기까지는 사랑을 흔들거나 깨우지 말라"(Do not arouse or awaken love until it so desires)로 번역하고 있습니다. 따라서 방해받지 말아야 할 대상은 술람미 여인이나 솔로몬 왕이 아니라 그들 사이에 흐르는 "사랑" 그 자체인 것입니다.

한편, 노루와 들사슴은 매우 민감하고 섬세하여 작은 소리나 움직임에도 쉽게 놀라 도망가는 짐승들입니다. 그래서 고대 이스라엘에서는 노루와 들사슴을 순결과 경계 그리고 민감함을 상징하는 동물로 여겼습니다. 이제 술람미 여인은 예루살렘 딸들에게 노루와 들사슴을 두고 맹세하게 합니다. 이는 사랑이라는 감정이 이들 짐승처럼 아주 섬세하고 민감한 감정임을 비유하는 것입니다. 따라서 사랑은 함부로 깨워서도 안 되고, 억지로 불러일으킬 수도 없으므로 사랑이 원하기 전까지는 기다려야 한다는 의미를 담고 있습니다.

술람미 여인은 이제 솔로몬 왕과 언약적인 관계가 되었습니다.

사론의 수선화요 골짜기의 백합화에 불과했던 술람미 여인을 솔로몬 왕이 직접 골짜기로 찾아와 이름을 불러주었습니다. 이로써 두 사람의 존재는 언약 안에서 하나가 되었습니다. 그리고 솔로몬 왕은 그녀를 그의 깃발 아래에 보호함 가운데 두었고, 왼팔로 머리를 고이고 오른팔로 끌어안았습니다. 이러한 사랑 가운데에 푹 파묻힌 여인의 고동치는 심장소리를 들어 보십시오. 이제 술람미 여인은 세상을 향하여 이렇게 외치는 것입니다.

사랑은 강제할 수 있는 것이 아니랍니다.
그렇게 기다리던 나의 사랑이 찾아왔습니다.
그 사랑은 내 머리를 안아 주고 내 영혼을 감싸줍니다.
그 사랑은 너무나 아늑하고 평안하고 기쁨이 흘러넘치도록 합니다.
이 사랑을 영원히 누리고 싶습니다.
이렇게 은혜 속에 찾아온 사랑을 방해받지 않도록 해주세요.
그 사랑이 스스로 깨어나는 날까지,
은혜의 사랑 속에 온전히 머물고 싶습니다.

이러한 마음을 시편 131:2절에서 "실로 내가 내 영혼으로 고요하고 평온하게 하기를 젖 뗀 아이가 그의 어머니 품에 있음 같게 하였나니 내 영혼이 젖 뗀 아이와 같도다"라고 표현합니다. 정말 어머니의 품에서 젖을 배불리 먹고 졸음이 물밀듯이 밀려오는 아이의 모습처럼, 우리도 하나님의 사랑을 깊이 묵상할수록 우리의 영혼은 평안함 가운데에 거할 수 있습니다. 그러므로 우리는 그 사랑을 확인하기 위하여 늘 예수님이 걸어가셨던 골고다의 발자취를 따르며, 십자가에서 못 박히신 그 예수님 사랑 앞에서 무릎을 꿇어야 하는 것입니다.

작은 산을 빨리 넘어오는 구나

아가서 2:8~9절의 히브리어 원문을 직역하면 "내 사랑하는 자의 음성이로다! 보라, 그가 오고 있다. 산들 위를 뛰어넘고, 작은 산들 위를 껑충껑충 뛰며 오고 있구나. 나의 사랑하는 이는 노루 같고, 또는 어린 수사슴 같구나. 보라, 그가 우리 벽 뒤에 서서 창문을 통해 살피고, 창살 틈으로 들여다보는구나."로 해석됩니다. 2:7절에서 술람미 여인은 그 사랑이 스스로 깨어날 때까지 절대로 방해하지 말 것을 예루살렘 딸들에게 부탁했습니다. 그런데 이제 장면이 전환이 되어, 잠시 떠나 있던 그 사랑이 다시 돌아오고 있습니다. 아마도 유대인의 풍습에 따라 솔로몬이 술람미 여인과 사랑의 언약을 맺은 후, 신부를 맞이할 집을 마련하는 기다림의 시간이 흐른 듯합니다. 그 과정에서 솔로몬 왕은 술람미 여인과 전인격적으로 하나가 되기 위해, 사랑하는 신부가 너무 보고 싶어 한달음에 뛰어오고 있는 모습을 그려내고 있습니다.

산에서 "달리고"에 해당하는 히브리어는 "메달레그"입니다. 이는 "달라그"의 히필형 능동형 현재 분사로서, 주체가 의도적이고 강한 동작으로 "뛰어넘다, 건너뛰다"는 행위를 나타냅니다. 즉, 장애물을 의도적으로 뛰어넘는 역동성을 묘사합니다. 따라서 산을 "뛰어넘는 것"은 열정과 헌신 그리고 사랑의 조급함을 잘 보여쭙니다. 다음으로 산을 빨리 "넘어 오는구나"에 해당하는 히브리어는 "메카페츠"로서, "카파츠"의 피엘형 능동형 현재 분사입니다. 피엘형은 동작의 반복이나 강조를 나타낼 때 사용됩니다. 따라서 단순히 한 번 도약하는 것이 아니라 정말 "껑충껑충"거리며 잇따라, 빠르게, 반복적으로 뛰는 모습을 그립니다. 이는 흥분되고 감정적으로 고조되어 자제할 수 없는 사랑의 충동과 기쁨을 폭발적으로 표현한 것입니다.

그런데 그토록 보고 싶어 달려왔다면, 사랑하는 술람미 여인이 있는 방을 박차고 들어갈 법도 한데, 그는 "벽 뒤에 서서 창으로 들여다보며 창살 틈으로 엿보고" 있습니다. 이를 잘 이해하기 위해서는 유대 전통의 결혼 과정을 먼저 이해해야 합니다. 약혼을 한 후에도 신랑은 신부를 결코 강제로 데려가지 않았습니다. 신부가 준비되었을 때, 그녀로부터 기쁨의 동의를 얻고 나서야 신랑은 신부를 데려갔습니다. 결코 강제된 사랑이 아니었습니다. 따라서 벽 뒤에 서서 창으로 들여다보며 창살 틈으로 엿보고 있는 것은, 단순히 몰래 훔쳐보는 행위가 아닙니다. 사랑이라는 문을 강제적으로 열 수 없기에, 애틋한 마음으로 기다리며 바라보는 태도인 것입니다.

하나님의 사랑이 바로 이러합니다. 하나님은 결코 우리에게 사랑을 강제하지 않으십니다. 왜냐하면 사랑은 강제되는 순간 더 이상 사랑이 아니기 때문입니다. 그래서 하나님은 아담이 사탄의 유혹에 속은 하와의 말을 받아들이는 순간에도 그것을 강제로

막지 않으셨습니다. 그러나 지금까지 우리를 결코 포기하지 않는 손길로, 진정으로 하나 되는 사랑이 이루어지기를 기다려주고 계십니다. 하나님의 사랑은 인간이 보기에는 약해 보일지 모르나, 실은 가장 깊고 강한 사랑입니다. 이것이 바로 사랑의 존귀함입니다.

우리는 때때로 "나쁜 남자" 스타일의 사랑을 갈망하기도 합니다. 너무나 격렬해서 갑자기 문을 박차고 들어와 껴안고 강렬한 입맞춤을 퍼붓는 듯한 사랑, 바로 "나쁜 남자"의 격정적인 사랑을 말입니다. 그래서 우리는 하나님의 사랑도 그러하기를 자주 기대하곤 합니다. 우리는 기도 중에 "너무나 뜨거운 기쁨의 감정을 주체할 수 없어 눈물이 쏟아지고, 그 눈물 가운데서 하나님의 음성이 우리를 위로하는 그러한 하나님의 사랑"을 기대하는 것 같습니다. 그러나 이러한 인간적인 사랑은 종종 "즉각적이고 강렬한 감정", "상대의 동의보다 자기 욕구 중심", "통제하고 소유하려는 경향" 그리고 "불안과 집착, 일시적 만족"에서 비롯됩니다.

우리가 많이 경험하듯이, 이러한 사랑은 그 순간이 지나가면 우리 안에 공허함, 감정적 갈증, 존재의 불안만을 더욱 부추기는 경향이 있습니다. 특히 사랑의 표현이 지속되지 않는 한, 우리는 사랑과 상대방에 대해서 그리고 자기에 대해서 존재의 불안을 느끼게 됩니다. 비록 이러한 열망은 "간절함"이라는 미명 아래 잠시나마 노래할 수는 있겠지만, 결국 자기 사랑의 감정을 소모하는 방식에 불과한 것입니다. 그리고 이러한 사랑은 주체적인 존재로서의 사랑이 아니라, 종속적인 관계에 매인 감정일 뿐입니다. 이러한 사랑에 익숙해지면, 그러한 자극적인 사랑이 오기까지 상대방과 감정에 끌려 다닐 수밖에 없습니다. 그래서 더욱더 진한 사랑의 감정이라는 쾌락의 노예가 되어버리고 맙니다. 그 사랑의 감정이 모두 소비되어 버리면, 사랑이 식어버리거나 또 다른 사랑의 감정 대상을 찾아 죄로 이끌리게 되어 있습니다.

그러나 하나님의 사랑은 고린도전서 13장의 말씀처럼 "오래 참고 온유하며, 시기하지 아니하며, 자랑하지 아니하며, 교만하지 아니하며, 무례히 행치 아니하며, 자기의 유익을 구하지 아니하며, 성내지 아니하며, 악한 것을 생각하지 아니하며, 불의를 기뻐하지 아니하며, 진리와 함께 기뻐하고 모든 것을 참으며, 모든 것을 믿으며, 모든 것을 바라며 모든 것을 견디는 사랑"입니다. 이것이 곧 삼위일체 하나님의 본질적인 언약의 사랑인 것입니다. 성부 하나님, 성자 하나님, 성령 하나님이 온전히 서로를 내려놓고 서로 안에서 온전히 하나가 되는 그 사랑인 것입니다. 그래서 하나님은 그 사랑의 본체이시기에, 이스라엘이 광야에서 돌이키기를 40년이나 기다리셨고, 누가복음 15:11절 이하에서 기록된 바와 같이 탕자가 돌아오기만을 기다리는 아버지의 마음을 통하여 그 언약의 사랑을 보여주고 계십니다.

하나님의 사랑을 우리가 진실로 받으면 받을수록 우리의 존재 전체는 변화될 수밖에 없습니다. 인지적(認知的)인 믿음이 아니라, 우리를 위하여 자신을 십자가에 내어주신 그 사랑의 본질을 우리는 깊이 묵상해야 합니다. 하나님은 지금도 우리를 그리스도의 형상으로 빚어가고 계십니다. 지금도 하나님은 우리 마음의 문을 두드리며 조용히 기다리고 계십니다. 그러시면서 우리가 진정으로 하나님을 향하여 마음의 문을 활짝 열고 동행하기를 원하십니다. 요한계시록 3:20절의 "볼지어다 내가 문 밖에 서서 두드리노니 누구든지 내 음성을 듣고 문을 열면 내가 그에게로 들어가 그와 더불어 먹고 그는 나와 더불어 먹으리라"라는 말씀이 바로 그 깊은 사랑의 초청입니다.

저는 고등학교 1학년 겨울방학 때 하나님의 사랑을 아주 강렬하게 체험적으로 만났습니다. 그런데 시간이 흐르면서 그러한 감정적인 사랑은 차츰차츰 약해졌습니다. 육체를 가진 우리의 연약함이 그러하듯, 저 또한 예외가 아니었습니다. 저는 그럴 때마다 처음 사랑의 감정을 되찾기 위해 얼마나 많은 고민과 노력을 했는지 모릅니다. 그래서 감정이 일어나지 않는 신앙은 마치 신앙이 아닌 것처럼 늘 흔들리고 또 흔들렸습니다. 세월이 많이 흘렀습니다. 이제 목회를 하면서 하나님의 말씀을 더욱 깊이 있게 묵상하고 성령의 조명하심으로 조금씩 하나님의 사랑에 대하여 눈을 뜨고 있습니다.

하나님의 참된 사랑은 우리의 감정을 통해 확인하는 것도 아니고, 우리가 성경을 지식적으로 많이 안다고 해서 확인되는 것도 아닙니다. 하나님의 참된 사랑은, 우리가 연약한 육체를 지닌 존재임을 겸손히 고백하고 인자로 오신 예수님의 십자가 사랑을 끊임없이 묵상할 때 경험됩니다. 그때마다 우리 마음속에 시편 23편의 말씀, 곧 "여호와는 나의 목자시니 내게 부족함이 없으리로다. 그가 나를 푸른 풀밭에 누이시며 쉴 만한 물가로 인도하시는도다 …"와 같은 평안과 사랑이 우리의 영혼에 가득 채워지는 것입니다. 부디 예수님을 깊이 알아 가시길 바랍니다. 바로 그 안에서 하나님의 사랑, 하나님의 언약 그리고 하나님의 공의가 온전히 발견될 것입니다.

그 사랑은 내 위에 깃발이로구나

술람미 여인은 솔로몬 왕의 부르심에 대하여 "나는 사론의 수선화요 골짜기의 백합화로다"라고 자기의 낮음을 노래하였습니다. 솔로몬 왕은 가시나무 가운데 있는 백합화를 보기 위해서 직접 낮아짐으로 그 골짜기를 찾아갔습니다. 이는 예수님이 우리를 위하여 인자로 오신 그 모습을 미리 보여주고 있습니다. 예수님은 가시나무 가운데 있는 그 택한 백성들을 위하여 그 가시나무에 찔리시면서까지 우리를 찾아오시고 부르셨습니다.

이러한 예수님의 사랑을 만나면 우리는 바로 술람미 여인이 "나의 사랑하는 자는 수풀 가운데 사과나무 같도다"라고 고백했듯이 우리 인생에 쉼과 평안함 그리고 기쁨이 가득 넘치게 됩니다. 이제 우리는 예수님을 향하여 그 기쁨의 포도주의 집으로 인도하여 주기를 간절히 기도할 수 있는 것입니다. 바로 그 사랑이 이제 우리의 깃발이 되어서 온 세상을 향하여 예수님의 왕 되심을 선포할 수 있는 것입니다.

우리가 이 사랑을 깊이 묵상하고 기도에 전념하면 마치 술람미 여인의 "내 사랑이 원하기 전에는 흔들지 말고 깨우지 말지니라" 고백처럼 온전히 하나님 가운데에서 세상과는 다른 평안을 깊이 간구하게 되는 것입니다.

예수님은 우리의 사랑이 결코 강제되기를 원하지 아니하십니다. 그래서 늘 기다려주시면서 우리의 전 존재가 변화되어 하나님과 동행하시기를 지금도 우리의 마음의 문을 노크하고 계십니다.

4강
포도원을 허는 작은 여우를 잡으라

(아가 2:10~17)

¹⁰ 나의 사랑하는 자가 내게 말하여 이르기를 나의 사랑, 내 어여쁜 자야 일어나서 함께 가자 ¹¹ 겨울도 지나고 비도 그쳤고 ¹² 지면에는 꽃이 피고 새가 노래할 때가 이르렀는데 비둘기의 소리가 우리 땅에 들리는구나 ¹³ 무화과나무에는 푸른 열매가 익었고 포도나무는 꽃을 피워 향기를 토하는구나 나의 사랑, 나의 어여쁜 자야 일어나서 함께 가자 ¹⁴ 바위틈 낭떠러지 은밀한 곳에 있는 나의 비둘기야 내가 네 얼굴을 보게 하라 네 소리를 듣게 하라 네 소리는 부드럽고 네 얼굴은 아름답구나 ¹⁵ 우리를 위하여 여우 곧 포도원을 허는 작은 여우를 잡으라 우리의 포도원에 꽃이 피었음이라 ¹⁶ 내 사랑하는 자는 내게 속하였고 나는 그에게 속하였도다 그가 백합화 가운데에서 양 떼를 먹이는구나 ¹⁷ 내 사랑하는 자야 날이 저물고 그림자가 사라지기 전에 돌아와서 베데르 산의 노루와 어린 사슴 같을지라

일어나서 함께 가자

술람미 여인은 솔로몬 왕이 벽 뒤에 서서 창으로 들여다보는 시선을 뜨겁게 느꼈습니다. 그녀 또한 왕이 오기까지 창을 통해 그가 산을 넘어오기를 얼마나 기다렸겠습니까? 이제 그 사랑의 눈길을 느꼈고, 솔로몬 왕과 눈을 마주쳤습니다. 기쁨에 못 이겨 심장이 터질 것만 같습니다.

솔로몬 왕이 술람이 여인에게 "나의 사랑, 내 어여쁜 자야 일어나서 함께 가자"라고 고백합니다. 여기서 "사랑"이라고 표현된 히브리어는 "레아"입니다. "레아"는 단순한 친구가 아니라, 서로에

게 헌신된 언약적 관계가 성립된 동반자를 가리킬 때 사용됩니다. 이 사랑의 여정은 처음엔 "도드"라는 표현으로 연인이 서로를 향해 마음의 문을 여는 단계의 사랑을 표현했고, 그 다음으로는 "아하브"로서 언약적인 관계 속에서 하나가 된 사랑을 나타냈습니다. 이제는 완전히 하나가 되었기에 "동반자"로서의 깊은 사랑을 표현하고 있는 것입니다. 참으로 사랑이 깊어질수록 더욱 하나가 되어가는 아름다운 과정을 보여주고 있습니다.

"어여쁜"이라고 표현된 히브리어는 "야페"입니다. 이 "야페"는 외모뿐만 아니라 존재 전체에서 기쁨을 주는 대상을 의미합니다. 솔로몬 왕은 술람미 여인을 인생의 여정을 같이 걸어가는 동반자로서, 그 존재 전체가 너무나 큰 기쁨을 주었기에 이렇게 부르고 있는 것입니다. 솔로몬 왕은 술람미 여인을 향해 "일어나라"고 부드럽게 권유합니다. 여기서 "일어서다"는 히브리어 "쿰"으로 "코프", "바브", "멤"이라는 알파벳으로 구성되어 있습니다. 특히, "코프"는 "머리 뒤, 지평선"을 상형화한 것으로 "경계선"이나 "분리"를 의미합니다. "바브"는 "연결", "멤"은 "생명"을 뜻합니다. 따라서 여기서 "쿰"이라는 단어가 사용된 것은 기존 상태에서 분리되어 내면의 두려움과 감춰진 모습에서 벗어나 생명으로 나아가자는 의미를 내포하고 있습니다. 그리고 "함께"라고 표현된 히브리어는 "라크"로서, "너를 위하여"라는 뜻을 품고 있습니다.

술람미 여인은 어머니의 아들들 포도원을 지키느라 정작 자신의 포도원을 지키지 못한 것을 아쉬워했습니다(1:6절). 하지만 이제 솔로몬 왕은 술람미 여인과 하나 되어 그들만의 포도원을 함께 가꾸기 원합니다. 이것이 바로 술람미 여인을 "위하여" 함께 가자는 사랑의 초청인 것입니다. 비록 그녀는 여전히 지나온 삶의 가치관에 갇혀 있을지라도, 이제 솔로몬 왕은 술람미 여인이 내면의 한계를 벗어나 자신에게 속하여 기쁨이 넘치는 생명의 자리로 나아가도록 부드럽게 이끌고 있습니다.

오늘날 연인들의 사랑은 이 말씀을 이정표로 삼아야 할 것입니다. 사랑을 통해 진정한 동반자가 되기 위해서는 마음이 같아져야만 합니다. 아모스 3:3절에서도 "두 사람이 뜻이 같지 않은데 어찌 동행하겠으며"라고 기록하고 있습니다. 저마다 다른 환경에서 자랐기 때문에 서로의 생각이 다를 수밖에 없습니다. 똑같은 흙에서 똑같은 비를 맞고 자라도 품종에 따라 노란 꽃, 연분홍 꽃, 흰 꽃으로 다르게 피어나는 것처럼, 우리는 서로 다를 수밖에 없는 존재입니다. 그런데 우리는 늘 자기를 기준으로 상대방을 판단하려 합니다. 그래서 우리는 솔로몬과 술람미 여인의 동행처럼 마음과 마음으로 만나고, 언약을 신뢰하며 기다려 주면서 서로 하나가 되어가는 사랑을 배워야겠습니다.

솔로몬 왕과 술람미 여인의 사랑처럼, 하나님의 사랑은 너무나 신비합니다. 성경의 역사를 보더라도, 하나님은 이스라엘 백성을 애굽에서 불러내실 때 수많은 기적을 베푸셨습니다. 그리고 광야의 삶을 통하여 믿음의 단련을 성취해 나가셨습니다. 그러나 이스라엘은 실패를 했습니다. 이에 이제 예수님이 일하시기 시작하셨습니다. 예수님은 베드로에게 "네가 요한의 아들 시몬이니 장차 게바라 하리라 하시니라(게바는 번역하면 베드로라)"고 부르셨고, 또한 나다나엘을 보시고 "보라 이는 참으로 이스라엘 사람이라 그 속에 간사한 것이 없도다"라고 부르셨습니다. 예수님은 그 제자들을 통하여 교회를 세우시고, 우리를 불러 주셨습니다. 주님은 지금 우리에게 말씀하십니다. "이제 육체의 삶을 지배해 온 과거의 가치관을 벗어나, 하나님의 은혜를 통하여 우리의 참된 기쁨이 있는 포도원을 경작하자"고 부드럽게 인도하고 계십니다. 아멘!

겨울도 지나고 비도 그쳤고

겨울은 사람을 움츠리게 만듭니다. 그리고 모두를 방 안에 가둬 놓습니다. 비가 내린 후에는 아름다운 햇살과 생명이 움트는 날이 오지만, 비가 내릴 때에는 비를 맞지 않기 위해 우리는 피난처를 찾아 비가 그치기를 기다립니다. 술람미 여인은 솔로몬 왕의 사랑을 받기까지 그녀의 마음은 겨울이었습니다. 그 고독했던 여인은 예루살렘 딸들이 햇볕에 그을린 자기의 얼굴을 볼까봐, 그들이 지나갈 때는 고개를 돌렸습니다. 그들이 우물에 물을 길으러 올까봐 그들이 없는 한낮에 우물을 찾곤 했습니다. 술람미 여인에게는 그들의 눈빛이 온통 차가운 겨울바람처럼 느껴졌기 때문입니다. 그래서 그 모든 시기가 지나가길 기다렸습니다. 이제 술람미 여인에게 겨울이 지나갔습니다. 비도 그쳤습니다. 솔로몬 왕이 그녀의 연인이 되었기 때문입니다. 술람미 여인은 예루살렘 딸들의 눈빛을 이제는 즐기는 듯합니다. 그들을 향하여 '예루살렘 딸들아! 솔로몬 왕이 나의 신랑이란다. 이제 나는 너희들이 그토록 소유하기를 원했던 솔로몬 왕이 나를 부르셨어!'라고 외칩니다.

아가서 2:12절과 13절의 전반부를 보면 "지면에는 꽃이 피고 새가 노래할 때가 이르렀는데 비둘기의 소리가 우리 땅에 들리는구나. 무화과나무에는 푸른 열매가 익었고 포도나무는 꽃을 피워 향기를 토하는구나"로 기록되어 있습니다. 이제 봄이 왔습니다. 봄을 영어로 "Spring(스프링)"이라고 합니다. Spring(스프링)은 그야말로 용수철입니다. 겨우내 모든 것이 죽었던 것처럼 보였는데, 따스한 봄 햇살이 대지를 비추자 움츠렸던 생명들의 잠을 깨웁니다. 그들의 생명이 온 대지를 용수철처럼 뚫고 올라오고 있습니다. 딱딱했던 나무에 뿌리의 진액이 흘러가고 그 진액을 따라서 아름다운 꽃이 피어나고 있습니다.

새들도 봄을 노래합니다. 추운 겨울을 지나 이제는 먹거리가 풍성해집니다. 이제는 사랑을 나누어도 잘 키울 수 있을 것 같습니다. 그래서 새도 노래합니다. 비둘기는 봄에 사랑을 나눕니다. 봄바람처럼 따뜻하고 온유한 비둘기의 마음에 사랑이 자라납니다. 그래서 "구구구"하며 사랑을 찾는 소리들이 온 땅에 들려옵니다. 무화과나무에 푸른 열매가 익어가고 있습니다. 예수님이 그렇게 찾았던 무화과나무가 사랑 가운데 열매를 맺고 있습니다. 포도나무는 초록빛 머금은 하얀 꽃을 피워 향기를 내뿜고 있습니다. 바로 순결한 하얀색과 사랑이 시작되는 그 초록빛 포도나무의 꽃에서 기쁨의 향기가 피어오릅니다.

하나님은 애굽에서 종살이하던 이스라엘을 향해 출애굽기 3:7~10절에서 바로 그들의 부르짖음을 들으셨다고 말씀합니다.

> [7] 여호와께서 이르시되 내가 애굽에 있는 내 백성의 고통을 분명히 보고 그들이 그들의 감독자로 말미암아 부르짖음을 듣고 그 근심을 알고 [8] 내가 내려가서 그들을 애굽인의 손에서 건져내고 그들을 그 땅에서 인도하여 아름답고 광대한 땅, 젖과 꿀이 흐르는 땅 곧 가나안 족속, 헷 족속, 아모리 족속, 브리스 족속, 히위 족속, 여부스 족속의 지방에 데려가려 하노라 [9] 이제 가라 이스라엘 자손의 부르짖음이 내게 달하고 애굽 사람이 그들을 괴롭히는 학대도 내가 보았으니 [10] 이제 내가 너를 바로에게 보내어 너에게 내 백성 이스라엘 자손을 애굽에서 인도하여 내게 하리라

하나님은 애굽에서 고통받고 있던 이스라엘 백성을 보시고는 "이제는 겨울이 지나고 봄이 왔다", "비가 그쳤다"는 마음으로 그들을 불러내셨습니다. 그들은 온 애굽에 내려진 사망의 심판을 오직 유월절 어린양의 피로 말미암아 피했습니다. 이제는 홍해를 가로지르고 광야로 용수철처럼 튀어 올라왔습니다. 진실로 그들에게 봄이 찾아 온 것입니다.

우리 그리스도인도 그러합니다. 이스라엘은 가나안 땅에서 우

상 숭배로 흘러갔지만, 하나님은 유월절 어린양인 예수 그리스도의 피로 우리를 불러내셨습니다. 그리고 이방인의 구원을 통해 유대인이 시기하게 하심으로써, 유대인도 예수 그리스도 안에서 하나로 부르셨습니다. 이제는 그들을 교회 안에 두시고 "영원한 기쁨의 왕이신 그리스도 안에서 택함을 받은 자들이여! 이제는 참된 봄이로구나. 내 안에서 사랑으로 함께 동행하자꾸나!"라고 당신의 나라로 초대하십니다.

우리는 어떻게 하면 예수님과 동행할 수 있습니까? 예수님은 요한복음 14:20~21절에서 "그 날에는 내가 아버지 안에, 너희가 내 안에, 내가 너희 안에 있는 것을 너희가 알리라. 나의 계명을 지키는 자라야 나를 사랑하는 자니 나를 사랑하는 자는 내 아버지께 사랑을 받을 것이요. 나도 그를 사랑하여 그에게 나를 나타내리라"고 말씀하셨습니다. 예수님은 진실로 우리가 서로 사랑해야 한다고 말씀하십니다. 곧 하나님의 계명의 참된 본질인 사랑을 실천해야 한다고 하십니다. 아담이 하나님을 떠난 것은 결국 "죄" 때문이었습니다. 마치 하나님이 아담을 에덴 동산에서 떠나보내신 것처럼 보이지만, 실상은 아담이 선악과의 열매를 먹고서 먼저 하나님을 피하여 숨어버렸던 것입니다. 우리 인간이 하나님을 떠나는 것은 결국은 "죄" 때문입니다.

한편, 하나님이 성전을 떠나는 모습이 에스겔 10:18~19절의 "여호와의 영광이 성전 문지방에서 떠나 그룹들 위에 머무르니 그룹들이 날개를 들고 내 눈 앞의 땅에서 올라가는데 그들이 나갈 때에도 그 곁에서 함께 하니라 그들이 나갈 때에 바퀴도 그 곁에서 함께 하니라 그들이 여호와의 전으로 들어가는 동문에 머무르고 이스라엘 하나님의 영광이 그 위에 덮였더라"는 말씀에 잘 나타나 있습니다. 결국 죄로 인해 인간은 하나님을 떠나게 되고, 하나님은 그 죄로 말미암아 인간이 우상 숭배에 몰입하게 됨으로 성전을 떠나실 수밖에 없었던 것입니다. 이제 구원받은 그리스도인의 모습을 잘 생각해 보십시오. 고린도후서 6:16절은 "… 우리는 살아 계신 하나님의 성전이라 …"라고 말씀하고 있습니다. 그러므로 우리가 성령과 동행하기 위해서는 죄를 짓지 말아야 함을 잘 보여줍니다. 실로 "죄"란 하나님의 길에서 벗어남을 의미합니다. 우리가 "죄"를 짓는 한, 어떻게 거룩하신 하나님이 우리와 동행할 수 있겠습니까?

사랑하는 형제자매님!

우리는 구약 시대처럼 율법을 지킴으로써 구원받는 시대에 살고 있지 않습니다. 이스라엘의 역사를 잘 살펴보십시오. 그들이 어떻게 애굽에서 벗어날 수 있었습니까? 그들이 애굽에서 노예의 신분에서 해방된 것은 오직 하나님이 아브라함과 맺으신 언약의 신실함에 따라 크고 은혜로운 권능의 손으로 건져 주셨기 때문입니다. 그들에게는 아무런 공로가 없었습니다. 하나님은 그들을 젖과 꿀이 흐르는 가나안 땅으로 인도하여 들이셨습니다. 그러나 가나안 땅에서 그들의 삶은 어떠했습니까? 에스겔 8:5~18절을 보면 온 이스라엘이 우상 숭배에 빠져 있었음을 알 수 있습니다.

⁵ 그가 내게 이르시되 인자야 이제 너는 눈을 들어 북쪽을 바라보라 하시기로 내가 눈을 들어 북쪽을 바라보니 제단문 어귀 북쪽에 그 질투의 우상이 있더라 ⁶ 그가 또 내게 이르시되 인자야 이스라엘 족속이 행하는 일을 보느냐 그들이 여기에서 크게 가증한 일을 행하여 나로 내 성소를 멀리 떠나게 하느니라 너는 다시 다른 큰 가증한 일을 보리라 하시더라 ⁷ 그가 나를 이끌고 뜰 문에 이르시기로 내가 본즉 담에 구멍이 있더라 ⁸ 그가 내게 이르시되 인자야 너는 이 담을 헐라 하시기로 내가 그 담을 허니 한 문이 있더라 ⁹ 또 내게 이르시되 들어가서 그들이 거기에서 행하는 가증하고 악한 일을 보라 하시기로 ¹⁰ 내가 들어가 보니 각양 곤충과 가증한 짐승과 이스라엘 족속의 모든 우상을 그 사방 벽에 그렸고 ¹¹ 이스라엘 족속의 장로 중 칠십 명이 그 앞에 섰으며 사반의 아들 야아사냐도 그 가운데에 섰고 각기 손에 향로를 들었는데 향연이 구름 같이 오르더라 ¹² 또 내게 이르시되 인자야 이스라엘 족속의 장로들이 각각 그 우상의 방안 어두운 가운데에서 행하는 것을 네가 보았느냐 그들이 이르기를 여호와께서 우리를 보지 아니하시며 여호와께서 이 땅을 버리셨다 하느니라 ¹³ 또 내게 이르시되 너는 다시 그들이 행하는 바 다른 큰 가증한 일을 보리라 하시더라 ¹⁴ 그가 또 나를 데리고 여호와의 전으로 들어가는 북문에 이르시기로 보니 거기에 여인들이 앉아 담무스를 위하여 애곡하더라 ¹⁵ 그가 또 내게 이르시되 인자야 네가 그것을 보았느냐 너는 또 이보다 더 큰 가증한 일을 보리라 하시더라 ¹⁶ 그가 또 나를 데리고 여호와의 성전 안뜰에 들어가시니라 보라 여호와의 성전 문 곧 현관과 제단 사이에서 약 스물다섯 명이 여호와의 성전을 등지고 낯을 동쪽으로 향하여 동쪽 태양에게 예

배하더라 ¹⁷ 또 내게 이르시되 인자야 네가 보았느냐 유다 족속이 여기에서 행한 가증한 일을 적다 하겠느냐 그들이 그 땅을 폭행으로 채우고 또 다시 내 노여움을 일으키며 심지어 나뭇가지를 그 코에 두었느니라 ¹⁸ 그러므로 나도 분노로 갚아 불쌍히 여기지 아니하며 긍휼을 베풀지도 아니하리니 그들이 큰 소리로 내 귀에 부르짖을지라도 내가 듣지 아니하리라

진실로 우리가 하나님과 동행을 할 수 있는 길은, 바로 하나님을 사랑하고 이웃을 사랑함으로써 우리가 사랑 안에 거하는 것뿐입니다. 설령 우리가 기도한다고 할지라도, 그것이 진실한 사랑 안에서 행하는 기도가 아니라면, 이는 에스겔 8:5~18절의 말씀처럼 우상 숭배와 다를 바 없을 것입니다. 오직 우리가 사랑 가운데 행할 때에만 우리는 하나님의 사랑을 깊이 묵상할 수 있고, 이러한 사랑을 실천하기 위해 더욱 성령 의존적인 삶을 살아갈 수 있습니다.

내가 네 얼굴을 보게 하라

아가서 2:13절 후반부와 14절을 보면 "나의 사랑, 나의 어여쁜 자야 일어나서 함께 가자. 바위틈 낭떠러지 은밀한 곳에 있는 나의 비둘기야 내가 네 얼굴을 보게 하라. 네 소리를 듣게 하라. 네 소리는 부드럽고 네 얼굴은 아름답구나"입니다. 비둘기는 천적의 위협으로부터 자신과 새끼를 보호하기 위해 바위틈이나 절벽의 은밀한 곳에 둥지를 틉니다. 그곳은 접근하기 어렵지만 가장 안

전하게 보호받을 수 있는 공간입니다. 술람미 여인은 솔로몬 왕의 사랑을 받아 그 깃발 아래 속하게 되었지만, 여전히 자기만의 세계 안에 숨어 있습니다. 그녀는 과거에 어머니의 아들들로부터 받은 고난 그리고 타인이 자신을 멸시할까 봐 늘 피하며 살았던 고독함 속에서 여전히 "자아"를 움켜쥐고 있는 것입니다.

우리가 타인과 동행할 때 가장 어려운 점이 바로 자신의 틀에서 벗어나지 못하는 것입니다. 마치 손가락으로 달을 가리키는데, 한 사람은 그 손가락을 보고 있고, 한 사람은 달을 보고 있는 것과 같습니다. 동일한 곳을 바라보는 듯하지만, 실상은 서로 다른 것을 보고 있습니다. 그래서 자신이 가리키는 대상의 의미를 이야기해도 상대방은 그것을 온전히 받아들이지 못합니다. 그것을 인정하고 받아들이면 마치 자기의 존재가 무너지는 것처럼 느껴지기에, 열등감이 자신을 꽁꽁 싸매고 있는 것입니다. "완고함"이라는 단어는 히브리어로 "카세쉬"입니다. 이는 "코프", "쉰", "헤"로 이루어진 단어인데 "코프"는 "뒤틀림", "쉰"은 "이빨", "헤"는 "숨"을 상징합니다. 즉, 완고함이란 뒤틀린 마음으로 이빨을 드러내는 모습입니다. 이는 단순히 고집이 센 것을 넘어, 두려움에서 비롯된 자아의 방어막이라 할 수 있습니다. 자기의 의견을 내려놓으면 내 존재가 무너질까 봐 두려워하는 마음인 것입니다.

우리가 복음을 올바르게 받아들이고 하나님을 온전히 믿기 위해서는 나의 견고한 자아가 무너져야만 합니다. 이것이 무너지지 않고 자기의 옳음이 살아있는 한, 하나님의 "의"를 받아들이는

사랑의 세레나데

것은 사실상 불가능하기 때문입니다. 우리는 하나님의 말씀 앞에서 근본적으로 하나님을 떠난 "죄인"으로서의 위치를 정확하게 알아야 합니다. 그렇게 될 때, 하나님의 말씀이 우리를 책망하실지라도 "아멘"으로 화답할 수 있습니다. 이 단계를 넘어서지 않고서는 참된 신앙의 첫걸음을 내딛기가 너무나 어렵습니다. 하나님은 이스라엘 백성을 향하여 예레미야 5:23절에서 "이 백성은 배반하고 반역하는 마음을 가진 백성이라."고 말씀하고 계십니다. 오늘날 그리스도인들 역시 "주여! 저는 죄인입니다."라고는 고백하지만, 실상은 이 세상의 욕망을 채우기 위한 입술의 고백에 불과한 경우가 너무나 많습니다. 진실하게 "죄인"이 된다면, 우리의 삶 속에서 하나님의 영광을 위하여 살지 않은 모든 것에 대해 철저한 회개와 그에 따른 행함이 뒤따라야 합니다.

솔로몬은 아가서 2:9절에서 보여주듯, 함부로 술람미 여인이 있는 문을 박차고 들어가지 않았습니다. 도리어 2:10절, 13절 및 14절에서와 같이 "나의 사랑, 내 어여쁜 자야 일어나서 함께 가자", "나의 비둘기야 내가 네 얼굴을 보게 하라", "네 소리를 듣게 하라", "네 소리는 부드럽고 네 얼굴은 아름답구나"라고 부드럽게 사랑을 속삭이고 있습니다. 마치 "자아"라는 두꺼운 옷을 입고 있는 사람에게 "그 옷은 여기에 어울리지 않아요. 당장 벗어요."라고 강요하지 않고, 방 안의 온도를 따뜻하게 높여 자연스럽게 그 옷을 벗게 만드는 것과 같습니다. 솔로몬 왕은 술람미 여인에게 따뜻한 사랑의 음성으로 다가가 그녀가 스스로 그 견고한 "자아"를 벗어 버리게 합니다.

하나님의 사랑하심은 너무나 놀랍고 환상적입니다. 우리 인류가 죄를 범하지 않았다면, 바로 이 사랑으로 온 세상이 아름다웠을 것입니다. 하지만 우리에게는 희망이 있습니다. 온 세상이 심판을 받고 죄가 심판을 받은 후에 새 하늘 새 땅이 임하면, 바로 그 사랑이 온 우주에 충만할 것입니다. 그때야 우리는 하나님의 본질인 그 사랑을 온전히 만끽하게 될 것입니다. 특히 고린도전서 15:51~53절 "보라 내가 너희에게 비밀을 말하노니 우리가 다 잠 잘 것이 아니요, 마지막 나팔에 순식간에 홀연히 다 변화되리니 나팔 소리가 나매 죽은 자들이 썩지 아니할 것으로 다시 살아나고 우리도 변화되리라 이 썩을 것이 반드시 썩지 아니할 것을 입겠고 이 죽을 것이 죽지 아니함을 입으리로다"의 말씀이 너무나 큰 위로가 됩니다.

아름다운 봄날, 날개를 나풀거리며 바람에 몸을 맡겨 꽃을 찾아가는 아름다운 나비를 보면 너무나 행복합니다. 그런데 그 나비의 일생을 잘 모르는 사람이라면, 나비가 번데기에서 나왔다는 사실과 그 번데기는 굼벵이에서 시작되었다는 이야기를 듣고 깜짝 놀랄 것입니다. 우리의 육체는 비록 이 땅에서는 썩어 없어질 것이지만, 우리의 거듭난 영혼은 성령 하나님의 인도하심으로 낙원에 거할 것입니다. 그리고 예수님의 재림의 나팔이 길게 울려 퍼질 때, 우리는 나비보다도 더 영광스러운 모습으로 변화될 것입니다. '그때는 과연 우리가 어떻게 변화될까?'라는 생각을 할 때마다, 아브라함이 믿음을 따라 이삭을 얻었던 것처럼 우리도 그 영광스러운 모습을 미리 얻은 자의 위치에 오르게 되는 것입니다. 참으로 그리스도인은 믿음으로 죄인에서 의인으로 의롭다 함을 얻고, 믿음으로 더욱 거룩한 성화의 옷을 덧입어 나아갑니다. 또한 믿음으로 죽음을 잠자는 것으로 받아들이며, 믿음으로 영화스러운 모습으로 변화될 것임을 바로 지금, 현재의 은혜로 누리는 것입니다.

누가복음 15:11~32절에는 잃은 아들을 되찾은 아버지의 비유를 설명하고 있습니다. 어떤 사람에게 두 아들이 있었는데, 둘째가 아버지에게 자신에게 돌아올 유산을 미리 달라고 하여 먼 나라로 떠났습니다. 그는 그곳에서 허랑방탕하게 살다가 결국 죽을 지경에 이르렀습니다. 마지막에는 돼지를 치다가 돼지가 먹는 쥐엄 열매로 배를 채우고자 하였으나, 그것마저 주는 자가 없었습니다. 이제 그 둘째 아들은 아버지의 집으로 돌아가고자 무거운 발걸음을 옮겼습니다. 그런데 아버지는 아직 거리가 먼데도 먼저 아들을 알아보고 달려 나와, 아들의 목을 안고 입을 맞추었습니다. 그리고는 제일 좋은 옷을 내어다가 입히십니다. 둘째 아들이 가장 좋은 옷을 입기 위해서는 먼저 자신이 걸치고 있던 누더기를 벗어야만 합니다. 이것이 바로 우리의 누더기가 된 자아를 내려놓는 모습입니다. 죽음에서 영광으로 이르는 과정도 그러하지만, 우리의 육체가 성화되어가는 모습으로 변화받기 위해서도 우리는 나의 "옳음"을 말씀 앞에 내려놓고 순종의 길을 걸어가야만 합니다. 이 모든 순종의 실천 수단은 바로 믿음입니다. 그래서 그리스도인들은 "믿음은 바라는 것들의 실상이요 보이지 않는 것들의 증거니"(히11:1)라는 말씀처럼 살아가는 것입니다.

포도원을 허는 작은 여우를 잡으라

아가서 2:15절에서 솔로몬 왕은 술람미 여인에게 "우리를 위하여 여우 곧 포도원을 허는 작은 여우를 잡으라 우리의 포도원에 꽃이 피었음이라"라고 다정스럽게 이야기를 하고 있습니다. 술람미 여인은 솔로몬 왕의 부드러운 사랑의 음성에 자신을 내맡기며, 바위틈 낭떠러지 은밀한 곳을 벗어나 그들의 포도원으로 발걸음을 옮겼습니다. 그런데 그 포도원이 토해내는 꽃향기에 작은 여우들이 모여들었습니다. 이스라엘이 위치한 가나안 지역에서 여우는 포도원에 꽃이 피는 시기가 되면 포도나무를 갉아 꽃눈을 떨어뜨리고, 포도송이를 물어뜯는 동물입니다. 특히 작은 여우들은 땅속을 파고 들어가 뿌리를 흔들거나 포도 꽃이 피어 열매 맺기 직전의 포도송이를 상하게 하여 수확을 망치는 원인이 되었습니다. 따라서 자라나는 포도원의 가장 큰 적은 사나운 맹수가 아니라, 작고 교묘한 여우였습니다.

포도원은 기쁨의 원천이 되는 곳입니다. 그런데 거기에서 작은 여우는 그 기쁨의 원천이 되는 뿌리를 갉아 열매 맺지 못하도록 방해합니다. 그리고 포도송이가 맺어져 갈 때 포도송이를 갉아먹어 아름다운 결실을 가로막습니다. 기쁨의 원천이 되어야 할 포도원이 수고와 절망의 자리가 되어서는 안 됩니다. 그래서 솔로몬 왕은 그 포도원을 술람미 여인과 같이 가꾸고 싶어 하는 것입니다. 솔로몬은 "왕"이었습니다. 왕의 권세로 얼마든지 부하들에게 명령하여 여우를 잡도록 할 수 있었습니다. 그렇지만 그는 그렇게 하지 않았습니다. 오직 술람미 여인과 함께 그 포도원을 가꾸고 싶었기 때문입니다. 그렇게 사랑을 나누며 진정한 동행을 하고 싶었던 것입니다.

이 모습을 보면 하나님이 아담을 창조하시고 에덴 동산으로 이끌고 오시는 장면이 너무나 선명하게 떠오릅니다. 창세기 2장에서 "여호와 하나님"은 언약에 신실하신 하나님을 가리킬 때 사용하는 호칭입니다. 하나님은 어떠한 것도 부족함이 없으신 분이시지만, 친히 아담과 동행하기를 원하셨습니다. 창세기 2:5절에는 "… 땅을 갈 사람도 없었으므로 들에는 초목이 아직 없었고 밭에는 채소가 나지 아니하였으며"라는 말씀이 있습니다. 이어서 창세기 2:7~8절 "여호와 하나님이 땅의 흙으로 사람을 지으시고, 생기를 그 코에 불어넣으시니 사람이 생령이 되니라. 여호와 하나님이 동방의 에덴에 동산을 창설하시고 그 지으신 사람을 거기 두시니라"라는 말씀이 있습니다. 이는 마치 솔로몬 왕이 술람미 여인을 포도원으로 초대하는 모습과 비견됩니다. 한편, 창세기 2:15~17절에 다음과 같이 기록되어 있습니다.

> 15 여호와 하나님이 그 사람을 이끌어 에덴 동산에 두어 그것을 경작하며 지키게 하시고 16 여호와 하나님이 그 사람에게 명하여 이르시되 동산 각종 나무의 열매는 네가 임의로 먹되 17 선악을 알게 하는 나무의 열매는 먹지 말라 네가 먹는 날에는 반드시 죽으리라 하시니라

창세기 2:15절에 보면 "경작하며 지키게 하시고"라는 표현이 있습니다. 여기서 "지키다"는 단어는 히브리어로 "샤마르"입니다. 이는 "쉰", "멤", "레쉬"로 이루어진 단어로서 "생명을 보존하기 위해 분별하며, 책임감을 가지고 끊임없이 주의 깊게 감시하는 것"을 뜻합니다. 이미 사탄이 존재하였고, 그 사탄이 하나님과 아담 사이의 사랑을 침범할 것이 예상되었다는 사실을 잘 보여줍니다. 이처럼 하나님과 인간의 사랑 사이에는 포도원을 허는 작은 여우가 그때부터 활동하고 있었습니다. 그렇다면 아담은 바로 이러한 사탄의 존재에 대해 늘 주의를 기울여야만 했습니다. 노아도 창세기 9:21절에서 "포도주를 마시고 취하여 그 장막 안에서 벌거벗은지라"라는 기록된 것처럼 포도원을 허는 작은 여우를 주의 깊게 살피지 못하여 실수를 범했습니다. 이스라엘 백성 중 하나님을 섬기는 일에 택함을 받은 레위의 증손 고핫의 손자 이스할의 아들 고라의 자손도 모세를 대적하였습니다. 또한 젖과 꿀이 흐르는 가나안 땅에서 아간은 시날 산의 아름다운 외투 한 벌과 은 이백 세겔과 그 무게가 오십 세겔 되는 금덩이를 탐내어 장막 가운데 땅속에 감추고 하나님을 대적하였습니다.

예수님은 제자들을 택하실 때의 모습이 요한복음 6:70절에는 "예수께서 대답하시되 내가 너희 열둘을 택하지 아니하였느냐. 그러나 너희 중의 한 사람은 마귀니라 하시니"라고 기록되어 있습니다. 예수님도 제자들을 부르실 때, 마치 작은 여우가 포도원을 허는 것처럼 예수님과 제자 공동체를 허물 한 사람이 있음을 아시고 미리 주의를 주셨던 것입니다. 만일 제자들이 이 말씀에 깊이 주의를 기울였다면 그들은 예수님에게 "주님, 그렇다면 우리는 어떻게 해야 됩니까?"라고 물었을 것입니다. 그런데 그들은 그렇게 하지 않았습니다. 이러한 모습은 새로운 공동체인 교회가 출발하는 시점에서도 동일하게 발생했습니다. 사도행전 5:1~6절까지 같이 보도록 하겠습니다.

> ¹ 아나니아라 하는 사람이 그의 아내 삽비라와 더불어 소유를 팔아 ² 그 값에서 얼마를 감추매 그 아내도 알더라 얼마만 가져다가 사도들의 발 앞에 두니 ³ 베드로가 이르되 아나니아야 어찌하여 사탄이 네 마음에 가득하여 네가 성령을 속이고 땅 값 얼마를 감추었느냐 ⁴ 땅이 그대로 있을 때에는 네 땅이 아니며 판 후에도 네 마음대로 할 수가 없더냐 어찌하여 이 일을 네 마음에 두었느냐 사람에게 거짓말한 것이 아니요 하나님께로다 ⁵ 아나니아가 이 말을 듣고 엎드러져 혼이 떠나니 이 일을 듣는 사람이 다 크게 두려워하더라 ⁶ 젊은 사람들이 일어나 시신을 싸서 메고 나가 장사하니라

아나니아와 삽비라는 교회에 헌금을 많이 하여 칭송받기를 원했습니다. 하지만 한편으로는 물질이 아까웠습니다. 그래서 땅을 팔아 그 일부를 감추고는 마치 전부를 드린 것처럼 거짓말을 했습니다. 차라리 "베드로님, 제가 이 땅을 1,000데나리온에 팔았는데 500데나리온을 헌금합니다"라고 솔직하게 말하면 될 것을, "제가 가진 땅을 500데나리온에 팔아서 그 전부를 헌금합니다"라고 거짓을 고한 것입니다. 이러한 행위를 두고 베드로는 "성

령을 속이는 것"이라고 질책합니다. 바로 하나님을 속인 것입니다. 이러한 기만하는 마음을 품고 있는 아나니아가 과연 하나님과 올바른 관계를 맺을 수 있을까요? 하나님은 변함없이 그곳에 계시지만, 아나니아가 하나님을 떠나는 관계가 될 수밖에 없습니다. 마치 아담이 나무 뒤에 숨었던 것처럼 말입니다. "포도원을 허무는 작은 여우를 잡으라"는 이 말씀은, 하나님이 창세 때부터 오늘날 우리에게까지 여전히 하고 계시는 간곡한 당부입니다.

사랑하는 형제자매님!

우리가 하나님을 믿는다고 고백하지만, 사실 모든 것이 전적으로 하나님의 은혜라는 것을 우리는 아가서를 통해서 알 수 있습니다. 아무도 찾지 않던 술람미 여인을 가시나무 가득한 골짜기까지 찾아 나선 솔로몬의 사랑이 아니었다면, 술람미 여인은 평생 기쁨이 충만한 포도원을 소유하지 못했을 것입니다. 그저 햇볕에 그을린 얼굴로 흙먼지처럼 비루하게 살다가 흙으로 돌아갔을 인생이었습니다. 그런데 솔로몬의 사랑이 그녀를 봄의 꽃향기가 만연한 포도원으로 초대했던 것입니다.

우리는 하나님을 믿는 것을 너무 가볍게 생각하는 경향이 있습니다. 실상 우리는 이미 단두대에 칼날이 높이 걸린 채, 언제라도 목이 잘려도 아무 할 말이 없는 죄인의 위치에 있었습니다. 그런데 하나님의 사랑이 예수님을 보내셨고, 예수님의 사랑이 우리가 담당해야 할 죽음의 심판을 모두 감당하셨습니다. 그리고 그 사랑으로 말미암아 성령님이 우리 가운데 죽었던 영혼을 살리시고 좌정(坐定)하고 계십니다.

그렇다면 우리는 과연 어떻게 살아야겠습니까? 여전히 음란 가운데서 음란한 삶을 살 것입니까? 여전히 일만 악의 근본이 되는 돈을 사랑하여 남을 속이는 삶을 살 것입니까? 여전히 선악과를 따 먹는 판단으로 남을 판단하고 정죄하는 삶을 살 것입니까? 여전히 자기가 왕이 되어 인간을 의지하는 삶을 살아갈 것입니까? 우리는 깊이 회개해야 합니다. 진실로 신앙은 돌이키는 것에서 시작됩니다. 돌이키는 열매 없이는 구원받은 삶이라고 우리는 말할 수 없습니다. 그런 사람에게는 더욱더 하나님의 진노가 그 머리 위에 머물게 됩니다. 왜냐하면 그래야만 진실로 돌이킬 수 있기 때문입니다.

내 사랑하는 자는 내게 속하였고

술람미 여인은 이제 이 기쁨의 삶이 너무나 행복했습니다. 그래서 술람미 여인은 "내 사랑하는 자는 내게 속하였고"라고 노래합니다. 우리는 이 고백의 의미를 명확히 확인하기 위해 아가서의 다른 구절을 살펴볼 필요가 있습니다. 아가서 7:10절에는 "나는 내 사랑하는 자에게 속하였도다…"라고 기록되어 있습니다. 즉, 2장에서는 술람미 여인이 사랑의 주도권을 가진 자로 표현되어 있고, 7장에서는 사랑의 주도권이 바로 솔로몬 왕에게 있음으로 표현되어 있습니다. 두 구절은 사랑의 주체가 술람미 여인과 솔로몬 왕 사이에서 역동적으로 교차되고 있음을 보여줍니다.

우리는 여기서 아가서의 본질을 이해하는 데 큰 힌트를 얻게 됩니다. 술람미 여인은 솔로몬 왕으로부터 사랑의 언약의 부름을 받았을 때에도, 여전히 자기중심적인 사랑에 머물러 있었다는 것을 알 수 있습니다. 그러나 이러한 사랑은 아가서의 3장부터 6장의 과정을 거치면서 온전히 버려지고, 마침내 솔로몬 왕에게 온전히 속하여지는 사랑을 노래하게 됩니다. 이것이 바로 삼위일체 하나님의 사랑의 본질입니다. 즉 아가서에서 노래하는 사랑은 단지 우리 인간의 사랑이 아니라 바로 그 본질이신 하나님의 사랑을 노래하는 것임을 알 수 있습니다. 우리는 아가서를 읽고 묵상하면서 우리를 향한 하나님의 사랑이 어떠한지 그리고 우리는 어떻게 하면 하나님의 사랑 안에 오롯이 속하게 되는지를 배워야 합니다.

사랑하는 형제자매님!

여러분의 사랑의 단계는 어디에 위치하고 있습니까? 여전히 어머니의 아들들의 포도원을 지키고 있는 위치입니까? 하나님의 사랑의 부름을 받았는데 아직까지 바위틈 낭떠러지 은밀한 곳에서 숨어 있습니까? 하나님과 동행한다고 하지만 여전히 "자아"를 만족시키기 위한 자아중심적인 곳에 머물러 있습니까? 혹은 하나님의 사랑의 잔치에 초대를 받아 기쁨을 누리다가 영적 나태함에 빠져 있지는 않습니까? 아니면 진실로 하나님의 사람, 그 성숙한 위치에 서 있습니까?

"… 그가 백합화 가운데에서 양 떼를 먹이는구나"라는 표현은 너무나 아름다운 구절입니다. 술람미 여인은 아직 신앙이 성숙하지 못하여 자기중심적인 위치에서 솔로몬 왕을 바라보았지만, 솔로몬 왕은 그러한 술람미 여인을 탓하지 않습니다. 오히려 그러한 상태에 있는 그녀를 마치 양 떼를 돌보듯이 지켜주고 보호하고 있습니다. 참으로 술람미 여인은 행복한 사람입니다. 그렇지만 우리는 술람미 여인보다 더 행복한 사람들입니다. 이사야 40:28~31절을 같이 보도록 하겠습니다.

> [28] 너는 알지 못하였느냐 듣지 못하였느냐 영원하신 하나님 여호와, 땅 끝까지 창조하신 이는 피곤하지 않으시며 곤비하지 않으시며 명철이 한이 없으시며 [29] 피곤한 자에게는 능력을 주시며 무능한 자에게는 힘을 더하시나니 [30] 소년이라도 피곤하며 곤비하며 장정이라도 넘어지며 쓰러지되 [31] 오직 여호와를 앙망하는 자는 새 힘을 얻으리니 독수리가 날개치며 올라감 같을 것이요 달음박질하여도 곤비하지 아니하겠고 걸어가도 피곤하지 아니하리로다

여호와를 앙망하는 자는 새 힘을 얻습니다. 하나님의 사랑과 보호하심 가운데 있는 백성들이 하나님을 전적으로 바라볼 때, 바로 그러한 능력을 얻습니다. 영원히 지치지 않으시는 그 하나님이 우리의 목자이십니다. 아멘!

포도원을 허는 작은 여우를 잡으라

솔로몬 왕은 술람미 여인에게 겨울도 지나고 비도 그쳤고 봄이 왔기에 일어나서 함께 가자고 부드럽게 초대합니다. 진실로 술람미 여인의 경우에는 어머니의 아들들의 포도원을 지키느라 정작 자기의 기쁨의 원천이 되는 포도원을 가꾸지 못하였습니다. 그리고 그 포도원을 지키느라 햇볕에 그을렸습니다. 이러한 겨울 같은 삶 속에 술람미 여인은 갇혀 있었습니다. 그래서 솔로몬 왕은 봄, SPRING처럼 술람이 여인이 어둠 속에서 나오기를 아름다운 자연을 통하여 부르고 있습니다. 그곳에는 비둘기가 서로 사랑을 노래하는 시기였습니다. 그리고 포도나무의 꽃을 피우는 시기였습니다. 그래서 이제 솔로몬 왕은 "우리의 포도원"으로 술람미 여인을 이끌어 가고 있습니다. 솔로몬 왕은 "너를 위하여" 포도원으로 가자며 바위틈 낭떠러지 은밀한 곳과 같은 닫힌 자아에 머물고 있는 술람미 여인을 부드러운 음성으로 속삭입니다. "네 얼굴을 보게 하라", "네 소리를 듣게 하라"고 이야기 합니다.

그러면서 포도원을 허는 작은 여우를 잡자고 합니다. 이는 솔로몬 왕이 술람이 여인과 함께 이제 기쁨의 포도원을 가꾸는 것에 동참하고 싶은 마음을 표현하고 있습니다. 포도원을 무너뜨리는 것은 무서운 곰과 사자가 아니라 바로 작은 여우입니다. 우리도 신앙 과정에서 하나님과의 관계를 무너뜨리는 우리의 자아를 하나씩 무너뜨려야만 할 것입니다. 이러한 과정을 겪어야만 우리는 비로소 하나님의 사랑에 거하는 것입니다.

5강

볼지어다 솔로몬의 가마로다

(아가 2:17~3:11)

¹⁷ 내 사랑하는 자야 날이 저물고 그림자가 사라지기 전에 돌아와서 베데르 산의 노루와 어린 사슴 같을지라 ¹ 내가 밤에 침상에서 마음으로 사랑하는 자를 찾았노라 찾아도 찾아내지 못하였노라 ² 이에 내가 일어나서 성 안을 돌아다니며 마음에 사랑하는 자를 거리에서나 큰 길에서나 찾으리라 하고 찾으나 만나지 못하였노라 ³ 성 안을 순찰하는 자들을 만나서 묻기를 내 마음으로 사랑하는 자를 너희가 보았느냐 하고 ⁴ 그들을 지나치자마자 마음에 사랑하는 자를 만나서 그를 붙잡고 내 어머니 집으로, 나를 잉태한 이의 방으로 가기까지 놓지 아니하였노라 ⁵ 예루살렘 딸들아 내가 노루와 들사슴을 두고 너희에게 부탁한다 사랑하는 자가 원하기 전에는 흔들지 말고 깨우지 말지니라 ⁶ 몰약과 유향과 상인의 여러 가지 향품으로 향내 풍기며 연기 기둥처럼 거친 들에서 오는 자가 누구인가 ⁷ 볼지어다 솔로몬의 가마라 이스라엘 용사 중 육십 명이 둘러쌌는데 ⁸ 다 칼을 잡고 싸움에 익숙한 사람들이라 밤의 두려움으로 말미암아 각기 허리에 칼을 찼느니라 ⁹ 솔로몬 왕이 레바논 나무로 자기의 가마를 만들었는데 ¹⁰ 그 기둥은 은이요 바닥은 금이요 자리는 자색 깔개라 그 안에는 예루살렘 딸들의 사랑이 엮어져 있구나 ¹¹ 시온의 딸들아 나와서 솔로몬 왕을 보라 혼인날 마음이 기쁠 때에 그의 어머니가 씌운 왕관이 그 머리에 있구나

베데르 산의 노루와 어린 사슴 같을지라

솔로몬 왕은 술람미 여인을 향하여 봄의 향연으로 나아와서 함께 포도원을 가꾸자고 부드럽게 불렀습니다. 그 사랑스러운 목소리는 "나의 비둘기야 내가 네 얼굴을 보게 하라 네 소리를 들

게 하라 네 소리는 부드럽고 네 얼굴은 아름답구나"라고 조용히 속삭이는 듯했습니다. 그런데 2:17절은 16절과 비교할 때 장면이 급격히 전환됩니다. 날이 저물고 솔로몬 왕이 술람미 여인과 함께 있지 않는 듯한 모습으로 보입니다. 이는 히브리어 원문을 직역하면 "내 사랑하는 이여, 돌아오소서, 날이 저물고 그림자가 달아나기 전에. 노루와 사슴처럼, 베데르 산 위에 있으소서"라고 표현된 것을 보면 더욱 잘 알 수 있습니다.

이어지는 3장의 초반부와 비교해 보면, 술람미 여인은 솔로몬 왕의 그 부드럽고 사랑스런 부름에도 불구하고 자신의 갇힌 자아에서 완전히 벗어나지 못했습니다. 그녀는 여전히 바위틈 낭떠러지, 은밀한 곳에 머물러 있는 것입니다. 만일 솔로몬 왕의 다정한 부름에 일찍 응답했다면, 굳이 솔로몬이 사랑하는 비둘기인 술람미 여인을 밤에 홀로 두고 떠날 이유가 없었을 것입니다. 그러나 이러한 떠남은 모든 것을 절망으로 끝나게 하지 않았습니다. 오히려 이는 술람미 여인의 마음을 더욱 간절하게 만들어서, 그 바위틈 낭떠러지 은밀한 곳에서 나오도록 이끄는 사랑의 과정인 것입니다.

신명기 32:11~12절은 "마치 독수리가 자기의 보금자리를 어지럽게 하며 자기의 새끼 위에 너풀거리며 그의 날개를 펴서 새끼를 받으며 그의 날개 위에 그것을 업는 것 같이 여호와께서 홀로 그를 인도하셨고 그와 함께 한 다른 신이 없었도다"라고 기록하고 있습니다. 독수리는 보금자리를 벼랑 끝 높은 곳에 만듭니다. 독수리가 알을 낳고 새끼가 부화한 후에 날갯짓을 배워야 하는데, 새끼 독수리들은 천 길 낭떠러지처럼 보이는 그 벼랑을 보고서는 두려워 주저합니다. 그래서 어미 독수리는 새끼 독수리들이 바깥세상으로 날아가도록 미리 둥지의 주변을 가시 같은 것으로 만들어 둡니다. 어미 독수리가 날개를 펴서 너풀거리면, 그 가시가 둥지 안으로 밀려들어가서 새끼 독수리를 찌르게 됩니다. 이렇게 독수리는 사랑하는 새끼들이 자유로운 날갯짓을 하며 창공을 날 수 있도록 지혜를 발휘합니다.

솔로몬 왕은 술람미 여인을 자신의 보호와 자유함 가운데로 이끌고자 하지만, 술람미 여인이 주저합니다. 그러나 그는 사랑을 강제하지 않고 기다려 줍니다. 술람미 여인이 마음 깊은 곳에서부터 우러나오는 진정한 사랑을 할 수 있도록 잠시 곁을 떠나 기다려주는 것입니다. 이제 술람미 여인의 마음에는 사랑에 대한 애타는 갈증이 생겼습니다. 그래서 솔로몬 왕을 향하여 내면에서부터 간절히 "돌아오소서"라고 외치게 됩니다. 술람미 여인은 사랑하는 임을 향하여 "베데르 산의 노루와 어린 사슴 같을지라"고 노래합니다. 여기서 "베데르"는 히브리어로 "바타르"에서 비롯된 단어로 "쪼개다"라는 의미를 담고 있습니다. 우리가 성경에서 "언약"을 뜻하는 단어로 알고 있는 "베리트"가 바로 "바타르"에서 유래가 된 것입니다.

고대 근동에서는 군주와 봉신관계를 체결할 때, 주군과 봉신이 짐승을 잡아서 이를 쪼개어 벌려놓고는 그 사이를 통과하는 의식을 행했습니다. 이는 만약 두 사람 사이의 계약을 위반할 경우, 그 위반한 자의 미래가 바로 쪼개진 짐승과 같이 될 것임을 맹세하는 엄중한 의식이었습니다. 이러한 모습은 하나님이 아브라함과 언약을 맺으실 때의 모습에도 잘 나타나 있습니다. 창세기 15:8~11절, 17~18절을 같이 보도록 하겠습니다.

> [8] 그가 이르되 주 여호와여 내가 이 땅을 소유로 받을 것을 무엇으로 알리이까 [9] 여호와께서 그에게 이르시되 나를 위하여 삼 년 된 암소와 삼 년 된 암염소와 삼 년 된 숫양과 산비둘기와 집비둘기 새끼를 가져올지니라 [10] 아브람이 그 모든 것을 가져다가 그 중간을 쪼개고 그 쪼갠 것을 마주 대하여 놓고 그 새는 쪼개지 아니하였으며 [11] 솔개가 그 사체 위에 내릴 때에는 아브람이 쫓았더라 … 〈중략〉 … [17] 해가 져서 어두울 때에 연기 나는 화로가 보이며 타는 횃불이 쪼갠 고기 사이로 지나더라 [18] 그 날에 여호와께서 아브람과 더불어 언약을 세워 이르시되 내가 이 땅을 애굽 강에서부터 그 큰 강 유브라데까지 네 자손에게 주노니

하나님이 아브라함에게 하늘의 뭇 별과 같은 자손과 가나안 땅을 주시겠다고 약속하시자, 아브라함이 이에 대해 "무엇으로 알리이까"라고 묻자, 하나님은 삼 년 된 암소와 같은 번제물의 쪼개진 사이를 홀로 횃불이 되어 지나가셨습니다. 본래는 주군과 봉신이 같이 지나가야 하지만, 여기서는 하나님의 횃불만 지나갑니다. 이는 하나님이 언약을 홀로 모두 이행하시겠다는 뜻입

니다. 실로 이 언약을 따라 예수님은 우리의 죄와 심판을 감당하시기 위해 홀로 십자가를 지시고 골고다 언덕을 오르셨습니다. 이처럼 "베데르"는 "언약의 산"을 의미합니다. 이제 술람미 여인은 솔로몬 왕이 속히 돌아오기를 기다리며, 언약의 산에서 노루와 사슴처럼 순결하고 강제하지 않고 기다려 주는 그 부드러운 사랑이 다시 찾아오기를 간절히 호소하고 있는 것입니다.

아가서의 노래를 통해, 우리는 하나님이 아담과 하와가 선악과를 먹으려 할 때, 왜 강제로 막지 않으셨는지를 어렴풋하게 이해할 수 있습니다. 만일 하나님이 그 순간 나타나셔서 강제적으로 그것을 금지하셨다면, 하나님과 아담의 관계는 사랑의 동행이 아니라, 명령과 복종의 관계로 변질되었을 것입니다. 그것은 하나님의 사랑의 본성과는 너무나 다른 모습이기 때문입니다.

삼위일체 하나님은 세 위격으로 존재하시지만 온전하고 완전한 하나이십니다. 이는 서로를 온전히 향해 계시며, 서로를 위하여 자신을 완전히 내어주시는 사랑의 관계이기 때문입니다. 그래서 우리는 이러한 사랑을 헬라어로 "페리코레시스"라고 합니다. 즉 상호내주(相互內住) 하시는 "사랑의 순환구조"를 의미합니다. 하나님은 당신의 형상을 따라 피조물인 우리 인간을 지으시고, 삼위일체 하나님의 그 사랑 안에서 동행하시기를 원하셨습니다. 그러나 아담은 자기중심적인 탐심으로 인해 창조주이신 하나님에게 온전히 자신을 내어드리지 못했습니다. 결국 하나님과의 관계가 단절이 되어 창세기 2:17절의 "네가 먹는 날에는 반드시 죽으리라"는 말씀과 같이 영적인 죽음을 맞이하게 되었습니다.

이제 아담이 실패한 그 자리에서, 예수님은 전적으로 자신을 내어주시는 사랑으로 순종하셨고, 그 순종함으로 다시금 하나님과의 사랑의 연합을 이루시는 길을 열어주셨습니다. 요한일서 4:16절에서 "하나님은 사랑이시라. 사랑 안에 거하는 자는 하나님 안에 거하고, 하나님도 그 안에 거하시느니라"고 말씀하신 그 사랑이 지금 우리의 마음을 두드리고 있습니다.

마음으로 사랑하는 자를 찾았노라

아가서 3:1절의 히브리어 원문을 직역하면 "밤에 침상에서 내 영혼이 사랑하는 이를 찾았으나, 찾아도 만나지 못하였도다."라고 표현됩니다. 특히 "밤에"에 해당하는 히브리어는 "바 라일라"로서 반복되는 상황을 암시하여 "밤마다"의 뜻을 나타냅니다. 술람미 여인은 이제 밤마다 솔로몬을 그리워하며 혹시라도 그가 침상에 있는지를 애타게 찾고 있습니다. 밤은 아무것도 보이지 않는 시간입니다. 솔로몬 왕의 사랑이 잠시 자리를 비우자, 술람미 여인에게는 마치 온 인생이 어둠에 덮인 듯한 시간이 되었습니다. 우리 인생 또한 참 빛이신 예수님을 만나지 못하는 모든 순간이 밤과 같습니다. 술람미 여인은 이제 닫힌 자아를 상징하는 '밤'과 '침상'에 여전히 머물 것인지, 아니면 사랑하는 솔로몬 왕을 찾아 나설 것인지 깊은 고뇌의 시간을 보내고 있습니다.

술람미 여인은 밤마다 솔로몬 왕을 생각하며 '내가 왜 그때 솔로몬 왕을 따라나서지 않았을까?'라고 후회하며 가슴을 칩니다. 그리움이 깊어질수록 그녀는 혹시 솔로몬 왕이 벽 뒤 창 틈으로 자기를 지켜보고 있지는 않은지 수없이 돌아보고 돌아보았을 것입니다. 심지어 솔로몬 왕의 발걸음 소리가 들리는 듯한 환청을 느끼기도 했을 것입니다. 그녀는 '왕이 나를 불렀을 때 따라나섰다면 …, 왕이 포도원으로 나를 초대했을 때, 그 바위틈 은밀한 곳을 벗어나 포도원을 같이 경작하는 기쁨을 누렸다면 …'하고 간절히 탄식하고 있습니다.

이제 술람미 여인은 마음으로만 사랑하는 것이 아니라 마음과 몸이 완전히 하나가 되는 사랑을 꿈꾸고 있습니다. 그녀는 "마음으로 사랑하는 자"라고 고백하고 있습니다. 여기서 "마음"은 히브리어로 "레브"입니다. "레브"는 "라메드"와 "베트"로 구성된 단어로, "가르침이 있는 집", "말씀과 양육이 함께 있는 집"이라는 뜻입니다. 진실로 술람미 여인은 솔로몬의 사랑 안에, 그 가르침 안에 함께 있기를 간절히 원하고 있습니다. 이것이 바로 마음의 할례를 받은 자의 모습입니다. 우리는 예수님이 베푸시는 그 사랑 앞으로 나아가기 위해, 내가 붙들고 있는 옛 자아의 가죽을 예수님의 보혈 십자가 앞에서 온전히 벗겨 내어야 하는 것입니다.

술람미 여인은 "사랑하는 자"라고 부르짖고 있습니다. 여기서 표현된 사랑은 아가서 2장에서 "영원한 사랑의 동반자"라는 의미로 쓰인 "레아"가 아닌, "아하브"로 표현되었습니다. 이는 지금 술람미 여인이 마음 깊은 곳에서부터 그 언약, 즉 솔로몬 왕이 약속하신 그 사랑의 언약을 얼마나 그리워하고 있는지를 너무나 잘 보여줍니다. 이러한 그리움이 커질수록, 사랑하는 임의 얼굴을 만져보고 싶은 열망이 술람미 여인의 온 마음을 정복해 버렸습니다. 이사야 55:6절에서는 "너희는 여호와를 만날 만한 때에 찾으라 가까이 계실 때에 그를 부르라"고 하십니다. 그리고 시편 63:1절에서는 "하나님이여 주는 나의 하나님이시라. 내가 간절히 주를 찾되 물이 없어 마르고 황폐한 땅에서 내 영혼이 주를 갈망하나이다"라고 노래합니다. 하나님은 참으로 우리와 함께, 마음에서부터 우러나오는 진실한 동행을 원하십니다.

술람미 여인을 깨운 것은 다름 아닌 솔로몬의 사랑이었습니다. 우리는 죄 아래에 있기에 스스로 먼저 하나님을 찾을 수 없는 존재입니다. 그래서 솔로몬 왕의 사랑이 술람미 여인에게 먼저 찾아왔듯이, 하나님이 인간으로 오셨습니다. 마태복음 1:23절에서는 "보라 처녀가 잉태하여 아들을 낳을 것이요 그의 이름은 임마누엘이라 하리라 하셨으니 이를 번역한즉 하나님이 우리와 함께 계시다 함이라"라고 기록되어 있습니다. 하나님의 사랑이 우리를 먼저 찾아왔습니다. 하나님이 우리와 함께 계시겠다고 약속하십니다. 그래서 그 이름을 "임마누엘"이라고 합니다. 하나님의 영원하신 사랑을 찬양합니다.

거리에서나 큰 길에서나 찾으리라

이제 술람미 여인은 밤의 두려움도 더 이상 무섭지 않습니다. 그녀는 바위틈 은밀한 곳에서 과감히 내려왔습니다. 그 사랑이 너무나 간절했기 때문입니다. 그 사랑이 술람미 여인의 전 존재를 서서히, 그러나 확실하게 변화시키고 있습니다. 이제 술람미 여인은 혹여 사랑하는 임이 아직도 자기를 기다리고 있을까 하는 급한 마음에, 사랑을 찾아 나서기로 작정하고 어둠 속으로 발걸음을 내디뎠습니다. 지나가는 모든 사람이 다 사랑하는 솔로몬으로 보이기 시작합니다. 그래서 조심스레 다가가 내 사랑하는 임인지 유심히 살펴봅니다. 그러나 나의 사랑하는 임은 어디에도 보이지 않습니다. 혹시라도 작은 길에 머물고 계실까 싶어, 큰 길을 벗어나 보기고 하고, 조그마한 인기척이라도 들리면 그곳으로 발걸음이 먼저 향합니다. 너무나 사랑하는 솔로몬이 미치도록 보고 싶었기 때문입니다.

술람미 여인이 혼자서는 신랑을 찾기가 어려워지자, 혹여나 신랑이 기다림에 지쳐 떠나 버릴까 봐 다급한 마음으로 성 안을 순찰하는 자들을 붙잡고 물어봅니다. "그대들이 내가 마음으로 사랑하는 자를 보지 못했나요?", "내가 마음으로 사랑하는 사람은 수풀 가운데 사과나무 같습니다"라고 외칩니다. 이제 부끄러움 따위는 사랑하는 임을 찾아 나서는 길에 더 이상 걸림돌이 되지 못합니다.

요한일서 4:18~19절에는 "사랑 안에 두려움이 없고 온전한 사랑이 두려움을 내쫓나니 두려움에는 형벌이 있음이라 두려워하는 자는 사랑 안에서 온전히 이루지 못하였느니라. 우리가 사랑함은 그가 먼저 우리를 사랑하셨음이라"라고 기록되어 있습니다. 참으로 바위틈 은밀한 곳, 자신의 자아에 갇혀 꽃이 만발하고 새들이 노래하던 그 아름다운 봄날을 향해 선뜻 나서지 못했던 술람미 여인이었지만, 이제는 밤이 두렵지가 않습니다. 이 모든 용기는 바로 솔로몬 왕이 먼저 술람미 여인에게 건네준 사랑 덕분이었습니다. 실로 사랑 안에는 두려움이 없습니다. 온전한 사랑이 그 모든 두려움을 내쫓기 때문입니다.

로마서 8:31~32절의 "그런즉 이 일에 대하여 우리가 무슨 말 하리요. 만일 하나님이 우리를 위하시면 누가 우리를 대적하리요. 자기 아들을 아끼지 아니하시고 우리 모든 사람을 위하여 내주신 이가 어찌 그 아들과 함께 모든 것을 우리에게 주시지 아니하겠느냐"라는 말씀에 담긴 사랑을 우리가 마음 깊이 새긴다면, 우리는 술람미 여인처럼 어떠한 밤의 두려움도 떨쳐버리고 그 사랑을 찾아 담대히 찾아 나설 수 있습니다.

여기서 우리는 주목해야 할 구절이 하나 있습니다. 아가서 3:3절과 4절의 앞부분을 보면 "성 안을 순찰하는 자들을 만나서 묻기를 내 마음으로 사랑하는 자를 너희가 보았느냐 하고 그들을 지나치자마자 …"라고 되어 있습니다. 반면 아가서 5:7절을 보면 "성 안을 순찰하는 자들이 나를 만나매 나를 쳐서 상하게 하였고 성벽을 파수하는 자들이 나의 겉옷을 벗겨 가졌도다"라고 표현하고 있습니다. 아가서 5장에서 더 자세히 살펴보겠지만, 3장에서는 성 안을 순찰하는 자들이 술람미 여인을 징계하는 모습이 보이지 않습니다.

이는 하나님이 이스라엘 백성을 이끌어내시는 여정과도 너무나 유사합니다. 이스라엘 백성들은 홍해를 건너고도 마라의 쓴 물 앞에서 하나님을 원망했습니다. 심지어 만나에 대한 규례조차 지키지 않았습니다. 이어서 르비딤에서는 마실 물이 없다고 하여 모세와 다투기까지 했습니다. 그러나 하나님은 이스라엘의 이러한 불순종에도 불구하고 즉시 심판하지 않으셨습니다. 하지만 시내산에서 하나님과 이스라엘이 언약을 맺은 이후부터는 민수기를 통해서 볼 수 있듯이 그들의 불순종과 불법에 대해 엄중히 징계하시는 모습을 보게 됩니다. 참으로 하나님의 사랑은 우리를 기다려주십니다. 그리고 우리 마음에 하나님의 언약이 심겨지기를 간절히 원하고 계십니다. 이제 그 언약이 심겨졌을 때, 즉 말씀이 우리 마음 가운데 사랑으로 자리 잡았을 때, 비로소 우리는 그의 자녀가 되어 그분의 징계하심을 받게 되는 것입니다. 히브리서 12:5~13절을 보면 이러한 모습이 그대로 잘 드러나 있습니다.

5 또 아들들에게 권하는 것 같이 너희에게 권면하신 말씀도 잊었도다 일렀으되 내 아들아 주의 징계하심을 경히 여기지 말며 그에게 꾸지람을 받을 때에 낙심하지 말라 6 주께서 그 사랑하시는 자를 징계하시고 그가 받아들이시는 아들마다 채찍질하

심이라 하였으니 ⁷ 너희가 참음은 징계를 받기 위함이라 하나님이 아들과 같이 너희를 대우하시나니 어찌 아버지가 징계하지 않는 아들이 있으리요 ⁸ 징계는 다 받는 것이거늘 너희에게 없으면 사생자요 친아들이 아니니라 ⁹ 또 우리 육신의 아버지가 우리를 징계하여도 공경하였거든 하물며 모든 영의 아버지께 더욱 복종하며 살려 하지 않겠느냐 ¹⁰ 그들은 잠시 자기의 뜻대로 우리를 징계하였거니와 오직 하나님은 우리의 유익을 위하여 그의 거룩하심에 참여하게 하시느니라 ¹¹ 무릇 징계가 당시에는 즐거워 보이지 않고 슬퍼 보이나 후에 그로 말미암아 연단 받은 자들은 의와 평강의 열매를 맺느니라 ¹² 그러므로 피곤한 손과 연약한 무릎을 일으켜 세우고 ¹³ 너희 발을 위하여 곧은 길을 만들어 저는 다리로 하여금 어그러지지 않고 고침을 받게 하라

참으로 하나님은 아담이 실패했던 그 길에서, 예수님의 사랑 안에서 우리를 부르시고 자녀 삼아 주셨습니다. 그리고 하나님의 거룩하신 길을 어그러지지 않고 걸어갈 수 있도록 친히 양육하십니다. 우리의 아버지 되시는 하나님을 찬양합니다. 아멘!

나를 잉태한 이의 방으로 가기까지 놓지 아니하였노라

술람미 여인은 드디어 솔로몬을 찾았습니다. 얼마나 손끝으로 만져보고 싶었던 사랑하는 임이었습니까? 그녀의 마음 깊은 곳에서부터 얼마나 뜨거운 눈물이 솟구쳐 올랐을까요? 지난날의

모습을 참회하거나 부끄러워할 겨를도 없이, 그녀는 사랑하는 이를 붙잡고 어머니의 집으로 가기까지 결코 놓지 않았습니다. 이 부분의 히브리어 원문을 직역하면 "내가 사랑하는 자를 붙잡고, 그를 나를 낳은 어머니의 집으로, 나를 잉태한 이의 방으로 이끌었노라"라고 표현됩니다. 술람미 여인은 사랑하는 임을 "나를 잉태한 이의 방"으로 가기까지 놓지 않았습니다. 술람미 여인은 단지 육체적인 사랑만을 원한 것이 아닙니다. 그녀는 생명의 근원, 사랑의 근원인 그곳으로 돌아가, 사랑하는 이의 품속에서 거듭나기를 소망하고 있는 것입니다. 결국 어머니의 방은 새로운 존재로 다시 태어나고자 하는 영적인 자궁인 것입니다.

우리는 이러한 영적 갈망을 니고데모를 통해서도 볼 수 있습니다. 요한복음 3:1~10절을 보도록 하겠습니다.

> [1] 그런데 바리새인 중에 니고데모라 하는 사람이 있으니 유대인의 지도자라 [2] 그가 밤에 예수께 와서 이르되 랍비여 우리가 당신은 하나님께로부터 오신 선생인 줄 아나이다 하나님이 함께 하시지 아니하시면 당신이 행하시는 이 표적을 아무도 할 수 없음이니이다 [3] 예수께서 대답하여 이르시되 진실로 진실로 네게 이르노니 사람이 거듭나지 아니하면 하나님의 나라를 볼 수 없느니라 [4] 니고데모가 이르되 사람이 늙으면 어떻게 날 수 있사옵나이까 두 번째 모태에 들어갔다가 날 수 있사옵나이까 [5] 예수께서 대답하시되 진실로 진실로 네게 이르노니 사람이 물과 성령으로 나지 아니하면 하나님의 나라에 들어갈 수 없느니라 [6] 육으로 난 것은 육이요 영으로 난 것은 영이니 [7] 내가 네

게 거듭나야 하겠다 하는 말을 놀랍게 여기지 말라 [8] 바람이 임의로 불매 네가 그 소리는 들어도 어디서 와서 어디로 가는지 알지 못하나니 성령으로 난 사람도 다 그러하니라 [9] 니고데모가 대답하여 이르되 어찌 그러한 일이 있을 수 있나이까 [10] 예수께서 그에게 대답하여 이르시되 너는 이스라엘의 선생으로서 이러한 것들을 알지 못하느냐

니고데모는 거듭나고 싶었으나 그 방법을 알지 못했습니다. 그래서 인간적인 생각으로 "사람이 늙으면 어떻게 날 수 있습니까", "두 번째 모태에 들어갔다가 날 수 있습니까"라고 묻고 있습니다. 이는 마치 술람미 여인이 "내 어머니의 집", "나를 잉태한 이의 방"에서 새롭게 태어나고 싶어 했던 그 간절한 마음과 맞닿아 있습니다. 요한복음 19:39~40절의 "일찍이 예수께 밤에 찾아왔던 니고데모도 몰약과 침향 섞은 것을 백 리트라쯤 가지고 온지라. 이에 예수의 시체를 가져다가 유대인의 장례 법대로 그 향품과 함께 세마포로 쌌더라"는 말씀처럼, 니고데모는 결국 예수님의 죽음 앞에서 다시 서게 되었습니다. 이러한 니고데모의 헌신을 보면, 그는 예수님을 진실로 하나님의 아들로 믿고 그 죽음의 무덤 앞에서 새롭게 거듭난 것임이 분명합니다.

참으로 하나님의 사랑은 놀랍습니다. 성경의 신비 또한 너무나 경이롭습니다. 무려 1,000년이라는 긴 시간의 간격을 두고도, 아가서와 요한복음이 이토록 놀랍게 하나님의 사랑과 거듭남의 비밀을 하나의 목소리로 노래하고 있기 때문입니다. 우리는 성경을

제대로 알면 믿지 않을 수 없습니다. 그래서 우리는 말씀을 더욱 가까이 하고 많이 들어야 합니다. 믿음은 들음에서 나기 때문입니다.

한편, 우리는 여기서 한 가지 더 주목해야 할 부분이 있습니다. 그것은 바로 솔로몬 왕이 바로 성 안에 있었다는 것입니다. 어쩌면 솔로몬 왕은 술람미 여인을 잠시 떠난 것이 아니라, 술람미 여인이 간절한 마음으로 자기를 찾아주기를 더욱 애타게 기다리고 있었던 것인지도 모릅니다. 참으로 하나님의 사랑은 인자하시고 오래 참으시는 사랑입니다. 사실 하나님이 아담을 에덴 동산에서 내보내셨지만, 당신이 친히 지으시고 택하신 그 사랑하는 자를 위해 계속해서 함께하셨습니다. 노아의 홍수 때에도 방주 안에서 그들과 함께 하셨고, 아브라함의 고단한 삶의 여정에서도 늘 동행하셨으며, 이스라엘 백성이 고통 가운데 있을 때에도 결코 그들을 떠나지 않으셨습니다. 그리고 이제는 그 "함께 하심"을 더욱 분명하게 보여주시기 위해 성막을 이스라엘 열두 지파의 중심에 짓도록 하셨습니다. 그럼에도 백성들의 눈이 멀고 귀가 닫혀 듣지 못하자, 마침내 백성들 사이로 친히 인자로 오셨습니다. 그런데 요한복음 1:11절의 "자기 땅에 오매 자기 백성이 영접하지 아니하였으나"라는 말씀처럼, 유대인은 예수님을 배척했습니다. 하지만 예수님은 십자가에서 그들의 죄를 용서하여 주시기를 기도하셨습니다. 인자하시고 노하기를 더디 하시는 성부 하나님에게 간절히 구하신 것입니다. 그리하여 이제는 우리에게 성령을 보내주셔서, 예수님이 제자들과 거니셨던 것처럼 우리와

매 순간 동행하고 계십니다.

로마서 10:9~10절에서는 "네가 만일 네 입으로 예수를 주로 시인하며 또 하나님께서 그를 죽은 자 가운데서 살리신 것을 네 마음에 믿으면 구원을 받으리라. 사람이 마음으로 믿어 의에 이르고 입으로 시인하여 구원에 이르느니라"고 말씀하십니다. 진실로 솔로몬 왕이 술람미 여인을 간절히 기다렸듯이 예수님은 우리가 당신을 '나의 주'로 시인하기를 바로 우리 가운데에서 기다리고 계십니다.

흔들지 말고 깨우지 말지니라

아가서 3:5절의 화자(話者)에 대해 솔로몬인지, 술람미 여인인지 다소 논쟁이 있습니다. 그러나 이 노래하는 상황을 찬찬히 살펴보십시오. 지금 술람미 여인은 사랑하는 임을 어머니의 집으로, 자신을 잉태한 이의 방으로 데려가기까지 놓지 않았습니다. 너무나도 사랑하는 임의 사랑에 이끌려 밤의 두려움조차 잊은 채 성 안을 헤매다가 마침내 만난 것입니다. 5절에서는 술람미 여인의 고조된 사랑의 감정과 음성이 그대로 느껴집니다. 또한 여전히 "내가"라는 표현이 이어지는 것으로 보아, 화자의 전환이 없다는 것을 잘 알 수 있습니다. 즉, 술람미 여인이 벅찬 사랑의 감정 가운데에서, 자신의 사랑이 방해받지 않고 온전히 머물기를 바라는 기도이자 선언을 하고 있는 것입니다.

한편, 술람미 여인은 솔로몬 왕을 자신을 잉태한 이의 방으로 이끌었지만, 그 사랑을 지나치게 재촉하거나 앞서가지 않았습니다. 그녀는 하나님의 때에 가장 성숙하고 아름다운 사랑이 이루어지기를 간절히 기다리고 있습니다. 그래서 사랑이 원하기 전에는 흔들지 말고 깨우지 말라고 선언하는 것입니다. 이는 술람미 여인이 솔로몬 왕과의 만남을 일시적인 감정이 아닌, 영원한 언약적 생명으로 이어지기를 소망하며 성숙하게 기다리고 있음을 잘 보여줍니다.

우리의 신앙도 이렇게 성숙해져야 할 것입니다. 술람미 여인의 사랑을 보면서 오늘날의 기도원에 대해 다시금 생각해 보게 되었습니다. 많이는 아니지만 기도원을 여러 곳 다녀보았고, 유튜브를 통해 그곳의 삶을 간접적으로 접해보기도 했습니다. 본래 기독교 수도원이 생겨나게 된 역사적 배경을 보면, 로마 시대를 거치면서 기독교 신앙이 국가 공인 종교가 되어 자유롭게 허용된 것이 결정적인 계기가 되었습니다. 기독교가 핍박받던 시절에는 진정으로 하나님을 향한 간절한 사랑을 갈망했지만, 갑자기 기독교에 대한 박해가 사라지고 심지어 국교로 정해지면서, 역설적으로 하나님을 간절히 찾던 순수한 신앙의 열정이 식어가고 그 절박함을 찾아보기 어려워지기 시작했던 것입니다. 그리하여 하나님과의 깊은 동행을 갈망하는 간절한 마음에서 수도원이 생겨나게 된 것입니다.

그런데 오늘날의 기도원을 보면, 과연 그곳이 하나님을 향한 간절한 신앙을 회복하기 위한 장소인지, 아니면 소위 '예수 무당' 노릇을 하며 신도를 모으고 이익을 취하려는 곳인지 도무지 분별하기 어려운 곳이 한두 군데가 아닙니다. 나름대로 유명한 기도원으로 소문난 곳에서 죽음을 앞둔 절박한 마음으로 기도원을 찾았던 사람들의 간절함을 보았습니다. 때로는 마치 하나님과 직통하는 것처럼 예언을 일삼고, 두려움의 영으로 영혼들을 옭아매는 모습을 보면서, 그곳에 참된 하나님의 성령이 내주하지 않는다는 것을 깨닫게 되었습니다. 두려워하는 마음은 결코 하나님이 주신 마음이 아니기 때문입니다.

우리는 요한일서 4:1절의 "사랑하는 자들아 영을 다 믿지 말고 오직 영들이 하나님께 속하였나 분별하라…"는 말씀처럼, 그 영들이 진실로 예수님의 사랑을 전하는 영인지, 아니면 자기를 높이려는 사탄의 영인지 분별해야 합니다. 말씀이 왜곡되고 예수님의 참된 보혈의 사랑이 전파되지 않는 곳이라면, 우리는 과감히 그곳을 떠나야 합니다. 때로는 하나님이 우리에게 고난을 허락하실지라도, 택하신 백성들에게는 그 모든 것이 합력하여 선을 이룰 것을 믿기에, 우리는 더욱 하나님이 형통함을 주실 때까지 잠잠히 인내하며 믿음으로 기다려야 합니다.

연기 기둥처럼 거친 들에서 오는 자가 누구인가

아가서 3:6절의 히브리어 원문을 직역하면 "광야에서 올라오는 자가 누구인가? 연기 기둥 같이 향품과 몰약과 상인의 여러 가지 향으로 향기롭게 되었구나"라고 표현됩니다. 이제 오매불망 그리워하던 사랑이 술람미 여인을 데리러 저 광야에서부터 올라오고 있습니다. 그런데 그 올라오는 모습이 예사롭지 않습니다. 신랑이자 왕인 솔로몬은 광야 한가운데서 마치 향기로운 기둥처럼 위엄 있게 등장합니다. 이는 단순한 시각적 연출이 아니라, 이는 왕의 임재와 통치자의 권위 그리고 사랑하는 신부를 향한 결혼 행렬의 장엄함을 상징하는 듯합니다. 출애굽기 13:21~22 절을 보면 다음과 같습니다.

> [21] 여호와께서 그들 앞에서 가시며 낮에는 구름 기둥으로 그들의 길을 인도하시고 밤에는 불 기둥을 그들에게 비추사 낮이나 밤이나 진행하게 하시니 [22] 낮에는 구름 기둥, 밤에는 불 기둥이 백성 앞에서 떠나지 아니하니라

하나님은 애굽에서 400년 동안 종살이하던 이스라엘 백성을, 아브라함과의 언약을 기억하여, 열 가지 재앙 가운데에서도 지키시고, 홍해를 건너 온전히 구원해 내셨습니다. 이제 그들을 젖과 꿀이 흐르던 약속의 땅 가나안 땅으로 이끌고자 하시는 하나님의 모습은, 마치 솔로몬 왕이 술람미 여인을 데리러 광야를 지나는 모습처럼, 구름 기둥과 불 기둥으로 그들을 인도하신 방식과 참으로 닮았습니다.

솔로몬 왕의 행렬은 몰약과 유향 그리고 상인의 여러 가지 향품으로 향기롭기 그지없습니다. 특별히 몰약은 니고데모가 예수

님의 시신을 위해 몰약과 침향 섞은 것을 가져와 장사지냈던 것처럼 고난과 숭고한 희생을 상징합니다. 또한 유향은 출애굽기 30:34절의 "여호와께서 모세에게 이르시되 너는 소합향과 나감향과 풍자향의 향품을 가져다가 그 향품을 유향에 섞되 각기 같은 분량으로 하고"라는 말씀처럼, 경배와 기도를 위해 사용되는 귀하고 거룩한 재료입니다. 그리고 상인의 향품은 혼인을 위한 준비로서 풍성함과 존귀함을 의미합니다. 이를 볼 때, 솔로몬 왕은 자신이 왕임에도 불구하고 스스로 낮아짐을 통해, 술람미 여인을 얻고자 하는 자기희생으로서의 몰약, 그녀를 세상의 모든 여인들과 구별하여 거룩하게 하는 유향 그리고 왕의 혼인 잔치답게 각종 아름다운 향품으로 그 행렬을 가득 채우는 사랑의 모습을 보여주고 있습니다.

예수님이 태어나셨을 때 동방박사들이 황금과 유향과 몰약을 예물로 드리는 모습이 마태복음 2:11절에 잘 나와 있습니다. 이는 참으로 솔로몬 왕의 행렬과 너무나도 흡사합니다. 예수님의 희생과 낮아짐을 나타내는 몰약, 모든 세상의 죄로부터 우리를 거룩하게 하시고자 대제사장으로서 준비된 유향 그리고 만왕의 왕 되신 권세를 나타내는 황금을 통해, 마치 솔로몬이 술람미 여인을 데리러 오는 모습처럼 우리를 부르시고 신부로 삼기 위해 이 땅에 오신 예수님의 모습 그 자체인 것입니다.

솔로몬 왕은 거친 들에서 올라왔습니다. 만일 솔로몬이 예루살렘의 귀족 딸이나 다른 나라의 공주와 정략결혼을 했다면, 결코 거친 들에서 올라오는 것이 아니라, 잘 닦인 큰 대로에서 만 백성의 환영을 받으며 화려하게 등장했을 것입니다. 그러나 솔로몬 왕은 술람미 여인을 데리러 가기 위해서 철저한 자기의 낮아짐의 길, 곧 거친 들에서 올라와야만 했습니다. 여기서 거친 들이란 광야입니다. 광야는 히브리어로 "미다바림"입니다. 이는 "말하다"라는 뜻을 가진 히브리어 어근 "다바르"에서 유래된 단어로 "하나님이 그의 백성에게 말씀하시는 곳"이라는 중요한 의미를 내포합니다. 이스라엘 백성들의 광야의 삶을 돌아보십시오. 그들은 광야에서 40년을 순례했습니다. 아무것도 없는 그 척박하고 거친 들에서 그들이 할 수 있는 일은 오직 하나님의 입에서 나오는 말씀만을 바라보는 것뿐이었습니다. 바로 그곳이 광야이자, 오늘날 우리 교회의 모습인 것입니다. 그래서 사도행전 7:38절에 "시내 산에서 말하던 그 천사와 우리 조상들과 함께 광야 교회에 있었고 또 살아있는 말씀을 받아 우리에게 주던 자가 이 사람이라"고 기록되어 있듯이 광야가 곧 교회입니다.

결국 솔로몬이 거친 들, 곧 광야에서 올라온 것은, 술람미 여인이 신랑의 사랑 안에서 온전히 하나가 되도록 하기 위함입니다. 이는 마치 하나님의 구름 기둥과 불 기둥이 광야에 있었던 이유가 이스라엘 백성이 오직 하나님의 말씀만을 바라보도록 양육하기 위함이었던 것과 같습니다. 진실로 하나님의 사랑은 강제하지 않습니다. 오직 부드러운 사랑의 초대와 기다리심으로 우리를 온전한 동행의 길로 인도하십니다. 이러한 사랑에도 불구하고 이스라엘은 결국 실패했습니다. 그들은 광야의 삶 속에서 자기를 온전히 비워내지 못했던 것입니다. 그러나 이러한 실패는 비단 이스라엘 백성만의 문제가 아닙니다. 우리 인류 중 그 어느 민족이라 할지라도 그 자리에 놓인다면 역시 실패하고 말았을 것입니다. 하나님은 죄 아래에 놓인 인류의 연약한 속성을 너무나 잘 아셨습니다. 그래서 이제는 솔로몬이 술람미 여인을 변화시킨 그 사랑으로 우리에게 오셨습니다. 요한복음 3:16~17절을 같이 보도록 하겠습니다.

> ¹⁶ 하나님이 세상을 이처럼 사랑하사 독생자를 주셨으니 이는 그를 믿는 자마다 멸망하지 않고 영생을 얻게 하려 하심이라 ¹⁷ 하나님이 그 아들을 세상에 보내신 것은 세상을 심판하려 하심 이 아니요 그로 말미암아 세상이 구원을 받게 하려 하심이라

참으로 놀라운 하나님의 사랑의 섭리입니다. 결국 술람미 여인을 바위틈 은밀한 곳에서 사랑의 빛으로 나오게 한 힘이 솔로몬의 사랑이었듯이, 우리역시 죄의 어두운 틈에서 주님의 용서와 사랑이 가득한 하나님의 품 안으로 들어갈 수 있는 것은 바로 그 사랑 때문입니다. 하나님의 크신 사랑을 찬양합니다. 아멘!

볼지어다 솔로몬의 가마라

아가 3:7절의 "솔로몬의 가마라"라는 히브리어 원문을 직역하면 "솔로몬의 누울 자리라"입니다. 결국 솔로몬의 가마는 솔로몬이 눕는 자리인데, 여기에 술람미 여인이 오른다는 것은 솔로몬

과 하나가 된다는 상징적 의미를 담고 있습니다. 이는 유대인들이 혼인을 "니수인"이라고 하여 "상승"의 뜻을 가진다는 것을 다시 한번 잘 보여주는 대목입니다. 가마에 신부가 오르게 된다는 것은 그녀 자신의 의로움 때문이 아니라, 오직 왕의 사랑과 권위에 의해 받아들여지는 은혜임을 잘 보여주고 있습니다.

아가서 3:4~5절을 보면 마치 술람미 여인이 솔로몬을 놓지 않는 것처럼 보이지만, 하나님의 사랑은 결코 우리가 쟁취할 수 있는 것이 아닙니다. 피조물이 감히 어떻게 창조주를 붙들 수 있겠습니까? 그것이 곧 우상 숭배인 것입니다. 죄인이 어떻게 거룩하신 하나님을 붙잡을 수 있겠습니까? 그래서 성경에서 하나님의 영광이 나타날 때마다 인간은 두려워 숨기에 바빴습니다. 이는 베드로가 예수님의 말씀을 따라 물고기를 심히 많이 잡고서는 갑자기 예수님의 무릎 아래에 엎드려 "주여 나를 떠나소서 나는 죄인이로소이다" 하고 외쳤던 사건과 같습니다.

우리는 온전히 은혜를 입어야 하는 자들입니다. 이제 우리는 술람미 여인처럼 자신의 의로움이 아닌, 예수 그리스도의 완벽하고도 거룩한 순종으로 말미암은 의로 옷을 입고 하늘 혼인 잔치에 들어가는 것입니다. 오늘날 우리가 솔로몬의 가마에 올라탔고, 예수님의 의의 옷을 입었다는 것은 성령님의 내주하심이 증거하고 있습니다. 성경의 여러 곳에서 이러한 모습을 찾아볼 수 있습니다.

먼저 창세기 45:27절에는 "그들이 또 요셉이 자기들에게 부탁한 모든 말로 그에게 말하매 그들의 아버지 야곱은 요셉이 자기를 태우려고 보낸 수레를 보고서야 기운이 소생한지라"라는 말씀이 있습니다. 야곱은 정말로 요셉이 죽은 줄로만 알고 있었습니다. 그런데 아들들을 통해 요셉이 살아있고 애굽의 총리가 되었다는 말을 들었을 때, 과연 그 사실을 어떻게 곧바로 믿을 수 있었겠습니까? 우리도 마찬가지입니다. 우리는 예수님이 십자가에서 죽으시고 부활하셨다는 사실을 어떻게 믿을 수 있습니까? 바로 예수님의 기도로 하나님이 보내주시고, 성령 하나님의 낮아지심으로 우리 안에 오신 성령으로 말미암아 알 수 있는 것입니다. 그래서 성령은 보증이자 담보가 되십니다. 진실로 성령을 받은 성도의 삶에서는 성령의 열매가 나타나기 마련입니다. 기도와 찬양과 감사가 흘러나오고 형제를 사랑하며, 마음에 평안이 깃들게 되어 있습니다. 우리는 그것을 보고 하나님의 인도하심을 더욱 믿게 되는 것입니다.

다음으로 룻기 3:9절에서 룻은 보아스에게 자기의 기업을 무를 자가 되어 달라고 간청합니다. 이에 보아스는 만약 더 가까운 친족이 그 의무를 행하지 아니하면 자신이 행하겠다고 맹세합니다. 그리고 룻기 3:15절에 "보아스가 이르되 네 겉옷을 가져다가 그것을 펴서 잡으라 하매 그것을 펴서 잡으니 보리를 여섯 번 되어 룻에게 지워 주고 성읍으로 들어가니라"는 말씀이 나옵니다. 보아스가 이렇게 보리를 여섯 번 되어 준 것은 단순한 선물이 아니라, 기업 무를 자로서의 약속을 확정하는 징표입니다. 이는 곧 언약의 보증으로서 오늘날에도 영미법계에서는 계약이 법적으로 유효하게 성립되어 강제할 수 있는 구속력이 있기 위해 서는 Consideration(컨시더레이션)이 필요합니다. 이를 우리말로는 약속의 원인, 징표라고 하여 약인(約因)으로 번역하고 있습니다. 결론적으로 솔로몬 왕이 술람미 여인을 혼인 잔치로 데려가기 위해 가마를 보낸 것처럼, 성령님은 우리를 하늘의 혼인 잔치로 인도하시기 위한 확실한 보증이 되십니다. 주님의 놀라우신 은혜를 찬양합니다. 아멘!

한편 술람미 여인을 데리러 오기 위한 그 가마는 이스라엘 용사 중 육십 명이 호위하고 있었는데, 그들은 다 칼을 잡고 싸움에 익숙한 사람들이었습니다. 이는 혼인 잔치를 위해 밤의 광야를 지나올 때, 닥칠지 모르는 두려움으로부터 신부를 지키기 위해 각기 허리에 칼을 찼던 것입니다. 참으로 철저하게 술람미 여인을 보호하고자 하는 신랑의 사랑이 느껴지는 모습입니다. 여기서 우리는 '육십 명'에 주목할 필요가 있습니다. 왜 하필 육십 명일까요? 물론 사실적인 묘사일 수도 있겠지만, 이를 다른 시각으로 바라보고 싶습니다. 육십 명을 배치할 때, 솔로몬 왕을 중심으로 좌우에 삼십 명이 서게 됩니다. 그리고 각 십 명의 제일 앞에는 십부장이 앞장섭니다. 그 모습을 정면에서 보면, 마치 좌우에 셋씩 그리고 중앙에 왕이 서서 일곱 명이 하나로 연결된 모습처럼 보일 수 있습니다. 이는 성막의 등잔대 모습을 연상케 합니다. 출애굽기 25:31~33절을 보겠습니다.

[31] 너는 순금으로 등잔대를 쳐 만들되 그 밑판과 줄기와 잔과

꽃받침과 꽃을 한 덩이로 연결하고 ³² 가지 여섯을 등잔대 곁에서 나오게 하되 다른 세 가지는 이쪽으로 나오고 다른 세 가지는 저쪽으로 나오게 하며 ³³ 이쪽 가지에 살구꽃 형상의 잔 셋과 꽃받침과 꽃이 있게 하고 저쪽 가지에도 살구꽃 형상의 잔 셋과 꽃받침과 꽃이 있게 하여 등잔대에서 나온 가지 여섯을 같게 할지며

등잔대의 모습을 보면 가운데 줄기를 기준으로 좌우에 세 가지가 뻗어 나와 7개의 가지가 하나로 연결되어 있습니다. 성경에서 우리 인간은 여섯 째 날에 창조되었습니다. 그래서 성경은 상징적으로 인간을 나타내는 숫자로 6을 사용합니다. 요한계시록 13:18절에 보면 "지혜가 여기 있으니 총명한 자는 그 짐승의 수를 세어 보라 그것은 사람의 수니 그의 수는 육백육십육이니라"라고 기록되어 있습니다. 즉 666은 사람의 수인데, 마치 삼위일체 하나님을 흉내 내듯 불완전한 인간의 수 6이 세 개 겹쳐 있는 것입니다. 적그리스도는 인간이 스스로 신의 위치에 오른 모습입니다. 이는 창세기 11:3~4절 "서로 말하되 자, 벽돌을 만들어 견고히 굽자 하고 이에 벽돌로 돌을 대신하며 역청으로 진흙을 대신하고 또 말하되 자, 성읍과 탑을 건설하여 그 탑 꼭대기를 하늘에 닿게 하여 우리 이름을 내고 온 지면에 흩어짐을 면하자 하였더니"의 말씀처럼 인간의 교만이 극에 달한 모습과 같은 것입니다.

본래 인간은 하나님께 속하여 완전함에 이르러야 합니다. 그

완전한 수, 곧 7이 되기 위해서 우리는 예수님의 포도나무 가지에 붙어 있어야만 합니다. 하지만 그들의 교만으로 인해 스스로가 신이 되고자 했던 것입니다. 그런데 솔로몬의 가마를 호위하는 육십 명의 용사와 왕인 솔로몬 왕의 모습은, 마치 등잔대처럼 하나가 되어 술람미 여인을 완벽하게 보호하고 있습니다. 이는 교만이 아닌, 참된 왕을 중심으로 연합하여 완전한 보호와 사랑을 이루는 거룩한 그림을 우리에게 보여주고 있는 것입니다. 비록 우리의 삶이 하늘의 혼인 잔치가 있을 때까지 밤의 광야를 지나가야 할 여정이 남아 있지만, 이렇듯 성령 하나님이 우리 안에 내주하셔서 우리를 보호하시면 우리는 완벽한 보호받을 수 있습니다. 아멘.

예루살렘 딸들의 사랑이 엮어져 있구나

솔로몬 왕의 가마는 레바논 나무로 만들어져 있습니다. 그리고 그 기둥은 은으로, 바닥은 금으로 덮여 있으며, 자리는 자색 깔개가 놓여 있습니다. 레바논 나무는 레바논 백향목을 의미하며, 이는 견고함의 대명사입니다. 솔로몬의 성전도 바로 이 백향목을 기초로 지어졌습니다. 이는 영광과 존귀함 그리고 견고함을 상징입니다. 정말 누가 보더라도 그 가마는 왕의 가마였습니다. 왕의 권위, 존귀함으로 뒤덮여 있습니다. 그리고 자색은 왕이 입는 옷의 색깔입니다. 마태복음, 마가복음, 누가복음, 요한복음은 각각 예수님의 왕의 사역의 모습, 종의 사역의 모습, 인자의 사역의 모습, 하나님의 사역의 모습을 나타냅니다. 그리고 이는 성막의 열 폭의 휘장에 그룹들을 정교하게 수놓을 때의 자색(왕의 사역), 가늘게 꼰 베 실(종의 사역), 홍색 실(인자의 사역), 청색 실(하나님의 사역)로 이루어진 것과 깊은 연관성이 있습니다 (출 26:1).

베드로전서 2:9절에는 "그러나 너희는 택하신 족속이요 왕 같은 제사장들이요 거룩한 나라요 그의 소유가 된 백성이니 이는 너희를 어두운 데서 불러 내어 그의 기이한 빛에 들어가게 하신 이의 아름다운 덕을 선포하게 하려 하심이라"고 기록되어 있습니다. 참으로 하나님은 우리를 예수 그리스도의 보혈의 은혜와 중보하심으로 말미암아, 사랑으로 엮은 성령의 가마에 태워 우리를 인도하십니다. 이것을 생각하면 우리는 입술로 찬양하지 않을 수 없습니다. 진실로 지금 우리는 성령의 거룩하고 화려한 가마 안에서 안전하게 인도함을 받고 있는 것입니다.

자색 깔개는 예루살렘 딸들이 왕을 위해 한 땀 한 땀 실로 직조하여 만든 것입니다. 그들이 그 깔개를 만들고 무늬를 수놓을 때, 솔로몬 왕이 누울 자리를 위해 얼마나 사랑과 정성을 담았겠습니까? 진실로 사랑은 한순간에 만들어지지 않습니다. 우리의 구원을 생각해 보면, 이 모든 것을 계획하고 역사하시는 하나님 아버지의 사랑, 우리를 인도하시고 교통하시는 성령 하나님 그리고 우리를 위하여 낮아지심으로 보혈을 흘려주신 예수님의 은혜가 서로 한 땀 한 땀 수놓아지듯 이루어진 것입니다. 참으로 하나님이 베푸신 구원의 여정은 기이하고 신비롭습니다. 아멘.

어머니가 씌운 왕관이 그 머리에 있구나

술람미 여인을 데리러 온 솔로몬의 머리에는 그의 어머니가 씌워준 왕관이 빛나고 있었습니다. 왕관은 바로 왕권을 나타내는 상징입니다. 솔로몬의 어머니가 바로 밧세바입니다. 히브리 전통에서는 어머니는 계승의 정당성과 자녀의 인격 형성에 깊이 관여하는 중요한 인물입니다. 그래서 어머니가 유대인이면 자녀는 당연히 유대인으로 인정받습니다.

밧세바는 열왕기상 1:20~21절에서 "내 주 왕이여 온 이스라엘이 왕에게 다 주목하고 누가 내 주 왕을 이어 그 왕위에 앉을지를 공포하시기를 기다리나이다. 그렇지 아니하면 내 주 왕께서 그의 조상들과 함께 잘 때에 나와 내 아들 솔로몬은 죄인이 되리이다"라고 다윗에게 간절히 호소하는 모습이 나옵니다. 그리고 다윗은 이러한 밧세바와 나단 선지자의 말을 듣고 솔로몬을 이스라엘의 왕으로 선포합니다. 그러므로 왕의 어머니가 씌워주는 관은 바로 왕권의 합법성과 가문의 정통성을 가장 잘 드러내는 것입니다. 따라서 어머니가 왕의 머리에 관을 씌우는 행위는 아버지의 뜻 안에서, 가문 전체가 신랑과 그 사랑을 축복하고 승인한다는 고대 근동의 전통적 표현입니다.

이 장면을 보면, 예수님의 부활을 깊이 묵상하게 됩니다. 만일 예수님이 무덤에서 부활하시지 않으셨다면 우리는 여전히 죄인으로 남아 있을 수밖에 없었을 것입니다. 죄의 삯은 사망이기 때문입니다. 그런데 예수님이 성부 하나님에게 온전히 의탁하신 그 믿음으로 부활하심으로 말미암아, 땅과 하늘의 진정한 왕으로서 세워지신 것과 너무나 닮아 있습니다. 이를 통해 우리의 구원이 창세 이전부터 계획된 삼위일체 하나님의 영원하신 구속 언약에 따른, 완벽하고도 적법한 것임을 더욱 확신할 수 있게 됩니다. 정말 하나님은 솔로몬 왕과 술람미 여인을 통해, 우리를 향한 당신의 그 깊고 아름다운 사랑을 한 폭의 그림처럼 보여주고 계십니다.

솔로몬의 가마는 예수 그리스도의 십자가와 부활의 능력을 예표하고 있습니다. 우리가 그분의 의를 입고 성령의 인도하심을 따라 나아간다면, 우리는 그 가마에 올라 영원한 혼인 잔치로 나아가는 거룩한 신부가 되는 것입니다. 주님은 오늘도 우리를 향해 말씀하십니다. "오라, 나의 사랑, 나의 어여쁜 자야, 함께 가자." 아멘!

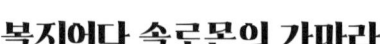

볼지어다 솔로몬의 가마라

술람미 여인은 솔로몬 왕의 사랑의 초대에 머뭇거렸습니다. 솔로몬 왕이 잠시 부재하였습니다. 술람미 여인은 그제야 솔로몬 왕을 찾아서 돌아오라고 외칩니다. 그 사랑의 언약을 가지고 "베데르 산의 노루와 어린 사슴" 같은 사랑을 요청하고 있습니다. 이제 술람미 여인은 밤마다 솔로몬의 사랑을 찾다가 바위틈 낭떠러지 은밀한 곳에서 나와서 성 안을 찾아다녔습니다.

솔로몬 왕의 잠시의 부재가 결국은 술람미 여인을 밝은 사랑 가운데로 불러내었습니다. 하나님의 부르심은 참으로 기이합니다. 독수리는 가시덤불을 너풀거려서 새끼 독수리를 창공으로 날도록 하는데, 하나님은 그 부드러운 음성으로 기다리시면서 우리를 그 사랑의 품안으로 뛰어들게 합니다.

솔로몬 왕은 술람미 여인의 기쁘고도 자발적인 사랑의 갈구를 확인하고 드디어 솔로몬의 가마로 술람미 여인을 데리러 왔습니다. 그 다가오는 모습이 마치 연기 기둥처럼 오면서 향내를 풍겼습니다. 이는 하나님이 이스라엘 백성을 애굽에서 홍해를 통하여 건져내시고 광야를 구름 기둥과 불 기둥으로 인도하시는 모습을 연상케 합니다. 그리고 그 가마에는 이스라엘 용사 중 육십 명이 둘러쌌습니다. 이는 솔로몬 왕과 하나 된 완벽한 보호를 의미합니다.

솔로몬의 사랑이 술람미 여인을 완벽하게 보호하듯이 삼위일체 하나님의 엮어진 사랑이 우리를 본향까지 평안 가운데 인도하십니다.

6강

내 사랑 너는
어여쁘고도 어여쁘다

(아 4:1~6)

¹ 내 사랑 너는 어여쁘고도 어여쁘다 너울 속에 있는 네 눈이 비둘기 같고 네 머리털은 길르앗 산 기슭에 누운 염소 떼 같구나 ² 네 이는 목욕장에서 나오는 털 깎인 암양 곧 새끼 없는 것은 하나도 없이 각각 쌍태를 낳은 양 같구나 ³ 네 입술은 홍색 실 같고 네 입은 어여쁘고 너울 속의 네 뺨은 석류 한 쪽 같구나 ⁴ 네 목은 무기를 두려고 건축한 다윗의 망대 곧 방패 천 개, 용사의 모든 방패가 달린 망대 같고 ⁵ 네 두 유방은 백합화 가운데서 꼴을 먹는 쌍태 어린 사슴 같구나 ⁶ 날이 저물고 그림자가 사라지기 전에 내가 몰약 산과 유향의 작은 산으로 가리라

아가서 4장의 구조를 살펴보면 1~5절과 9~11절이 서로 비슷한 이미지가 반복되는 것을 볼 수 있습니다. 구체적으로, 4:1~5절은 술람미 여인의 외모 중 눈, 머리털, 이, 입술, 뺨, 목을 묘사하고 있고, 9~11절도 눈, 목, 입술이 다시 등장하여 반복되고 있기 때문입니다. 더 나아가, 아가서 6:5~7절에서도 이전에 언급된 술람미 여인의 눈, 머리털, 이, 뺨이 다시 묘사되고 있습니다. 이처럼 반복되고 점차 심화되는 이미지를 통해 아가서 4:1절부터 이어지는 내용을 더 깊이 이해할 수 있습니다.

너울 속에 있는 내 어여쁜 사랑

이스라엘의 결혼 풍습에 따라 솔로몬 왕은 술람미 여인을 가마에 태우고, 하나 된 삶을 위해 마련한 신혼의 집으로 데리고

사랑의 세레나데

왔습니다. 그렇게 함께하고 싶었던 그리운 여인을 이제 직접 눈으로 보고 만지고 느낄 수 있게 되었다는 것을 생각하면, 더할 나위 없이 행복한 삶이 시작되었을 것입니다. 솔로몬 왕은 이제 술람미 여인을 가만히 그리고 지그시 바라봅니다. 모든 마음의 열림은 바로 눈길에서부터 시작이 되는 법입니다. 그 첫 눈빛이 닿았을 때, 솔로몬 왕의 입술에서는 "내 사랑 너는 어여쁘고도 어여쁘다"라는 감탄 섞인 고백이 터져 나왔습니다.

이 말의 의미를 더욱 풍성하게 이해하기 위해 히브리어 원문을 직역하면 "보라, 나의 사랑아, 네가 어여쁘다. 보라, 네가 어여쁘다"라고 표현됩니다. 또한, NIV 성경에서는 "당신이 얼마나 아름다운지요, 나의 사랑, 오 당신은 너무 아름답습니다"(How beautiful you are, my darling! Oh, how beautiful!)라고 번역되어 있습니다. 확실히 영어 성경이 첫 눈에 마음을 빼앗긴 듯한 그 강렬한 감정을 더 잘 담아내는 것 같습니다.

여기서 "내 사랑"은 히브리어로 "라야티"라고 하는데, 이는 "사랑하는 동반자"의 의미를 가진 "레아"에 1인칭 단수 소유격인 "티"가 붙어서 "라야티"가 된 것입니다. 아가서 3장에서 술람미 여인은 솔로몬이 약속했던 그 사랑의 언약을 찾아서 헤매었기 때문에 "아하브"라는 단어가 어울렸지만, 이제는 혼인 잔치를 통해 온전히 하나가 되었기에 "레아"를 사용하고 있습니다. 그리고 "어여쁘다"라고 노래합니다. "어여쁘다"의 히브리어는 "야페"라고 표현을 하는데, 이는 아름다움과 사랑스러움을 나타낼 때 사용합니다. 특히 "야페"의 알파벳은 "요드", "페", "헤"로 구성되어 있습니다. "요드"는 "손길"을, "페"는 "입술"을, "헤"는 숨결을 의미합니다. 이를 잘 생각해보면, 아름다운 것, 어여쁜 것은 누군가의 손길과 입술 그리고 우리 내면 깊은 곳의 호흡까지도 사로잡는 매력이 있음을 의미합니다. 실로 솔로몬은 술람미 여인의 아름다움에 온전히 마음을 빼앗겨 넋을 잃은 듯한 모습입니다. 이제 솔로몬은 술람미 여인의 그 어여쁜 모습을 다시금 세심하게 묘사하기 시작합니다.

먼저 "너울 속에 네 눈이 비둘기 같고"라고 말합니다. 이 구절의 히브리어 원문을 직역해 보면, "네 눈은 너울 너머에서 비둘기 같고"라고 표현됩니다. 즉, 술람미 여인이 솔로몬의 가마를 타고 신혼집으로 왔음에도 여전히 너울을 쓰고 있는 모습을 보여 줍니다. 이는 창세기 24:65절에 나오는, "종에게 말하되 들에서 배회하다가 우리에게로 마주 오는 자가 누구냐 종이 이르되 이는 내 주인이니이다. 리브가가 너울을 가지고 자기의 얼굴을 가리더라"라는 부분을 보면, 유대의 풍속을 어느 정도 이해할 수 있습니다. 아브라함이 아들의 혼인을 위해 종에게 "내 고향 내 족속에게로 가서 이삭을 위하여 아내를 택하라"고 지시하였습니다. 그래서 종이 나홀에 이르러 이삭의 아내로 삼고자 데리고 온 사람이 바로 리브가입니다. 리브가는 종과 함께 오다가 이삭이 나타나자 너울로 자신의 얼굴을 가렸습니다. 이삭은 리브가를 어머니 사라의 장막으로 들이고 거기서 그 너울을 벗겼습니다. 그제야 비로소 이삭은 그녀를 처음으로 온전히 자신의 눈동자에

사랑의 세레나데

담을 수 있었고, 그녀도 그 눈동자에 이삭을 온전히 담아낼 수 있었습니다.

어린 동물이나 조류들은 처음 본 대상에게 강한 애착을 형성합니다. 그래서 각인된 대상을 부모로 인식하며, 이후 생애 전반에 걸쳐 그 영향을 지속적으로 받는데, 이를 각인(imprinting)이라고 합니다. 신랑이 너울 속에 가려진 신부와 사랑을 나누기 위해서는 그 너울을 걷어 올려 주어야 합니다. 고대 근동의 풍속에 의하면 이 너울을 벗기는 시점에 대해서는 여러 견해가 있지만, 대부분 신랑과 신부가 혼인 예식을 마치고 첫날밤을 보낼 때 신랑이 신부의 너울을 벗기고 그녀의 얼굴을 온전히 마주 본다고 합니다.

우리나라 전통 혼례식에도 이와 비슷한 모습이 있습니다. 신랑과 신부가 서로 마주보고 예식을 진행하는 동안, 신부는 긴 소매가 달린 옷을 입고 그 소매 끝을 자신의 이마에 붙여 얼굴이 보이지 않도록 가렸습니다. 그리고 신랑과 신부가 서로의 사랑을 약속하며 언약의 술잔을 기울일 때에도 신부는 자신의 모습을 가리기 위해 몸을 돌려 마셨습니다. 그러한 신부의 모습이 온전히 신랑 앞에 드러나는 순간은 바로 첫날밤을 보낼 때입니다. 그래서 우리가 드라마에서 보았듯이, 옛날에는 한지에 풀을 먹여 문을 발랐기 때문에, 동네 사람들이 손에 침을 묻혀 문종이에 구멍을 내고 그 설레는 모습을 훔쳐 보려고도 했던 것입니다.

아가서 4:1절에서 술람미 여인의 눈과 머릿결은 아직 너울 속에 감추어져 있습니다. 그래서 이 시점은 혼인 예식을 위해 가마에 오르고 나서부터 첫날밤을 맞이하기 직전까지의 아름다운 모습을 묘사한 것으로 보입니다. 이런 관점에서 아가서 4:9~11절에서는 더 이상 "너울"에 대한 언급이 없다는 것을 알 수 있습니다. 즉, 지금 아가서 4:1~5절은 그야말로 혼인의 첫날밤을 앞두고 가슴 벅차고 설레는 마음을 품은 채 술람미 여인을 바라보는 솔로몬의 시선을 묘사하고 있는 것입니다.

여기서 혼인의 첫날밤에 신부의 너울을 벗겨주는 신랑의 모습을 한번 상상해 보십시오. 솔로몬 왕은 떨리는 손길로 자신의 신부가 된 술람미 여인의 너울을 조심스레 벗겨 줍니다. 그 너울 속에 수줍게 감추어져 있던 어여쁜 신부의 모습이 온전히 신랑의 눈동자에 고스란히 담깁니다. 신부도 지금까지는 너울에 가려 신랑을 어렴풋이 바라보기만 했었는데, 이제는 너울을 벗고 온전히 신랑의 얼굴을 마주합니다. 서로의 잔잔한 호수와 같은 눈동자 속에 서로가 담겨 있습니다. 이 얼마나 아름다운 각인입니까? 솔로몬은 너울 속에 있던 술람미 여인의 비둘기 같은 눈동자를 마주했습니다. 여러분은 이러한 모습이 교회의 어떤 모습을 보여준다고 생각하십니까? 고린도후서 3:12~18절을 보겠습니다.

> [12] 우리가 이같은 소망이 있으므로 담대히 말하노니 [13] 우리는 모세가 이스라엘 자손들에게 장차 없어질 것의 결국을 주목하지 못하게 하려고 수건을 그 얼굴에 쓴 것 같이 아니하노라 [14]

그러나 그들의 마음이 완고하여 오늘까지도 구약을 읽을 때에 그 수건이 벗겨지지 아니하고 있으니 그 수건은 그리스도 안에서 없어질 것이라 ¹⁵ 오늘까지 모세의 글을 읽을 때에 수건이 그 마음을 덮었도다 ¹⁶ 그러나 언제든지 주께로 돌아가면 그 수건이 벗겨지리라 ¹⁷ 주는 영이시니 주의 영이 계신 곳에는 자유가 있느니라 ¹⁸ 우리가 다 수건을 벗은 얼굴로 거울을 보는 것 같이 주의 영광을 보매 그와 같은 형상으로 변화하여 영광에서 영광에 이르니 곧 주의 영으로 말미암음이니라

이 말씀은 출애굽기 34:29~35절에 기록된 사건을 언급하고 있습니다. 모세가 두 번째로 하나님께 십계명을 받고 시내산을 내려왔을 때, 그의 얼굴 피부에서 광채가 나자 이스라엘 자손들이 그에게 가까이 하기를 두려워했습니다. 결국 모세가 그들에게 말하기를 마치고 수건으로 자기의 얼굴을 가렸습니다. 사도 바울은 이 모습을 예로 들어 설명합니다. 장차 없어질 율법의 직분을 받은 모세의 얼굴에도 광채가 났는데, 이스라엘 자손들은 구약의 율법이 온전히 가리키는 참된 영광의 광채이신 예수 그리스도를 보지 못하고 여전히 구약에 매여 있었습니다. 바울은 이 모습을 두고 "그들의 마음이 완고하여 오늘까지도 구약을 읽을 때에 그 수건이 벗겨지지 아니하고 있으니 그 수건은 그리스도 안에서 없어질 것이라"고 표현하고 있는 것입니다. 참으로 구약 성경이 예수 그리스도를 온전히 가리키는 것임에도, 이스라엘은 그 본질을 보지 못하고 돌판에 새겨진 그 율법의 외양만을 고집했던 것입니다.

이 모습을 보면 우리는 성경을 예수 그리스도 중심으로 읽어야 함을 분명히 알 수 있습니다. 태초에 하나님이 아담을 깊이 잠들게 하신 후, 그의 갈빗대 하나를 취하시고 살로 채우셔서 신부되는 하와를 만드시어 아담에게로 이끌어 오셨습니다. 아담이 하와를 처음 보았을 때의 그 강렬한 각인 그리고 하와가 아담을 처음 마주했을 때의 그 설렘을 상상해 보면, 그들이 서로에게 얼마나 끌렸을까요? 그래서 아담은 하와를 보고 "이는 내 뼈 중의 뼈요 살 중의 살이라"라고 탄성을 질렀던 것입니다. 한편, 히브리어로 남자를 "이쉬"라고 하고 여자는 "이샤"라고 하는데 그 어근이 동일합니다. 이는 여자가 남자에게서 비롯되었음을 언어적으로 보여주는 것입니다.

이제 하나님은 우리의 신랑 되시는 예수님을 갈보리의 십자가에서 깊이 잠들게 하시고, 그의 옆구리에서 흘러나온 피와 물로써 신부 되는 우리를 속죄해 주시고 정결하게 하심으로 새로운 생명의 길을 열어주셨습니다. 이처럼 우리가 예수 그리스도에게서 비롯되었기에 우리를 "그리스도인"이라고 부르는 것입니다. 이는 마치 여자가 남자에게서 비롯되어 "이샤"라고 부르는 것과 동일한 이치입니다.

하나님은 하와를 아담에게 이끌어 오셨듯이, 택하신 자들을 예수님에게 이끌어 주셔서 교회가 되게 하셨습니다. 진실로 첫 사람 아담은 하와의 육체적인 아름다움에 이끌려 하나님이 금지하신 선악과의 열매를 삼킴으로써 죄와 사망을 이 땅에 가져왔습니다. 그러나 둘째 아담이신 예수님은 십자가의 보혈을 통해 성령 안에서 새롭게 태어날 생명을 위하여, 마치 산모가 새 생명의 탄생을 위해 해산의 고통을 기쁘게 감내하듯이, 자신의 육체로 죽음을 삼켜버리셨습니다. 여호와 하나님을 찬양합니다. 우리는 마치 아담이 하와를 처음으로 마주쳤을 때의 각인처럼, 십자가에 달리신 예수님을 각인함으로써 오직 하나님의 사랑만을 바라보는 비둘기의 눈을 닮아야만 할 것입니다.

네 눈이 비둘기 같고

너울이 걷히는 순간, 서로의 눈동자에 서로가 온전히 담기는 그 눈은 오직 한 사람만을 향하는 순결한 비둘기의 눈이 됩니다. 성경 인물 중에서 이렇게 눈이 비둘기처럼 시선 고정된 사람을 꼽으라면, 단연 다니엘을 떠올리게 됩니다. 다니엘 6:1~10절을 같이 보겠습니다.

> ¹ 다리오가 자기의 뜻대로 고관 백이십 명을 세워 전국을 통치하게 하고 ² 또 그들 위에 총리 셋을 두었으니 다니엘이 그 중의 하나이라 이는 고관들로 총리에게 자기의 직무를 보고하게 하여 왕에게 손해가 없게 하려 함이었더라 ³ 다니엘은 마음이 민첩하여 총리들과 고관들 위에 뛰어나므로 왕이 그를 세워 전국을 다스리게 하고자 한지라 ⁴ 이에 총리들과 고관들이 국사에 대하여 다니엘을 고발할 근거를 찾고자 하였으나 아무 근거, 아무 허물도 찾지 못하였으니 이는 그가 충성되어 아무 그

릇됨도 없고 아무 허물도 없음이었더라 ⁵ 그들이 이르되 이 다
니엘은 그 하나님의 율법에서 근거를 찾지 못하면 그를 고발할
수 없으리라 하고 ⁶ 이에 총리들과 고관들이 모여 왕에게 나아
가서 그에게 말하되 다리오 왕이여 만수무강 하옵소서 ⁷ 나라
의 모든 총리와 지사와 총독과 법관과 관원이 의논하고 왕에게
한 법률을 세우며 한 금령을 정하실 것을 구하나이다 왕이여
그것은 곧 이제부터 삼십일 동안에 누구든지 왕 외의 어떤 신
에게나 사람에게 무엇을 구하면 사자 굴에 던져 넣기로 한 것
이니이다 ⁸ 그런즉 왕이여 원하건대 금령을 세우시고 그 조서에
왕의 도장을 찍어 메대와 바사의 고치지 아니하는 규례를 따라
그것을 다시 고치지 못하게 하옵소서 하매 ⁹ 이에 다리오 왕이
조서에 왕의 도장을 찍어 금령을 내니라 ¹⁰ 다니엘이 이 조서에
왕의 도장이 찍힌 것을 알고도 자기 집에 돌아가서는 윗방에
올라가 예루살렘으로 향한 창문을 열고 전에 하던 대로 하루
세 번씩 무릎을 꿇고 기도하며 그의 하나님께 감사하였더라

진실로 다니엘은 구차하게 세상에서의 권세와 목숨을 구걸하
지 않고, 예루살렘으로 향한 창문을 활짝 열고 오직 하나님만
을 바라보았습니다. 그야말로 그 눈이 하나님만을 바라보는 비둘
기의 눈이었습니다. 우리도 언젠가 주님으로부터 "내 사랑아, 네
눈이 비둘기와 같구나."라는 이 아름다운 칭찬을 들을 수 있을까
요?

회개를 히브리어로 "슈브"로 "뒤돌아서다. 돌아가다"라는 뜻입
니다. 군인들이 훈련을 받을 때 "뒤로 돌아가"라는 구령에 맞춰

사랑의 세레나데

방향을 바꾸는 것과 같습니다. 그리고 "슈브"의 명사형은 "테슈바"로 "돌아옴"의 의미입니다. 헬라어로는 이를 "메타노이아"라고 표현하는데, 이는 생각과 마음의 방향을 바꾸어 삶의 방향을 전환하는 근본적인 행위와 상태를 뜻합니다. 우리가 하나님 아닌 다른 것에 시선을 주목하고 있다면, 우리는 바로 지금 이 순간 그 시선을 하나님 앞으로 돌려야 합니다.

"슈브"의 진정한 의미를 가장 잘 보여주는 것이 바로 누가복음 15:11~32절에서 나오는 허랑방탕하게 살다가 돌아온 둘째 아들의 모습입니다. 다시 한번 요약해 보면, 둘째 아들은 아버지에게 자기가 상속받을 것을 미리 달라고 하여, 그것으로 먼 나라에 가서 허랑방탕한 삶을 살았습니다. 그러다가 가진 것을 다 탕진한 후에는 돼지를 치고, 돼지 먹는 쥐엄 열매로 배를 채우고자 했지만 그것도 주는 자가 없었습니다. 결국 자기가 믿었던 모든 것들이 무너지자, 그는 아버지의 집으로 향하였습니다. 둘째 아들은 아버지의 그 변함없는 사랑에 붙들려, 아버지의 집에서 죽었다가 다시 살아난 삶을 살게 되었습니다. 참된 회개, 참된 시선고정은 우리가 계속하여 우리의 시선을 하나님에게로 향하면서 완성되는 것입니다.

네 머리털은 길르앗 산 기슭에 누운 염소 떼 같구나

이 구절의 히브리어 원문을 직역하면 "네 머리털은 길르앗 산에서 흘러내리는 염소 떼 같구나"라고 표현됩니다. 한글 성경에

"누운"이라고 표현된 히브리어의 어근은 "갈라쉬"인데, 이는 "미끄러지다, 흘러내리다, 부드럽게 내려가다"라는 뜻을 가지고 있습니다. 본래 길르앗 산은 요단강 동쪽에 위치한 비옥한 산지로서, 목축에 적합하고 풍요로운 곳으로 유명합니다. 그래서 이스라엘이 출애굽하여 가나안 땅으로 들어가기 전, 르우벤과 갓 자손은 길르앗 땅을 기업으로 요청하기도 했습니다. 민수기 32:1절에 "르우벤 자손과 갓 자손은 심히 많은 가축 떼를 가졌더라 그들이 야셀 땅과 길르앗 땅을 본즉 그 곳은 목축할 만한 장소인지라"고 기록되어 있습니다.

우리가 잠시 눈을 감고 초록빛 가득한 길르앗 산자락을 떠올려 봅시다. 검은 털에서 윤기가 흐르는 염소 떼가, 비탈길을 따라 하나도 흐트러짐 없이 조용하고 질서 있게, 마치 물이 흐르듯 부드럽게 미끄러져 내려오는 모습! 얼마나 멋진 장관이겠습니까? 멀리서 이 광경을 바라보면, 마치 윤기 가득하고 풍성한 검은색 머릿결을 곱게 풀어놓은 것처럼 보일 것입니다. 솔로몬은 지금 너울 너머로 어렴풋이 보이는 술람미 여인의 머릿결을 참으로 아름답게 묘사하고 있습니다. 우리가 세상에서도 허리까지 길게 늘어지고 찰랑거리는 머릿결을 가진 여인의 뒷모습을 볼 때면, 저절로 시선이 가고 그 아름다움에 감탄하게 됩니다. 이렇듯 머릿결은 그 사람의 단정함과 아름다움을 단번에 보여주는 신체의 일부입니다.

사사기 16:17절에는 "삼손이 진심을 드러내어 그에게 이르되 내 머리 위에는 삭도를 대지 아니하였나니 이는 내가 모태에서부터 하나님의 나실인이 되었음이라. 만일 내 머리가 밀리면 내 힘이 내게서 떠나고 나는 약해져서 다른 사람과 같으리라 하니라"라는 말씀이 있습니다. 나실인은 히브리어로 "나지르"라고 하여 "구별된 자"를 뜻하며, 하나님에게 특별히 구별되어 헌신을 서원한 사람을 말합니다. 삼손은 하나님 앞에 자신을 드린 것을 구별하기 위해 머리에 삭도를 전혀 대지 않았습니다. 사람들이 삼손의 긴 머리를 보면서 삼손에게 "나실인"이라고 칭하거나 "왜 머리에 삭도를 대지 않느냐?"라고 물어보면, "저는 하나님께 헌신된 자입니다"라고 했을 것입니다. 그렇기에 삼손은 자신의 머리카락이 구별된 자로서의 삶의 징표였기에, 그것을 더욱더 소중하고 아름답게 가꾸었을 것입니다.

한편, 고린도전서 11:9~15절을 보면 특별히 여자가 머리를 가리는 부분에 대한 말씀이 있습니다.

> ⁹ 또 남자가 여자를 위하여 지음을 받지 아니하고 여자가 남자를 위하여 지음을 받은 것이니 ¹⁰ 그러므로 여자는 천사들로 말미암아 권세 아래에 있는 표를 그 머리 위에 둘지니라 ¹¹ 그러나 주 안에는 남자 없이 여자만 있지 않고 여자 없이 남자만 있지 아니하니라 ¹² 이는 여자가 남자에게서 난 것 같이 남자도 여자로 말미암아 났음이라 그리고 모든 것은 하나님에게서 났느니라 ¹³ 너희는 스스로 판단하라 여자가 머리를 가리지 않고 하나님께 기도하는 것이 마땅하냐 ¹⁴ 만일 남자에게 긴 머리가 있으면 자기에게 부끄러움이 되는 것을 본성이 너희에게 가르

치지 아니하느냐 [15] 만일 여자가 긴 머리가 있으면 자기에게 영
광이 되나니 긴 머리는 가리는 것을 대신하여 주셨기 때문이니
라

로마나 헬라의 문화권의 관습에 의하면, 여자는 남편의 권세
아래에 있다는 표시로 머리 위에 너울을 착용했습니다. 따라서
여자가 긴 머리를 가지고 있다면, 이는 가리는 것을 대신해 주기
때문에 자기에게 영광이 된다고 말하고 있는 것입니다. 여자는
남자를 위하여 지음을 받았기에, 다른 사람들에게는 마치 너울
처럼 머리 위에 표시를 두어 자신을 가리고, 오직 남편에게만 그
모습을 드러냄으로써 한 사람의 권위 아래에 속해 있음을 나타
냅니다. 바로 이 역할을 긴 머리가 감당했기에 영광이 되는 것입
니다. 이렇듯 긴 머리는 "구별된 자"로서의 삶과 한 남자의 권위
아래에 있음을 나타내는 영광의 상징이 됩니다. 이러한 관점에서
술람미 여인의 긴 머리는 그동안 아무 남자에게도 보이지 않고,
오직 한 남자인 솔로몬의 사랑과 권위 아래에 있고자 가꾸고 구
별해 온 것을 의미합니다.

참으로 성경의 말씀은 놀랍습니다. 이것이 오늘날 우리 그리
스도인에게는 어떻게 적용될까요? 세상 사람들이 우리 그리스도
인을 볼 때, 마치 술람미 여인의 아름다운 머릿결에 매료되듯이,
우리의 삶은 세상에서는 도저히 볼 수 없는 그리스도의 사랑의
향기를 풍기는 거룩한 삶이어야 합니다. 그리고 그 긴 머릿결로
다른 남자에게 자신을 가리는 것처럼, 우리는 세상의 정욕에 대

해서는 철저히 자신을 가리고 오직 하나님의 권위 아래에서만 우리를 드러냄으로써 참된 신랑이신 예수님을 기쁘시게 해 드려야 할 것입니다.

네 이는 새끼 없는 것은 하나도 없이 쌍태를 낳은 양 같구나

솔로몬은 이제 술람미 여인을 정면에서 지긋이 바라보고 있습니다. 그리고 그녀와 사랑의 대화를 나누면서, 그 입술 사이에 비치는 새하얀 이를 보며 노래합니다. 아가서 4:2절의 히브리어 원문을 직역하면 "네 이는 마치 목욕하는 곳에서 올라온 암양 무리 같으니, 그들 모두가 쌍을 이루었고, 그들 중에 새끼를 잃은 것이 하나도 없구나."라고 표현됩니다. 양들이 들판에서 풀을 뜯고 흙에서 뒹굴다가 목동의 인도로 목욕하는 장소로 갑니다. 이때 털에 묻어있던 먼지와 진드기를 말끔히 씻어내고 풀밭으로 올라올 때, 그 털이 얼마나 눈부시게 새하얗겠습니까? 게다가 어미 양 곁에는 늘 새끼 양들이 쌍을 이루고 있어, 어느 하나도 빈자리가 없이 풍성하고 완벽한 조화를 이루고 있는 모습입니다.

고대 근동에서는 거친 곡물과 모래 섞인 음식을 먹었기 때문에 치아의 마모가 심했고, 잇몸병이나 충치도 흔했다고 합니다. 그리고 살바도라 페르시카라는 나무의 가지나 뿌리로 만든 "미스왁(Miswak)"을 씹으면서 이를 닦았다는 기록이 있습니다. 오늘날에도 문명이 덜 발달된 지역에 거주하는 사람들의 삶을 보면

대부분 치아상태가 좋지 않은 것을 많이 보게 됩니다. 그나마 치아가 고른 시기가 있다면, 유치가 영구치로 바뀐 젊은 남녀의 때일 것입니다. 그래서 아름답고 건강한 치아는 젊음과 생명력의 상징이라 할 수 있습니다.

이제 술람미 여인의 열린 입술 사이로 살짝 보이는 이를 상상해 봅니다. 그 치아의 색깔은 흙먼지를 뒤집어쓴 양털처럼 누렇지 않고, 목욕장에서 갓 나온 하얀 털처럼 뽀얗게 빛납니다. 더불어 그 이들은 하나도 빠진 것 없이 가지런히 심겨 있습니다. 오늘날 우리의 입장에서 보더라도, 아무리 아름다운 머릿결을 가진 여인이라 할지라도 대화 중에 이가 군데군데 빠져있는 모습을 본다면 참으로 우스꽝스러울 것입니다. 그러나 술람미 여인은 너무나도 하얗고 가지런한 이를 가졌습니다. 솔로몬은 너울 속에 있던 술람미 여인의 비둘기 같은 눈을 보았고, 풍성하고 윤기 있는 머릿결을 바라보았으며, 이제는 술람미 여인과 마주하여 흠결 없는 새하얀 치아를 바라보고 있는 것입니다.

한편, 우리 신체에서 이는 참 중요한 기능을 합니다. 이는 음식물을 기계적으로 분쇄하여 표면적을 넓히는 역할을 합니다. 이때 침이 분비되면 아밀라아제의 효소가 나와 탄수화물을 분해하기 시작합니다. 이렇게 잘게 분쇄되고 분해된 음식물은 위(胃)에서 더욱 잘게 갈아지고, 소장에서는 단백질, 지방, 탄수화물로 분해됩니다. 분해된 영양 성분은 소장 벽에 흡수되어 간으로 옮겨지고 혈액을 타고 각 세포로 운반이 됩니다. 이후 세포 속 미토콘드리아는 이 영양분을 이용하여 우리 몸에 필요한 ATP에너지를 생성하고 이를 통해 우리 몸의 생명 현상을 유지하도록 합니다. 이러한 생물학적 원리를 생각하면서 히브리서 5:11~14절을 다 같이 보도록 하겠습니다.

> [11] 멜기세덱에 관하여는 우리가 할 말이 많으나 너희가 듣는 것이 둔하므로 설명하기 어려우니라 [12] 때가 오래 되었으므로 너희가 마땅히 선생이 되었을 터인데 너희가 다시 하나님의 말씀의 초보에 대하여 누구에게서 가르침을 받아야 할 처지이니 단단한 음식은 못 먹고 젖이나 먹어야 할 자가 되었도다 [13] 이는 젖을 먹는 자마다 어린아이니 의의 말씀을 경험하지 못한 자요 [14] 단단한 음식은 장성한 자의 것이니 그들은 지각을 사용함으로 연단을 받아 선악을 분별하는 자들이니라

히브리서 말씀을 보면, 말씀의 초보에 머무는 사람과 장성한 자가 구분됩니다. 특히 장성한 자는 지각을 사용함으로 연단을 받아 선악을 분별하는 자들이라고 합니다. 그래서 장성한 자는 단단한 음식도 능히 씹어서 소화할 수 있는 믿음을 가졌습니다. 마치 술람미 여인의 고른 치아가 단단한 음식을 소화해 낼 수 있듯이, 오늘날 교회와 성도들도 때때로 딱딱하게 느껴지는 성경 말씀을 지각을 사용하여 받아들이고, 삶 속에서 그 말씀을 체험해야 합니다. 그리하여 그 말씀이 우리의 영혼을 풍족하게 하는 양식이 되게 해야 합니다.

이러한 술람미 여인의 모습을 그려보면서, '오늘날 하나님이 교

회를 그림으로 묘사를 한다면 어떠한 모습일까?' 하는 생각을 깊이 해 보게 됩니다. 우리의 모습을 보면, 우리는 하나님을 향해서는 너울로 가려버리고, 세상을 향해서는 벗어던짐으로써 세상과 전혀 구별되지 않는 모습으로 살아가는 것이 아닌가? 또한 우리의 눈은 비둘기처럼 하나님을 바라보는 듯하지만, 실상은 육체의 정욕을 위하여 세상만을 바라보지 않았는가? 그리고 우리의 삶이 이렇게 허물투성이였기에 우리의 머리털은 헝클어지고 악취만을 풍기지 않았는가? 더 나아가 우리는 세상 욕망의 달콤함을 삼키느라 온통 이가 썩어서 충치 먹은 모습은 아닌가 하는 반성을 해 보게 됩니다.

그럼에도 우리는 하나님이 주신 믿음을 따라 스스로를 술람미 여인이라고 칭해봅니다. 하와가 참으로 아담의 뼈 중의 뼈요 살 중의 살이라 칭함을 받은 것은 그녀가 바로 아담에게서 비롯되었음이요, 술람미 여인이 참으로 이처럼 아름다움의 찬사를 받는 것은 솔로몬의 낮아짐으로 인하여 그 사랑의 눈으로 바라보았기 때문이요, 우리는 예수님의 옆구리에서 나온 그 피와 물로 온전히 씻김을 받았기에 그리스도인으로 칭함을 받았습니다.

네 입술은 홍색 실 같고

솔로몬은 이제 술람미 여인의 입술을 주목합니다. 그 입술은 홍색 실 같습니다. 그리고 그 입은 어여쁘고, 너울 속에 가려진 뺨은 석류 한 쪽 같습니다. 우리가 사랑하는 사람을 보면 시각,

청각, 기억 등 감각 정보가 감정을 담당하는 뇌 부위인 대뇌 변연계에 전달됩니다. 이 과정에서 호르몬의 생성과 조절을 담당하는 시상하부와 뇌하수체가 활성화됩니다. 그러면 우리 몸에서는 호르몬과 신경전달물질이 폭발적으로 분비되기 시작합니다. 대표적으로 도파민은 행복감, 흥분을 일으켜 심장박동을 증가시킵니다. 아드레날린은 교감신경계를 활성화하여 혈압을 상승시키고, 이로 인해 얼굴로 가는 혈류량을 증가시키며 체온을 높입니다. 옥시토신은 애착 호르몬이라고도 불리는데 이는 유대감과 친밀감을 형성합니다. 특히, 옥시토신은 포옹과 키스할 때 많이 분비됩니다. 사랑에 빠지면 이러한 호르몬 작용으로 인해 입술과 뺨에 혈액이 몰려 붉고 생기 있는 색을 띠게 되는 것입니다. 이 과정은 단순한 신체 반응을 넘어, 사랑이 우리의 몸을 움직인다는 증거입니다. 그리고 마음이 얼굴로 드러나게 하신, 하나님이 주신 사랑의 본능적 표식인 것입니다.

솔로몬이 술람미 여인을 바라보았을 때, 술람미 여인 역시 솔로몬을 향한 사랑으로 감정이 불타올랐습니다. 그녀의 심장은 요동치기 시작했고. 걷잡을 수 없는 불타는 사랑의 감정이 온몸을 휘감았습니다. 터질 듯한 심장의 혈액이 그 입술과 뺨에 가득 차올라, 솔로몬을 더욱 갈구하는 모습이 되었습니다. 바로 이 모습을 두고 솔로몬이 "네 입술은 홍색 실 같고 네 입은 어여쁘고 너울 속의 네 뺨은 석류 한 쪽 같구나"라고 노래한 것입니다.

우리의 신체 구조와 이 아름다운 표현을 보면, 창세기 1:27~28

절의 말씀이 생각납니다. 즉 "하나님이 자기 형상 곧 하나님의 형상대로 사람을 창조하시되 남자와 여자를 창조하시고 하나님이 그들에게 복을 주시며 하나님이 그들에게 이르시되 생육하고 번성하여 땅에 충만하라, 땅을 정복하라, 바다의 물고기와 하늘의 새와 땅에 움직이는 모든 생물을 다스리라 하시니라"의 말씀입니다. 하나님은 우리를 만드시고 말씀으로 생육하고 번성하여 땅에 충만하라고 하셨습니다. 그리고 우리 인간이 그 말씀에 순종하여 생육하고 번성하고 충만할 수 있도록, 이미 우리 몸을 사랑에 반응하게 만드셨습니다. 서로 사랑할 수 있도록 사랑의 마음과 그에 반응하는 신체를 주신 것입니다. 솔로몬과 술람미 여인은 이렇듯 하나님이 주신 창조 질서 안에서, 그들의 내면 깊이 솟아오르는 사랑의 감정을 따라 서로를 받아들이며 진정한 사랑을 나누고 있는 것입니다.

그리고 우리는 이러한 모습을 보면서, 교회를 통해 역사하시는 하나님을 더욱 믿음의 눈으로 바라볼 수 있습니다. 사도행전 1:8절에는 "오직 성령이 너희에게 임하시면 너희가 권능을 받고 예루살렘과 온 유대와 사마리아와 땅 끝까지 이르러 내 증인이 되리라 하시니라"라고 기록되어 있습니다. 우리가 세상을 향하여 복음을 전하는 증인이 되는 것은, 성령이 임하시면 성령님이 하시는 일입니다. 성령님이 우리 안에 내주하시면, 우리는 하나님의 말씀을 사모하게 되고, 늘 우리의 눈은 예수 그리스도를 주목하게 됩니다. 하나님의 찬양과 말씀을 듣게 되면, 마치 사랑하는 연인이 만났을 때처럼 우리의 마음은 뜨거워지고, 그 뜨거워진 마음을 품고 산모가 생명을 잉태하듯 새로운 영적인 생명을 낳는 그리스도인이 되어가는 것입니다. 결국 우리는 오직 솔로몬과 술람미 여인이 서로에게만 시선을 고정했던 것처럼 오직 주님만을 바라보는 비둘기의 눈을 가져야 할 것입니다.

네 목은 다윗의 망대같구나

솔로몬의 시선이 술람미 여인의 입술과 뺨을 지나 이제 그녀의 목으로 향합니다. "네 목은 무기를 두려고 건축한 다윗의 망대 곧 방패 천 개, 용사의 모든 방패가 달린 망대 같고"라고 노래합니다. 이 비유를 이해하기 위해 사무엘하 5:6~10절을 보겠습니다.

> ⁶ 왕과 그의 부하들이 예루살렘으로 가서 그 땅 주민 여부스 사람을 치려 하매 그 사람들이 다윗에게 이르되 네가 결코 이리로 들어오지 못하리라 맹인과 다리 저는 자라도 너를 물리치리라 하니 그들 생각에는 다윗이 이리로 들어오지 못하리라 함이나 ⁷ 다윗이 시온 산성을 빼앗았으니 이는 다윗 성이더라 ⁸ 그 날에 다윗이 이르기를 누구든지 여부스 사람을 치거든 물 긷는 데로 올라가서 다윗의 마음에 미워하는 다리 저는 사람과 맹인을 치라 하였으므로 속담이 되어 이르기를 맹인과 다리 저는 사람은 집에 들어오지 못하리라 하더라 ⁹ 다윗이 그 산성에 살면서 다윗 성이라 이름하고 다윗이 밀로에서부터 안으로 성을 둘러 쌓으니라 ¹⁰ 만군의 하나님 여호와께서 함께 계시니 다윗이 점점 강성하여 가니라

다윗 성은 시온산의 중심에 위치해 있는데, 우측에는 기드론 시내가, 좌측에는 중앙 골짜기가 있어 천혜의 요새 위에 우뚝 솟아 있습니다. 그래서 멀리서 보면 그 높이가 웅장합니다. 이 성 안에서도 견고하고 위엄 있는 탑 모양으로 솟아 있는 것이 바로 다윗의 망대입니다. 솔로몬은 술람미 여인의 목을 다윗의 망대에 비유함으로써, 그녀의 아름다움이 견고하고 위엄 있는 왕의 탑과 같다고 묘사합니다. 이는 단순한 외적 아름다움을 넘어, 그녀가 가진 품위와 존귀함 그리고 신실함을 나타내는 시적 비유입니다.

또한 아가서 4:9절을 보면 "… 네 목의 구슬 한 꿰미로 내 마음을 빼앗았구나"라는 표현이 있습니다. 이것을 보면, 지금 술람미 여인은 목에 구슬 한 꿰미로 장식된 아름다운 목걸이를 하고 있는 듯합니다. 이를 두고 솔로몬은 4절에서 "… 다윗의 망대 곧 방패 천 개, 용사의 모든 방패가 달린 망대 같고"라고 표현했던 것입니다. 당시 망대에는 승리를 기념하고 용사들의 명예를 드높이기 위해 방패들을 걸어두었다고 합니다. 이는 당시 용맹한 군대의 영광을 상징적으로 보여주고 있는 것입니다. 솔로몬은 아버지 다윗의 삶을 곁에서 직접 목격했거나, 아버지로부터 하나님의 언약을 믿고 다윗 성을 점령했던 그 영광스러운 역사를 들어서 알고 있었을 것입니다. 이렇게 언약의 역사가 담긴 그 성을 빗대어 술람미 여인의 곧게 펴진 목을 묘사한 것은 그녀에게는 더할 나위 없이 영광입니다. 또한 용사들의 방패까지도 그녀의 아름다움을 표현하는데 사용했다는 사실은, 듣는 이들로 하여금 그녀를 얼마나 존귀한 존재로 인식하게 만들었겠습니까?

이제 우리의 삶을 한번 돌아봅시다. 하나님은 교회가 세상과 구별된 가운데, 저 너머의 본향을 향하여 고개를 들고 있는 고귀한 모습을 갖추기를 원하십니다. 이를 이루시기 위해 성령이 우리 가운데에 내주하시며 일하고 계십니다. 이제 우리는 다윗 성의 망대에 용감한 전사들의 승리를 기념하는 방패가 주렁주렁 걸려 하나님의 영광을 드러냈던 것처럼, 에베소서 6:16절의 "모든 것 위에 믿음의 방패를 가지고 이로써 능히 악한 자의 모든 불화살을 소멸하고"라는 말씀과 같이 마귀의 간계를 이겨내야 합니다. 통치자들과 권세들과 어둠의 세상 주관자들과 하늘에 있는 악한 영들을 상대하여 승리한 그 영광스러운 흔적들을 우리 몸에 지녀야 할 것입니다.

네 두 유방은 쌍둥이 어린 사슴 같구나

솔로몬의 시선은 술람미 여인의 목을 지나 이제 그녀의 가슴으로 옮겨집니다. "네 두 유방은 백합화 가운데서 꼴을 먹는 쌍둥이 어린 사슴 같구나"라고 아름다운 비유로 찬양하고 있습니다. 푸른 풀밭 사이로 하얀 백합화가 아름답게 피어 있는데, 그곳에서 쌍둥이 어린 사슴이 평화롭게 풀을 뜯고 있는 정경을 상상해 보십시오. 그 사슴의 얼굴을 보면, 두 쌍둥이가 동시에 검은 코를 들고 바라보는 모습이 얼마나 균형 잡히고 아름답겠습니까? 시선을 돌려 두 어린 사슴들이 풀을 뜯고 있는 뒤태를 보면, 그 엉덩이가 얼마나 토실토실하고 복스럽게 꼬리를 흔들고 있겠습니까? 고대 근동 문학에서는 아름다운 대상을 자연에서 흔히 접할 수 있는 순수한 존재에 비유하는 경향이 많았는데, 우리는 아가서에서 이런 표현들을 계속 보고 있습니다. 이 구절 역시 여성의 아름다움을 자연의 순수한 동물과 꽃에 빗대어 극대화하고 있습니다. 참으로 사랑스럽고, 품에 꼭 안아 머리를 쓰다듬어 주고 싶은 아름다운 모습입니다.

특별히 백합화는 참으로 아름다운 상징을 보여줍니다. 우리는 술람미 여인이 어떤 옷을 입었는지 정확히 알 수 없지만, 그녀를 백합화 가운데서 꼴을 먹는 쌍태 어린 사슴에 비유한 것을 보면, 그녀가 입은 옷이나 살짝 비치는 속옷의 색깔이 백합화의 빛깔을 닮은 흰색이 아니었을까 조심스레 추측해 봅니다. 하얀 순백의 백합화 사이로, 생명을 양육할 준비가 된 유방이 살포시 드러나는 모습은, 술람미 여인이 사랑하는 솔로몬을 향해 지닌 순결함을 더욱 잘 부각시킵니다.

산모가 아기의 울음소리를 들으면, 그 소리가 뇌의 시상하부를 자극하고, 시상하부는 뇌하수체 후엽을 자극해 '옥시토신'이라는 호르몬의 분비를 촉진합니다. 뇌하수체 후엽에서 분비된 옥시토신은 혈관을 타고 몸 전체로 퍼져 유방의 유선 조직으로 이동하여, 유방 내근상피세포(myopithelial cell)를 수축시키는 작용을 합니다. 이 수축 작용 덕분에 유방 속에 축적되어 있던 모유가 유두 쪽으로 밀려나오게 되는데, 이 현상을 "사출반사(let-

사랑의 세레나데

down reflex, milk ejection reflex)"라고 부릅니다. 한편, 뇌하수체의 전엽에서는 프로락틴 호르몬을 통해 모유의 생성을 촉진시킵니다. 이처럼 여인의 가슴은 한 생명을 양육할 모유를 생성해 내는 생명의 원천이 되는 곳입니다. 따라서 백합화 가운데에서 꼴을 먹는 쌍태 어린 사슴과 같은 유방은, 솔로몬을 향한 순결함과 새로운 생명을 잉태하고 기르기 위해 귀하게 준비된 모습을 너무나 잘 보여주고 있습니다.

그런데 호세아 2:2절에는 "너희 어머니와 논쟁하고 논쟁하라. 그는 내 아내가 아니요 나는 그의 남편이 아니라. 그가 그의 얼굴에서 음란을 제하게 하고 그 유방 사이에서 음행을 제하게 하라"고 기록되어 있습니다. 하나님은 북이스라엘에게 은혜를 베풀어 곡식과 새 포도주, 기름 그리고 은과 금도 더하여 주셨습니다. 그러나 북이스라엘은 그것들을 가지고 바알을 섬기고 신상을 만들면서 우상 숭배의 길로 나아가 버렸습니다. 그래서 하나님은 호세아를 통해 북이스라엘을 향하여 "그 유방 사이에서 음행을 제하게 하라"고 책망하고 계시는 것입니다. 이러한 영적 행음의 모습은 요한계시록 2:14절에서 버가모 교회를 책망하시는 말씀에도 잘 나타나 있습니다. 즉 "그러나 네게 두어 가지 책망할 것이 있나니 거기 네게 발람의 교훈을 지키는 자들이 있도다. 발람이 발락을 가르쳐 이스라엘 자손 앞에 걸림돌을 놓아 우상의 제물을 먹게 하였고 또 행음하게 하였느니라"라고 하시면서 회개를 촉구하십니다. 이렇게 이긴 자에게는 요한계시록 2:17절의 "… 이기는 그에게는 내가 감추었던 만나를 주고 또 흰 돌을 줄 터인데 그 돌 위에 새 이름을 기록한 것이 있나니 받는 자 밖에는 그 이름을 알 사람이 없느니라"라는 약속의 말씀처럼, 만나와 새 이름을 주신다고 하셨습니다.

여기서 언급된 발람은 민수기 22장부터 25장에 걸쳐 등장하는 이방인 선지자입니다. 모압 왕 발락은 이스라엘 백성을 저주하기 위해 발람을 고용했으나, 하나님이 발람의 입을 주장하셔서 이스라엘을 저주하지 못하게 하시고 오히려 축복을 선언하게 하셨습니다. 그러나 이후 발람은 교묘한 꾀를 내어 이스라엘이 스스로 범죄하게 만들었습니다. 그것이 바로 우상 숭배와 음행인데 이는 민수기 25:1~3절에 잘 나타나 있습니다.

> ¹ 이스라엘이 싯딤에 머물러 있더니 그 백성이 모압 여자들과 음행하기를 시작하니라 ² 그 여자들이 자기 신들에게 제사할 때에 이스라엘 백성을 청하매 백성이 먹고 그들의 신들에게 절하므로 ³ 이스라엘이 바알브올에게 가담한지라 여호와께서 이스라엘에게 진노하시니라

호세아와 요한계시록의 말씀을 종합해 보면, 결국 우리는 백합화와 같은 순결함으로 오직 하나님만을 바라보며, 세상을 향한 행음함에서 단호히 돌아서야만 합니다. 이처럼 세상을 이긴 자에게는 흰 돌 위에 새 이름이 기록된다고 약속되어 있습니다. 우리는 이 의미를 지금은 다 헤아릴 수 없지만, 분명한 것은 하나님이 아닌 다른 우상에 마음을 두지 않고 오직 하나님만을 바

라보는 그 사람은 하나님이 "아시는 바" 된 사람이라는 사실입니다. 우리는 앞서 "알다"라는 뜻의 히브리어가 "야다"임을 확인했습니다. 이는 단순히 지식적으로 아는 것을 넘어, 체험적으로 깊이 아는 것을 의미합니다. 마치 부부가 서로를 깊이 이해하며 속속들이 아는 것과 같습니다. 그렇기 때문에 하나님을 체험적으로 아는 사람은 하나님이 그에게 친히 찾아오셔서 그의 이름을 불러주실 수밖에 없는 것입니다. 이러한 관계에 접어들면, 하나님이 아브라함을 친구라고 부르셨듯이, 또한 솔로몬이 술람미 여인을 "라야티", 곧 "내 사랑"이라고 부른 것과 마찬가지로, 우리는 이 땅에서부터 하나님과 친밀한 동행의 길을 걸어갈 수 있는 것입니다.

내가 몰약 산과 유향의 작은 산으로 가리라

솔로몬은 너울 속에 있는 술람미 여인의 눈과 머리털, 이, 입술, 뺨, 목 그리고 두 유방으로 시선을 옮겨가며, 오직 한 사람만을 위해 준비된 그 정결함과 아름다움 그리고 사랑의 뜨거움을 확인했습니다. 그리고 이제 온전히 하나 된 마음으로 그녀에게 약속을 합니다. "날이 저물고 그림자가 사라지기 전에 내가 몰약산과 유향의 작은 산으로 가리라"고 말입니다. 아마도 솔로몬은 혼인 잔치에 찾아온 친척이나 친구들과의 향연을 나누고 나서 술람미 여인과 함께 있기를 바라는 마음을 표현한 듯합니다. 그렇지 않았다면, 그는 주저 없이 바로 술람미 여인과 아름다운 사랑의 첫날밤을 함께했을 것이기 때문입니다.

그런데 솔로몬은 술람미 여인과 한시라도 빨리 같이 있고 싶어 합니다. 그래서 "날이 저물고 그림자가 사라지기 전"에 술람미 여인이 있는 그 사랑의 공간으로 가겠다고 하는 것입니다. 해가 완전히 저물면 그림자마저 사라져버립니다. 그러므로 솔로몬은 술람미 여인에게 단순히 "나중에 가겠다"가 아니라, "지체하지 않고 서둘러 너의 은밀한 사랑의 공간으로 나아가겠다"라는 강한 의지를 고백하고 있는 것입니다. 이렇게 아름다운 찬미를 받은 술람미 여인을 얼마나 빨리 품에 안아 보고 싶겠습니까?

몰약 산과 유향의 작은 산은 술람미 여인의 몸과 사랑을 은유적으로 묘사하는 시적인 이미지입니다. 몰약은 고가의 향료로서 정결과 사랑을 상징하는 향기롭고 부드러운 기름입니다. 유향은 제사 때 쓰이는 향료로서 거룩함과 향기로운 헌신을 상징합니다. 고대 근동의 여인들은 혼인날을 위해 이러한 향을 가슴이나 몸에 지니고 다녔습니다. 그래서 우리는 앞서 아가서 1:13절 "나의 사랑하는 자는 내 품 가운데 몰약 향주머니요"라는 표현을 살펴보았습니다. 즉, 솔로몬은 술람미 여인의 가슴 속에 있는 그 몰약의 향기가 그윽하게 풍기는 작은 산으로 가겠다고 말한 것입니다. 한편, 우리는 "작은 산"이라는 표현에 조금 고개를 갸웃거릴 수도 있습니다. 이는 아가서 4:5절 "네 두 유방은 백합화 가운데서 꼴을 먹는 쌍태 어린 사슴 같구나" 하는 표현에서도 마찬가지입니다. 늘 다산의 상징으로서 풍만한 가슴을 떠올리기 쉽지만,

여기서는 "작은 산"으로 표현했기 때문입니다. 히브리어로 "큰 산"은 "하르"라고 하고, "작은 산"은 "기브아"로 표현합니다. 여기서 사용된 "기브아"는 언덕이나 구릉을 내포하는 단어로서, 부드럽고 은밀하며, 자연스러운 아름다움을 지닌 향기로운 사랑의 공간을 시적으로 표현하기 위한 단어입니다.

오늘 말씀을 돌아보면서 우리 자신을 한번 돌아봅니다. 솔로몬이 술람미 여인의 준비된 아름다움과 자신을 향한 그 사랑을 보며 해가 지기도 전에 달려가 사랑을 나누고자 했듯이, 우리 주님도 속히 오시고자 합니다. 이는 요한계시록 22:7절의 "보라 내가 속히 오리니 이 두루마리의 예언의 말씀을 지키는 자는 복이 있으리라 하더라"는 말씀과 12절의 "보라 내가 속히 오리니 내가 줄 상이 내게 있어 각 사람에게 그가 행한 대로 갚아 주리라" 그리고 20절의 "이것들을 증언하신 이가 이르시되 내가 진실로 속히 오리라 하시거늘 …"이라는 말씀을 통해서도 분명히 알 수 있습니다.

예수님은 마치 솔로몬이 자신을 기다리는 술람미 여인을 보고 싶어 한달음에 달려오고자 했던 그 간절한 마음으로 우리에게 오시고자 합니다. 과연 우리는 술람미 여인처럼 그 눈이 비둘기 같이 오직 예수님만을 바라보고 있는지, 그 머리털은 누가 보더라도 풍성하고 아름다운 향기가 나는 길르앗 산기슭에 흘러내리는 염소 떼와 같은지, 우리의 이는 모든 것을 분별할 수 있는 장성한 믿음을 가졌는지, 우리의 입술과 뺨은 "예수님"이라는 말씀만 들어도 사랑의 감정을 주체할 수 없어 감격에 겨워하는 홍색 실 같은지, 우리의 목은 그 본향만을 향하고 있는 굳건한 다윗의 망대 같은지 그리고 우리는 주님의 품 안에서 사랑을 받고 새로운 생명을 잉태하고 양육할 수 있는 가슴을 가졌는지, 이 시간, 우리의 모습을 깊이 돌아보는 은혜가 있기를 소망합니다. 아멘!

내 사랑 너는 어여쁘고도 어여쁘다

술람미 여인은 오직 한 사람만을 위하여 얼굴을 가리고, 그와 함께할 밤을 기다리는 여인으로 서 있습니다. 우리의 신앙의 자세도 오직 하나님만을 향하는 그 비둘기 같은 신앙의 눈을 가져야 할 것입니다. 술람미 여인의 머리털은 길르앗 산 기슭에 흘러내리는 누운 염소 떼와 같이 풍성하고 아름다운 매력을 발산하였습니다. 참으로 누구라도 술람미 여인의 머릿결을 보면 반할 수밖에 없을 것입니다. 우리 그리스도인도 세상의 빛과 소금이 되어, 우리의 삶을 본 사람들이 감탄하여 하나님께 찬양과 영광을 돌릴 수 있도록 해야 할 것입니다.

술람미 여인의 이는 너무나 가지런하고 흠 하나 없이 건강하였습니다. 우리도 장성한 믿음의 신앙을 가지고 말씀이 우리 몸에 영양분이 되도록 소화해서 세상의 어려움을 만나더라도 강건하게 이겨내야 할 것입니다. 술람미 여인의 입술은 홍색 실, 그 뺨은 석류 한 쪽같이 붉었습니다. 사랑을 마음에 품는다는 것은 우리 안에 새로운 생명을 잉태하고 역동적으로 발산시키는 촉매제와 같습니다. 우리도 예수님의 사랑을 깊이 묵상하면 할수록 우리 마음가운데에서 새로운 힘을 얻는 것입니다.

솔로몬은 아름다운 술람미 여인과 함께 하고 싶어서 날이 저물고 그림자가 사라지기 전에 몰약 산과 유향의 작은 산으로 갈 것을 약속하듯이 사랑하는 주님께서도 속히 오실 것을 우리는 바라보면서 더욱 아름다운 신부된 교회로 살아가야 할 것입니다.

7강
아름다운 열매 맺기를 원하노라

(아가 4:7~5:1)

7 나의 사랑 너는 어여쁘고 아무 흠이 없구나 8 내 신부야 너는 레바논에서부터 나와 함께 하고 레바논에서부터 나와 함께 가자 아마나와 스닐과 헤르몬 꼭대기에서 사자 굴과 표범 산에서 내려오너라 9 내 누이, 내 신부야 네가 내 마음을 빼앗았구나 네 눈으로 한 번 보는 것과 네 목의 구슬 한 꿰미로 내 마음을 빼앗았구나 10 내 누이, 내 신부야 네 사랑이 어찌 그리 아름다운지 네 사랑은 포도주보다 진하고 네 기름의 향기는 각양 향품보다 향기롭구나 11 내 신부야 네 입술에서는 꿀 방울이 떨어지고 네 혀 밑에는 꿀과 젖이 있고 네 의복의 향기는 레바논의 향기 같구나 12 내 누이, 내 신부는 잠근 동산이요 덮은 우물이요 봉한 샘이로구나 13 네게서 나는 것은 석류나무와 각종 아름다운 과수와 고벨화와 나도풀과 14 나도와 번홍화와 창포와 계수와 각종 유향목과 몰약과 침향과 모든 귀한 향품이요 15 너는 동산의 샘이요 생수의 우물이요 레바논에서부터 흐르는 시내로구나 16 북풍아 일어나라 남풍아 오라 나의 동산에 불어서 향기를 날리라 나의 사랑하는 자가 그 동산에 들어가서 그 아름다운 열매 먹기를 원하노라 1 내 누이, 내 신부야 내가 내 동산에 들어와서 나의 몰약과 향 재료를 거두고 나의 꿀 송이와 꿀을 먹고 내 포도주와 내 우유를 마셨으니 나의 친구들아 먹으라 나의 사랑하는 사람들아 많이 마시라

아가서 4:7~16절까지는 솔로몬이 술람미 여인이 있는 은밀한 공간에 이르러 사랑을 나누는 장면을 묘사합니다. 그중에서 4:7~11절까지는 여인의 외적인 아름다움을, 4:12~16절은 내적인 사랑과 순결을 노래합니다. 그리고 5:1절은 사랑을 나눈 솔로

몬이 친구들을 향해 공개적으로 술람미 여인과 온전히 하나가 되었음을 선포하며 기뻐하는 모습입니다.

나의 사랑 너는 어여쁘고 아무 흠이 없구나

아가서 4:7절의 히브리어 원문을 직역하면 "너는 온전히 아름답구나, 나의 사랑이여. 네 안에는 아무 흠이 없도다." 라고 표현됩니다. 여기서 "어여쁘고"에 해당하는 히브리어는 "쿨라크 야페"라고 하는데, 이는 "완전한", "전부"라는 의미입니다. 그래서 NIV 성경에서도 "altogether"라는 단어를 사용하고 있습니다. 즉, 솔로몬은 술람미 여인의 외적인 아름다움뿐만 아니라 내적인 부분까지 모두 아울러 칭송하고 있는 것입니다. 솔로몬은 날이 저물고 그림자가 사라지기 전에 사랑하는 술람미 여인이 있는 그 공간으로 지체 없이 발걸음을 옮겼습니다. 이제 온 세상이 고요함 가운데 머무는 그 순간, 솔로몬은 술람미 여인의 얼굴을 가리고 있던 너울을 걷어내고 서로의 눈동자에 서로를 깊이 새깁니다. 그때 그의 입술에서 터져 나온 첫마디가 바로 "나의 사랑 너는 어여쁘고 아무 흠이 없구나"입니다.

우리는 앞서 술람미 여인이 햇볕에 그을려 거무스름하고, 자기 포도원조차 제대로 돌보지 못해 솔로몬에게 쉽사리 나아가지 못한 채 바위틈 은밀한 곳에서 머뭇거렸던 모습을 기억합니다. 즉, 객관적인 외모나 상태만을 놓고 본다면 전적으로 아름답고 흠이 없는 존재라고 말하기는 어렵습니다. 그럼에도 솔로몬이 이렇게 표현을 할 수 있었던 것은, 바로 솔로몬 안에 술람미를 향한 사랑의 눈이 있었기 때문입니다. 그래서 이는 단순히 눈에 보이는 사실 그대로의 표현이라기보다는 언약적 사랑의 눈으로 바라본 시선에서 선포된 사랑의 고백입니다. 신부인 술람미 여인이 스스로 느끼는 자격 없음과 상관없이, 신랑 안에 있는 사랑의 마음으로 그녀를 온전하고 흠 없는 존재로 바라보며 부르고 있는 것입니다. 마치 하나님이 자식 하나 없는 아브람을 "열국의 아버지"라는 뜻의 "아브라함"이라 미리 부르셨던 것처럼(창 17:5), 속이는 자였던 "야곱"을 하나님과 겨루어 이긴 자라는 뜻의 "이스라엘"이라 부르신 것처럼(창 32:28) 그리고 미디안 사람에게 들키지 않으려 밀을 포도주 틀에서 타작하던 온통 겁에 사로잡혔던 기드온을 "큰 용사여"라고 부르신 것처럼 말입니다(삿 6:12).

하나님은 교회를 향하여 "자기 앞에 영광스러운 교회로 세우사 티나 주름 잡힌 것이나 이런 것들이 없이 거룩하고 흠이 없게 하려 하심이라(엡 5:27)"라고 말씀하십니다. 이는 베드로전서 2:9~10절의 "그러나 너희는 택하신 족속이요 왕 같은 제사장들이요 거룩한 나라요 그의 소유가 된 백성이니 이는 너희를 어두운 데서 불러내어 그의 기이한 빛에 들어가게 하신 이의 아름다운 덕을 선포하게 하려 하심이라."는 말씀과 그 맥을 같이 하고 있는 것입니다. 즉, 아가서 4:7절에서 솔로몬이 술람미 여인을 두고 "나의 사랑 너는 어여쁘고 아무 흠이 없구나"라고 고백한 것은, 신부의 현실적인 상태를 묘사한 것이 아닙니다. 이는 신랑의 사랑과 언약적인 시선으로 바라본 믿음의 선포입니다. 이처럼 하나님은 우리의 공로가 아닌, 오직 예수 그리스도의 십자가 보혈의 속죄와 중보로 말미암아 여전히 흠 많은 우리를 "왕 같은 제사장", "거룩한 나라"로 불러주시는 것입니다. 우리를 이렇게 존귀하게 불러 주시는 삼위일체 하나님을 찬양합니다.

한편, 이러한 하나님의 부르심에는 특권만이 아니라 책임도 동반됩니다. 베드로전서 1:15~16절은 "오직 너희를 부르신 거룩한 이처럼 너희도 모든 행실에 거룩한 자가 되라. 기록되었으되 내가 거룩하니 너희도 거룩할지어다 하셨느니라."고 권면합니다. 따라서 그리스도인은 이미 거룩하다고 선언받았기에, 성령의 인도하심을 따라 실제로도 거룩한 삶을 살아가야 하며, 마지막 날에는 그 거룩함이 온전히 드러나게 될 것입니다. 이러한 하나님의 빈틈없는 구원 사역을 잘 드러낸 것이 바로 로마서 8:30절의 "또 미리 정하신 그들을 또한 부르시고 부르신 그들을 또한 의롭다 하시고 의롭다 하신 그들을 또한 영화롭게 하셨느니라"의 말씀입니다. 아멘!

내 신부야 사자 굴과 표범 산에서 내려오너라

아가서 4:8절의 히브리어 원문을 직역하면 "레바논에서 나와 함께 하라, 나의 신부여, 레바논에서 함께 오라. 아마나 산 꼭대기에서, 스닐과 헤르몬 꼭대기에서, 사자의 굴에서, 표범의 산에서 내려오라."로 표현됩니다. 솔로몬은 술람미 여인의 너울을 벗기고, 마치 아담과 하와가 에덴 동산에서 벗은 몸으로 온전히 서로를 받아들여 하나가 되었듯이, 술람미 여인과 온전히 하나가 되기를 원합니다. 그러나 술람미 여인에게는 이 모든 것이 마치 꿈처럼 느껴집니다. 자신의 초라한 모습을 돌아보면 도저히 솔로몬 왕과 어울릴 수 없는 위치인 것 같아 주저하게 됩니다. 그녀의 마음 한편에는 두려움이 마치 물에 잠긴 납덩이처럼 무겁게 남아 있는 것입니다. 그래서 솔로몬은 술람미 여인을 향하여 레바논에서부터 나와 함께하자고 권유하고 있습니다.

레바논은 이스라엘 북쪽에 위치한 험준하고 웅장한 산악지대입니다. "레바논"이라는 말은 "흰"이라는 뜻을 가지고 있어 "눈 덮인 산"을 의미합니다. 이곳은 백향목의 산지이기도 합니다. 하지만 동시에 지형이 험난하고 접근하기 어려우며, 사자와 표범과 같은 맹수가 사는 위험한 지역이기도 합니다. 여기서 언급된 "아마나", "스닐", "헤르몬"은 레바논과 이어진 험준한 봉우리들입니다. 레바논은 이스라엘 남쪽에 위치한 솔로몬의 궁전과는 물리적으로나 심리적으로나 아주 먼 곳입니다. 이는 마치 술람미 여인이 여전히 솔로몬과 온전히 하나가 되는 것에 대해 느끼는 복잡한 감정을 험하고 차가운 레바논 산에 비유하여 나타낸 것입니다. 또한 "사자의 굴", "표범의 산"이라는 표현은 단순한 산의 특징이 아니라 위험과 두려움을 상징합니다. 이는 신부의 마음 속에 주저함과 두려움이 있음을 비유적으로 표현해 주고 있는 것입니다.

특별히 사자와 관련하여 베드로전서 5:8절에서는 "근신하라 깨어라 너희 대적 마귀가 우는 사자같이 두루 다니며 삼킬 자를 찾나니"라고 기록되어 있습니다. 여기서 사자는 공격적인 본성, 공포와 위협 그리고 믿음을 흔드는 방해자로서, 우리의 신앙을 끊임없이 훼방하는 사탄을 상징합니다. 사탄은 우리가 예수 그리스도의 보혈을 의지하여 하나님 앞에 나아가려 할 때마다, "나 같은 사람을 하나님이 받아주실까? 하나님은 분명히 나를 심판하실 거야, 내가 정말 하나님의 택하심을 받은 사람이 맞을까?"라는 의심을 심어주며, 계속해서 불신과 두려움으로 우리 마음을 옭아매고 있습니다. 한편, 예레미야 13:23절에 "구스인이 그의 피부를, 표범이 그의 반점을 변하게 할 수 있느냐 할 수 있을진대 악에 익숙한 너희도 선을 행할 수 있으리라"고 기록된 바와 같이, 표범의 반점은 변하지 않는 본성을 잘 나타냅니다. 이러한 측면에서 표범의 산은 표범이 머무는 공간으로서, 우리가 가진 습관적인 죄성, 변하지 않는 본성, 반복되는 연약함을 의미합니다. 그러므로 술람미 여인과 같은 신부인 교회의 성도가 그곳에 머물러 있다는 것은, 아직 완전히 변화되지 못한 상태, 스스로를 숨기고 심적인 두려움에 갇혀 있는 상태를 잘 보여주고 있습니다.

솔로몬은 너울을 벗고 아름다운 비둘기 같은 눈망울로 자신을 바라보는 술람미 여인을 향해 "나와 함께 하고", "나와 함께 가자"라는 사랑의 메시지를 전하며, 완전한 결합에 이르자고 부드러운 사랑의 음성으로 부르고 있습니다. 요한일서 4:18절에는 "사랑 안에 두려움이 없고 온전한 사랑이 두려움을 내쫓나니 두려움에는 형벌이 있음이라. 두려워하는 자는 사랑 안에서 온전히 이루지 못하였느니라"고 기록되어 있습니다. 하나님은 마치 솔로몬이 술람미 여인을 향해 "나와 함께" 가자고 한 것처럼, "보라 처녀가 잉태하여 아들을 낳을 것이요 그의 이름은 임마누엘이라 하리라 하셨으니 이를 번역한 즉 하나님이 우리와 함께 계시다 함이라(마 1:23)"의 말씀으로 우리를 동행의 길로 부르고 계십니다.

우리를 진실로 변화시키는 힘은 바로 주님의 부르심에 순종함으로 나아가, 주님의 품 안에서 주님이 주시는 사랑에 깊이 감동하는 것 밖에 없습니다. 이사야 40:31절에는 "오직 여호와를 앙망하는 자는 새 힘을 얻으리니 독수리가 날개치며 올라감 같을 것이요 …"라는 말씀이 있습니다. 독수리가 날개 치며 솟아오를 수 있는 비결은 깊은 골짜기에서 올라오는 바람을 향해 주저 없이 자신의 몸을 던지고 날개를 활짝 펼치는 데에 있습니다. 이와 마찬가지로 술람미 여인도 내면의 불안을 떨치고, 솔로몬이 "함께 가자"라고 외치는 그 사랑의 부름에 자신을 온전히 맡겨 자유로운 영혼의 날개를 펼쳐야만 합니다. 그리고 오늘날 우리도 여전히 사탄이 주는 두려움 속에 신앙이 매여 있을 것이 아니라, 하나님이 예수님을 통해 보여주신 사랑의 확증 속에 우리를 던져 넣어야 하는 것입니다. 이처럼 하나님의 사랑 안에서 우리의 믿음의 날개를 활짝 펼칠 때, 비로소 우리는 하나님 안에서 온전히 동행할 수 있는 것입니다. 아멘!

사랑의 세레나데

내 누이, 내 신부야 내 마음을 빼앗았구나

아가서 4:9절의 히브리어 원문을 직역하면 "너는 내 마음을 사로잡았다, 나의 누이, 나의 신부여. 너는 내 마음을 사로잡았다, 네 눈 하나로, 네 목의 목걸이 하나로."로 표현됩니다. 이제 술람미 여인은 솔로몬의 "함께 가자"라는 영원한 사랑의 언약에 화답하여 자신을 그 사랑에 던졌습니다. 그녀는 두렵고 떨리는 마음 대신, 온전히 솔로몬을 향해 자신의 인생을 내어 맡기는 사랑의 눈동자로 그를 바라보며 그의 품에 안기기 시작한 것입니다. 솔로몬은 자신을 온전히 의지해 오는 술람미 여인의 모습에 마음을 빼앗겨 버렸습니다. 여기서 "마음을 빼앗다"의 히브리어는 "리바브티니"입니다. 히브리어로 "마음"을 "레브"라고 하는데, "리바브티니"는 바로 이 "레브"를 어근으로 하는 단어로서, "심장을 움직이다", "흥분시키다", "매혹시키다", "마음을 사로잡다"라는 의미입니다. 이는 통제할 수 없을 만큼 강렬한 사랑과 매혹에 사로잡힌 상태를 표현합니다. 결국 솔로몬의 마음을 사로잡은 것은 솔로몬을 향한 술람미 여인의 비둘기 같이 집중된 눈과 헌신 그리고 솔로몬의 언약과 사랑 안에서 내면의 두려움을 이겨낸 그녀의 변화된 모습인 것을 알 수 있습니다.

바로 우리도 주님의 사랑의 부르심에 응답할 때, 주님은 우리의 순종과 헌신을 너무나 귀하게 여기셔서 마치 "네가 내 마음을 빼앗았다"라고 말씀하신다는 것을 마음속 깊이 간직해야 할 것입니다. 우리가 바로 이러한 응답을 할 때, 스바냐 3:17절의 "너의 하나님 여호와가 너의 가운데 계시니 그는 구원을 베푸실 전능자시라. 그가 너로 말미암아 기쁨을 이기지 못하시며 너를 잠잠히 사랑하시며 너로 말미암아 즐거이 부르며 기뻐하시리라 하리라"가 바로 우리를 향한 말씀이 되는 것입니다.

내 누이, 내 신부야 네 사랑이 어찌 그리 아름다운지

아가서 4:10절의 히브리어 원문을 직역하면 "얼마나 아름다운가, 네 사랑이여, 나의 누이, 나의 신부여! 얼마나 좋은가, 네 사랑이 포도주보다! 네 기름의 향기가 모든 향품보다 낫도다."로 표현됩니다. 솔로몬은 술람미 여인을 향하여 더욱 다가서고 있습니다. 이제 술람미 여인의 품안에 간직했던 몰약과 유향의 향기가 온전히 사랑의 공간을 가득 채우고 있습니다. 솔로몬은 이러한 사랑의 향기에 취하여 "내 누이, 내 신부야"라고 또 부르고 있는 것입니다.

아가서 4:9절, 10절, 12절, 5:1절에는 "내 누이, 내 신부"라는 표현이 반복해서 등장합니다. 혼인을 했기에 "내 신부"라고 표현하는 것은 쉽게 이해되지만, "내 누이"라는 호칭에 대해서 우리가 주목할 필요가 있습니다. 우선, 이 표현이 여러 번 반복된다는 것은 그 의미가 매우 중요하다는 뜻입니다. 고대 근동에서 "누이"라는 표현은 단순히 혈연관계만을 가리키는 것이 아니라, "깊은 우정과 친밀함, 보호와 신뢰의 관계"를 의미했습니다. 따라서 "내 신부"는 "언약적 혼인의 관계"를 뜻한다면, "내 누이"는

사랑의 세레나데

"순결과 보호, 친밀한 우정"을 뜻하는 것입니다. 이는 솔로몬의 사랑이 단순한 육체적 이끌림이나 소유욕이 아니라, 가족과 같이 보호하며 친구처럼 친밀감을 나누는, 언약에 기초한 헌신의 관계임을 강조하고 있는 것입니다.

이러한 의미를 이해하게 되면, 예수님이 우리를 형제요, 친구로 부르시는 것을 더욱 잘 이해할 수 있습니다. 우리는 요한계시록 19:9절에 "천사가 내게 말하기를 기록하라. 어린양의 혼인 잔치에 청함을 받은 자들은 복이 있도다 하고 …"라고 기록된 바와 같이, 예수님의 혼인 잔치에서 신부로 부르심을 받았습니다. 뿐만 아니라 히브리서 2:11절에는 "거룩하게 하시는 이와 거룩하게 함을 입은 자들이 다 한 근원에서 난 지라. 그러므로 형제라 부르시기를 부끄러워하지 아니하시고"라고 기록되어 있습니다. 그리고 요한복음 15:15절은 "이제부터는 너희를 종이라 하지 아니하리니 종은 주인이 하는 것을 알지 못함이라 너희를 친구라 하였노니 내가 내 아버지께 들은 것을 다 너희에게 알게 하였음이라"고 기록되어 있습니다. 이는 진실로 예수님이 우리를 언약적인 사랑을 통해 신부로 부르심으로써, 하나님과 인간의 관계를 창조주와 피조물간의 명령과 복종의 관계가 아닌, 친밀한 친구이자 서로 보호하는 형제처럼 하나의 가정 공동체의 일원으로 보시겠다는 사랑의 선포인 것입니다. 이렇게 우리를 친구요, 형제로 불러주시는 하나님의 사랑이 얼마나 귀하고 아름다운지요!

솔로몬은 술람미 여인을 향해 두 가지를 극찬합니다. 먼저 술람미 여인의 사랑은 포도주보다 진하다고 합니다. 포도주는 고대 이스라엘에서 최고의 기쁨의 상징이지만 술람미 여인의 사랑은 그보다 더 귀하고 달콤하다고 말합니다. 그리고 그녀의 기름의 향기는 각양 향품보다 향기롭다고 합니다. 여기서 "기름의 향기"는 신부의 몸에서 풍기는 향수나 기름을 의미함과 동시에, 물리적 향기를 넘어 "사랑과 인격의 향기"로 확장됩니다. 고대 이스라엘과 근동에서 기름과 향유는 매우 귀했습니다. 따라서 신부는 결혼 전에 고급 향유를 몸에 바르고 단장했습니다. 이는 신랑을 향한 사랑의 기쁨과 헌신을 상징합니다. 각양 향품으로 몰약, 유향, 침향, 육계를 들 수 있는데, 이러한 향료들은 성전에서 제사를 드릴 때와 왕실에서만 사용되는 귀한 물품이었습니다. 그럼에도 불구하고 솔로몬은 "네 사랑과 네 존재의 향기는, 세상 어떤 귀한 향료보다도 더 향기롭다."고 선언합니다. 즉, 신부의 사랑과 순결은 그 어떤 값비싼 향유로도 대신할 수 없는 고귀함을 지니고 있으며, 세상 어떤 향기보다 더 깊은 감동과 기쁨을 준다는 뜻입니다. 이는 에베소서 5:1~4절의 말씀을 떠오르게 합니다.

> [1] 그러므로 사랑을 받는 자녀 같이 너희는 하나님을 본받는 자가 되고 [2] 그리스도께서 너희를 사랑하신 것 같이 너희도 사랑 가운데서 행하라 그는 우리를 위하여 자신을 버리사 향기로운 제물과 희생제물로 하나님께 드리셨느니라 [3] 음행과 온갖 더러운 것과 탐욕은 너희 중에서 그 이름조차도 부르지 말라 이는 성도에게 마땅한 바니라 [4] 누추함과 어리석은 말이나 희롱의 말이 마땅치 아니하니 오히려 감사하는 말을 하라

사랑의 세레나데

술람미 여인의 사랑과 헌신이 솔로몬에게 최고의 기쁨이 되었듯이 성도의 존재 그 자체 그리고 하나님을 향한 사랑과 헌신은 이 세상의 그 무엇보다 귀하고 아름다운 향기가 됩니다. 하나님은 우리의 선한 행위나 업적보다 먼저 우리의 존재 자체를 기뻐하십니다. 술람미 여인이 비록 부족해 보여도, 신랑은 그녀의 향기를 '모든 향품보다 낫다'고 선언했습니다. 이와 같이 하나님은 우리를 보실 때도, 이미 그리스도 안에서 "나의 기쁨이 그에게 있다"고 말씀하시는 것입니다. 부족한 우리를 그리스도 안에서 완전하다고 불러주시는 삼위일체 하나님을 찬양합니다.

네 혀 밑에는 꿀과 젖이 있고

아가서 4:11절의 히브리어 원문을 직역하면 "꿀 방울이 네 입술에서 떨어지니, 나의 신부여, 네 혀 아래에는 꿀과 젖이 있구나. 네 옷의 향기가 레바논의 향기 같도다."라고 표현됩니다. 이는 꿀방울이 입술에서 뚝뚝 떨어지는 모습을 생생하게 강조하고 있습니다. 이러한 묘사는 솔로몬은 술람미 여인의 입술을 향해 자신의 입술을 포개는, 사랑의 입맞춤을 연상케 합니다. 오직 솔로몬을 향하여 준비된 그 입술을 허락하자, 그녀의 내면 깊숙이 간직했던 사랑의 꿀과 젖이 흘러넘쳐 입술에서 사랑의 꿀방울이 되어 떨어지는 듯한 아름다운 장면입니다.

술람미 여인은 솔로몬의 "함께 가자"라는 부름에 주저 없이 자신을 던졌습니다. 그 마음 가운데에는 "나의 사랑이여, 저는 가진 것이 아무것도 없습니다. 이런 저를 당신의 진심 어린 사랑으로 함께 가자고 하십니다. 제가 드릴 수 있는 것은 오직 그동안 당신을 위해 정결하게 준비한 나의 몸과 마음 밖에 없습니다"라는 고백이 담겨 있습니다. 그래서 자신이 그동안 아무에게도 허락하지 않았던 그 입술을 온전히 내어 주는 것입니다. 이제 그녀는 어떠한 것도 두렵지 않습니다. 오직 솔로몬을 향해, 그 내면 깊숙한 곳에서 솟아나는 생명과 기쁨을 나누고 있을 뿐입니다.

여기서 우리는 술람미 여인의 혀 밑에 있는 꿀과 젖의 원천이 어디서 비롯되었는지 한번 살펴보아야 합니다. 이는 우리의 신앙에서 아주 중요한 부분을 찾아가는 과정이 될 수 있습니다. 하나님은 가나안 땅을 "젖과 꿀이 흐르는 땅"으로 부르고 계십니다 (출 3:8). 그러나 가나안 땅의 실상은 광야로서 애굽과는 기후가 전혀 달랐습니다. 신명기 11:9~15절에는 다음과 같이 기록되어 있습니다.

> 9 또 여호와께서 너희의 조상들에게 맹세하여 그들과 그들의 후손에게 주리라고 하신 땅 곧 젖과 꿀이 흐르는 땅에서 너희의 날이 장구하리라 10 네가 들어가 차지하려 하는 땅은 네가 나온 애굽 땅과 같지 아니하니 거기에서는 너희가 파종한 후에 발로 물 대기를 채소밭에 댐과 같이 하였거니와 11 너희가 건너가서 차지할 땅은 산과 골짜기가 있어서 하늘에서 내리는 비를 흡수하는 땅이요 12 네 하나님 여호와께서 돌보아 주시는 땅이라 연초부터 연말까지 네 하나님 여호와의 눈이 항상 그 위에 있느니라 13 내가 오늘 너희에게 명하는 내 명령을 너희가 만일

청종하고 너희의 하나님 여호와를 사랑하여 마음을 다하고 뜻을 다하여 섬기면 ¹⁴ 여호와께서 너희의 땅에 이른 비, 늦은 비를 적당한 때에 내리시리니 너희가 곡식과 포도주와 기름을 얻을 것이요 ¹⁵ 또 가축을 위하여 들에 풀이 나게 하시리니 네가 먹고 배부를 것이라

애굽 땅은 나일강의 풍부한 물로 인해, 씨를 뿌린 채소밭에 발로 물고랑만 내면 인간의 힘으로도 풍성한 수확을 누릴 수 있는 곳이었습니다. 반면, 가나안 땅은 산과 골짜기가 많아, 오직 하나님이 때를 따라 주시는 이른 비와 늦은 비가 있어야만 농사가 가능한 곳이었습니다. 비가 내리더라도 땅이 금세 물을 흡수해 버리기 때문입니다. 따라서 가나안 땅이 진실로 젖과 꿀이 흐르는 땅이 되기 위해서는, 이스라엘 백성이 온전히 하나님만을 의지해야 했습니다.

이는 술람미 여인의 혀 밑에 있는 꿀과 젖도 마찬가지입니다. 만일 술람미 여인이 그녀의 혀 밑에 흐르는 사랑의 꿀과 젖이 본래 자신에게서 비롯된 것이라고 생각한다면, 두 사람은 더 이상 하나가 될 수 없습니다. 왜냐하면 "나의 것"으로 상대방을 기쁘게 했다는 생각 속에 "나"라는 자아가 드러나기 때문입니다. "나"라는 존재가 높아질수록, 상대방이 설 자리는 그만큼 좁아지게 마련입니다. 술람미 여인이 이렇게 사랑의 꿀과 젖을 그 혀 밑에 간직하게 된 것은 전적으로 솔로몬의 사랑에서 비롯된 것입니다. 즉, 술람미 여인은 솔로몬의 사랑에 마음을 열고, 그 사랑을 받

아들였기에 흘러나온 것이지, 결코 그녀가 본래부터 가지고 있던 것이 아니라는 뜻입니다.

우리가 신앙생활을 하는 가운데 혹여 하나님을 기쁘시게 할 만한 열매가 맺힌다 할지라도, 우리는 오늘 이 말씀을 깊이 새기며 스스로 높아짐을 경계해야 합니다. 진실로 우리에게서 선한 열매가 맺힌다면, 이는 가나안 땅에 이른 비와 늦은 비를 내려주시는 하나님의 은혜처럼, 성령의 단비를 통해 맺어지는 사랑이 그 원천이기 때문입니다. 그래서 사도 바울은 "그런즉 선 줄로 생각하는 자는 넘어질까 조심하라(고전 10:12)"로 말씀하시는 것입니다. 진실로 영적 풍성함과 기쁨은 사람의 노력에서 나오는 것이 아니라, 오직 "주님과의 관계"에서 비롯되는 것임을 잊지 말아야 합니다.

솔로몬은 술람미 여인에게 풍기는 의복의 향기를 레바논의 향기로 비유하고 있습니다. 여기서의 레바논은 앞서 언급한 사자 굴과 표범 산이 있는 험준한 산봉우리를 의미한다기보다는, 레바논에서 자라는 백향목의 그윽한 향기를 나타내는 것입니다. 레바논의 백향목은 성전을 지을 때 사용된 귀한 재목으로서, 견고하고 장엄하며 그 향기는 매우 진하고 특별합니다. 이러한 백향목이 울창한 숲을 이루고 있는 레바논은 신성하고 고요하며 평화로운 장소를 상징합니다. 따라서 "레바논의 향기"라고 하는 것은 단순히 좋은 냄새만을 의미하는 것이 아니라, 세상에서는 쉽게 얻을 수 없는 특별함, 때 묻지 않은 순결함, 그리고 거룩함의 모든 이미지가 함축되어 있는 표현입니다. 마치 솔로몬이 술 람미 여인의 의복을 하나씩 벗겨내면서, "너의 존재는 순결하고 특별하며 거룩하게 구별되어 있구나."라고 속삭이는 것 같습니다. 그리고 그녀가 신랑을 위해 준비한 사랑과 헌신이 세상의 그 어떤 것과도 비교할 수 없이 귀하다고 찬사를 보내고 있는 것입니다.

이 말씀을 묵상하며 '과연 우리는 어떠한 향기를 풍기며 살아가고 있을까? 하는 생각이 문득 떠오릅니다. 갈라디아서 3:27절에는 "누구든지 그리스도와 합하기 위하여 세례를 받은 자는 그리스도로 옷 입었느니라."라고 말씀하고 있고, 로마서 13:14절에는 "오직 주 예수 그리스도로 옷 입고 정욕을 위하여 육신의 일을 도모하지 말라."고 하십니다. 또한 고린도후서 2:15절에는 "우리는 구원 받는 자들에게나 망하는 자들에게나 하나님 앞에서 그리스도의 향기니"고 기록되어 있습니다. 우리는 여전히 부족함과 연약함이 있지만, 더 이상 옛 자아의 옷을 입고 살지 않습니다. 참으로 우리는 그리스도라는 거룩한 옷을 입은 자들입니다. 주님의 거룩하심이 나의 향기가 되어, 우리의 삶이 레바논의 그윽한 향기처럼 세상에 퍼지기를 소망합니다. 아멘!

잠금 동산이요 덮은 우물이요 봉한 샘이로구나

아가서 4:12절의 히브리어 원문을 직역하면 "나의 누이, 나의 신부여, 너는 닫힌 동산이요, 닫힌 샘이요, 봉인된 샘물이구나."

로 표현됩니다. 솔로몬은 이제 술람미 여인과 더욱 깊고 내밀한 곳까지 이르러 하나가 되어 가고 있습니다. 술람미 여인의 꿀방울이 떨어지는 입술과 레바논의 향기가 온통 사랑의 공간을 가득 채우는 그곳에서, 오직 솔로몬에게만 허락된 사랑의 관계, 그 마지막 은밀한 공간까지 보여주고 있습니다.

"동산"은 수확의 기쁨과 풍요가 있는 곳입니다. 마치 아담과 하와가 거닐었던 에덴 동산처럼 생명이 흘러넘치는 장소입니다. 그런데 "닫힌 동산"은 아무나 드나들 수 없고, 오직 허락된 한 사람, 언약으로 하나 된 관계만 들어갈 수 있는 동산입니다. 이는 곧 술람미 여인의 몸과 순결을 상징하고 있는 것입니다. 또한 "우물", "샘"은 고대 시가와 구약에서 언제나 생명과 풍요, 번식과 기쁨을 상징하는 소재로 사용됩니다. 고대 근동의 광야 지대를 떠올려 보면, 샘이나 우물이 있어야만 목을 축일 수 있고, 양과 염소 떼에게 물을 먹일 수 있기 때문입니다. 그러므로 우물과 샘은 곧 생명 그 자체이자 풍요의 근원입니다.

한편, 여기서 "우물", "샘"은 여성의 신체를 비유적으로 표현하고 있기도 합니다. 특히 라틴어로 여성의 생식기를 "vagina"라고 하는데 이는 "칼집"이라는 뜻을 가지고 있습니다. 반면 남성의 생식기를 "gladius"로 표현하며 "칼"을 의미합니다. 고대 문헌이나 시가에서는 "칼이 칼집에 들어간다"는 상징적인 표현을 통해, 남녀가 서로에게 딱 맞는 짝이 되어 부부로서 완전한 결합을 이루는 것을 은유적으로 나타내곤 했습니다. 결국 이러한 비유는 여성의 가장 은밀하고 소중한 곳을 비유적으로 표현한 것이며, 그곳에 사랑의 기쁨이 넘쳐 생명을 받아들이고 새로운 생명이 탄생하는 데 더할 나위 없이 적절한 비유입니다. 그러므로 "잠근 동산이요, 덮은 우물이요, 봉한 샘"이라고 표현하는 것은, 솔로몬 외에는 그 누구에게도 허락하지 않은 술람미 여인의 순결함, 오직 솔로몬에게만 속한 언약 그리고 그 사랑을 함부로 흘러보내지 않은 고귀한 헌신을 나타내는 것입니다. 이러한 비유적 표현들을 통해 우리는 우리의 몸이 하나님이 주신 생명의 통로이며, 결혼과 언약 안에서만 드러나야 할 은밀하고 귀한 샘이라는 사실을 알 수 있습니다. 또한, 하나님은 그것을 부끄럽게 여기지 않으시고, 오히려 거룩하고 순결하게 보호하기를 원하신다는 것을 깨달을 수 있습니다.

그러나 이 아름다운 축복이 죄로 인해 왜곡될 때 문제가 발생합니다. 하나님의 창조 세계는 모든 것이 그분의 영광을 노래하기에 아름답지만, 그것이 죄 가운데 남용될 경우에는 어둡고 은밀한 곳으로 숨겨지게 됩니다. 그래서 사람들은 그것이 드러날까 봐 두려워하게 되는 것입니다. 그 대표적인 예시가 바로 잠언 5:15~19절의 말씀입니다.

> ¹⁵ 너는 네 우물에서 물을 마시며 네 샘에서 흐르는 물을 마시라 ¹⁶ 어찌하여 네 샘물을 집 밖으로 넘치게 하며 네 도랑물을 거리로 흘러가게 하겠느냐 ¹⁷ 그 물이 네게만 있게 하고 타인과 더불어 그것을 나누지 말라 ¹⁸ 네 샘으로 복되게 하라 네가 젊

어서 취한 아내를 즐거워하라 ¹⁹ 그는 사랑스러운 암사슴 같고 아름다운 암노루 같으니 너는 그의 품을 항상 족하게 여기며 그의 사랑을 항상 연모하라

잠언 5:15~19절은 결혼 관계의 순결과 헌신을 강조하는 말씀으로서 "너의 샘(아내)만 만족하라", "음녀(이방 여자)를 탐하지 말라", "네 우물(결혼의 사랑)을 밖으로 흘러넘치게 하지 말라", "결혼 관계 안에서만 기쁨을 누려라"라고 말씀하고 있는 것입니다. 이는 음녀에 대한 경계를 말하는 동시에, 술람미 여인이 솔로몬을 향해 지켰던 아가서 4:12절의 순결한 사랑과 완벽하게 평행을 이루는 말씀입니다.

오늘날 그리스도인은 어린 양의 혼인 잔치에 신부로 부름을 받은 자들입니다. 그러므로 우리의 마음과 사랑은 닫힌 동산이어야 합니다. 세상으로 무분별하게 흘러나가는 샘이 아니라, 하나님과 맺은 언약과 헌신의 자리에서만 열리는 샘이어야 합니다. 성경에서 하나님은 씨를 뿌리시는 농부의 모습으로 당신을 나타내시고 있습니다. 마태복음 13:3~9절의 말씀을 보면 다음과 같습니다.

³ 예수께서 비유로 여러 가지를 그들에게 말씀하여 이르시되 씨를 뿌리는 자가 뿌리러 나가서 ⁴ 뿌릴새 더러는 길 가에 떨어지매 새들이 와서 먹어버렸고 ⁵ 더러는 흙이 얕은 돌밭에 떨어지매 흙이 깊지 아니하므로 곧 싹이 나오나 ⁶ 해가 돋은 후에 타서 뿌리가 없으므로 말랐고 ⁷ 더러는 가시떨기 위에 떨어지매

가시가 자라서 기운을 막았고 ⁸ 더러는 좋은 땅에 떨어지매 어
떤 것은 백 배, 어떤 것은 육십 배, 어떤 것은 삼십 배의 결실
을 하였느니라 ⁹ 귀 있는 자는 들으라 하시니라

우리의 마음은 밭입니다. 하나님은 말씀과 성령의 역사하심을
통하여 씨앗을 우리 마음 밭에 뿌리십니다. 이제 그 밭에 뿌려진
씨앗이 자라 열매를 맺을 수 있도록 수분을 제공하고 품어 주어
야만 합니다. 그래야만 비로소 결실을 맺는 것입니다. 따라서 우
리는 하나님의 거룩한 신부로서, 하나님의 말씀을 깊이 묵상하
고 품어내면서 거룩한 복음의 열매를 맺어야 합니다. 그런데 마
태복음 13:25절의 "사람들이 잘 때에 그 원수가 와서 곡식 가운
데 가라지를 덧뿌리고 갔더니"라는 말씀처럼, 우리가 신앙 안에
서 깨어 있지 않을 때에는 사탄이 늘 우리 안에 가라지를 덧뿌리
고 갑니다. 그러므로 솔로몬이 술람미 여인을 두고 "잠근 동산이
요 덮은 우물이요 봉한 샘이로구나"라고 이야기 하듯이, 우리의
마음은 오직 하나님 외에는 닫혀 있어야 합니다. 하나님만을 위
해 순결한 신부의 모습으로 살아가야 할 것입니다.

네게서 나는 것은 각종 아름다운 과수와 모든 귀한 향품이요

솔로몬은 이제 사랑의 동산에서 나오는 열매들을 노래합니다.
"네게서 나는 것은 석류나무와 각종 아름다운 과수와 고벨화와
나도풀과 나도와 번홍화와 창포와 계수와 각종 유향목과 몰약과

침향과 모든 귀한 향품이요"라고 하고 있습니다. 이것은 곧 술람미 여인의 닫힌 동산과 봉인된 샘에서 나오는 영적 풍요로움입니다. 고대 이스라엘에서 최고의 귀중품이자 향기, 치유 그리고 사랑을 상징하는 것들이 흘러나오고 있는 것입니다.

석류는 수백 개의 씨앗이 있어 생명과 번성을 나타내는 것으로 술람미 여인에서 나오는 사랑의 열매입니다. 나도화는 히말라야에서 수입하던 가장 귀한 향유 중 하나로 마리아가 예수님의 발에 부었던 것 역시 나도 향유였습니다. 이는 헌신과 값없이 자신을 내어주는 귀한 사랑을 나타냅니다. 유향은 성전 제사에 쓰이는 거룩한 향료로서, 하늘을 향해 피어오르는 기도의 향기입니다. 몰약은 아주 강한 향기를 뿜어내는 것으로, 깊은 사랑을 의미합니다. 고벨화는 신부가 결혼식 전에 손과 발을 물들이는 데 사용되던 식물로서, 순결하고 거룩하게 준비된 마음을 상징합니다. 침향은 왕의 침실과 장례에 쓰이는 것으로서, 사랑의 영원함과 고귀함을 나타냅니다. 번홍화는 순결과 치유를, 창포와 계수는 향기와 상쾌함, 달콤함과 따뜻함을 나타내는 향료들로서 언약적 사랑에서 우러나는 풍성함을 나타내고 있습니다.

우리도 술람미 여인처럼 우리의 깊은 내면에서 생명과 풍요(석류), 거룩한 예배(유향), 헌신과 희생(나드, 몰약), 치유와 위로(침향)의 향기를 세상에 드러내야 할 것입니다. 그러나 이러한 향기와 열매들은 오직 세상과 구별된 닫힌 동산에서만 자라며, 예수 그리스도와의 친밀한 관계 안에서만 흘러나올 수 있는 것입니다.

너는 동산의 샘이요
레바논에서부터 흐르는 시내로구나

솔로몬은 술람미 여인을 향해 "너는 동산의 샘이요 생수의 우물이요 레바논에서부터 흐르는 시내로구나"라고 노래하고 있습니다. 앞서 아가서 4:12절에서는 술람미 여인을 향하여 "잠근 동산이요 덮은 우물이요 봉한 샘"이라고 노래하였습니다. 그런데 이제 그 샘과 우물은 레바논에서부터 힘차게 흐르는 시내와 같이 변화했습니다. 무엇이 이 닫힌 샘을 생수의 샘으로 바꾸어 놓았을까요? 바로 그녀가 솔로몬의 사랑 안에 거했기 때문입니다.

솔로몬은 술람미 여인을 향해 "오직 너만 아름답다", "네 사랑이 포도주보다 낫다", "나와 함께하자"는 언약적 사랑의 선포와 초청으로 그녀의 마음을 활짝 열게 했습니다. 그리고 솔로몬은 그녀의 아름다운 모습을 보고 "각종 아름다운 과수와 모든 귀한 향품이 가득하다"고 노래합니다. 이러한 솔로몬의 사랑과 인도함으로 말미암아, 이제 술람미 여인은 마음을 열고 그 사랑에 완전히 응답하게 된 것입니다. 그리하여 굳게 닫혔던 샘이 열리고, 은밀히 간직되었던 사랑이 이제 생수가 되어 흘러나오고 있습니다. 특별히 "레바논에서부터 흐르는 시내로구나"라고 하는 표현은 많은 상징을 내포하고 있습니다. 레바논의 높은 산에서 눈이 녹아 흐르는 물은 그 자체로 순수함과 청량함을 의미합니다. 그리고 그 샘물은 요단강으로 흘러들어 메마른 이스라엘 땅을 적셔줍니다. 그리하여 닿는 곳마다 생명을 잉태하게 만듭니다. 솔로몬에게서 받은 그 넘치는 사랑이, 이제 술람미 여인을 풍성한 생명을 잉태하고 흘려보내는 생명의 주체로 변화시키고 있는 것입니다.

이 말씀을 묵상하면서, 저는 요한복음 4장의 사마리아 여인이 떠올랐습니다. 사마리아 여인은 그들의 조상 야곱이 준 우물을 마셨지만, 그 우물은 잠시만의 상쾌함을 주었을 뿐, 늘 목마름에 갇혀 있는 상태를 해결해 주지 못했습니다. 즉, 야곱의 우물은 좋긴 해도 영원한 만족을 주지 못하는 제한된 샘이었습니다. 그런데 예수님이 그 여인을 향하여 "… 이 물을 마시는 자마다 다시 목마르려니와 내가 주는 물을 마시는 자는 영원히 목마르지 아니하리니 내가 주는 물은 그 속에서 영생하도록 솟아나는 샘물이 되리라(요 4:13~14)"고 말씀하셨습니다. 결국 사마리아 여인은 예수님을 온전히 만나고서야 "… 물동이를 버려 두고 동네로 들어가서 사람들에게 이르되 내가 행한 모든 일을 내게 말한 사람을 와서 보라 이는 그리스도가 아니냐…(요 4:28~29)"라고 외쳤습니다. 그녀는 레바논에서부터 흐르는 시내가 되어 수많은 복음의 생명을 잉태하고 출산했습니다. 우리의 심령은 예수님의 사랑을 온전히 받지 못하면 생명의 물을 흘려보낼 수 없습니다. 오직 우리는 예수님의 자신을 희생하신 사랑, 솔로몬의 사랑과 비교할 수 없는 크신 창조주의 사랑을 만나야만 생명이 솟아납니다. 그분의 사랑에 거할 때, 우리는 사마리아 여인처럼 다시는 목마르지 않는 생수가 터져 나와서 우리의 가정과 일터에 복음의 향기를 흘려보낼 수 있습니다.

나의 동산에 불어서 향기를 날리라

아가서 4:16절의 히브리어 원문을 직역하면 "북풍아 깨어라. 남풍아 오라. 나의 동산에 불어서 그 향기를 날리라. 나의 사랑하는 자가 그 동산에 들어와 그 귀한 열매 먹기를 원하노라."로 표현됩니다. 이는 술람미 여인이 마침내 마음을 완전히 열어 솔로몬의 사랑 안으로 자신을 던지는 모습을 노래하고 있는 것입니다. 이는 아가서 전체에서 중요한 전환점이자 언약적 사랑의 하나 됨을 상징하는 대목입니다. 이러한 상태를 히브리어로 "야다"라고 표현합니다. 즉, 단순한 지식이 아니라 깊은 체험을 통해 상대방을 온전히 아는 것입니다.

북풍은 차갑고 거센 바람이고, 남풍은 따뜻하고 부드러운 바람입니다. 술람미 여인이 이 둘을 모두 불게 요청하는 것은, 자신의 동산이 완전히 열리길 원하는 마음으로 어떤 방해나 두려움도 더 이상 가로막지 못하게 하겠다는 결단인 것입니다. 곧 자신의 모든 마음과 순결을 솔로몬에게 드린다는 노래인 것입니다. 그리고 "향기를 날리라"고 합니다. 처음에는 닫힌 동산이었지만, 이제는 그 향기가 방 안 가득 퍼져 나갑니다. 이처럼 향기가 가득 차는 것은 사랑의 기쁨과 헌신이 넘쳐흐르는 모습으로서, 오직 신랑만이 누릴 수 있었던 은밀한 사랑이 드러나고 충만해지는 상태를 노래하는 것입니다. 술람미 여인은 "나의 사랑하는 자가 그 동산에 들어가서 그 아름다운 열매 먹기를 원하노라"고 외치고 있습니다. 처음에는 솔로몬이 술람미 여인을 향해 "나와 함께 가자", "나를 향해 문을 열어달라"고 초대했지만, 이제는 술람미 여인이 "당신이 나에게로 들어오셔서 이 모든 것을 누리시길 원합니다."라고 스스로 고백하고 있습니다. 이것은 자신의 전 존재를 기쁨의 선물로 드리는 마음의 상태로서 언약적 연합의 완성을 나타내고 있습니다.

한편, 이렇게 아름다운 열매의 근원은 무엇입니까? 처음에 술람미 여인의 동산에는 이미 좋은 나무와 씨앗이 있었습니다. 하지만 그것이 자라고 결실을 맺게 된 것은 솔로몬의 사랑이 동산에 임했기 때문입니다. 그 사랑이 닫힌 샘을 열었습니다. 그 사랑이 사랑의 생수를 솟구치게 했습니다. 그 사랑이 향기를 방 안에 가득 채웠습니다. 그 사랑이 귀한 열매를 맺게 했습니다. 결국 그 모든 열매는 신랑의 사랑에서 비롯된 것이었습니다.

이러한 모습은 신약 시대를 살아가는 성도들의 거룩한 열매 맺음과 정확히 평행을 이룹니다. 예수님은 "나는 포도나무요 너희는 가지라. 그가 내 안에, 내가 그 안에 거하면 사람이 열매를 많이 맺나니 나를 떠나서는 너희가 아무것도 할 수 없음이라(요 15:5)"고 말씀했습니다. 결국 우리에게서 선한 열매가 나온다면, 그 근원은 바로 예수님의 사랑입니다. 그리고 성령의 역사는 곧 우리 안에서 솟아나는 생수의 샘입니다. 우리가 이러한 생수를 마심으로써 삶의 변화가 일어나는 것입니다. 술람미 여인이 맺은 아름다운 열매가 모두 솔로몬의 사랑으로 맺어져 솔로몬을 높였듯이, 그리스도인은 예수님의 사랑 안에 거할 때, 그 안에서 성령이 역사하실 때, 세상에 드러나는 모든 선한 행위와 변화는 결국 하나님을 영화롭게 하는 열매가 되는 것입니다. 그래서 마태복음 5:16절에서는 "너희 빛이 사람 앞에 비치게 하여 그들로 너희 착한 행실을 보고 하늘에 계신 너희 아버지께 영광을 돌리게 하라."고 말씀하고 있는 것입니다. 우리는 죄 아래에서 죽은 자였기에 스스로 생명의 열매를 만들 수 없습니다. 그리스도의 사랑이 우리의 닫힌 동산을 열어 주실 때, 성령의 생수가 흘러넘치고, 그분 안에 거하는 삶에서만 귀한 열매가 맺힙니다. 그리고 그 모든 열매는 오직 하나님을 영광되게 하는 것입니다. 아멘!

나의 사랑하는 사람들아 많이 마시라

아가서 5:1절의 히브리어 원문을 직역하면 "나의 누이, 나의 신부야, 내가 내 동산에 들어왔으니 나의 몰약과 향품을 거두었고, 나의 꿀송이와 꿀을 먹었으며, 나의 포도주와 내 젖을 마셨도다. 나의 친구들아, 먹으라. 나의 사랑하는 사람들아, 많이 마시라."로 표현됩니다.

그동안 솔로몬은 술람미 여인을 향해 잠긴 동산을 열게 하고 그녀에게서 나오는 모든 아름다운 것을 노래했습니다. 즉 그동안의 소유자는 술람미 여인이었습니다. 그런데 5:1절에서는 "내가 내 동산에 들어와서 나의 몰약과 향 재료를 거두고 나의 꿀송이와 꿀을 먹고 내 포도주와 내 우유를 마셨으니"라고 하면서, 그 모든 것을 솔로몬 자신의 소유로 표현하고 있습니다. 이것은 곧 이전까지 닫혀 있던 동산과 샘이 이제 완전히 신랑에게 속하게 되어, 기쁨과 생명의 교제가 충만하게 이루어지는 모습을 나타내고 있습니다. 이는 두 가지를 상징합니다. 첫째는 술람미 여인이 이제 전적으로 솔로몬의 사람이 되었다는 '완전한 소속'을, 둘째는 신부가 자발적으로 열매를 내어주고 신랑은 기쁨으로 그것을 누리는 '헌신'을 나타냅니다. 이는 혼인의 본질적인 뜻을 정확히 드러내 주고 있습니다. 혼인을 히브리어로 "니수인"이라고 하는데, 이는 단순히 결혼뿐만 아니라 "신분을 상승시키다"라는 뜻도 가지고 있음을 우리는 앞서 살펴보았습니다. 하나님은 아담을 먼저 창조하시고, 아담의 갈빗대에서 하와를 지으셨습니다. 그리고 아담과 하와가 혼인으로 하나가 되었을 때, 아담이 하와를 두고 "이는 내 뼈 중의 뼈요 살 중의 살이라"라고 고백했습니다. 이로써 하나님과 아담 사이의 언약 공동체에 하와도 포함이 되었고 그녀의 신분도 존귀하게 상승되었던 것입니다. 그래서 창세기 2:24절에서는 "이러므로 남자가 부모를 떠나 그의 아내와 합하여 둘이 한 몸을 이룰지로다"라고 말씀하고 있는 것입니다.

우리가 그리스도 안에서 이렇게 변화되는 것입니다. 에베소서 5:31~32절에는 "그러므로 사람이 부모를 떠나 그의 아내와 합하여 그 둘이 한 육체가 될지니 이 비밀이 크도다 나는 그리스도와 교회에 대하여 말하노라"라고 기록되어 있습니다. 하나님은 이 땅의 혼인 제도를 통해 두 육체가 어떻게 한 육체가 되는지를 보여주시고, 나아가 예수 그리스도 안에서 교회된 신부가 진실로 예수 그리스도 안에 속하기 위해 어떻게 해야 하는가를 아가서를 통해 설명해 주시는 것입니다. 진실로 그리스도인은 예수님의 "함께 하자"는 그 부르심을 따라, 오직 예수님만을 위해 우리의 마음과 몸을 보존하고 예수님의 사랑에 우리 자신을 온전히 던져 넣어 그 속에 속해야만 합니다. 그때 비로소 우리는 "나"의 존재에서 벗어나 "주님의 존재"로 변화될 수 있습니다. 오직 그때에 우리는 진실로 예수님 안에서 자유로워지는 것입니다. 만일 여전히 "나"의 존재의 틀에서 벗어나지 못하고 있다면, 이는 아직 자신을 온전히 주님께 드리지 못하고 있다는 증거일 것입니다.

솔로몬은 "나의 친구들아, 먹으라. 나의 사랑하는 사람들아, 많이 마시라"고 이야기하고 있습니다. 이러한 표현은 은밀한 사랑의 공간을 벗어나 공개된 장소에서 선포되는 것임을 알 수 있습니다. 고대 유대인 결혼 풍습에서는 혼인 첫날밤을 보낸 다음 날 아침, 신랑이 친구들과 친족에게 기쁨을 알리고 축하를 받았습니다. 이렇게 함으로써 혼인의 완성을 공적으로 선포하고 그 기쁨을 공동체와 함께 나누는 잔치로 초대했던 것입니다.

교회에서 행하는 세례도 바로 이러한 의미를 담고 있습니다. 진실로 우리가 물에 들어감으로써 "주님! 예수 그리스도의 십자가의 죽으심을 저의 것으로 받아들여, 이제 저의 주인 된 삶에서 죽었습니다."라고 외치는 것입니다. 그리고 물에서 나옴으로써 "주님! 예수 그리스도의 부활하심으로 말미암아, 이제 저의 거듭난 몸은 온전히 주의 것입니다"라고 교회와 세상을 향해 공적으로 선포하는 것입니다. 예수님은 이러한 모습에 대해 "내가 너희에게 이르노니 이와 같이 죄인 한 사람이 회개하면 하늘에서는 회개할 것 없는 의인 아흔아홉으로 말미암아 기뻐하는 것보다 더 하리라(눅 15:7)"고 말씀을 하셨습니다.

이러한 혼인 잔치의 공식적인 선언과 공동체와의 나눔은 단순히 결혼의 기쁨을 넘어섭니다. 이는 술람미 여인이 솔로몬에게 속했다는 언약적 사랑의 완성을 만방에 선포하는 것입니다. 마지막 날, 하나님의 어린 양과 교회의 혼인 잔치는 하나님과 백성이 하나 되는 언약적 사랑의 완성을 상징합니다. 그래서 이 혼인 잔치에 청함을 받은 자들은 복이 있는 것입니다. 실로 아담은 에덴동산에서, 이스라엘은 가나안에서, 심지어 다윗의 후손인 솔로몬조차 이 언약에서 실패했습니다. 그러나 다윗의 후손으로 오신 예수님은 십자가의 사랑으로, 바로 갈보리의 언덕에서 우리를 구속하셨습니다. 이제 그분은 우리 안에 거하셔서 생명의 샘을 열어 주시고, 영원한 하늘의 동산으로 인도하십니다. 우리 모두 그 크신 사랑 안에 거합시다. 아멘!

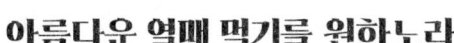
아름다운 열매 먹기를 원하노라

솔로몬은 날이 저물고 그림자가 사라지기 전에 술람미 여인이 있는 사랑의 공간으로 달려왔습니다. 술람미 여인이 자신을 가렸던 너울을 벗기고 솔로몬은 "나의 사랑 너는 어여쁘고 아무 흠이 없구나"라고 노래하였습니다. 이는 세상적으로 보면 흠이 많고 자기의 인격도 가꾸지 못한 술람미 여인을 향해 아무런 조건 없이 부르는 솔로몬의 사랑의 언약으로서 바로 하나님의 우리를 향한 택정하신 사랑인 것입니다.

술람미 여인은 솔로몬의 "나와 함께 가자"라는 사랑의 초대에 자신을 온전히 솔로몬에게 던져 넣었습니다. 이제 술람미 여인은 그 사랑의 공급으로 말미암아 혀 밑에는 꿀과 젖이 가득하여 그 입술에는 꿀방울이 가득하였습니다. 우리도 포도나무의 가지에 접붙임을 받아야만 열매를 맺듯 온전히 하나님의 사랑 가운데 거해야만 기쁨의 꿀과 젖을 만들어 흘러낼 수 있는 것입니다.

술람미 여인은 나도와 번홍화와 창포와 계수와 모든 귀한 향품으로 자기의 몸을 가꾸어서 그 아름다운 향기로 솔로몬의 후각을 기쁘게 해 주었습니다. 이는 하나님이 번제물의 타는 냄새를 향기롭다고 하셨듯이 우리도 참된 회개를 바탕으로 한 거룩한 행실로 하나님을 기쁘게 하는 삶을 살아야 할 것입니다. 술람미 여인은 솔로몬의 사랑에 온전히 하나가 되면서 그 삶의 모든 열매를 솔로몬이 취하기를 원하였습니다. 우리도 그러한 신앙의 길을 걸어가야 할 것입니다.

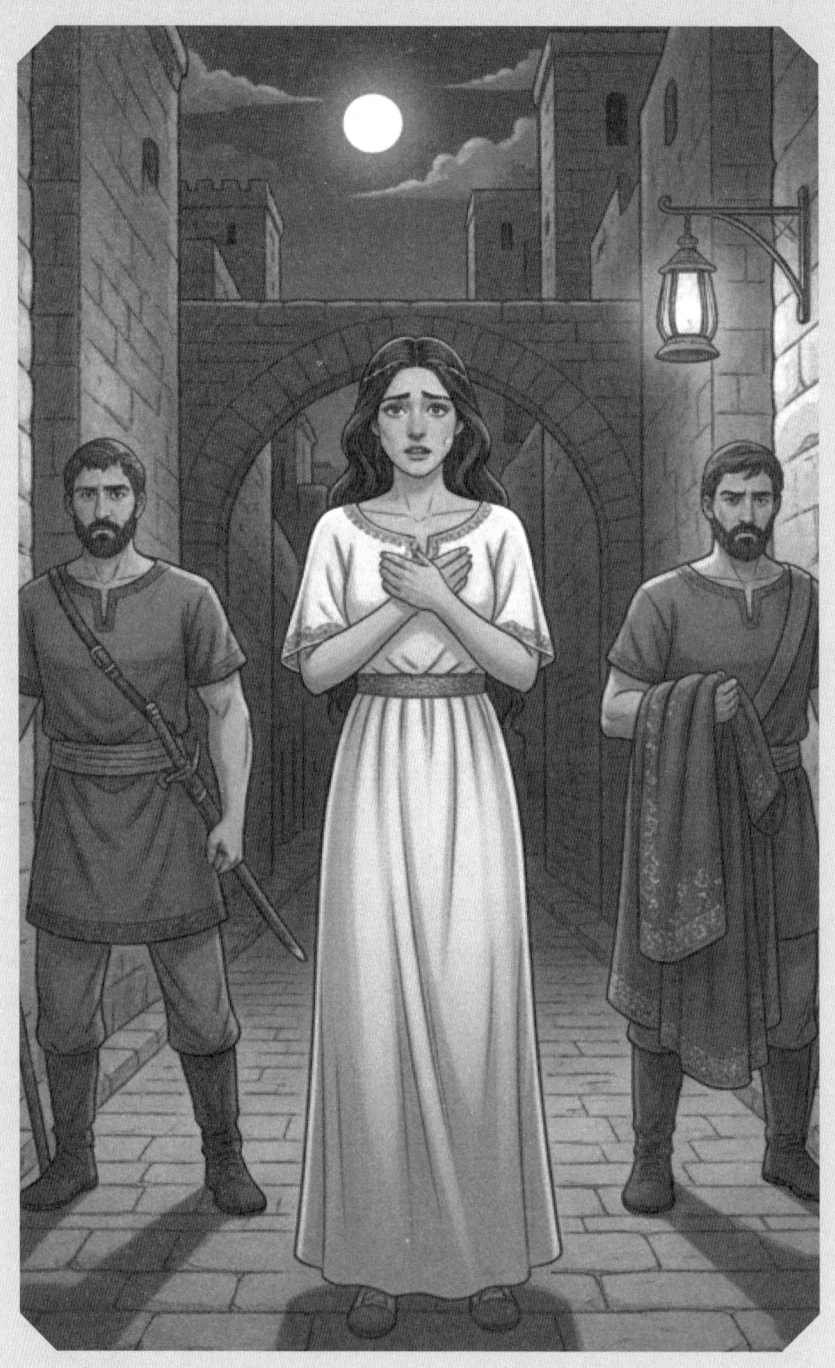

8강

나의 겉옷을 벗겨 가졌도다

(아가 5:2~8)

² 내가 잘지라도 마음은 깨었는데 나의 사랑하는 자의 소리가 들리는구나 문을 두드려 이르기를 나의 누이, 나의 사랑, 나의 비둘기, 나의 완전한 자야 문을 열어 다오 내 머리에는 이슬이, 내 머리털에는 밤이슬이 가득하였다 하는구나 ³ 내가 옷을 벗었으니 어찌 다시 입겠으며 내가 발을 씻었으니 어찌 다시 더럽히랴마는 ⁴ 내 사랑하는 자가 문틈으로 손을 들이밀매 내 마음이 움직여서 ⁵ 일어나 내 사랑하는 자를 위하여 문을 열 때 몰약이 내 손에서, 몰약의 즙이 내 손가락에서 문빗장에 떨어지는구나 ⁶ 내가 내 사랑하는 자를 위하여 문을 열었으나 그는 벌써 물러갔네 그가 말할 때에 내 혼이 나갔구나 내가 그를 찾아도 못 만났고 불러도 응답이 없었노라 ⁷ 성 안을 순찰하는 자들이 나를 만나매 나를 쳐서 상하게 하였고 성벽을 파수하는 자들이 나의 겉옷을 벗겨 가졌도다 ⁸ 예루살렘 딸들아 너희에게 내가 부탁한다 너희가 내 사랑하는 자를 만나거든 내가 사랑하므로 병이 났다고 하려무나

내가 잘지라도 마음은 깨었는데

아가서 5:2절의 히브리어 원문을 직역하면 "나는 자고 있었으나 내 마음은 깨어 있었네. 내 사랑하는 이의 소리다! 그가 문을 두드리며 말하네 나에게 문을 열어다오, 나의 누이, 나의 사랑, 나의 비둘기, 나의 완전한 자여. 내 머리는 이슬로 가득하고, 내 머리칼은 밤의 방울들로 젖었구나."로 번역됩니다.

먼저 "나는 자고 있었으나 내 마음은 깨어 있었다"는 표현을 하고 있습니다. 여기서 말하는 '자고 있던 상태'는 사랑하는 사람

이 오는 소리를 듣거나 문을 두드려도 금방 일어나서 열어주는 상태가 아니었습니다. 그야말로 사랑하는 사람이 오기를 간절히 기다리면서 솔로몬의 발자취 소리를 듣자마자 뛰쳐나가는 상태가 아니라 오히려 옷을 벗고 발까지 씻은 채 자고 있었다는 것입니다. 그렇다고 해서 술람미 여인이 완전히 잠을 든 상태도 아닙니다. 여기서 "잠을 자다"라는 히브리어 단어는 "야센"으로 "잠재적인 상태에서는 깨어 있다"는 의미를 내포하고 있습니다. 술람미 여인이 솔로몬으로부터 그렇게 큰 사랑을 받았는데 얼마나 그가 오기를 기다렸겠습니까? 그럼에도 불구하고 육체적 한계가 있었다는 것입니다. 이는 예수님의 제자들의 모습에서도 볼 수 있습니다. 마태복음 26:36~46절을 보겠습니다.

> 36 이에 예수께서 제자들과 함께 겟세마네라 하는 곳에 이르러 제자들에게 이르시되 내가 저기 가서 기도할 동안에 너희는 여기 앉아 있으라 하시고 37 베드로와 세베대의 두 아들을 데리고 가실새 고민하고 슬퍼하사 38 이에 말씀하시되 내 마음이 매우 고민하여 죽게 되었으니 너희는 여기 머물러 나와 함께 깨어 있으라 하시고 39 조금 나아가사 얼굴을 땅에 대시고 엎드려 기도하여 이르시되 내 아버지여 만일 할 만하시거든 이 잔을 내게서 지나가게 하옵소서 그러나 나의 원대로 마시옵고 아버지의 원대로 하옵소서 하시고 40 제자들에게 오사 그 자는 것을 보시고 베드로에게 말씀하시되 너희가 나와 함께 한 시간도 이렇게 깨어 있을 수 없더냐 41 시험에 들지 않게 깨어 기도하라 마음에는 원이로되 육신이 약하도다 하시고 42 다시 두 번째

나아가 기도하여 이르시되 내 아버지여 만일 내가 마시지 않고
는 이 잔이 내게서 지나갈 수 없거든 아버지의 원대로 되기를
원하나이다 하시고 ⁴³ 다시 오사 보신즉 그들이 자니 이는 그들
의 눈이 피곤함일러라 ⁴⁴ 또 그들을 두시고 나아가 세 번째 같
은 말씀으로 기도하신 후 ⁴⁵ 이에 제자들에게 오사 이르시되 이
제는 자고 쉬라 보라 때가 가까이 왔으니 인자가 죄인의 손에
팔리느니라 ⁴⁶ 일어나라 함께 가자 보라 나를 파는 자가 가까이
왔느니라

예수님이 당신이 당하실 고난을 앞두고 제자들에게 "너희는
여기 머물러 나와 함께 깨어 있으라"고 하셨는데, 제자들이 금세
잠이 들고 말았습니다. 예수님이 "시험에 들지 않게 깨어 기도하
라 마음에는 원이로되 육신이 약하도다"라고 말씀하십니다. 예수
님은 자신이 십자가 고난을 당하실 것을 여러 번 말씀하시고 제
자들에게 "오늘 밤에 너희가 다 나를 버리리라 기록된바 내가 목
자를 치리니 양의 떼가 흩어지리라 하였느니라(마 26:31)"고 말씀
하시며 시험에 들지 않게 깨어 기도하라고 당부하셨습니다. 그런
데도 예수님이 기도를 마치고 오시자, 제자들은 또다시 눈이 피
곤하여 자고 있었던 것입니다. 어쩌면 오늘날 우리의 모습과도
똑같은지 모르겠습니다. 지금 예수님은 우리에게 "세상이 나를
미워하니 너희도 미워하리라, 너희는 깨어서 기도하라"라고 말씀
하시고 계십니다. 우리가 세상으로부터 고난과 핍박을 받으면 늘
깨어서 기도로 이겨내야 하는데, 육신이 연약하여 자고 있는 모
습이 아닌가 하는 생각이 듭니다.

술람미 여인의 모습, 곧 궁전에 거하는 여인의 상황을 생각해 보면, 왕이 자기를 찾아주기만을 얼마나 기다렸겠습니까? 그런데도 그 육신이 연약하여 "내가 잘지라도 마음은 깨었는데"라는 상태에 머물러 있었던 것입니다. 그런데 그 잠의 정도가 어떠했는가를 이어서 살펴보겠습니다.

내 머리털에는 밤이슬이 가득하였다 하는구나

솔로몬이 문을 두드립니다. 그런데 안에서는 아무런 답이 없습니다. 솔로몬은 문만 두드리면 술람미 여인이 금방이라도 뛰쳐나올 것만 같았는데, 아무런 인기척이 없습니다. 그래서 이제 술람미 여인을 불러봅니다. "나의 누이", 곧 히브리어로 "아호티"라고 먼저 불렀습니다. "나의 누이"는 가족으로서 돌봄을 받는 존재라는 의미입니다. 그래서 다정한 목소리로 불렀습니다. 그런데도 아무런 응답이 없습니다. 이제 솔로몬의 마음이 조금씩 급해집니다. "나의 사랑", 곧 "라야티"라고 부르면서 "나의 영원한 사랑의 동반자여"라고 불러봅니다. 이러한 부부로서의 간절한 부름에도 문이 열리지 않습니다. 그래서 이제 솔로몬은 "나의 비둘기", 곧 "요나티"라고 하여 "당신은 나만을 바라보는 사람이 아닌가요. 어서 이 문을 열어주세요"라고 점점 본질을 향해 불러봅니다. 참으로 애타는 모습입니다. "정말 당신은 나만 바라보기로 하였는데, 이렇게 간곡한 외침에도 침묵하나요?"라고 북받치는 감정을 나타내는 듯합니다. 마지막으로 "나의 완전한 자야", 곧 "탐마티"

라고 부릅니다. 이제 다시 호소를 합니다. "당신은 나와 함께해야만 온전해질 수 있는 존재입니다, 어서 문을 열어주세요"라고 외치는 것입니다.

솔로몬이 술람미 여인을 택한 것은 아무런 조건 없는, 그야말로 솔로몬의 마음 가득한 사랑이 드러난 것이었습니다. 이를 더욱 분명히 보여주고자, 자기의 포도원조차 지키지 못한 술람미 여인을 사랑했습니다. 여호와 하나님은 이스라엘에게도 이와 동일한 사랑을 보여주셨습니다. 시편 91:4절의 "그가 너를 그의 깃으로 덮으시리니 네가 그의 날개 아래 피하리로다. 그의 진실함은 방패와 손 방패가 되시나니"의 말씀과, 호세아 11:4절의 "내가 사람의 줄 곧 사랑의 줄로 그들을 이끌었고, 그들에 대하여 그 목에서 멍에를 벗기는 자 같이 되었으며 그들 앞에 먹을 것을 두었노라"라는 말씀을 통해 하나님의 사랑을 볼 수 있습니다.

예수님도 마태복음 23:37절에서 구약의 이런 하나님의 애끓는 사랑을 이어받아 "예루살렘아 예루살렘아 선지자들을 죽이고 네게 파송된 자들을 돌로 치는 자여 암탉이 그 새끼를 날개 아래 모음 같이 내가 네 자녀를 모으려 한 일이 몇 번이더냐. 그러나 너희가 원하지 아니하였도다"라고 하셨습니다. 그리고 지금도 교회를 향해 요한계시록 3:20절에서는 "볼지어다 내가 문 밖에 서서 두드리노니 누구든지 내 음성을 듣고 문을 열면 내가 그에게로 들어가 그와 더불어 먹고 그는 나와 더불어 먹으리라"고 말씀하십니다.

이 본문들을 함께 묵상하면, 성경 전체에서 삼위일체 하나님이 그 택하신 자를 위하여 끊임없이 문을 두드리며 품으려 하시고, 부르시는 간절함이 드러납니다. 술람미 여인이 게으름으로 문을 열지 못했듯이, 우리도 때로 그 부르심에 응답하지 못합니다. 그러나 주님은 여전히 "내 사랑, 내 완전한 자야"라 부르시며 포기하지 않으십니다. 바로 이러한 모습이 "내 머리에는 이슬이, 내 머리털에는 밤이슬이 가득하였구나"라는 외침 속에 나타나 있습니다. 이것은 술람미 여인을 만나기 위해 솔로몬이 긴 밤을 걸어온 모습을 잘 보여줍니다. 밤이슬에 젖은 머리와 머리털은 그의 기다림과 인내를 나타내며, 사랑의 간절함과 헌신이 얼마나 크고 진실한지를 보여주는 듯합니다.

참으로 우리 주님의 사랑이 이러하십니다. 이 솔로몬의 술람미 여인을 향한 사랑은, 곧 주님이 우리를 부르러 오시는 헌신적 사랑의 예표인 것입니다. 하나님은 아담과 하와를 에덴 동산에서 내쫓으신 후에도 다시 하나가 된 가운데에서 만나시기 위해 그 뒤를 얼마나 따라오셨는지 모릅니다. 막연히 하늘에서 부르시는 위엄 높은 신으로만 존재하지 않으셨습니다. 아브라함의 불신 가운데에서도 여러 번 아브라함을 찾아와 부르셨고, 이스라엘의 장막 가운데 거하셨습니다. 그럼에도 그들이 문을 열지 않자, 말씀이 육신이 되어 우리 가운데로 오셨습니다. 그리고 십자가에서 피 묻은 그 손으로 우리 마음의 문을 두드리시면서 "문을 열어다오"라고 외치시는 것입니다. 그러한 사랑으로 말미암아 우리의 마음 문이 열려서 생명을 얻었습니다. 그럼에도 우리는 늘 육체의 연약함으로 주님이 밖에서 밤이슬을 맞도록 하는 모습에 참으로 회개하게 됩니다.

어찌 다시 입겠으며

아가서 5:3절의 히브리어 원문을 직역하면 "나는 내 겉옷을 벗었노라, 어찌 그것을 다시 입겠느냐? 나는 내 발을 씻었노라, 어찌 그것을 다시 더럽히겠느냐?"라는 뜻이 됩니다. 여기서 "옷"은 당시의 풍습을 보면 겉옷을 말합니다. 따라서 "나는 내 겉옷을 벗었는데 어떻게 다시 그것을 입겠는가?" 하는 다시 옷 입기를 꺼려하는 태도를 나타냅니다. 그리고 "내가 발을 씻었으니"라는 표현은 잠자리 들기 전에 발을 깨끗이 씻었는데, 다시 일어서면 발에 흙이 묻기에 그 발을 다시 더럽히는 것을 꺼리는 태도를 보여줍니다. 술람미 여인은 밖에서 솔로몬이 "나의 누이, 나의 사랑, 나의 비둘기, 나의 완전한 자야"라고 부르짖는 소리를 들었습니다. 사랑하는 이가 그렇게 애타게 부르는데 겉옷을 다시 입는 것이 무슨 대수이며, 발에 흙이 조금 묻는 것이 무슨 문제가 되겠습니까? 그런데도 술람미 여인은 육신의 편안함에 안주하여 즉시 응답하지 못했던 것입니다.

이 말씀을 묵상하는 가운데 우리의 나태한 모습이 떠올랐습니다. 때로는 기도와 말씀 묵상이 부족하면 마음이 막연히 불안할 때가 있습니다. 이러한 마음의 징조는 바로 하나님이 우리의 마음을 두드리시며 기도의 자리에서 만나기를 원하시는 부르심입니다. 그럼에도 불구하고, 때로는 씻고 침대에 누워버리면 다시 일어나기 싫어집니다. 결국 그냥 누운 자세로 잠시 기도하다가 잠들어 버리는 모습이 참으로 부끄럽게 느껴집니다. 오늘날 우리는 어떻게 하나님을 만나야 합니까? 바로 기도의 자리에서, 그리고 말씀을 듣는 자리에서 하나님을 만나는 것입니다. 우리는 여전히 어떠한 삶을 살아가고 있는지 스스로 돌아보아야 할 것입니다.

우리가 과거의 술람미 여인을 생각해 보면 도저히 이해하기 어려운 부분입니다. 온전히 솔로몬을 위하여 준비된 몸으로 혼인의 밤을 함께 하면서 "북풍아 일어나라, 남풍아 오라 나의 동산에 불어서 향기를 날리라"고 노래했던 그 술람미 여인은 어디로 사라진 것일까요? 이제는 왕의 부인이 되었다고 그 마음에 간절함이 사라지고 편안함에 취해 버린 것일까요? 신명기 8:11~16절을 보도록 하겠습니다.

> [11] 내가 오늘 네게 명하는 여호와의 명령과 법도와 규례를 지키지 아니하고 네 하나님 여호와를 잊어버리지 않도록 삼갈지어다 [12] 네가 먹어서 배부르고 아름다운 집을 짓고 거주하게 되며 [13] 또 네 소와 양이 번성하며 네 은금이 증식되며 네 소유가 다 풍부하게 될 때에 [14] 네 마음이 교만하여 네 하나님 여호와를 잊어버릴까 염려하노라 여호와는 너를 애굽 땅 종 되었던 집에서 이끌어 내시고 [15] 너를 인도하여 그 광대하고 위험한 광야 곧 불뱀과 전갈이 있고 물이 없는 간조한 땅을 지나게 하셨으며 또 너를 위하여 단단한 반석에서 물을 내셨으며 [16] 네 조

상들도 알지 못하던 만나를 광야에서 네게 먹이셨나니 이는 다 너를 낮추시며 너를 시험하사 마침내 네게 복을 주려 하심이었느니라

술람미 여인은 사랑하는 이가 밤에 문을 두드리는데도 이미 옷을 벗고, 발을 씻고, 편안한 상태에 빠져 문을 열지 못합니다. 이러한 모습은 마치 이스라엘 백성이 광야에서의 간절함과 가난함을 잊고, 가나안의 풍요로움에 안주해 하나님을 잊어버리는 모습과 흡사합니다. 참으로 우리의 영혼이 얼마나 교만해지는지요. 따라서 자기 자신을 부인하는 것은 곧 우리를 십자가에서 못 박는 일일 것입니다. 우리는 술람미 여인을 비난할 것이 아니라, 바로 이런 우리 자신을 돌아보아야 하는 것입니다. 그리고 마태복음 25:1~13절에서도 이러한 모습에 대해 교훈을 주고 있습니다.

1 그 때에 천국은 마치 등을 들고 신랑을 맞으러 나간 열 처녀와 같다 하리니 2 그 중의 다섯은 미련하고 다섯은 슬기 있는 자라 3 미련한 자들은 등을 가지되 기름을 가지지 아니하고 4 슬기 있는 자들은 그릇에 기름을 담아 등과 함께 가져갔더니 5 신랑이 더디 오므로 다 졸며 잘새 6 밤중에 소리가 나되 보라 신랑이로다 맞으러 나오라 하매 7 이에 그 처녀들이 다 일어나 등을 준비할새 8 미련한 자들이 슬기 있는 자들에게 이르되 우리 등불이 꺼져가니 너희 기름을 좀 나눠 달라 하거늘 9 슬기 있는 자들이 대답하여 이르되 우리와 너희가 쓰기에 다 부족할까 하노니 차라리 파는 자들에게 가서 너희 쓸 것을 사라 하

니 ¹⁰ 그들이 사러 간 사이에 신랑이 오므로 준비하였던 자들은 함께 혼인 잔치에 들어가고 문은 닫힌지라 ¹¹ 그 후에 남은 처녀들이 와서 이르되 주여 주여 우리에게 열어 주소서 ¹² 대답하여 이르되 진실로 너희에게 이르노니 내가 너희를 알지 못하노라 하였느니라 ¹³ 그런즉 깨어 있으라 너희는 그 날과 그 때를 알지 못하느니라

슬기 있는 자와 미련한 자들 모두 신랑에게 속한 열 처녀처럼 보였습니다. 그러나 마지막에 등불에 쓸 기름을 준비하지 않은 자에 대하여 신랑은 "알지 못한다"고 합니다. 우리는 오늘 이 말씀을 귀 담아 들어야 합니다. 여기서 기름의 부족은 신앙의 깊이, 성령과의 동행, 말씀에 대한 순종 또는 지속적인 영적 경계를 유지하지 못한 상태를 의미하는 것입니다. 미련한 처녀들은 신랑을 기다리며 등불을 켜고 있는 것처럼 보였습니다. 그러나 그들은 겉으로는 신앙생활을 하고 있었을지라도, 결국은 기름을 준비하지 않아 혼인 잔치에 초대 받지 못했습니다.

우리 모두 신앙생활을 하고 있지만, 구원을 점검하지 않고 형식적인 신앙에만 머물러서는 안 됩니다. 진정한 회개, 인격적인 하나님과의 동행을 소홀히 해서는 안 됩니다. 우리는 진실로 하나님을 "야다", 즉 체험적으로 알기 전에는 반드시 우리의 구원을 확인해야 합니다. 나아가 하나님을 체험적으로 만난 후에도 우리는 계속해서 그분 안에서 동행하고 있는지 늘 점검해야 합니다. 그렇다고 해서 우리의 구원을 "나의 행위"에 의지해서는 안

됩니다. 오직 우리의 구원은 예수 그리스도 안에서만 발견되어야 합니다.

내 마음이 움직여서

아가서 5:4절의 히브리어 원문을 직역하면 "나의 사랑하는 이가 문구멍을 통해 손을 뻗었고, 내 속(창자)이 그로 인해 요동쳤구나."라고 표현됩니다. "나의 사랑하는 이", 곧 "도디"는 연인을 가리키는 애정 어린 표현임을 우리는 이미 살펴보았습니다. 그리고 문틈으로 손을 들이미는 행위는 당시 문의 구조가 단순하여 바깥에서 구멍이 난 부분으로 손을 넣어 문빗장을 열고자 했던 솔로몬의 간절한 시도를 잘 보여줍니다. "내 마음이 움직였다"는 표현을 직역하면 "내 속이 요동쳤다"인데, 여기서 "속"은 히브리어 "메아이"로 "창자"를 뜻합니다. 고대 유대인들은 감정의 중심지를 창자로 여겨서 이러한 표현을 사용했습니다. 이는 술람미 여인이 늦게나마 소스라치게 놀라는 감정적 동요를 나타냅니다. 사실 술람미 여인이 얼마나 놀랐겠습니까? 육체의 연약함으로 인해 잠을 자기는 했지만, 비몽사몽간에 무슨 일이 일어났는지 깨닫고 깜짝 놀랐던 것입니다. 결국 솔로몬이 마지막에는 문틈 사이로 손까지 넣어 문을 노크하고 함께 동행하고자 했던 모습은, 연인의 애틋함을 넘어 가슴 뭉클한 사랑을 느끼게 해 줍니다.

이러한 사랑은 성경 전체에서 하나님이 그의 백성을 끝까지 찾아오시는 모습과 연결됩니다. 하나님은 예레미야 7:13절에서 "내가 너희에게 말하되 새벽부터 부지런히 말하여도 듣지 아니하였고 …"라고 하셨고, 호세아 11:8절에서는 "에브라임이여 내가 어찌 너를 놓겠느냐 … 내 마음이 내 속에서 돌이키어 나의 긍휼이 온전히 불붙듯 하도다."라고 말씀하셨습니다. 하나님은 단 한 번 부르시고 포기하시는 분이 아닙니다. 아가서의 "문틈으로 손을 들이밀었다"는 표현은 솔로몬의 입을 통해 하나님의 적극적이면서도 부드러운 설득과 기다림을 얼마나 잘 보여주는지 모릅니다.

몰약의 즙이 내 손가락에서 문빗장에 떨어지는구나

아가서 5:5절의 히브리어 원문을 직역하면 "내가 일어나 나의 사랑하는 이를 위해 (문을) 열었고, 내 손은 몰약을 떨어뜨렸으며, 내 손가락은 빗장에 흐르는 몰약을 떨어뜨렸다"로 표현됩니다. 구약에서 몰약은 희생의 향기이자 사랑의 기쁨과 매혹 그리고 치유의 능력을 상징했습니다. 그래서 몰약은 성막에서 거룩한 관유로 사용되면서 자기희생과 헌신의 의미를 나타냈습니다. 또한 아가서 1:13절에서는 "나의 사랑하는 자는 내 품 가운데 몰약 향주머니요"라고 고백했습니다. 이는 연인의 품에 머물 때 풍기는 향기로움, 달콤한 사랑의 은유입니다. 나아가, 몰약은 치유제와 방부제의 역할도 하기에, 이는 사랑과 만남이 주는 회복의 의미를 함께 담고 있습니다.

솔로몬이 문틈으로 손을 들이밀었을 때, 그의 손은 이미 몰약의 향기로 가득했습니다. 이것은 술람미 여인을 향해 그가 얼마나 정성껏 준비하고 아름다운 것을 가지고 찾아왔는지를 보여줍니다. 솔로몬은 사랑하는 이가 문을 열기만 하면 그녀의 마음이 즉시 녹아버릴 은혜로운 향기를 준비했던 것입니다. 너무나 안타까운 순간입니다. 이 노래는 우리로 하여금 어떠한 삶을 살아야 하는지 에베소서 5:1~4절의 말씀을 그대로 보여주고 있습니다.

> [1] 그러므로 사랑을 받는 자녀 같이 너희는 하나님을 본받는 자가 되고 [2] 그리스도께서 너희를 사랑하신 것 같이 너희도 사랑 가운데서 행하라 그는 우리를 위하여 자신을 버리사 향기로운 제물과 희생제물로 하나님께 드리셨느니라 [3] 음행과 온갖 더러운 것과 탐욕은 너희 중에서 그 이름조차도 부르지 말라 이는 성도에게 마땅한 바니라 [4] 누추함과 어리석은 말이나 희롱의 말이 마땅치 아니하니 오히려 감사하는 말을 하라

하나님은 우리가 주님의 사랑 안에서 올바른 길을 가도록 얼마나 우리 마음의 문을 두드리고 계신지 모릅니다. 주님의 길에는 모든 평강과 복이 다 준비되어 있음에도 불구하고, 우리는 그 길을 잃어버리고 또 세상의 욕망과 육체의 온갖 더러운 정욕에 빠지기가 너무나 쉽습니다. 오늘 이 말씀을 통해 다시 한번 우리 자신을 돌아보아야 할 것입니다.

최근 인공신경망 학습에 대한 이야기를 자주 접합니다. 이는 그야말로 우리 몸의 신경계가 학습하는 원리를 모방한 것입니다. 우리의 신경계는 뉴런이라는 세포로 구성되어 있습니다. 뉴

런은 입력을 담당하는 수상돌기, 입력정보를 통합적으로 처리하는 세포체 그리고 신호를 전달하는 축삭돌기로 나누어집니다. 약 1,000억 개의 신경세포가 서로 시냅스를 통해 화학물질을 분비하고 신호를 전달하는 방식으로 우리의 몸과 정신을 유지합니다. 이러한 원리를 바탕으로, 컴퓨터에 입력치를 부여하고, 여기에 가중치를 부여하여 계산된 값이 실제의 값과 얼마나 일치하는지 확인합니다. 처음에는 가중치를 임의로 입력하기 때문에 결과에 오차가 발생하는 것은 당연합니다. 그래서 이 가중치를 지속적으로 조정하며 학습을 시키는데, 이를 "인공 학습"이라고 합니다. 여기서 중요한 점은, 이 가중치를 조정하는 과정에 엄청난 양의 연산이 수반된다는 것입니다. 따라서 이 작업을 처리하는 데 필요한 시간과 이를 감당해 낼 수 있는 컴퓨터의 연산능력이 필요한 것입니다. 이때, 이러한 연산 부담을 줄여주는 것이 바로 "역전파 알고리즘(backpropagation)"입니다. 이것은 처음부터 가중치를 조정하면서 컴퓨터를 학습시키는 방식이 아니라, 결과 값으로부터 거꾸로 거슬러 올라가며 가중치를 조정해 나가는 방식입니다.

우리의 신앙생활 또한 이와 같다고 생각했습니다. 우리는 평생 자신이 생각하는 "삶의 가중치" 곧 나만의 가치 기준에 따라 살아왔습니다. 그러다 갑자기 교회로 발걸음을 옮기게 되었습니다. 이러한 상황에서 우리의 모든 삶이 당장 하나님이 원하시는 모습대로, 삶의 가중치를 조정하여 살아가기는 어렵습니다. 현명한 신앙인이 되는 과정은 바로 역전파 알고리즘처럼 하나님이 원하시는 삶을 먼저 특정하고, '나의 현재의 삶은 어디에 있는가?', '그 간격은 얼마나 벌어져 있는가?' 생각하는 것입니다. 그런 다음, 그 벌어진 간격의 이유를 찾아 삶의 가중치를 조정하다 보면, 결국에는 더욱더 하나님이 원하시는 삶의 모습을 찾아갈 수 있는 것입니다. 우리는 세상의 모든 이치로부터 지혜를 배워야 할 것입니다. 그래서 성경에서도 "지혜가 길거리에서 부르며 광장에서 소리를 높이며(잠 1:20)"라고 말씀하는 것입니다.

그가 말할 때에 내 혼이 나갔구나

아가서 5:6절의 히브리어 원문을 직역하면 "내가 나의 사랑하는 자에게 문을 열었으나 나의 사랑하는 이는 피하여 지나갔고, 그가 말할 때 내 영혼이 그를 따라 나갔으나 내가 그를 찾았으나 찾지 못하였고, 내가 그를 불렀으나 그가 내게 응답하지 않았구나"로 표현됩니다. 여기서 주목할 점은 한글 성경에는 "그는 벌써 물러갔네"라고 되어 있지만, 원문과 NIV 성경에서는 "벌써"라는 표현이 없다는 것입니다. 오히려 "벌써"라는 표현이 들어감으로써 마치 솔로몬이 좀 더 기다려주지 않고 매정하게 일찍 떠나버린 듯한 이미지를 줍니다. 그러나 원문에는 단순히 떠나가 버렸다는 표현만 있음에 주의해야 합니다. 솔로몬은 충분히 기다렸으나, 응답이 없어 떠난 것입니다. 술람미 여인이 잠결에 화들짝 놀라 일어나서 문을 열었지만, 사랑하는 솔로몬은 이미 지나가 버린 상태였습니다. 술람미 여인의 모든 마음이 무너져 내린 것

사랑의 세레나데

입니다. 그래서 "혼이 나갔다"고 표현합니다. 특히 "혼이 나갔다" 는 표현은 히브리어로 "야치아흐"라고 하며, 문자적으로는 "숨이 빠져나가다, 기절하다, 정신을 잃다 혹은 심장이 터지다"라는 의미를 가지고 있습니다. 이는 히브리 시에서 깊은 감정적 충격, 사랑, 갈망 또는 절망을 표현할 때 종종 사용됩니다.

이는 라헬이 베냐민을 낳고 죽는 순간을 묘사한 창세기 35:18절의 말씀, "그가 죽게 되어 그의 혼이 떠나려 할 때에 아들의 이름을 베노니라 불렀으나 그의 아버지는 그를 베냐민이라 불렀더라"에서 사용된 "그의 혼이 떠나다"라는 표현과 같습니다. 특별히 "베노니"는 "고난의 아들"이라 하여 슬픔을 뜻하지만, "베냐민"은 "오른 손의 아들"이라는 뜻으로 희망을 노래하고 있습니다. 마치 십자가에 달리신 예수님의 모습을 믿음의 눈으로 바라보지 않으면 슬픔의 아들이겠지만, 성부 하나님의 입장에서는 부활하실 영광의 아들이자 우편의 아들인 것과 같습니다. 술람미 여인의 "혼이 나갔구나"하는 표현은 단순히 솔로몬이 떠나서 느끼는 슬프고 아쉬운 수준이 아닙니다. 이것은 "그의 목소리 하나에 나의 존재 전체가 흔들렸고, 그만큼 깊은 애틋함과 상실을 경험했다"는 절절한 고백입니다. 그런데 이제는 이러한 고백이 슬픔으로 끝나는 것이 아니라, 솔로몬을 찾아 나서는 행동으로 이어집니다.

그래서 술람미 여인은 곧바로 솔로몬을 찾아 나섰던 것입니다. 그 발걸음이 얼마나 급했을 것이며, 그 얼굴은 얼마나 사색이 되었을까요? 얼마나 솔로몬을 향해 "나의 사랑", "수풀 가운데 사과나무이신 나의 사랑이여", "나의 영원한 사랑의 동반자여"라고 불렀을까요? 여기서도 "자기부인(自己否認)"의 참된 의미를 찾을 수 있습니다. 세상에서는 "자기"를 더욱 높이는 방향으로 발전해 나갑니다. 그러나 신앙은 "자기부인"이야말로 하나님을 향해 나아가는 참된 길입니다. 자기를 부인하면 죽을 것 같지만, 바로 자기가 부인된 자리에 말씀이 서게 되는 것입니다. "베노니"라는 슬픔의 자리에 바로 "베냐민"이라는 능력이 세워졌던 것처럼, 우리는 죽음의 자리 위에서 예수 그리스도의 반석을 딛고 새롭게 태어나는 것입니다.

과학적으로 보면, 우리의 신경세포는 일정 수준 이상의 자극, 즉 활동전위 혹은 역치라고 불리는 자극에 반응합니다. 영적인 원리도 이와 비슷합니다. 우리가 하나님을 간절히 찾는 대부분의 순간은 우리의 영혼에 큰 울림을 주는 고난이 찾아올 때입니다. 따라서 이러한 고난은 하나님을 찾게 만드는 은혜의 자리로 우리를 이끕니다. 시편 119:71절에는 "고난 당한 것이 내게 유익이라 이로 말미암아 내가 주의 율례들을 배우게 되었나이다"라는 표현이 있습니다. 우리는 고난을 통해 인내를, 인내를 통해 연단을, 연단을 통해 우리의 전 인격이 서서히 말씀 앞으로 향하는 소망을 배우게 되는 것입니다. 그렇기에 우리는 범사에 여호와를 인정하고 항상 기뻐해야 하는 것입니다.

나의 겉옷을 벗겨 가졌도다

아가서 5:7절의 히브리어 원문을 직역하면 "성 안을 순찰하던 파수꾼들이 나를 발견하였고, 그들은 나를 때리고 상처 입혔으며, 성벽을 지키던 이들이 내 겉옷을 벗겨갔구나"로 표현됩니다. 술람미 여인이 문을 열었지만, 솔로몬은 이미 떠나버렸습니다. 그제야 혼이 빠져나간 듯한 상실감과 솔로몬을 향한 간절함을 체험합니다. 그러나 이 부재(不在)는 단순히 슬픔으로 끝나지 않았습니다. 오히려 그 사랑의 가치를 깨닫게 하는 시련이었습니다. 마치 하나님이 때로는 얼굴을 가리시는 것과 같습니다. 아가서 3:3절에서도 파수꾼을 만나는 이야기가 나옵니다. 하지만 아가서 3장에서는 사랑이 개인적이면서도 내적인 갈망에 머물고 있는 상태였기에, 파수꾼이 술람미 여인을 책망하는 모습이 나타나지 않았습니다. 이에 반해 아가서 5장은 남녀 간의 온전한 하나 됨을 이루었음에도 불구하고, 게으름과 나태함으로 문을 열지 못하고 한밤중에 허겁지겁 신랑을 찾아다니는 모습에 대한 책망이 적나라하게 드러나고 있습니다.

술람미 여인이 잠에서 깨었을 때, 문을 열어주는 일이 왜 지체되었을까요? 바로 겉옷을 벗고 발을 씻었기 때문입니다. 이제 그녀의 발은 솔로몬을 찾기 위하여 바깥으로 나섰습니다. 성 안을 순찰하는 자들은 겉옷을 다시 입는 것이 귀찮아 사랑의 두드림을 놓치고 신랑을 떠나가게 한 그녀를 책망하는 듯합니다. 술람미 여인 역시 성 안을 순찰하는 자들로부터 책망을 받고 겉옷을 빼앗기는 일을 합당한 것으로 받아들였을 것입니다. 한편, 집으로 돌아와 자신의 모습을 보았을 때, 가장 먼저 드러나는 것은 '겉옷'이 사라졌다는 사실입니다. 그녀는 벗겨진 겉옷을 통해 자신의 내면 깊은 곳의 본모습을 마주했을 것입니다. 마치 무성한 잎사귀로 푸르름을 자랑하던 여름 나무가, 잎이 다 떨어진 추운 겨울이 되어서야 비로소 그 앙상한 본질을 드러내는 것처럼 말입니다.

우리 그리스도인들도 자신이 입고 있는 이 외투의 본질을 벗겨내야만 하나님의 사랑을 마음 속 깊은 곳으로부터 진실로 찾아갈 수 있습니다. 우리는 이 외투의 본질인 '페르소나'라는 가면을 쓰고 살아가는 인생입니다. 고대 로마의 극장에서 배우들은 가면을 쓰고 역할을 맡았는데, 이 가면은 캐릭터의 감정, 신분, 성별 등을 상징적으로 표현했습니다. 따라서 이 가면은 단순한 장식물이 아니라, 배우의 목소리가 관객에게 더 잘 전달되도록 설계된 도구였습니다. 여기서 "persona"는 "소리를 통과시키다"라는 의미의 라틴어 동사 "personare"(per- '통과' + sonare '소리 내다')와 연결됩니다. 이러한 측면에서 "페르소나(persona)"라는 용어는 인간의 외적 모습, 즉 사회적 역할이나 표면적인 자아를 가리키는 개념입니다. 이는 우리가 세상에 보여주는 '마스크'와 같은 것으로, 우리의 심연 깊은 곳에 내재된 진정한 내면과는 구별이 된다고 할 수 있습니다.

우리의 신앙생활을 진지하게 되돌아봅시다. 우리는 하나님의 부르심을 받기 전까지, 오직 하나님의 법에 반대되는 세상의 법을 따라 우리의 가치 체계를 구축해 왔습니다. 어느 날 우리가 교회에 와서 믿음으로 예수님의 죽음과 부활을 받아들여 하나님께 '의롭다'함을 얻었음에도 불구하고, 우리의 육체는 여전히 변하지 않는 그 모습 그대로입니다. 바로 이것이 문제입니다. 우리는 지난 삶 동안 쌓아왔던 세상의 가치를 가지고 하나님을 섬기고, 교회를 섬기며, 형제자매를 사랑하고자 합니다. 우리가 드리는 기도의 내용이나 교회와 형제자매를 사랑하고 섬기는 방식도 결국 우리가 옳다고 여기는 가치 판단에 따라 행동하는 것에 불과합니다. 이러한 모순 때문에 교회 안에서 서로 부딪히고 갈등할 수밖에 없는 것입니다.

이러한 교회 내 충돌에 대해 반응하는 모습은 다양합니다. 어떤 분들은 자기부인을 배워가며 하나님의 말씀에 따른 가치관을 배워나갑니다. 참으로 이러한 형제자매는 하나님 앞에서 선한 믿음의 싸움을 통해 정금같이 변화되어 갑니다. 자기부인은 곧 세상에서 살아왔던 옛 자아를 죽이는 일과 같기 때문입니다. 반면에, 어떤 분들은 여전히 교회 안에서 형제자매를 통제하고 지배하려고 합니다. 교회에서 직분자뿐만 아니라, 세상에서 나름대로 능력이 있다고 자부하는 사람들은 늘 다른 형제자매를 지배하고 통제하려고 하면서 자기의 의를 드러내는 모습을 보이기도 합니다. 이는 하나님이 하와에게 "너는 남편을 원하고 남편은 너를 다스릴 것이니라"(창세기 3:16)라는 그 저주의 모습을 그대로 품고 사는 것입니다. 하와는 자기가 뱀에게 당한 유혹을 아담에게도 건네어 선악과를 같이 먹게 했습니다. 하나님은 하와가 아담을 지배하려고 했기에 그에 대한 저주로 남편으로부터 다스림을 받으라고 하셨던 것입니다. 진정한 신앙은 세상의 가치와는 완전히 반대의 삶입니다. 자기가 높아지고자 하는 자는 오히려 형제자매를 섬기는 삶을 살아야 할 것입니다.

한편, 이런 부딪힘이 싫어서 교회를 떠나거나 교회 생활을 소극적으로 하는 분들도 있습니다. 이들은 다른 사람을 지배하려는 태도와 반대되는 방식으로, 자신이 가진 세상의 가치관을 그대로 지키려고 하는 것입니다. 이런 분들의 신앙의 삶은 과연 어떻게 될까요? 하나님은 우리의 연약함을 익히 아시면서도, 이 연약한 형제자매들을 한 곳으로 불러 신앙생활을 하도록 하셨습니다. 그리고 그 공동체 속에서 서로의 가시가 있는 육체를 통해 연단 받고 참된 사랑을 배울 수 있도록 하셨습니다. 이는 마치 감자의 껍질을 벗기는 원리와 같습니다. 감자를 물에 넣고 감자끼리 서로 부딪히게 할 때, 껍질이 훨씬 쉽게 벗겨지는 것처럼 말입니다.

하나님은 우리를 불 시험을 통하여 연단하시어 순금처럼 나오게 하십니다(욥 23:10). 솔로몬은 순금(정금)으로 성전 안의 등잔대와 금 꽃, 그리고 등잔을 만들었으며, 성전의 내소와 외소도 모두 정금으로 입혔습니다(왕상 6:20~21). 하나님은 우리가 그분의 자녀이기에 반드시 이러한 연단의 과정을 거치도록 하십니다. 그러므로 우리는 교회에서 신앙생활을 할 때, 각자에게 주어진 부담스러운 일을 억지로가 아니라 자유로운 마음과 기쁨으로 해야 합니다. 교회에서의 신앙생활이 필요한 이유가 바로 여기에 있습니다. 그렇지 않고 늘 자신의 옛 모습만을 고집한다면, 결국 하나님을 우상으로 만들거나 종으로 만드는 결과를 초래하게 됩니다. 왜냐하면 세상의 기준으로 신앙을 한다는 것은 하나님이 각자가 원하는 세상의 기준을 이루어 주시는 '종'이 되기를 요구하는 것과 같기 때문입니다. 이것이 바로 '우상 숭배'인 것입니다. 세상 사람들이 '우상 숭배'하는 근본적인 이유도, 바로 자신이 섬기고자 하는 신을 '자기를 위하여 일을 하도록' 하는 것에 있기 때문입니다.

하나님은 우상 숭배와 불순종에 빠진 이스라엘을 계속해서 경고하셨습니다. 그러나 백성들은 끝까지 마음을 돌이키지 않았습니다. 결국 하나님은 앗수르와 바벨론을 도구 삼아 이스라엘을 징계하셨습니다. 하지만 이러한 징계 중에도 하나님의 언약적인 사랑은 멈추지 않았습니다. 이스라엘을 70년간의 포로 생활에서 돌아오게 하시고, 스룹바벨을 통해 성전을 재건하게 하셨으며, 느헤미야를 통해 무너진 성벽도 다시 세우게 하셨습니다. 그럼에도 그들은 또다시 이방 문화와 혼합 신앙에 빠져들고 말았습니다.

하나님은 말라기 선지자 이후 400년 동안 침묵하신 것처럼 보입니다. 그렇지만 하나님은 이러한 세월을 통해 이스라엘 백성들이 온전히 메시아를 고대하도록 하셨습니다. 하지만 막상 예수님이 오셨을 때, 그들은 주님을 알아보지 못하고, 오직 "율법의 행위와 자기의 의"에 매달렸습니다. 결국 예수님을 십자가에 못 박았습니다. 하나님이 그토록 간절히 기다리시며, 직접 찾아오셨는데, 인간은 끝까지 자기 행위에 기대어 진리를 거부한 것입니다. 이제 예수님은 십자가에서 모든 것을 이루셨고, 그 사랑은 성령을 통해 우리 안에 거하시며 역사하십니다. 그럼에도 불구하고 우리의 모습은 여전히 술람미 여인과 같음을 고백합니다. 게으르고 나태하여 문을 바로 열지 못하고, 주님의 손길을 당연하게 여기며 살아가는 듯합니다. 하나님은 오랜 역사와 십자가를 통해 끝없는 인내와 사랑으로 우리를 부르시는데, 우리는 여전히 잠들어 있는 것은 아닐까요?

아담과 하와가 죄를 범했을 때, 하나님은 그들에게 짐승의 가죽옷을 지어 입히셨습니다. 아담과 하와가 그 가죽옷을 볼 때마다 자신의 본질이 죄인임을 절실히 깨닫게 하셨던 그 섭리와, 술람미 여인의 상황은 참으로 깊은 평행선을 이룹니다. 파수꾼에게 매를 맞고 옷을 빼앗긴 부끄러움조차도, 역설적으로 그 사랑을 더욱 선명하게 드러내는 통로가 되는 것입니다.

사랑하므로 병이 났다고 하려무나

아가서 5:8절의 히브리어 원문을 직역하면 "예루살렘의 딸들아, 내가 너희를 맹세하게 하노니, 만일 너희가 나의 사랑하는 이를 만나거든, 그에게 무엇을 말할까? 내가 사랑의 병에 걸렸다고 하라."로 표현됩니다. 특별히 한글 성경과 비교해 볼 때, "그에게 무엇을 말할까"라는 부분에 차이가 있습니다. 그러나 이 구절은 예루살렘 딸들이 묻는 내용일 수도 있고, 술람미 여인이 "무슨 부탁을 할까"하며 잠시 망설이는 모습일 수도 있습니다. 그러나 그 본질은 달라지지 않는 것으로 보입니다.

술람미 여인은 이제 완전히 달라졌습니다. 처음에는 편안함과 나태함에 빠져 문을 열지 않았습니다. 하지만 부재의 고통, 수치 그리고 찾아 헤매는 과정을 통해 자신의 본질을 깨닫게 되었습니다. 그 본질이 무엇입니까? 바로 "나는 사랑 없이는 아무것도 아닌 존재"라는 사실입니다. 그래서 그녀는 "나는 사랑으로 병이 났노라."고 외치는 것입니다. 이는 그분 없이는 존재할 수 없을 만큼 철저히 의존하는 마음, 곧 영적 갈망과 깨달음의 표현입니다. "병이 났다"에 해당하는 히브리어 "콜라트 아바하"는 "영혼 깊은 곳에서 생기는 애끓는 그리움"을 뜻합니다. 이것은 단순한 감정이 아니라 존재의 중심을 깨닫는 순간입니다. 즉 "나는 그분의 사랑 없이는 공허합니다", "나는 그분의 임재 없이는 기쁨이 없습니다", "그분이 떠나시면 내 영혼은 병이 납니다"라는 고백인 것입니다. 이제 술람미 여인은 처음의 안일함을 버리고, 자신의 사랑을 공개적으로 선포합니다. 이것은 깨어진 사랑을 회복하고, 더욱 순수하고 깊은 차원의 사랑으로 나아가는 전환점입니다. 바로 이런 고백이야말로 참된 회개의 열매요, 참된 사랑의 결실입니다. 술람미 여인은 "그분은 단순한 연인이 아니라, 내 영혼의 생명이다"라고 공개적으로 고백하는 것입니다.

바로 이러한 사랑의 시를 시편 42편, 63편에서 찾아볼 수 있습니다. 먼저 시편 42:1~2절에는 "하나님이여, 사슴이 시냇물을 찾기에 갈급함 같이 내 영혼이 주를 찾기에 갈급하니이다. 내 영혼이 하나님, 곧 살아계시는 하나님을 갈망하나니 내가 어느 때에 나아가서 하나님의 얼굴을 뵈올까"라고 기록되어 있습니다. 시편 63:1절에는 "하나님이여, 주는 나의 하나님이시라 내가 간절히 주를 찾되 물이 없어 마르고 황폐한 땅에서 내 영혼이 주를 갈망하며 내 육체가 주를 사모하나이다."라고 기록되어 있습니다. 이는 단순히 필요를 채우기 위한 간구가 아니라, 존재 전체가 주님을 원하고 사모하는 상태입니다. 우리가 진정으로 깨어나길 소망합니다. 잠든 술람미 여인의 상태에 머무는 것이 아니라, 언제든지 주님을 맞이할 준비가 된 상태 그리고 잠에서 깨어 나의 존재의 본질이 오직 하나님만을 향해 있는 그 거룩한 자리로 나아가야 할 것입니다. 아멘!

나의 겉옷을 벗겨 가졌도다

솔로몬은 술람미 여인과 하나 된 이후에 기쁨으로 그 사랑의 공간을 노크했습니다. 그러나 술람미 여인은 마음은 깨어있을지라도 잠을 자고 있었습니다. 솔로몬은 나의 누이, 나의 사랑, 나의 비둘기, 나의 완전한 자야! 라고 부르면서 그 문을 열어주기를 원했습니다. 마치 예수님이 지금 우리와 교제하시기 위하여 그 피 묻은 손으로 노크하는 것과 얼마나 비유되는지요.

솔로몬은 그 사랑의 자취인 몰약의 즙으로, 온전히 술람미 여인의 문빗장을 적실 정도로 기쁨을 주고 싶었습니다. 이제 술람미 여인이 깨어났습니다. 그런데 사랑하는 솔로몬이 떠나가 버렸습니다. 그 몰약의 향기만 남긴 채 말입니다. 얼마나 마음이 급하겠습니까? 아마도 우리가 고난 가운데 있을 때에 하나님은 계속하여 우리 가운데 당신이 다녀가신 자취를 남겨, 우리로 하여금 찾을 수 있도록 하는 것처럼 보입니다.

술람미 여인은 성 안을 돌아다니면서 솔로몬 왕을 찾았습니다. 이제 성 안을 순찰하는 사람들로부터 책망을 받았습니다. 겉옷도 벗겨졌습니다. 이제야 술람미 여인은 오직 솔로몬의 사랑 안에 있어야만 그 존재가 의미가 있었다는 것을 확실히 알게 되었습니다. 우리도 그렇습니다. 우리의 육체는 흙입니다. 우리는 죄 아래에 있는 비참한 존재입니다. 그렇지만 하나님의 사랑으로 말미암아 우리가 부름을 받았습니다. 오직 주님의 사랑 안에 거해야만 할 것입니다.

9강
그 전체가 사랑스럽구나

(아 5:9~16)

⁹ 여자들 가운데에 어여쁜 자야 너의 사랑하는 자가 남의 사랑하는 자보다 나은 것이 무엇인가 너의 사랑하는 자가 남의 사랑하는 자보다 나은 것이 무엇이기에 이같이 우리에게 부탁하는가 ¹⁰ 내 사랑하는 자는 희고도 붉어 많은 사람 가운데에 뛰어나구나 ¹¹ 머리는 순금 같고 머리털은 고불고불하고 까마귀 같이 검구나 ¹² 눈은 시냇가의 비둘기 같은데 우유로 씻은 듯하고 아름답게도 박혔구나 ¹³ 뺨은 향기로운 꽃밭 같고 향기로운 풀언덕과도 같고 입술은 백합화 같고 몰약의 즙이 뚝뚝 떨어지는구나 ¹⁴ 손은 황옥을 물린 황금 노리개 같고 몸은 아로새긴 상아에 청옥을 입힌 듯하구나 ¹⁵ 다리는 순금 받침에 세운 화반석 기둥 같고 생김새는 레바논 같으며 백향목처럼 보기 좋고 ¹⁶ 입은 심히 달콤하니 그 전체가 사랑스럽구나 예루살렘 딸들아 이는 내 사랑하는 자요 나의 친구로다

너의 사랑하는 자가 남의 사랑하는 자보다 나은 것이 무엇이기에

아가서 5:9절의 히브리어 원문을 직역하면 "무엇이 네 사랑하는 자가 다른 사랑하는 자보다 더 나은가, 여인들 중 가장 아름다운 자여? 무엇이 네 사랑하는 자가 다른 사랑하는 자보다 더 나은가, 네가 우리를 이렇게 맹세하게 하였으니"라고 표현됩니다. 여기서 "사랑하는 자"는 히브리어로 "도디"로 표현합니다. "도디"는 신부가 신랑을 부를 때에 자주 사용하는 호칭으로서, 자기를 보호해 줄 "오빠", "삼촌" 같은 정서적 어조를 담고 있습니다. 이에 반해, 신랑이 신부를 부를 때에는 주로 "라야티"라고 부르는

데 "레아"의 어근을 사용합니다. 이는 영원한 동반자로서의 언약의 신실함을 잘 나타내 줍니다. 참된 사랑은 결코 일방적이지 않습니다. 사랑은 언약에 신실하여 영원한 동반자로서의 모습과 더불어 그 사랑에 기대어 온전히 보호를 받고 순종하고자 하는 모습의 상호작용인 것입니다. 하나님은 교회를 신부로서 "라야티", 영원한 언약의 동반자로 부르십니다. 따라서 교회는 하나님을 멀리 떨어져 있는 신(神)이 아니라 가족과 같은 아버지, 삼촌, 오빠와 같은 보호자로 여기며 순종하고 섬기게 됩니다. 이처럼 교회는 하나님과의 상호작용적 사랑을 기반으로 세워진 공동체인 것입니다.

아가서 5:9절의 화자는 예루살렘 딸들입니다. 따라서 그들이 술람미 여인에게 "너의 사랑하는 자"를 뜻하는 "도디"를 사용해 묻는 것은 대화의 형식상 매우 자연스럽습니다. 술람미 여인이 성 밖으로 나와 예루살렘 딸들에게 "내가 사랑하므로 병이 났다고 하려무나"라고 간절히 부탁하는 것을 듣고 예루살렘 딸들은 호기심을 품게 됩니다. 그래서 그들은 도대체 당신이 사랑하는 사람이 어떤 사람이기에 너는 "사랑의 병"까지 얻게 되었냐고 묻고 있는 것입니다.

술람미 여인이 예루살렘 딸들에게 얼마나 간절하고 강하게 부탁했는지, 예루살렘 딸들은 도대체 당신의 사랑이 얼마나 뛰어나기에 우리에게 "맹세까지 시키느냐"고 되묻고 있습니다. 여기서 "맹세"의 히브리어는 "샤바"인데 "세바"에서 유래했습니다. "세바"

는 "일곱으로 가득 채우다" 또는 "완전하게 하다"라는 의미를 가집니다. 이처럼 고대 히브리 문화에서 맹세는 종종 "일곱 번 반복"하거나 "완전한 약속"을 상징했습니다. 이러한 의미를 더욱 명확하게 이해하기 위해 창세기 21:27~31절을 보겠습니다.

> 27 아브라함이 양과 소를 가져다가 아비멜렉에게 주고 두 사람이 서로 언약을 세우니라 28 아브라함이 일곱 암양 새끼를 따로 놓으니 29 아비멜렉이 아브라함에게 이르되 이 일곱 암양 새끼를 따로 놓음은 어찜이냐 30 아브라함이 이르되 너는 내 손에서 이 암양 새끼 일곱을 받아 내가 이 우물 판 증거를 삼으라 하고 31 두 사람이 거기서 서로 맹세하였으므로 그 곳을 브엘세바라 이름하였더라

아브라함은 완전한 맹세를 나타내기 위해 일곱 암양 새끼를 따로 놓고 아비멜렉에게 맹세를 시켰습니다. 그래서 브엘세바를 "맹세의 우물"이라고 칭하며, 이는 곧 약속의 완전성을 상징하는 것입니다. 술람미 여인은 솔로몬 왕이 떠난 이후에야 자신의 본질을 알았습니다. 그녀는 솔로몬 왕의 사랑 안에서만 참된 자신을 발견할 수 있음을 깨닫고, 예루살렘 딸들에게 "내 사랑하는 자"를 만나면 "내가 사랑하므로 병이 났다"라는 말을 전해 달라고 부탁하고 있는 것입니다. 술람미 여인은 솔로몬 왕이 없는 자신의 존재는 아무 의미 없음을 뼈저리게 체험하고, 이제는 그에게 더욱 강하게 붙들리고자 합니다. 사랑의 과정에서 나타나는 이러한 모습은 너무나 아름다운 모습입니다.

사랑의 세레나데

오늘날 사회 현상을 보면, 연인이든 가족이든 서로 간의 불일치를 극복하지 못해 남보다 못한 사이가 되는 경우를 흔히 볼 수 있습니다. 특히 부부와 혈족관계는 감정적으로 깊이 연결되어 있기에, 문제가 발생하면 이성보다 감정이 앞서기 쉽습니다. 그 결과 서로에게 씻을 수 없는 상처를 남기고 관계가 멀어지는 일이 허다합니다. 결국 이러한 모습들은 서로를 위해 자기를 부인하고, 하나가 되기 위한 인내와 연단의 과정을 온전히 감당하지 못했음을 보여주는 것입니다. 전혀 다른 배경에서 살아온 두 사람이 만났는데, 자기부인의 과정 없이 어떻게 진정한 하나가 될 수 있겠습니까? 우리 대부분은 늘 상대방이 자신에게 맞춰 주기만을 강요하고 있는 것은 아닐까요? 그래서 수많은 관계가 어려움에 처하는 것인지도 모릅니다. 그러므로 저는 우리 젊은이들이 자기부인의 과정을 거친 참된 신앙 안에서 아름다운 가정을 이루기를 진심으로 소망합니다.

우리의 신앙생활도 마찬가지입니다. 하나님은 늘 말씀으로 우리와 동행을 하고 계시는데, 각자 살아온 삶의 가치관대로 하나님이 그 소원을 이루어 주시지 않는다고 실망하여 하나님을 떠나는 것 아니겠습니까? 오히려 참된 신앙인이라면, 하나님이 동행하지 않는 삶은 내 인생에서 죽음보다 더 힘든 고통이라는 것을 깨닫게 됩니다. 그러므로 신앙의 과정에 하나님이 동행하시지 않는 듯한 감정과 평안을 누리지 못함을 느낄 경우에는 더욱 하나님만을 찾고 매달려야 합니다. 우리가 그렇게 살아가는 모습을 보면서 세상 사람들은 마치 예루살렘 딸들처럼 "당신은 참으로 하나님을 사랑하시는군요. 당신이 그토록 믿고 의지하는 하나님은 도대체 어떤 분이십니까?"라고 물어올 것입니다. 술람미 여인이 솔로몬과 떨어져 고통스러워했던 그 아픔의 시간은, 오히려 솔로몬을 향한 자신의 강렬한 사랑을 확인하게 된 귀한 순간이었습니다.

많은 사람 가운데에 뛰어나구나

아가서 5:10절의 히브리어 원문을 직역하면 "내 사랑하는 자는 빛나고 붉으며, 만 명 중에 뛰어나네"로 표현됩니다. 한글 성경은 "내 사랑하는 자는 희고도 붉어 많은 사람 가운데에 뛰어나구나"라고 기록되어 있습니다. 다시 말해, 한글 성경에서 "희고도"라고 번역된 부분은 히브리어 원문에서는 "빛나고"로 표현되고, "많은 사람"은 "만 명 중에"라는 구체적인 표현을 담고 있습니다. 술람미 여인은 사랑하는 이를 세세하게 표현하고 싶었겠지만, 그를 자랑하고 싶은 마음이 너무나 급했던 것 같습니다. 그래서 그녀의 첫마디가 "내 사랑하는 자는 희고도 붉어 많은 사람 가운데에 뛰어나구나"라는 고백이 된 것입니다. 참으로 다급하기도 했지만 앞으로 표현될 솔로몬의 모습을 한마디로 완벽하게 요약한 듯합니다.

여기서 "희다"라는 단어는 히브리어로 "차흐"이며, 이는 "차하흐"에서 유래되었습니다. "차하흐"는 "밝다", "맑다", "순수하다", "눈부시다", "빛나다"의 뜻을 가지고 있습니다. 이는 단순히 창백

사랑의 세레나데

한 흰색이 아니라, 불순물이 완전히 제거된 순백의 상태, 즉 건강하고 눈부시게 빛나는 광채를 의미합니다. 그리고 "붉다"라는 표현은 히브리어 "에돔"으로서 강건하고 생기 있는 외모를 나타냅니다. 특히 사랑의 대상을 "희고도 붉어"라고 동시에 묘사하는 것은 이 두 색채의 조화를 통해 완전무결한 아름다움을 강조하기 위함입니다. 이러한 표현은 사무엘상 16:12절에서 "이에 사람을 보내어 그를 데려오매 그의 빛이 붉고 눈이 빼어나고 얼굴이 아름답더라 여호와께서 이르시되 이가 그니 일어나 기름을 부으라 하시는지라"라고 다윗을 묘사하는 방식과도 일치합니다. 결론적으로, 이 두 표현의 조합은 신랑을 왕권을 지닌 매력적인 존재로 높이는 역할을 합니다.

그리고 "많은 사람 가운데에"라는 표현은 히브리어로 "다굴 메르 다바흐"라고 합니다. 여기서 "다굴"은 "뛰어나다"는 뜻이고 "다바흐"는 "만 명", "무수한"의 뜻을 가지고 있습니다. 특히 중간의 "메르"는 비교를 나타내는데, 이는 단순한 숫자적 비교가 아닌 질적인 우월함을 드러낼 때 사용됩니다. 결국 술람미 여인은 솔로몬을 "이 세상 그 어떤 사람과 비교할 수 없을 정도로 빛나고 아름다운 나의 왕입니다"라고 외치고 있는 것입니다. 우리의 입에서 언제쯤 이러한 고백이 나올 수 있을까요? 단 한순간이라도 더 빨리 주님을 향해 이러한 사랑의 고백을 외치는 성도가 참으로 복된 사람입니다.

아가서 1장을 주의 깊게 살펴보면, 솔로몬이 술람미 여인을 만난 장소는 그녀가 지키던 시골 포도원으로 보입니다. 그렇다면 당시 솔로몬은 왕궁에서의 화려한 차림새가 아닌 시골의 분위기에 어울리는 소박한 옷을 입었을 것입니다. 그리고 아가서 2장에서 솔로몬은 술람미 여인을 "가시나무 가운데 백합화"로 비유합니다. 이는 솔로몬이 술람미 여인을 만나기 위해 찾아간 여정이 결코 쉽지 않았음을 짐작하게 합니다. 우리는 술람미 여인이 솔로몬을 "희고도 붉어 많은 사람 가운데에 뛰어나구나"라고 고백하기 전의 솔로몬의 모습을 먼저 떠올려야 할 것입니다. 그렇게 할때, 우리는 솔로몬이 사랑하는 여인을 얻기 위해 가시나무 숲을 헤치며 친히 낮은 곳으로 임했던 그 겸손한 사랑을 발견할 수 있기 때문입니다. 만약 솔로몬이 왕궁에만 머물러 있었다면, 포도원을 지키던 시골 소녀가 왕의 신부로 선택될 수 없었을 것입니다. 누가 감히 그녀를 왕의 신부로 추천이나 할 수 있겠습니까? 술람미 여인이 진실로 솔로몬의 신부가 될 수 있었던 이유는, 바로 솔로몬이 그녀가 있던 그 포도원으로 찾아와 주었기 때문입니다.

저는 이 모습을 보면서, 우리 왕이신 예수님의 초림이 한없이 떠올랐습니다. 우리의 왕이신 예수님은 왕의 후손이셨지만, 가장 낮은 마구간에서 태어나셨습니다. 그리고 목수로 자라나 사람들로부터 "이 사람이 마리아의 아들 목수가 아니냐"(막 6:3)는 말을 들으셔야 했습니다. 이렇게 오실 예수님의 모습에 대해 이사야 53:2절에서는 "그는 주 앞에서 자라나기를 연한 순 같고 마른 땅에서 나온 뿌리 같아서 고운 모양도 없고 풍채도 없은즉 우리가 보기에 흠모할 만한 아름다운 것이 없도다"라고 기록합니다. 만약 예수님이 이 땅에 인자로 오시지 않고, 마구간에서 태어나지 않으셨다면, 하나님의 말씀을 떠난 우리 인간이 감히 어떻게 예수님의 신부가 될 수 있을까요? 또한 예수님이 조금이라도 더 큰 궁전이나 좋은 집에서 태어나셨다면, 마구간처럼 악취 풍기는 우리의 마음 가운데 어떻게 성령으로 오실 수 있습니까? 참으로 예수님이 인자로 작은 나귀를 타시고 이 땅에 오신 것을 생각하면, 우리는 그 한없는 주님의 사랑 앞에 무릎을 꿇고 찬양하지 않을 수 없습니다. 이제 부활하신 예수님은 하나님 우편에서, 마치 술람미 여인이 노래했던 것처럼 눈부시게 빛나는 모습으로 하늘과 땅의 왕이 되어 통치하고 계십니다. 요한계시록 1:13~16절을 보겠습니다.

> ¹³ 촛대 사이에 인자 같은 이가 발에 끌리는 옷을 입고 가슴에 금띠를 띠고 ¹⁴ 그의 머리와 털의 희기가 흰 양털 같고 눈 같으며 그의 눈은 불꽃 같고 ¹⁵ 그의 발은 풀무불에 단련한 빛난 주석 같고 그의 음성은 많은 물 소리와 같으며 ¹⁶ 그의 오른손에 일곱 별이 있고 그의 입에서 좌우에 날선 검이 나오고 그 얼굴은 해가 힘있게 비치는 것 같더라

우리는 요한계시록 1:13~16절을 묵상할 때, 사랑의 왕이시자 공의의 통치자이신 예수님의 모습을 구별해 보아야 합니다. 예수님은 의인을 향해서는 긍휼이 불붙듯 하시지만, 악인을 향해서는 모든 것을 꿰뚫어 보시는 불꽃 같은 눈을 가지시고 계십니다.

이러한 비유는 성막을 통해서도 알 수 있습니다. 하나님은 이스라엘 백성을 애굽에서 건져내시고 광야에서 이스라엘 가운데에 성막을 짓게 하셨습니다. 그런데 이 성막은 겉에서 보면 하얀색 세마포와 거친 가죽으로 덮여 있어 참으로 평범하고 투박해 보였습니다. 더욱이 성소와 지성소는 붉은 물을 들인 숫양 가죽 덮개와 해달 가죽으로 덮여 있었기 때문에, 성소 안의 찬란하고 빛나는 영광은 외부로 전혀 드러나지 않았습니다. 반면에 솔로몬의 성전은 정말 화려하게 건축이 되었습니다. 그는 정금으로 외소 안을 입히고 내소 앞을 금사슬로 건너지르며, 내소 전체와 성전 전체를 금으로 입혔습니다. 예수님이 이 땅에 오셨을 때, 바로 그 성전을 두고 "너희가 이 성전을 헐라 내가 사흘 동안에 일으키리라"라고 말씀하셨습니다. 인자로 초림하신 예수님은 광야의 성막처럼 평범해 보이셨지만, 부활하시고 승천하신 후에는 요한계시록 1:13~16에 기록된 바와 같이 솔로몬의 성전보다 더 눈부시고 빛나는 모습으로 온 세상을 통치하고 계십니다.

머리는 순금 같고 머리털은 까마귀 같이 검구나

아가서 5:11절의 히브리어 원문을 직역하면 "그의 머리는 정금 같고 그의 곱슬머리들은 물결치듯, 까마귀처럼 검네"라고 표현됩니다. 우리가 이 모습을 상상해 보기를 원합니다. 솔로몬의 얼굴은 최고의 순금처럼 눈이 부시도록 빛이 납니다. 그의 머리카락은 물결치듯 곱슬곱슬하며 그 색깔은 까마귀의 고운 검은 빛깔처럼 강렬한 아름다운 모습을 가지고 있습니다. 까마귀처럼 검은 곱슬머리는 생기 넘치는 풍성한 힘과 젊음 그리고 활력을 나타냅니다. 한편, 술람미 여인이 솔로몬의 모습을 이토록 상세하게 묘사할 수 있었던 것은, 그녀가 솔로몬과 몸과 마음이 온전히 하나 된 깊은 교감 속에서 그를 바라보았기 때문입니다. 아마도 술람미 여인은 솔로몬과 깊은 사랑을 나눈 후, 자신의 무릎을 베고 잠든 솔로몬의 모습을 하나하나 살펴보며 마음에 깊이 새겼을 것입니다. 그렇지 않고서야 어떻게 이토록 세밀하게 표현할 수 있겠습니까?

지금부터 술람미 여인은 솔로몬의 머리에서부터 다리까지 하나하나 묘사하고, 마지막에 "그 전체가 사랑스럽구나"라고 고백하며 찬사를 마무리합니다. 이처럼 사랑하는 이의 신체를 부분별로 상세히 묘사하는 문학 장르를 "와샤프" 문학이라고 합니다. 이는 아랍어로 "묘사하다"는 뜻입니다. 이러한 묘사를 통해 단순한 외적 아름다움이 아니라, 감정적이고 에로틱한 친밀함을 표현하며, 나아가 혼인 관계의 깊이를 암시합니다. 와샤프 묘사는 아가서에서 4:1~7(신랑이 신부를 묘사), 5:10~16(신부가 신랑을 묘사), 6:4~10(신랑이 신부를 묘사), 7:1~9(신랑이 신부를 묘사)까지 네 차례 등장합니다. 이러한 묘사를 주고받음으로써 사랑의 열정은 더욱 고조되고, 관계의 상호성은 깊어지며, 이를 듣는 예루살렘 딸들에게도 큰 감동을 전하게 됩니다.

우리는 이러한 모습을 부활하여 하나님 우편에서 통치하시는 예수님의 모습에서 찾을 수 있습니다. 예수님은 교회의 반석이시며 머리가 되십니다. 요한계시록 1:14절에는 "그의 머리와 털의 희기가 흰 양털 같고 눈 같으며"라고 묘사하고 있습니다. 여기서 예수님의 머리가 흰색으로 묘사된 것은, 정금의 찬란한 광채와 순수성을 연상시킵니다. 예수님의 "정금 같은 머리"는 그분의 흠 없는 순결과 신성한 지도력을 나타냅니다. 예수님은 십자가의 풀무를 통해 정금처럼 정련되신 분으로, 우리는 그분의 길을 뒤따르는 거룩한 신부들입니다. 예수님은 요한복음 11:25절에서 "나는 부활이요 생명이라"고 하셨습니다. 그리고 부활이요 생명이신 예수님은 사망과 심판을 이기고 승리하셨습니다. 이제 우리도 신부 된 교회로서, 십자가 앞에서 더욱더 자기를 부인하고 새로운 생명으로 거듭나야 할 것입니다.

눈은 시냇가의 비둘기 같구나

아가서 5:12절의 히브리어 원문을 직역하면 "그의 눈들은 비둘기들처럼 물의 흐름들 곁에, 우유에 목욕하는, 충만함 위에 앉아 있네"라고 표현됩니다. 이는 술람미 여인이 솔로몬의 눈을 묘사하는 부분입니다. 먼저 그녀는 눈을 비둘기에 비유하고 있습니다. 성경에서 비둘기는 평화의 상징, 언약의 상징, 그리고 사랑의 상징임을 우리는 이미 살펴보았습니다. 특히 창세기 8:11절에 "저녁때에 비둘기가 그에게로 돌아왔는데 그 입에 감람나무 새 잎사귀가 있는지라 이에 노아가 땅에 물이 줄어든 줄을 알았으며"

라고 기록되어 있습니다. 이처럼 비둘기는 노아의 홍수 심판 이후에 새 하늘과 새 땅이 회복되었음을 알려주는 존재였습니다. 이러한 회복의 상징으로 오신 분이 바로 예수님이십니다. 마태복음 3:16절에 "예수께서 세례를 받으시고 곧 물에서 올라오실새 하늘이 열리고 하나님의 성령이 비둘기 같이 내려 자기 위에 임하심을 보시더니"라고 기록되어 있습니다. 예수님이 노아의 방주에서 나간 비둘기가 홍수 심판이 끝났음을 알린 것처럼, 예수 그리스도 안에서 세상을 향한 심판이 끝났음을 알리고 있는 것입니다.

아가서에서 보았듯이, 비둘기의 시선은 늘 고정되어 있습니다. 또한 비둘기는 포도원의 꽃이 활짝 터트려지는 아름다운 시기에 "구구구" 소리를 내며 서로 구애하는 아름다운 사랑의 모습을 보여줍니다. 우리가 시냇가에 이렇게 앉아 있는 비둘기를 보기만 해도 마음이 평안해질 것입니다. 이러한 비둘기의 눈은 마치 우유에 씻은 듯이 순결합니다. 얼마나 순수하고 부드럽게 빛나는 모습입니까? 비둘기가 앉아 있는 숲 사이로 들어오는 햇살은 그 눈을 더욱 반짝반짝 빛나게 합니다. 마치 그 모습은 눈에 보석을 박은 듯이 고요하면서도 찬란하게 빛나는 것입니다.

우리 성경은 아가서 5:12절에 "아름답게도 박혔구나"라고 기록하고 있으며 히브리어로는 "밀레트"라고 표현됩니다. "밀레트"의 어근인 "말레"는 "충만하다", "완전하다"는 뜻입니다. 이 표현을 잘 염두에 두고, 시냇가에 앉아 있는 너무나 깨끗한 눈동자를 가진 비둘기의 모습이 반짝이는 것을 상상해 보면, 그 상태로 "완벽한" 아름다운 모습인 것을 알 수 있습니다. 시편 34:15절의 "여호와의 눈은 의인들을 향하시고 그의 귀는 그들의 부르짖음에 기울이시는도다"라는 말씀처럼, 주님은 술람미 여인의 노래대로 시냇가에 있는 비둘기처럼 순수하고 부드러운 눈빛으로 의인들을 바라보고 계십니다. 또한 예수님은 이 땅에 오셨을 때, 많은 죄인을 당신의 입술로 불러주셨습니다. 마치 비둘기가 사랑하는 신부를 "구구구" 하면서 부르듯이 말입니다. 그러므로 우리는 바로 긍휼이 불타오르는 부드러운 눈빛 그리고 오직 당신이 사랑하는 자들을 향해 말씀하시는, 보석처럼 빛나는 사랑의 눈빛을 가진 예수님만을 바라보아야 할 것입니다.

뺨은 향기로운 꽃밭 같고 입술은 백합화 같구나

아가서 5:13절의 히브리어 원문을 직역하면 "그의 뺨은 향기 나는 풀밭의 꽃밭처럼, 향수의 탑들처럼, 그의 입술은 흐르는 몰약을 떨어뜨리는 백합화들처럼"으로 표현됩니다. 술람미 여인은 자기의 모든 것을 담아 비비고 싶을 만큼 넓고 매력적인 솔로몬의 뺨을 바라보았습니다. 그리고 사랑을 나눌 때는 서로의 뺨을 부딪치며 솔로몬의 체취를 음미했을 것입니다. 솔로몬이 그의 부드러운 음성으로 백합화처럼 순결한 그녀를 "나의 비둘기야, 나의 누이야, 나의 사랑하는 자야, 나의 완전한 자야"라고 불렀을 때, 그녀의 심장이 사랑으로 얼마나 강하게 뛰었을까요! 술람미 여인이 솔로몬과 입맞춤을 나누었을 때, 그녀는 그 순간이 세상에서의 마지막이라 할지라도 좋았을 만큼의 황홀함을 느꼈을 것입니다.

시편 23:1~2절에는 "여호와는 나의 목자시니 내게 부족함이 없으리로다. 그가 나를 푸른 풀밭에 누이시며 쉴 만한 물 가로 인도하시는도다"라고 기록되어 있습니다. 이 말씀을 묵상할 때, 우리는 마치 술람미 여인이 솔로몬의 향기로운 뺨에 기대어 안기고 싶어 했던 것처럼, 하나님을 향해 온전히 의탁하며 참된 안식을 얻고자 하는 마음을 품게 됩니다. 예수님은 "수고하고 무거운 짐 진 자들아 다 내게로 오라 내가 너희를 쉬게 하리라. 나는 마음이 온유하고 겸손하니 나의 멍에를 메고 내게 배우라. 그리하면 너희 마음이 쉼을 얻으리니(마 11:28~29)"라고 말씀하십니다. 또한 요한복음 16:33절에는 "이것을 너희에게 이르는 것은 너희로 내 안에서 평안을 누리게 하려 함이라. 세상에서는 너희가 환난을 당하나 담대하라. 내가 세상을 이기었노라"고 기록되어 있습니다. 바로 이러한 예수님의 음성은 세상의 모든 고통과 상처를 완전히 치유하는 몰약과 같은 은혜의 말씀인 것입니다.

손은 황금 노리개 같고 몸은 아로새긴 상아에 청옥을 입힌 듯하구나

아가서 5:14절의 히브리어 원문을 직역하면 "그의 두 손은 금으로 된 둥근 고리들이며, 황옥으로 가득 채워졌고, 그의 몸은 상아로 조각된 예술 작품 같고, 사파이어들로 감싸져 있구나"라고 표현됩니다. 한글 성경은 "사파이어"를 "청옥"으로 표현하고 있고 "황옥을 물린 황금 노리개"로 더욱 시적으로 묘사하고 있습니다. 역대하 9:20~21절에는 "솔로몬 왕이 마시는 그릇은 다 금이요, 레바논 나무 궁의 그릇들도 다 순금이라. 솔로몬의 시대에 은을 귀하게 여기지 아니함은 왕의 배들이 후람의 종들과 함께 다시스로 다니며 그 배들이 삼 년에 일 차씩 다시스의 금과 은과 상아와 공작을 실어 옴이더라"라고 기록되어 있습니다. 하나님은 솔로몬에게 심히 많은 재물과 지혜를 주셨습니다.

솔로몬이 당시 어떤 모습으로 왕권을 행사했는지 정확히 알 수는 없지만, 술람미 여인의 묘사를 보면 그의 손에는 황금 노리개가 가득했을 것으로 보입니다. 이 모습은 그의 왕권이 얼마나 강력하고 영화로웠는지를 잘 보여줍니다. 그리고 그의 몸을 "아로 새긴 상아에 청옥을 입힌 듯 하구나"라고 표현하는데, 히브리어 원문의 의미를 살리면 "그의 몸은 상아로 조각된 예술 작품 같고, 사파이어들로 감싸져 있구나"라는 뜻이 됩니다. 이러한 묘사는 진실로 부부가 아니고서는 알 수 없는 내밀하고 친밀한 관계를 나타냅니다. 그래서 성경에서 "알다"라는 뜻의 히브리어 "야다"에는 "부부 관계를 하다"라는 의미가 내포되어 있습니다. 솔로몬은 아마도 몸에 사파이어로 된 아름다운 장신구들을 착용하고 있었던 듯합니다.

그렇다면 솔로몬의 몸을 바라보는 술람미 여인은 어떤 감정을 느꼈을까요? 특히 "몸"으로 번역된 히브리어는 "메임"으로 "창자"를 뜻합니다. 요한복음 11:38절에는 예수님이 나사로가 다시 살아날 것을 믿지 아니하는 것을 보시고 비통히 여기시는 장면이 나옵니다. 이때 "비통히"로 번역된 헬라어 "엠브리마오마이"는 "연민이 창자에서부터 강렬하게 우러나오는 감정"을 의미합니다. 이는 당시 고대 근동 사람들은 감정이 창자에서 나온다고 생각했기 때문입니다. 이런 점으로 미루어 볼 때, 술람미 여인은 솔로몬의 신체적 외모뿐만 아니라 그 인격 안에 담긴 고귀함과 감정의 깊이까지 함께 느끼고 있는 것입니다. 술람미 여인이 포도원에서 솔로몬을 처음 만났을 때, 그는 이렇게 화려한 모습은 아니었을 것입니다. 그런데 솔로몬과 하나가 되어 보니, 그의 권세가 진실로 하나님이 영화롭게 하신 권세임을 깨닫게 된 것입니다. 위대한 왕을 신랑으로 둔 여인으로서, 그녀가 모든 면에서 얼마나 당당하고 담대했겠습니까?

예수님이 이 땅에 계실 때에는, 부정하다고 여기며 아무도 손대려 하지 않았던 문둥병자를 치유해 주셨고, 사랑하는 제자 베드로의 장모가 열병에 걸렸을 때에는 그 손을 잡아 낫게 하셨습니다. 또한 나사로가 다시 살아날 것을 믿지 못하는 사람들에 대해서는 창자로부터 올라오는 강한 연민의 마음을 가지셨습니다. 부활하신 후에는 제자들을 찾아가 당신의 못 자국 난 손과 찔린 옆구리를 내어 보이시며 믿음을 불러일으켜 주셨습니다. 그리고 승천하신 후에 하나님 우편에서 발에 끌리는 옷을 입고 가슴에 금띠를 띠며, 그의 오른손에는 일곱 별을 붙들고 계신 모습이 요한계시록 1장 13~16에 기록되어 있습니다. 그 일곱 별은 일곱 교회의 사자로서, 예수님은 진실로 만왕의 왕이시요, 교회의 머리이시며 지금 온 세상을 통치하고 계십니다. 예수님은 이 땅에 계실 때에는 '인자'로서 우리와 함께하시는 임마누엘의 하나님이셨고, 부활하신 후에는 하나님 우편에서 성령을 통해 역사하시는 임마누엘의 하나님, 곧 우리의 신랑 되신 예수님이십니다. 그러므로 우리는 술람미 여인보다 더욱 담대하게 세상을 이겨나갈 수 있는 것입니다.

다리는 순금 받침에 세운 화반석 같고 그의 모습은 레바논 같구나

아가서 5:15절의 히브리어 원문을 직역하면 "그의 넓적다리들은 흰 대리석 기둥 같고, 순금 받침 위에 기초되어 있으며, 그의 모습은 레바논 같고, 청년 같으며 백향목들처럼 (튼튼하다)"으로 표현됩니다. 술람미 여인이 목격한 솔로몬의 다리는 순금 받침 위에 세워진 대리석 기둥처럼 든든하게 보였습니다. 대리석 기둥조차도 든든한데, 이것이 순금 위에 세워져 있다면 그 왕의 권세가 얼마나 대단하겠습니까? 이러한 모습은 열왕기상 7:21~22절의 "이 두 기둥을 성전의 주랑 앞에서 세우되 오른쪽 기둥을 세우고 그 이름을 야긴이라 하고 왼쪽의 기둥을 세우고 그 이름을 보아스라 하였으며, 그 두 기둥 꼭대기에는 백합화 형상이 있더라 두 기둥의 공사가 끝나니라"는 말씀을 떠올리게 합니다. 여기서 "야긴"은 "그가 세우셨다"라는 뜻이며, "보아스"는 "그 안에 힘이 있다"라는 뜻입니다. 이는 곧 하나님의 임재와 견고한 왕권 그리고 구속 언약의 기초를 상징합니다. 그리고 성전 안에서 등잔대에 불을 밝힐 때면 금으로 입혀진 내부 전체가 반짝반짝 빛이 났을 것입니다. 이처럼 금은 하나님의 임재를 상징하는 주된 재료입니다. 이렇듯 솔로몬의 왕권은 단순한 인간적 권력이 아닌, 하나님으로부터 비롯된 신성한 권위였던 것입니다.

예수님은 이 땅에 오셨을 때에 죄인들을 위해 얼마나 분주히 다니셨습니까? 그래서 요한복음 4:6절에 길을 가시다가 피곤하여 우물 곁에 그대로 앉으시는 모습을 볼 수 있고, 마가복음 6:31절에는 "이르시되 너희는 따로 한적한 곳에 가서 잠깐 쉬어라 하시니 이는 오고 가는 사람이 많아 음식 먹을 겨를도 없음이라"라는 말씀도 있습니다. 그리고 얼마나 그 피곤함이 컸던지, 마태복음 8:24절에는 "바다에 큰 놀이 일어나 배가 물결에 덮이게 되었으되 예수께서는 주무시는지라"는 말씀도 기록되어 있습니다. 우리를 구원하시기 위하여 인자로 오신 예수님이시기에, 하나님이 택하신 자들을 부르시기 위해 얼마나 분주히 다니셨겠습니까? 그리고 마침내 마지막에는 그 무거운 십자가를 지시고 그 발걸음을 옮기셨습니다. 이는 요한계시록 1:15절의 "그의 발은 풀무불에 단련한 빛난 주석 같고 …"라는 말씀처럼, 인자로 오셔서 하나님 앞에 단련되었기에 빛난 주석처럼 든든하게서 계시는 것입니다. 이제 그 빛난 주석의 발로 우리의 원수 되는 뱀의 머리를 밟으십니다. 그래서 우리는 예수님 이름으로 귀신도 떠나가게 할 수 있는 것입니다.

술람미 여인은 솔로몬의 생김새가 레바논 같으며 백향목처럼 좋다고 노래하고 있습니다. 우리는 "레바논"이 "흰색"의 의미를 가지고 있다는 것을 알고 있습니다. 눈 덮인 산에 따스한 햇살이 비칠 때 그 반짝이는 모습을 본다면 우리는 그 장엄하고 눈부신 아름다움에 빠져들 수밖에 없습니다. 바로 솔로몬의 모습이 그러하다는 것입니다. 튼튼한 두 다리로 당당하게 서 있는 그의 자태가 마치 레바논 산에서 자라는 웅장한 백향목과 같다는 의미입니다. 하물며 술람미 여인이 솔로몬을 바라볼 때도 그러한데, 하나님 우편에서 영광의 모습으로 통치하고 계신 우리 예수님은 얼마나 더 든든한 반석이시요, 산성이시요, 요새이시겠습니까? 우리가 고난 가운데 있을 때에는, 바로 이러한 예수님을 바라보면서 참된 안식을 누려야 할 것입니다.

그 전체가 사랑스럽구나

아가서 5:16절의 히브리어 원문을 직역하면 "그의 입은 달콤하고, 그의 전체는 전부 사랑스러움이다. 이 사람이 나의 사랑하는 자요, 이 사람이 나의 친구다, 오 예루살렘의 딸들아!"로 표현됩니다. 술람미 여인은 이제 솔로몬의 머리에서부터 다리까지 모든 설명을 마치고, 마지막으로 그의 존재 전체를 노래합니다. 특별히 "그의 입은 심히 달콤하다"고 하면서, 앞서 13절의 "입술은 백합화 같고 몰약의 즙이 뚝뚝 떨어지는구나"라는 표현에 이어서 다시 한 번 강조하고 있습니다. 이제 술람미 여인은 다시 솔로몬을 만났을 때, 그로부터 "나의 누이야, 나의 사랑하는 자야, 나의 비둘기야, 나의 완전한 자야"라고 불러주는 다정한 목소리를 듣고 싶어 합니다. 그 사랑의 음성을 다시 듣는다면 그녀의 모든 세포가 다시금 깨어나 생명과 위로를 얻게 될 것입니다. 술람미 여인은 자기의 눈동자에 각인된 솔로몬의 모습을 하나하나 묘사하면서, 마침내 그 전체가 사랑스럽고 모든 것이 완벽한 솔로몬을 다시 발견하게 됩니다.

그래서 그녀는 예루살렘 딸들을 부르면서 "이는 내 사랑하는 자요, 나의 친구로다"라고 확신에 차서 선포했습니다. 이 마지막 고백은 술람미 여인이 더 이상 게으름 속에 머물지 않고, 그 사랑을 전심으로 세상에 선포하는 모습을 보여줍니다. 특히 "친구"라고 부르는 것은 고대 근동 문화에서 우정을 넘어 혈연 이상의 유대감을 의미합니다. 신부가 신랑을 향해 "내 친구"로 부르는 것은 혼인 관계가 완전한 동반자 관계로 성숙했음을 나타냅니다. 하나님은 아브라함을 "나의 친구"로 부르셨습니다. 이사야 41:8절에는 "그러나 나의 종 너 이스라엘아 내가 택한 자 야곱아 나의 벗 아브라함의 자손아"고 기록되어 있고, 야고보서 2:23절에는 "이에 성경에 이른바 아브라함이 하나님을 믿으니 이것을 의로 여기셨다는 말씀이 이루어졌고, 그는 하나님의 벗이라 칭함을 받았나니"라고 말씀하십니다. 이는 아브라함이 하나님의 언약에 순종하며 그분과 깊은 신뢰 관계를 맺은 결과입니다. 이제 술람미 여인은 자신의 나태함에서 벗어나, 솔로몬의 사랑과 부름에 순종하며 나아감으로써 그와 완전한 동반자가 될 것을 노래하고 있습니다.

우리는 술람미 여인이 솔로몬을 머리에서부터 다리까지 묘사하는 것을 보았습니다. 이를 통해 그녀가 솔로몬을 얼마나 하나하나 자세히 알고 사랑하는지를 느낄 수 있었습니다. 우리는 과연 하나님을 어떻게 알고 있습니까? 하나님은 '영'이시기에 우리가 눈으로 보고 만질 수는 없습니다. 그래서 하나님을 우리에게 보여주시기 위해 예수님이 이 땅에 직접 오셨습니다. 그렇다면 우리는 예수님을 얼마나 깊이 알고 있습니까? 우리는 성경에 기록된 하나님 말씀을 통해 그분의 속성과 모습을 좀 더 깊이 알아갈 수 있습니다. 하나님은 이러한 방식으로 우리에게 당신을 계시하며, 사랑의 교제를 나누길 원하고 계십니다.

먼저 여호와 하나님은 아담과 언약하시고 아브라함과의 언약을 지키시는 신실하신 하나님이십니다(신명기 7:9). 이를 통해 우리는 하나님의 말씀을 굳게 붙잡고 더욱 기도할 수 있는 것입니다. 다음으로 여호와 라파입니다. 이는 출애굽기 15:26절에서 마라의 쓴 물을 단물로 바꾸시며 이스라엘 백성에게 나타나신 하나님의 이름입니다. 히브리어로 "라파"는 "치유하다" 또는 "회복하다"의 뜻입니다. 이는 하나님의 사랑이 우리를 치유하시고, 언약 안에서 생명을 회복시키는 놀라운 은혜임을 보여줍니다. 그리고 여호와 니시입니다. 이는 출애굽기 17:15절에 기록된 말씀으로, 히브리어 "니시"는 "기치" 또는 "깃발"을 뜻합니다. 이는 우리가 하나님의 전능하신 깃발 아래에 모이면 하나님이 친히 지키시고 보호하신다는 사실을 의미합니다. 또 여호와 이레입니다. 이는 창세기 22:14절의 말씀으로 히브리어 "이레"는 "제공하다" 또는 "보시다"를 뜻하며, 아브라함이 이삭을 바칠 때 하나님이 어린양을 대속물로 주신 사건에서 비롯되었습니다. 이는 하나님의 제공하심과 구원의 사랑을 상징합니다. 여호와 샬롬은 사사기 6:24절의 말씀으로 기드온이 여호와를 위해 제단을 쌓을 때에 하신 말씀입니다. 히브리어 "샬롬"은 "평화"로 단순한 평온을 넘어 완전하고 조화로운 상태를 뜻합니다. 이는 하나님의 사랑이 우리에게 내적·외적 평화를 주는 은혜를 보여줍니다. 마지막으로 여호와 로히입니다. 이는 시편 23:1절 "여호와는 나의 목자시니 내게 부족함이 없으리로다"의 말씀으로 히브리어 "로히"는 "나의 목자"로, 하나님의 인도와 보호를 상징합니다.

우리는 이 땅에 오신 예수님을 통해 앞서 언급된 하나님의 모든 속성을 만날 수 있습니다. 우리는 예수님 안에서 언약에 신실하신 여호와 하나님을 만나며, 신체적·영적으로 병든 환자를 치료하시는 여호와 라파의 하나님을 만나며, 예수님의 이름으로 귀신들조차 떠나가게 하는 여호와 니시의 하나님을 만나며, 십자가에서 친히 대속의 어린양이 되시는 여호와 이레의 하나님을 만나며, 제자들이 풍랑 속 두려움 가운데 있을 때에 이를 잠잠케 하시는 여호와 샬롬의 하나님을 만나며, 이 땅에서부터 제자들을 이끄시고 이제는 성령으로 우리를 본향으로 이끄시는 여호와 로히의 하나님을 만나는 것입니다. 진실로 우리는 이러한 모든 모습을 우리에게 온전히 나타내 보이신 예수님을 인격적으로 만나야 합니다. 술람미 여인이 예루살렘 딸들에게 솔로몬을 자세히 묘사하듯이 우리 역시 예수님을 세상에 자세히 설명하며 복음을 전하는 복된 신부가 되어야 할 것입니다. 아멘!

그 전체가 사랑스럽구나

술람미 여인은 예루살렘 딸들에게 "내 사랑하는 자를 만나거든 내가 사랑하므로 병이 났다고 하려무나"라고 부탁하였습니다. 그 부탁이 얼마나 강하였는지 예루살렘 딸들이 두 번씩이나 "너의 사랑하는 자가 남의 사랑하는 자보다 나은 것이 무엇인가"라고 맹세시키면서까지 부탁하는 이유를 물어보았습니다. 오늘날 우리에게도 사람들이 "당신이 예수님을 사랑하는 이유가 무엇입니까"라고 물어보면 우리는 어떻게 답할까요?

술람미 여인은 솔로몬에 대하여 "희고도 붉어 많은 사람 가운데 뛰어나구나"라고 하면서 그 순금 같이 빛나는 머리, 시냇가의 비둘기 같은데 우유로 씻은 듯한 눈, 향기로운 꽃밭 같은 뺨, 백합화 같고 몰약의 즙이 뚝뚝 떨어지는 입술, 황옥을 물린 노리개가 가득 찬 손, 아로 새긴 상아에 청옥을 입힌 듯한 몸, 순금 받침에 세운 화반석 기둥 같은 다리를 묘사하면서 "그 전체가 사랑스럽구나"라고 이야기합니다.

우리의 예수님은 죄악 가운데 있는 우리에게 세상의 빛으로 오셨습니다. 그리고 예수님은 우리를 긍휼의 눈으로 바라보시면서 우리 각자의 이름을 부르셨습니다. 우리는 예수님의 사랑에 우리 자신을 온전히 던져 평안을 얻습니다. 예수님은 임마누엘 하나님으로서 늘 우리를 붙들어 주시는 강한 권능의 손을 가지고 계십니다. 그리고 그 다리는 사탄의 머리를 짓밟는 놋쇠로 단련된 발을 가지고 계십니다. 그야말로 예수님은 온전히 사랑이십니다.

10강

깃발을 세운 군대같이 당당하구나

(아가 6:1~7)

¹ 여자들 가운데에서 어여쁜 자야 네 사랑하는 자가 어디로 갔는가 네 사랑하는 자가 어디로 돌아갔는가 우리가 너와 함께 찾으리라 ² 내 사랑하는 자가 자기 동산으로 내려가 향기로운 꽃밭에 이르러서 동산 가운데에서 양떼를 먹이며 백합화를 꺾는구나 ³ 나는 내 사랑하는 자에게 속하였고 내 사랑하는 자는 내게 속하였으며 그가 백합화 가운데에서 그 양 떼를 먹이는도다 ⁴ 내 사랑아 너는 디르사 같이 어여쁘고, 예루살렘 같이 곱고, 깃발을 세운 군대 같이 당당하구나 ⁵ 네 눈이 나를 놀라게 하니 돌이켜 나를 보지 말라 네 머리털은 길르앗 산 기슭에 누운 염소 떼 같고 ⁶ 네 이는 목욕하고 나오는 암양 떼 같으니 쌍태를 가졌으며 새끼 없는 것은 하나도 없구나 ⁷ 너울 속의 네 뺨은 석류 한 쪽 같구나

우리가 너와 함께 찾으리라

아가서 6:1절의 히브리어 원문을 직역하면 "여자들 중에 가장 아름다운 이여, 네 사랑하는 자가 어디에 있는가? 네 사랑하는 자가 어느 쪽으로 향했는가? 우리가 너와 함께 그를 찾으리라."고 표현됩니다. 술람미 여인에게 솔로몬의 아름다운 모습을 전해 들은 예루살렘 여인들은 이제 한마음이 되어 솔로몬을 찾아 나서고자 합니다. 그들은 "어디에 있는가?"라고 묻다가, 이내 "어느 쪽으로 향했는가?"라고 재차 물으며, 적극적으로 함께 찾으려 합니다. 솔로몬을 찾는 술람미 여인의 간절한 마음이 그들에게 고스란히 전달되었기에, 예루살렘 여인들의 마음이 움직여 솔로몬을 찾는 데 발 벗고 나서게 된 것입니다. 처음에 술람미 여인은

자신을 자책하며 정신이 혼미했을 것입니다. 하지만 그러한 과정 속에서, 그녀는 솔로몬과의 사랑의 밤을 생각하면서 그가 없는 자신은 무의미한 존재임을 영혼 깊숙이 인식하게 됩니다. 역설적으로 바로 이러한 시련이 솔로몬의 모습을 예루살렘 여인들에게 전파하고, 사랑하는 솔로몬의 인격을 드러내는 계기가 되었습니다.

이 시점에서 예수님이 만나주신 그 사마리아 여인이 강하게 떠오릅니다. 요한복음 4장에서 예수님은 남편이 다섯이나 있었고 지금은 남편이 아닌 남자와 살고 있는 사마리아 여인에게 자신이 그리스도임을 드러내셨습니다. 사마리아 여인은 그동안 자신의 과거가 부끄러워 정오의 뜨거운 햇볕 아래, 동네 사람들의 눈을 피해 물을 길으러 왔습니다. 그녀의 삶은 얼마나 고독하고 힘겨웠을까요? 그렇기에 예수님과의 대화 속에서 그녀는 주저 없이 "당신은 유대인으로서 어찌하여 사마리아 여자인 저에게 물을 달라 하나이까?"라고 되묻습니다. 보통의 여자였다면 물 한 그릇만 건네주고 낯선 남자를 피했을 것입니다. 하지만 바로 그 대화 속에 사마리아 여인의 삶이 고스란히 담겨 있습니다. 이러한 사마리아 여인에게 그리스도의 인격이 흘러 들어간 후, 그녀는 완전히 변했습니다. 그녀는 물동이를 버려두고 동네에 달려가, 그토록 부끄러워하던 자신의 삶을 드러내면서 "내가 행한 모든 일을 내게 말한 사람을 와서 보라. 이는 그리스도가 아니냐"라고 빛 되신 예수님을 어둠 가운데 있는 사람들에게 드러냈습니다. 그리고 동네 사람들이 예수님을 만나고 그 여인에게 "이에 우리가 믿는 것은 네 말로 인함이 아니니 이는 우리가 친히 듣고 그가 참으로 세상의 구주이신 줄 앎이라"고 간증을 합니다.

술람미 여인의 삶은 이 사마리아 여인과 너무나 닮아 있습니다. 시골에서 아무도 찾지 않는, 그저 평범한 사론의 백합화 같은 존재였습니다. 그런 술람미 여인에게 왕이신 솔로몬이 찾아왔습니다. 얼마나 기적 같고 꿈결 같은 시간이 흘렀겠습니까? 우리는 자신이 이미 가진 것을 귀하게 생각하지 않는 경향이 있습니다. 가진 것의 소중함은 모른 채, 오히려 갖지 못한 것을 더 크게 보곤 합니다. 이처럼 인간은 현실에 안주하면서 육체적 욕망과 쾌락 속으로 점점 빠져듭니다. 이러한 상태에서 건짐을 받을 수 있는 시점은 역설적이게도 육체의 고난이 올 때인 것입니다. 하나님은 이 고난을 통하여 당신의 사람들을 더욱 단련시키시고, 그 단련된 모습을 통해 당신의 참 사랑을 온 세상에 비추게 하십니다.

오늘, 이 모습을 보면서 우리는 예수님을 세상에 어떻게 전하고 있는지를 돌아보아야 할 것입니다. 우리가 예수님을 믿노라고 하면서도 삶이 변하지 않고, 오히려 세상 사람들보다 못한 삶을 산다면 세상은 과연 우리의 모습을 통해 예수님의 모습을 어떻게 그려 보겠습니까? 우리는 숱한 육체의 고난을 겪으면서도 그 고난을 해결해 줄 '백마 탄 왕자님'만을 찾을 뿐, 우리의 인생 전부의 주인이신 하나님을 사랑하는 마음을 찾기 어렵습니다. 술람미 여인이 솔로몬과의 사랑의 날들을 추억하며 솔로몬의 인격과 영광을 드러내었듯이 우리 역시 예수님과의 참된 인격적 만남을 신앙 간증으로 고백해야 합니다. 우리가 진정으로 만난 그 예수님의 사랑의 모습을 드러내고, 이것이 온 세상에 선한 영향력이 되어 진정한 신앙의 공동체를 만들어 나가야 할 것입니다.

그가 백합화 가운데에서 그 양 떼를 먹이는도다

아가서 6:2~3절의 히브리어 원문을 직역하면 "나의 사랑하는 자가 그의 동산으로 내려가서, 향기로운 꽃밭의 두렁으로 가고, 동산들에서 먹이며, 백합화를 꺾으려 함이라. 나는 나의 사랑하는 자에게 속하고, 나의 사랑하는 자는 내게 속하며, 백합화 가운데서 먹이는 이라"고 표현됩니다. 술람미 여인이 애타게 찾았던 솔로몬은 다름 아닌 "그의 동산"에 내려가 있었던 것입니다. 여기서 "동산"은 히브리어로 "간"이라고 합니다. 이 "간"은 알파벳 "김멜"과 "눈"을 조합한 단어로서, 이를 풀이하면 "경작하심 가운데에 생명이 싹 트는 장소"를 의미합니다.

하나님이 아담을 에덴으로 이끄시어 그곳에 두셨습니다. 하나님은 아담에게 에덴을 경작하게 하셨고 그와 동행하며 생명이 풍성히 나타나기를 원하셨습니다. 솔로몬 역시 술람미 여인을 자신의 동산, 포도원에 데리고 가서 동행하기를 원했습니다. 그리하여 4:16절에서 술람미 여인은 "북풍아 일어나라 남풍아 오라 나의 동산에 불어서 향기를 날리라. 나의 사랑하는 자가 그 동산에 들어가서 그 아름다운 열매 먹기를 원하노라"라고 노래합니다. 실로 "동산"은 "서로가 동행하면서 생명을 잉태하는 시작점"인 것입니다. 솔로몬은 술람미 여인을 떠난 것이 아니라, 술람미 여인과의 사랑의 시작점인 "동산"에 먼저 가서 기다리고 있었던 것입니다. 참으로 사랑하는 사람이라면 그가 어디 있는지 모를 때에도 늘 함께했던 장소를 먼저 찾아가 기다리기 마련입니다. 사랑하는 연인과 어느 날 갑자기 말다툼이 생겨 연락이 끊어져 버렸습니다. 그렇지만 시간이 지나 돌아보면 서로가 얼마나 사랑하는지 깨닫게 됩니다. 그러면 자연스럽게 함께 추억을 쌓았던 공간을 찾아 나서게 되는 것과 같은 이치입니다. 그렇듯 솔로몬은 여전히 사랑하는 술람미 여인과 함께했던 그 동산에서 양떼를 먹이며 백합화를 꺾고 있었습니다. 이 모습을 발견했을 때, 술람미 여인과 솔로몬의 눈에는 기쁨의 눈물이 고이고 감격에 벅차 서로를 뜨겁게 안아 주었을 것입니다.

우리 예수님도 그러하셨습니다. 마태복음 28:10절에는 "이에 예수께서 이르시되 무서워하지 말라 가서 내 형제들에게 갈릴리로 가라 하라. 거기서 나를 보리라 하시니라"라고 말씀하셨습니다. 갈릴리는 예수님의 사역의 시작점입니다. 예수님은 갈릴리 해변에서 베드로와 안드레, 그리고 세베대의 아들 야고보와 그의 형제 요한을 부르셨습니다. 아무도 거들떠보지 않던 그 어둠의 땅 갈릴리에서 예수님은 사역을 시작하셨고, 택한 자들을 부르셨습니다. 예수님은 십자가의 죽음과 부활의 과정을 지나며 잠시 길을 잃었던 제자들에게, 첫 만남의 장소였던 바로 그곳, 갈릴리에서 다시 만나자고 하신 것입니다.

우리의 신앙이 이와 같습니다. 목회를 하면서 참으로 어려운 순간들이 많습니다. 특히, 서로 다른 성격의 두 가지의 일을 병행하는 과정에서 부족한 모습(육체의 속성)이 자주 드러납니다. 육체가 지치다 보면 "하나님! 제가 이 일을 언제까지 해야 합니까?"라는 마음이 저절로 올라옵니다. 변호사를 그만둘 당시에는 다시 개업할 생각은 전혀 하지 않았습니다. 그 길이 얼마나 힘든 과정인지 누구보다 잘 알기 때문입니다. 하지만 목회 사역의 고됨은 그 결이 달랐습니다. 육체적인 피로를 넘어, 좀처럼 변화되지 않는 성도들의 모습을 볼 때면 그러한 마음이 더욱 강하게 올라옵니다. 이런 마음이 올라오면 말씀의 인도함을 받기가 어렵습니다. 그때 기도를 시작합니다. "하나님! 이 마음으로는 목회를 할 수가 없습니다. 더구나 하나님을 찾는 이가 귀한 세상에서 저의 몸으로 감당할 수가 없습니다. 주님! 저의 마음을 새롭게 해 주셔서, 예수님이 제자들을 다시 찾고 염려하는 마음을 주십시오." 이렇게 기도하면, 하나님이 새 마음을 주십니다. 어떻게 그 마음을 주실까요? 바로 하나님과 뜨거운 만남이 있었던 그 첫사랑의 때로 제 마음을 이끌어 주십니다. 그렇게 되면 마음 가운데 하나님의 사랑이 가득히 차오릅니다. 이내 제 마음 속에는 "하나님이 이렇게 허물 많은 인간을 당신이 친히 만나주셨는데, 이 한 몸을 드립니다. 주님이 고쳐서 사용하십시오. 주님께서 들을 귀 있는 자를 불러주시고, 그들을 변화시켜 주십시오. 저는 주님께서 불러 모은 이들에게 말씀을 전하겠습니다."라고 기도가 올라오는 것입니다.

하나님을 인격적으로 만나지 못하는 이유는 아직 하나님을 간절히 찾지 않았기 때문입니다. 다시 말해, 우리의 마음이 이미 세상의 것들로 배부르기 때문입니다. 예레미야 29:12~13절에는 "너희가 내게 부르짖으며 내게 와서 기도하면 내가 너희들의 기도를 들을 것이요 너희가 온 마음으로 나를 구하면 나를 찾을 것이요 나를 만나리라"고 선포하고 있습니다. 술람미 여인의 모습을 보십시오. 그녀는 정말 간절히 솔로몬을 찾았고, 온 마음을 다해 그를 구했습니다. 이러한 과정을 통해 첫 만남의 시작점에서 다시 만난 것입니다. 우리는 진심으로 하나님을 간절히 찾아야 할 것입니다.

나는 내 사랑하는 자에게 속하였고

이제 술람미 여인은 솔로몬을 바라보기만 해도 마음이 평온해지고 기쁨이 넘쳐흐릅니다. 하나님이 선악과를 먹은 하와에게 내리신 심판이 무엇이었습니까? "너는 남편을 원하고 남편은 너를 다스릴 것이니라"라고 말씀하셨습니다. 하와는 사탄에게 들은 말을 그대로 아담에게 전하며 아담이 선악과를 먹는 데 결정적인 역할을 했습니다. 그렇게 아담을 지배했던 것입니다. 그래서 하나님은 "너는 남편을 지배하기를 원하겠지만 남편은 너를 다스릴 것이니라"라고 하셨던 것입니다.

술람미 여인도 처음에는 아가서 2:16절 "내 사랑하는 자는 내게 속하였고 나는 그에게 속하였도다"라고 노래하면서 "자기중심적"인 사랑을 했습니다. 마치 솔로몬이 자기에게 속한 것처럼, 자신을 먼저 내세운 것입니다. 이러한 태도는 하와가 아담을 향해 가졌던 마음과 동일합니다. 하와는 본래 아담의 갈빗대에서 나온 존재였기에 마땅히 아담 안에 있어야만 했습니다. 그럼에도 사탄이 유혹하자, 하와는 아담에게 전혀 묻지 않고, 먼저 선악과를 먹은 후 아담에게 그것을 건넸습니다. 이처럼 하나님이 세우신 창조 질서가 흐트러지면 죄가 틈타는 것입니다. 물론 오늘날 이런 이야기를 하면 시대에 뒤쳐진다고 생각할 수 있습니다. 하지만 성경은 이 질서를 분명하게 선포하고 있습니다. 에베소서 5:22~33절을 같이 보도록 하겠습니다.

22 아내들이여 자기 남편에게 복종하기를 주께 하듯 하라 23 이는 남편이 아내의 머리 됨이 그리스도께서 교회의 머리 됨과 같음이니 그가 바로 몸의 구주시니라 24 그러므로 교회가 그리스도에게 하듯 아내들도 범사에 자기 남편에게 복종할지니라 25 남편들아 아내 사랑하기를 그리스도께서 교회를 사랑하시고 그 교회를 위하여 자신을 주심 같이 하라 26 이는 곧 물로 씻어 말씀으로 깨끗하게 하사 거룩하게 하시고 27 자기 앞에 영광스러운 교회로 세우사 티나 주름 잡힌 것이나 이런 것들이 없이 거룩하고 흠이 없게 하려 하심이라 28 이와 같이 남편들도 자기 아내 사랑하기를 자기 자신과 같이 할지니 자기 아내를 사랑하는 자는 자기를 사랑하는 것이라 29 누구든지 언제나 자기 육체를 미워하지 않고 오직 양육하여 보호하기를 그리스도께서 교회에게 함과 같이 하나니 30 우리는 그 몸의 지체임이라 31 그러므로 사람이 부모를 떠나 그의 아내와 합하여 그 둘이 한 육체

가 될지니 ³² 이 비밀이 크도다 나는 그리스도와 교회에 대하여
말하노라 ³³ 그러나 너희도 각각 자기의 아내 사랑하기를 자신
같이 하고 아내도 자기 남편을 존경하라

하나님이 창세기 3:16절에서 하신 말씀은 결코 폐하여지지 않았습니다. 성경은 먼저 하나님이 "아내들이 자기 남편에게 복종하기를 주께 하듯 하라"고 명령하고 계심을 보여줍니다. 만약 가정 안에서 이 질서가 제대로 지켜지지 않는다면 아내들은 남편의 권위를 가볍게 여기게 될 수도 있습니다. 또한 자녀들 역시 그것을 보고 자라면서 아버지의 권위를 대수롭지 않게 생각하게 됩니다. 결국, 인간은 본질적으로 사랑 안에서 가르침과 징계가 필요한 존재인데, 가정 내에서 이러한 역할을 할 수 있는 사람이 사라지게 되는 것입니다. 하나님은 남자와 여자의 역할을 분명하게 선포하셨습니다. 남자는 평생 수고하면서 이마에 땀을 흘려 그에게 속한 아내를 책임을 져야 하는 것입니다. 그리고 여자는 남편에게 순종하고 자식을 낳도록 하였습니다. 이것이 본래의 창조 질서입니다.

근대 산업화 이후, 여성들도 남성과 함께 사회생활에 참여하고 경제적으로 독립하면서 전통적인 성 역할과 질서에 변화가 생겼습니다. 또한 독립적인 경제생활을 추구하는 과정에서 출산의 기회를 놓치거나 망설이는 경향도 나타나고 있습니다. 우리나라의 출산율 저하 문제 역시 이러한 창조 질서의 변화와 무관하지 않습니다. 본래의 질서는 남편이 아내와 자녀의 생계를 책임지는

부담을 짊어지고, 사랑하는 가족을 위해 더욱 노력하고 땀을 흘리는 데서 시작됩니다. 아내는 이러한 남편의 헌신을 보고 더욱 순종하며 그 안에서 안식을 얻는 위치였습니다. 비록 현대의 상황에서 이 말씀을 그대로 따르는 것은 현실적으로 어려움이 따르지만, 하나님의 말씀은 분명하십니다.

그러므로 남편들은 아내를 "그리스도께서 교회를 사랑하시고 그 교회를 위하여 자신을 주심 같이" 사랑해야 합니다. 예수님은 교회를 세우시기 위해 모퉁이 돌이 되셨습니다. 히브리 문화권에서 집을 지을 때, 늘 모퉁이부터 기초를 놓고 이어서 벽을 세워 나갑니다. 예수님이 부활의 첫 열매가 되신 후, 성령으로 거듭난 자를 마치 벽돌 쌓듯이 연결하여 교회를 세우셨습니다. 바로 이 성령이 예수님의 성부 하나님에게의 간청과 성령 하나님의 낮아지심으로 우리에게 오신 하나님이십니다. 결국 남편은 예수님이 우리 인생의 허물을 지시고 십자가에서 달리셨던 것처럼, 가정을 위해 자신의 모든 것을 내어주어야 하는 것입니다.

그렇다면 이 모든 과정 중에서 무엇이 우선입니까? 이 모든 것은 바로 하나님의 사랑을 흘러 받아야만 가능합니다. 우리가 아무리 아내를 보고 남편에게 순종하라고 하고, 남편은 아내를 그리스도가 교회를 위하여 자신을 주심같이 사랑하라고 하더라도, 인간의 육체에서는 이러한 순종과 사랑이 나올 수 없습니다. 이는 우리의 자신의 육체와 지나온 삶을 돌아보면 너무나 잘 알 수 있습니다. 이 모든 것을 가능하게 하는 유일한 길은 오직 하나님의 사랑을 체험하는 것뿐입니다. 진실로 하나님이 우리를 사랑하신 그 마음을 만나면 아내들은 하나님이 남편에게 순종하라고 하는 말씀을 따르게 됩니다. 하나님은 질서의 하나님이십니다. 이 땅의 가장 기본적인 공동체인 가정의 질서를 통해, 우리가 하나님 앞에 순종하는 것을 배워갈 수 있도록 하시는 것입니다. 그렇게 함으로써 아내들은 남편에게 복종하기를 주께 복종하듯 하게 됩니다.

또한 남편들 역시 예수님의 사랑을 만나면, 아버지의 그늘을 떠나 자신에게 속한 아내가 더욱 사랑스러워집니다. 축복이자 목숨을 건 산고의 고통을 함께 겪으며, 아내를 위해 자기를 진정으로 희생할 수 있게 됩니다. 이 희생의 과정에서 남편은 예수님이 우리를 어떻게 사랑하셨는지를 체험으로 알아가는 것입니다. 그리하여 남편들이 이렇게 경험한 사랑을 아내와 자녀들에게 삶으로 보여줄 때, 하나님의 사랑을 가정에 흐르게 하는 축복의 통로가 될 수 있습니다.

오늘날 우리 사회는 많은 가정이 해체되고 있습니다. 비록 지난 육체의 삶은 돌이킬 수는 없을지라도, 주님 안에서 신앙생활을 하는 부부들은 예수님의 사랑 안에서 하나가 됩니다. 바로 "사람이 부모를 떠나 그의 아내와 합하여 그 둘이 한 육체가 되는 것"입니다. 사도 바울은 이 '하나 됨'을 예수님이 자신의 보혈로 교회를 신부로 맞이하신 것과 같다고 설명하며, 이는 결코 분리될 수 없는 관계이기에 "이 비밀이 크도다"(에베소서 5:32)라고 합니다. 그러면서 사도 바울은 "너희도 각각 자기의 아내 사랑하기를 자신같이 하고 아내도 자기 남편을 존경하라"고 권면하며 사랑의 순서와 질서를 완성합니다. 진실로 예수님의 사랑 안에 거하면, 서로를 사랑하고 존경할 수 있는 것입니다.

술람미 여인을 보십시오. 그녀는 "나는 내 사랑하는 자에게 속하였고"라고 자신의 위치를 먼저 이야기하고 있습니다. 여기서 "내 사랑하는 자에게 속하다"는 히브리어 "레도디"입니다. "속하다"는 것은 히브리어 알파벳 "레브"를 사용합니다. 이 글자는 "지팡이"를 형상화한 글자로서 "방향"을 의미합니다. 목자는 지팡이를 통해 양을 푸른 초장으로 인도하기 때문입니다. 그리고 "도디"는 "도드"에 소유격이 붙은 형태로 "나의 사랑하는 자"라는 뜻입니다. 이를 종합하면 "나는 나를 보호하여 주시는 그 사랑을 향하여 나아가다"라는 의미가 됩니다. 술람미 여인이 솔로몬에게 속하여졌기 때문에 이제 솔로몬도 술람미 여인에게 속하게 된 것입니다.

이것이 바로 하나 되는 원리인 것입니다. 우리는 먼저 예수님의 사랑을 만나야만 됩니다. 그래야만 우리는 자신을 내려놓고 예수님을 향해 걸어갈 수 있습니다. 그렇게 될 때 성령이 우리 안에 거하시면서 하나가 되는 것입니다. 그러나 오늘날 많은 신앙인들이 이와 반대되는 신앙생활을 합니다. 예수님에게 속하려 하기보다, 자신들의 행위에 의지하여 예수님을 소유하려 합니다.

오늘날 한국 교회의 현실을 돌아보면, 참으로 마음 한구석이 무거워지는 면이 있습니다. 한국 교회를 깊이 들여다볼수록, 예수 그리스도의 주되심보다는 행위에만 몰두하여 마치 교회가 예수님을 이끌고, 예수님마저 교회에 소속된 듯 비추어지는 일부 대형교회의 모습과 예배를 접하게 됩니다. 이러한 현장에서 말씀이 희미하거나 헌금에만 초점이 맞춰진 예배를 드리고 나온 성도들은 마음속으로 "하나님, 중요한 문제가 있습니다. 말씀을 기대하고 왔는데, 정작 그 말씀이 없습니다."라고 안타까워하며 탄식합니다. 현재 한국에는 8만여 개의 교회가 있다고 합니다. 어려운 여건 속에서도 헌신적으로 교회를 섬기는 목회자들이 분명히 많기에, 한국 사회가 복을 받고 있다고 믿고 싶습니다. 하지만 형식과 외적인 행위에 얽매여 본질을 놓치는 종교인의 모습이 지속된다면, 이는 오늘날 교회를 부정적으로 바라보는 많은 이들의 시선에 오히려 근거를 더해주는 결과를 초래할 수 있습니다.

예수님을 십자가에 못 박은 사람들이 누구였습니까? 그들은 그야말로 율법에 정통한 율법사와 바리새인들이었습니다. 이처럼 신앙은 행위에 있지 않습니다. 다시 술람미 여인을 보십시오. 그녀가 솔로몬을 진정으로 찾게 된 것은, 솔로몬과의 사랑을 깊이 돌아보았기 때문입니다. 그리고 사랑을 시작했던 바로 그 장소에서 자신을 기다리고 있던 솔로몬을 만났을 때, 두 사람의 사랑은 이전보다 더 깊어졌습니다. 여러분도 진정으로 술람미 여인의 모습을 통하여 하나님의 사랑을 만나시기를 축원합니다.

깃발을 세운 군대같이 당당하구나

아가서 6:4~7절 중 "네 머리털은 길르앗 산 기슭에 누운 염소 떼 같고 네 이는 목욕하고 나오는 암양 떼 같으니 쌍태를 가졌으며 새끼 없는 것은 하나도 없구나 너울 속의 네 뺨은 석류 한 쪽 같구나" 하는 부분은 아가서 4:1~3절의 내용이 반복됩니다. 그래서 이 반복의 의미를 살펴보는 것이 중요합니다. 아가서 6:4절의 히브리어 원문을 직역하면 "아름답구나, 너는 나의 사랑하는 자여, 디르사 같이, 예루살렘 같이 곱구나, 깃발들을 세운 군대 같이 위엄 있구나."라고 표현됩니다.

솔로몬이 술람미 여인을 "디르사"와 "예루살렘"으로 비유한 이유를 살펴볼 필요가 있습니다. "디르사"는 북이스라엘의 여로보암 1세의 아들 "나답"이 수도로 삼았던 곳입니다. 이 단어는 "기뻐하다", "받아들이다"는 뜻을 가진 히브리어 "라차"에서 유래했으며 솔로몬 당시에는 북쪽지방의 참으로 아름답고 정돈된 기쁨의 도시였습니다. 또한 "예루살렘"은 솔로몬 당시의 수도로서 "이라(완전한)"와 "살렘(평강)"의 어근으로 이루어졌습니다. 즉, 예루살렘은 "완전한 평강의 도시"인 것입니다. 솔로몬은 술람미 여인을 "디르사 같이 어여쁘고, 예루살렘 같이 곱고"라는 표현을 함으로써 그녀가 "기쁨과 거룩함"을 동시에 소유하고 있음을 노래하고 있는 것입니다. 아가서 4장에서는 솔로몬이 술람미 여인의 개인적인 아름다움을 부드럽고 사랑스러운 이미지로 노래했다면, 6장은 술람미 여인이 솔로몬을 찾는 과정에서 솔로몬 안에서의 참된 기쁨을 회복하고 자신의 나태함을 버린 후의 거룩함을 노래하고 있습니다. 참으로 술람미 여인에게 잠시 찾아왔던 솔로몬의 부재는 결국 그녀로 하여금 거룩함으로 나아가게 하는 축복의 통로가 되었습니다.

그리고 솔로몬은 그녀를 "깃발을 세운 군대 같이 당당하구나"라고 노래합니다. 4장에서 솔로몬이 술람미 여인의 외모와 매력을 개인적인 차원에서 세밀하게 묘사했다면, 6장에서는 묘사의 스케일이 도시와 군대라는 공동체적이고 권위적인 이미지로 확장이 되는 것을 볼 수 있습니다. 이는 신부가 개인적인 사랑의 수혜자에서, 이제 왕과 함께 통치에 참여하는 존재가 되었음을 보여줍니다. 진실로 술람미 여인은 신랑을 찾는 과정을 통해 게으름과 자기중심성이 극복이 되어, 이제 솔로몬의 깃발 아래에 모인 군대이자 하나님의 군사로서 준비된 상태임을 보여주고 있습니다.

이제 우리의 신앙을 돌아봅시다. 우리는 여전히 아가서 4:1~7절의 개인적인 축복에만 머물고 있는지, 아니면 6장의 이야기처럼 "공동체적 권위와 사명"의 자리까지 나아갔는지 살펴보아야 합니다. 디모데후서 2:1~4절을 같이 보도록 하겠습니다.

[1] 내 아들아 그러므로 너는 그리스도 예수 안에 있는 은혜 가운데서 강하고 [2] 또 네가 많은 증인 앞에서 내게 들은 바를 충성된 사람들에게 부탁하라 그들이 또 다른 사람들을 가르칠 수 있으리라 [3] 너는 그리스도 예수의 좋은 병사로 나와 함께 고

난을 받으라 ⁴ 병사로 복무하는 자는 자기 생활에 얽매이는 자가 하나도 없나니 이는 병사로 모집한 자를 기쁘게 하려 함이라

디모데후서는 사도 바울이 2차로 로마의 감옥에 갇혀 순교를 앞둔 시점에, 믿음 안에서의 참 아들인 디모데에게 보낸 마지막 편지로서 간절한 부탁이 담겨 있는 서신입니다. 그 내용은 복음을 끝까지 지키고 전파할 것을 권면하고 있으며, 고난 속에서도 부끄러워하지 말고 복음을 위해 고난을 받으라는 격려가 담겨있습니다. 또한 앞으로 더 심해질 배교와 거짓 교사들의 미혹에 대비하라는 엄중한 경고의 메시지도 함께 들어 있습니다.

이는 바로 오늘날 우리에게 하시는 말씀이기도 합니다. 우리는 "택하신 족속이요 왕 같은 제사장들이요 거룩한 나라요 그의 소유가 된 백성"입니다. 제사장이 하는 일이 무엇이었습니까? 바로 죄로 말미암아 고통 받는 사람들을 위해 제사를 주관하여 하나님과 화목을 도모하고, 그들에게 율법을 가르쳐 거룩한 삶을 살도록 돕는 것이었습니다. 그렇다면 우리가 전하는 복음이 무엇입니까? 죄 아래에서 지옥갈 수밖에 없는 사람들에게 예수 그리스도의 피로 속죄제를 드리게 하고, 하나님과 화목하게 하는 제사장의 직무를 감당하는 것입니다. 또한 이렇게 크신 예수 그리스도의 보혈의 사랑 안에 있기에, 세상과 구별된 삶을 살고 성령의 인도함을 받도록 이끌어 주는 것입니다. 이러한 우리를 가리켜 사도 바울은 "예수의 병사"라고 합니다!

한편, 고린도전서 9:7절에서는 "누가 자기 비용으로 군 복무를 하겠느냐 누가 포도를 심고 그 열매를 먹지 않겠느냐 누가 양 떼를 기르고 그 양 떼의 젖을 먹지 않겠느냐"라고 합니다. 우리가 복음의 병사가 되면 우리를 먹이시는 분은 바로 하나님이십니다.

제가 처음 변호사사무실을 개업했을 때, 저를 알리기 위해 홍보물을 만들어 활동했습니다. 그런데 계속 문제와 갈등이 발생했습니다. 그래서 하나님 앞에 이렇게 기도했습니다. "하나님! 저는 도저히 영업에는 자신이 없습니다. 저를 높이는 모습도 좋아 보이지 않습니다. 주님이 사람을 보내주시면 저는 복음을 전하겠습니다. 그리고 그것으로 저는 만족하겠습니다." 참으로 신기하게도, 의뢰인이 오지 않아도 마음이 전혀 불안하지 않았습니다. 그 당시 저는 부족한 부분을 공부하는 데 집중했습니다. 그런데 놀랍게도 제가 공부했던 내용과 관련된 사건들이 의뢰되기 시작했습니다. 그때부터 수천 권의 책을 읽고 있습니다. 이번에도 수사연수원에서 자본시장법 강의를 했는데, 놀랍게도 강의에서 다루었던 사례들과 똑같은 사건들이 계속해서 의뢰가 되고 있습니다. 그래서 제가 "또 다른 강의 일정을 한 번 더 잡아 보십시오."라고 이야기도 했습니다. 참으로 하나님의 일하심의 법칙은 빈틈이 없습니다. 힘은 들지만 하나님의 병사로서 복음을 전하고 교회를 섬기고 형제자매를 섬기는 곳에 하나님이 복을 명하여 두었습니다. 저는 여러분이 저의 간증을 듣고 삶에서 믿음의 발걸음을 내디뎌 보기를 간절히 원합니다. 우리가 그렇게 순종하며 나아갈 때, 하나님은 당신의 병사가 된 우리를 그의 깃발 아래에 두시고 모든 일에 승리를 주실 것입니다.

네 눈이 나를 놀라게 하니

아가서 6:5절의 히브리어 원문을 직역하면 "네 눈을 내게서 돌려다오, 그것들이 나를 압도하였구나. 네 머리털은 길르앗 산에서 내려오는 염소 떼 같구나."로 표현됩니다. 한글 성경에는 "네 눈이 나를 놀라게 하니"라고 되어 있는데, 히브리어 원문에는 "네 눈이 나를 압도하는구나"라고 표현됩니다. "압도하다"는 히브리어 "라하브"의 어근에서 나왔는데, 이는 "권위에서 나오는 숨결 같은 힘이 집 안팎으로 퍼져 나가다"는 의미입니다. 이는 앞서 4:9절의 "네 눈으로 한 번 보는 것과 네 목의 구슬 한 꿰미로 내 마음을 빼앗았구나"라는 표현이 한층 더 심화된 것입니다. 술람미 여인이 자기중심적인 나태함을 극복하고 다시 사랑의 관계 속으로 회복했기에, 그 사랑의 시선이 너무나 강렬하여 왕인 솔로몬조차 숨이 멎을 정도가 되었다는 뜻입니다

하나님을 기쁘시게 하고 감동시키는 것이 바로 이런 모습입니다. 오직 하나님만을 바라보는 그 강렬한 눈빛, 오직 하나님만을 향하여 부르짖는 그 간절한 외침. 이것이야말로 진정으로 참된 신앙인 것입니다. 우리는 이러한 모습을 마태복음 20:29~34절에서 볼 수 있습니다.

²⁹ 그들이 여리고에서 떠나 갈 때에 큰 무리가 예수를 따르더라

³⁰ 맹인 두 사람이 길 가에 앉았다가 예수께서 지나가신다는 말을 듣고 소리 질러 이르되 주여 우리를 불쌍히 여기소서 다윗의 자손이여 하니 ³¹ 무리가 꾸짖어 잠잠하라 하되 더욱 소리 질러 이르되 주여 우리를 불쌍히 여기소서 다윗의 자손이여 하는지라 ³² 예수께서 머물러 서서 그들을 불러 이르시되 너희에게 무엇을 하여 주기를 원하느냐 ³³ 이르되 주여 우리의 눈 뜨기를 원하나이다 ³⁴ 예수께서 불쌍히 여기사 그들의 눈을 만지시니 곧 보게 되어 그들이 예수를 따르니라

맹인 두 사람이 예수님을 향해 얼마나 간절하게 소리 질렀으면, 주변 무리가 꾸짖어 잠잠하라고 했겠습니까? 이것은 정말로 모든 사람을 압도하며 오직 예수님만을 바라보는 믿음을 보여줍니다. 어쩌면 차라리 눈을 감고 있던 것이 더 나았을지도 모릅니다. 만약에 그들이 눈을 뜨고 있었다면 예수님을 그렇게 간절히 찾지 않았을지도 모릅니다. 실제로 눈을 뜨고 있었던 수많은 무리는 정작 인자로 오신 예수님을 알아보지 못했기 때문입니다. 우리의 신앙이 그렇습니다. 나 자신을 바라보고 세상을 바라보는 눈이 뜨여 있는 상태에서는, 결코 예수님만을 향해 부르짖고 온전히 의지할 수 없는 법입니다.

네 머리털은 길르앗 산 기슭에 누운 염소 떼 같고

이제부터는 아가서 4장의 "네 머리털은 길르앗 산 기슭에 누운 염소 떼 같고, 네 이는 목욕하고 나오는 암양 떼 같으니 쌍태를 가졌으며 새끼 없는 것은 하나도 없구나. 너의 속의 네 뺨은 석류 한 쪽 같구나"라는 표현이 반복됩니다. 우리는 자칫 성경의 반복적인 표현이 주는 의미를 놓치기 쉽습니다. 예를 들어 출애굽기에는 율법과 성막에 대한 표현이 반복됩니다. 우리는 왜 이것을 반복하는지 깊이 생각하지 않고, 단지 이스라엘 백성들이 금송아지를 숭배한 죄를 저질렀고, 모세가 하나님이 주신 율법의 돌판을 깨뜨렸기 때문이라고만 생각할 수 있습니다.

그러나 술람미 여인의 입장에서 깊이 생각해 보십시오. 술람미 여인은 자기중심적인 나태함으로 인해 솔로몬을 기다리게 했고, 결국 그를 떠나게 만드는 큰 잘못을 저질렀습니다. 뒤늦게 자신의 잘못을 깨달은 그녀는 진정으로 사랑하는 이를 찾아 온 성을 돌아다니며 예루살렘 딸들을 붙잡고 부탁하는 여정을 겪었습니다. 결국 솔로몬과의 사랑의 시작점이었던 동산에서 다시금 사랑이 회복이 되었습니다. 그렇지만 그녀의 마음에 있는 죄책감 때문에, 솔로몬에게 다가가는 것을 주저했을 수 있습니다. 바로 그 순간, 솔로몬은 다시 한번 술람미 여인을 처음 모습 그대로, 즉 흠이 없는 순결한 신부로 불러줍니다. 솔로몬이 처음 건넸던 그 사랑의 고백을 다시 들려주어야만, 비로소 술람미 여인은 과거의 실수에 묶여있던 마음에서 벗어나 자유로워지는 것입니다. 참으로 우리의 마음을 너무나 잘 아시는 주님이 아가서를 기록하셨습니다.

이제 이스라엘 백성을 돌아보시길 바랍니다. 이스라엘 백성은 시내산에서 하나님과 피로 언약을 체결했습니다. 이에 하나님은 모세를 시내산에 부르셔서 직접 돌판에 율법을 기록한 십계명을 주셨습니다. 그런데 백성들은 모세의 하산이 더뎌지자, 기다리지 못하고 아론을 향해 금송아지를 만들어 경배하자고 요구합니다. 그래서 하나님은 모세에게 시내산을 내려가라고 하십니다. 모세가 율법의 돌판을 가지고 내려왔을 때, 아론이 금송아지의 대제사장이 되어 백성들과 우상을 숭배하는 참담한 모습을 보았습니다. 이스라엘 백성이 먼저 율법의 언약을 깨뜨렸습니다. 따라서 모세는 이스라엘이 율법을 먼저 어겼으니 하나님과 이스라엘 사이의 언약도 깨어졌음을 보여주기 위해 십계명 돌판을 깨뜨렸던 것입니다. 하나님은 이러한 이스라엘 백성을 보시고 "내가 이 백성을 보니 목이 뻣뻣한 백성이로다. 그런즉 내가 하는 대로 두라 내가 그들에게 진노하여 그들을 진멸하고 너를 큰 나라가 되게 하리라"고 말씀하셨습니다. 이 부분이 출애굽기 32:9~10절에 기록되어 있습니다.

이러한 하나님의 심판 앞에 모세는 "이제 그들의 죄를 사하시옵소서 그렇지 아니하시오면 원하건대 주께서 기록하신 책에서 내 이름을 지워 버려 주옵소서"라고 간절히 중재합니다. 정말 자신을 스스로 버리는 중재로 말미암아 하나님이 "내가 친히 가리라 내가 너를 쉬게 하리라"고 하시는 부분이 출애굽기 33:14절에 나옵니다. 이러한 모세의 헌신적인 중재 덕분에 하나님은 다시금 모세를 시내산에 부르셔서 율법을 갱신해 주십니다. 이처럼 율법을 다시 수여받은 이스라엘 백성의 반응은 어떠했습니까?

사랑의 세레나데

출애굽기 36:5~7절의 말씀을 같이 보도록 하겠습니다.

> ⁵ 모세에게 말하여 이르되 백성이 너무 많이 가져오므로 여호
> 와께서 명령하신 일에 쓰기에 남음이 있나이다. ⁶ 모세가 명령
> 을 내리매 그들이 진중에 공포하여 이르되 남녀를 막론하고 성
> 소에 드릴 예물을 다시 만들지 말라 하매 백성이 가져오기를
> 그치니 ⁷ 있는 재료가 모든 일을 하기에 넉넉하여 남음이 있었
> 더라

첫 번째 율법을 받았을 때, 이스라엘 백성들은 금송아지를 만
들기 위해 그들의 귀고리와 금붙이를 내어 놓았습니다. 그러나
두 번째 율법을 받을 때는 성전 재료를 너무 많이 가져와서, 모
세가 더 이상 가져오지 말라고 명령해야할 정도로 자발적인 마
음이 일어났습니다. 솔로몬이 술람미 여인에게 아가서 6장에서 4
장과 같은 사랑의 묘사를 한 것은 바로 이러한 이유인 것입니다.
솔로몬으로부터 다시 한번 흠이 없는 신부의 모습으로 부름을
받은 술람미 여인은 이제는 흔들림 없이 온전히 솔로몬만 바라
보는 여인으로 거듭나게 된 것입니다.

우리의 신앙도 동일합니다. 우리가 거듭나서 성령의 인도함을
받는다고 하더라도 육체의 연약함으로 인해, 우리는 늘 허물을
짓고 살아갈 수밖에 없는 존재입니다. 그렇게 되면 우리는 하나
님 앞에 나아가는 것이 우리 마음에 큰 부담으로 작용합니다. 이
럴 때 우리는 마음을 다시 한번 정결하게 할 필요가 있습니다.

그래서 요한일서 1:9절에서는 "만일 우리가 우리 죄를 자백하면 그는 미쁘시고 의로우사 우리 죄를 사하시며 우리를 모든 불의에서 깨끗하게 하실 것이요"라고 기록하고 있습니다. 한편, 우리는 이 부분을 잘 이해해야 합니다. 자칫 잘못 이해하면 구원과 성화의 과정을 혼동할 수 있기 때문입니다. 만약 이 말씀의 율법적인 측면만을 지나치게 강조하면, 사람들은 거듭난 후에도 죄를 지음으로 말미암아 구원을 받지 못하는 것이 아닌가 하고 불안해 할 수 있습니다. 반대로, 거듭난 사람은 단지 죄를 자백하는 것으로 충분하다고 생각하여 삶의 변화가 일어나지 않을 수도 있습니다.

이는 성막의 구조를 보면 더 깊이 이해할 수 있습니다. 성막의 뜰에는 번제단이 있습니다. 여기서 우리의 죄를 속하는 제사를 지냅니다. 속죄제는 부지중에 죄를 범했으나 그 범한 죄를 깨달았을 경우에 드리는 제사입니다. 반면에 속건제는 부지중에 하나님의 성물이나 이웃에게 손해를 끼친 죄에 대해 그 허물을 깨닫는 것과는 상관없이 지내는 제사입니다. 이처럼 우리가 지은 죄에 대해서는, 허물을 깨달았든 깨닫지 못했든 상관없이 예수 그리스도의 속죄함으로 말미암아 사함을 받았습니다. 특히 이사야 53:10절은 "여호와께서 그에게 상함을 받게 하시기를 원하사 질고를 당하게 하셨은즉 그의 영혼을 속건제물로 드리기에 이르면 그가 씨를 보게 되며 그의 날은 길 것이요 또 그의 손으로 여호와께서 기뻐하시는 뜻을 성취하리로다"라고 하여 예수님이 속건제물 되셨음을 분명히 보여주고 있습니다.

사랑의 세레나데

우리가 예수님의 속죄제, 속건제물 되심을 온전히 믿음으로 죄 사함을 받았다면, 다음으로 물두멍에서 몸을 씻어야만 거룩한 성소에 들어가 하나님과 교제를 할 수 있습니다. 물두멍에서의 씻음은 바로 우리의 삶의 변화를 상징합니다. 우리가 "속죄함을 받았노라"라고 고백하면서도 삶이 변화되지 않는 것은 바로 예수님의 보혈의 피를 경멸하는 것과 다를 바 없습니다. 이는 마치 이스라엘 백성이 하나님을 섬긴다고 하면서도 방자하게 금송아지를 섬겼던 모습과 같습니다. 그러므로 우리는 반드시 삶의 변화를 이루어야 합니다.

이제 성소에 들어가면 지성소 휘장 앞에 향단이 있습니다. 요한계시록 5:8절에는 "그 두루마리를 취하시매 네 생물과 이십사 장로들이 그 어린 양 앞에 엎드려 각각 거문고와 향이 가득한 금 대접을 가졌으니 이 향은 성도의 기도들이라"고 기록되어 있습니다. 이 향단에서 피어올라가는 향이 바로 기도인 것입니다. 그렇다면 여기서는 어떤 기도가 올려져야 하겠습니까? 우리가 물두멍에서 씻음으로써, 삶의 변화된 모습으로 살아간다고 하더라도 우리의 마음에는 늘 죄로 향하는 본성이 도사리고 있습니다. 향단은 바로 이처럼 거룩하지 못한 우리의 내면을 기도로 불태우는 곳입니다. 이는 성도들이 외적인 거룩함뿐만 아니라 내적인 거룩함까지 유지해야만 하나님과의 참된 교제로 나아갈 수 있음을 잘 보여주고 있습니다.

술람미 여인을 보십시오. 아가서 4장에는 그녀의 외적인 아름다움이 상세히 묘사되어 있습니다. 각종 향기로 술람미의 몸에서 아름다운 향기가 납니다. 하지만 아가서 5장에서는 그녀의 내면 깊은 곳에는 여전히 나태함이라는 죄의 본성이 남아 있었습니다. 결국 그녀는 솔로몬의 떠나는 시련을 통해, 나태함으로 비롯한 모든 내면의 죄를 불태우고 다시 솔로몬에게 나아갔습니다. 그제야 비로소 그녀는 내적인 아름다움까지도 온전히 회복하게 되었습니다.

사랑하는 성도 여러분!

우리가 하나님의 백성이 된 것은 온전히 은혜입니다. 이 은혜가 우리 삶에서 열매로 결실 맺기 위해서는, 이 술람미 여인이 어떻게 했는가를 잘 살펴보아야 합니다. 우리가 하나님을 믿노라고 고백하면서 여전히 육체의 소욕을 따라 살아가고 자기중심적으로 살아간다면, 그것은 우리로 인해 예수님의 거룩한 이름을 욕되게 하는 일입니다. 진실로 예수님이 우리의 주인이 되신다면, 우리는 술람미 여인처럼 자신의 외적인 거룩함뿐만 아니라 내적인 거룩함까지도 유지할 수 있도록, 주님만을 바라보는 삶을 살아야 할 것입니다.

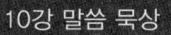

깃발을 세운 군대 같이 당당하구나

술람미 여인의 솔로몬을 향한 간절한 마음이 예루살렘 딸들에게 전달되었습니다. 술람미 여인의 영적인 교만과 나태함은 궁극적으로 솔로몬의 사랑과 인격을 드러내는 계기가 되었습니다. 그래서 예루살렘 딸들이 찾아 나서기로 하였던 것입니다. 우리 그리스도인은 바로 술람미 여인처럼 우리가 경험한 하나님을 이 세상에 전해야 하는 신앙 공동체의 일원인 것입니다. 우리의 삶의 모습을 통하여 세상은 하나님을 알아 가는 것입니다. 그래서 우리는 더욱 세상과는 구별된 거룩한 삶을 살아야 하는 것입니다. 솔로몬은 자기 동산에 내려와 있었습니다. 이 동산은 히브리어 "간"이라고 하여 경작함으로써 생명을 싹 틔우는 곳입니다. 솔로몬은 술람미 여인을 만나서 포도원에서 사랑을 고백하고, 술람미 여인은 솔로몬을 향하여 자기의 동산에 초대하는 등으로 결국 동산은 그들의 사랑을 노래한 곳입니다. 그래서 솔로몬은 술람미 여인을 떠난 것이 아니라 먼저 가서 기다렸던 것입니다. 하나님의 사랑이 그러합니다. 우리가 볼 때에는 우리의 죄로 말미암아 멀리 떠나신 것 같지만 하나님은 갈보리 언덕에서 피로 맺은 언약을 통하여 우리를 부르시고 하늘의 새 에덴에서 우리를 기다리고 계시는 것입니다. 우리는 바로 그 본향을 바라보면서 이 땅을 살아야 할 것입니다.

이렇게 우리가 본향을 향하여 주님의 사랑을 온 세상에 전파할 때에야 우리가 하나님으로부터 디르사 같이 어여쁘고, 예루살렘같이 곱고, 하나님의 군대의 깃발 아래서 당당해지는 것입니다.

11강
내 완전한 자는 하나뿐이로구나

(아가 6:8~13)

내 비둘기, 내 완전한 자는 하나뿐이로구나

아가서 6:8~9절의 히브리어 원문을 직역하면 "왕후가 육십 명이요, 후궁이 팔십 명이요, 소녀들이 셀 수 없이 많으나, 나의 비둘기, 나의 온전한 자는 오직 하나뿐이니, 그녀는 자기 어머니의 외딸이요, 낳은 자에게는 귀중한 자라. 딸들이 그녀를 보고 복되다 말하며, 왕후들과 후궁들도 그녀를 칭찬하는 도다."로 표현됩니다. 이때 히브리어의 "온전한 자"를 한글 성경은 "완전한 자"로 번역하고 있습니다. 열왕기상 3:1절에는 "솔로몬이 애굽의 왕 바로와 더불어 혼인관계를 맺어 그의 딸을 맞이하고 다윗 성에 데려다가 두고 자기의 왕궁과 여호와의 성전과 예루살렘 주위의 성의 공사가 끝나기를 기다리니라"고 기록되어 있습니다. 또한 열왕기상 11:3절에는 "왕은 후궁이 칠백 명이요 첩이 삼백 명이라 그의 여인들이 왕의 마음을 돌아서게 하였더라"라고 기록되어 있습니다. 이러한 역사적인 사실을 고려할 때, "왕후가 육십 명, 후궁이 팔십 명"이라는 구절을 보면 아가서는 솔로몬 왕권의 절정기 이전에 기록된 것임을 다시 한 번 확인시켜 줍니다.

우리는 솔로몬이 이토록 많은 후궁과 첩을 두었음에도 어떻게 이처럼 아름다운 사랑의 노래인 아가서를 기록할 수 있었는지 의문을 가질 수도 있습니다. 그러나 이는 오늘날 우리의 모습이기도 합니다. 현대의 도시화는 수많은 사람을 도시로 불러 모았지만, 정작 우리는 '군중 속의 고독'을 느끼며 살아가고 있습니다. 예전보다 훨씬 고독해졌고, 마음 터놓고 타인과 교류하는 것을 기대하기 어려운 시대가 되었습니다. 왜 이렇게 되었을까요? 과거 농경사회에서는 타인의 노동력을 서로 필요로 했기 때문에, 비록 마음이 맞지 않더라도 공동체 안에서 이를 승화시키고 협력하며 살아야 했습니다. 그런데 산업이 분업화되고 고도화되면서 사람들은 각각의 개체로서 살아가게 되었고, 타인과의 상호 의존 관계에 대해 깊이 있게 인식하지 못하게 되었습니다.

예를 들어 주식 투자를 업으로 하는 사람들은 컴퓨터 모니터에 나타난 숫자들에 주목하며, 기회가 오면 주식을 매도하여 수익금을 통장에 입금합니다. 이러한 상황에서 그들이 시골에서 농사를 짓는 분들이나 공장에서 제품을 만드는 분들에게 의존하고 있음을 인식하기란 쉽지 않습니다. 결국 우리는 공동체의 일원이라기보다는 각자의 개체로서의 삶만을 더 중요하게 여기게 된 것입니다. 그래서 우리는 타인을 나의 삶을 위해 필요한 소중한 존재로 인식하기보다는, 언제든지 나에게 해를 가할 수 있는 존재로 여겨 경계할 수밖에 없습니다. 또한 도시화가 진행되면서 익명성이 높아짐에 따라 개인의 도덕적인 기준이 낮아지고, 범죄가 많아질 수밖에 없음을 우리 인류의 역사가 증명해 주고 있습니다. 그래서 우리는 필요한 경우에만 서로를 용납하고, 그 필요성이 줄어들거나 사라지면 언제든지 관계를 단절할 수 있는 삭막한 사회에 살고 있는 것입니다. 안타깝게도 부부 관계조차 이러한 모습으로 변화하고 있습니다. 요즘은 부부별산제로서 철저하게 각자의 몫을 관리하기 때문에, 이혼할 경우 재산분할이 크게 문제될 것도 없습니다. 서로 필요해서 만났다가 그 필요성이나 조건이 맞지 않으면 너무나 쉽게 헤어지는 시대를 우리가 걸어가고 있는 것입니다.

솔로몬이 이웃 나라 여인들과 결혼한 것도 이와 비슷한 맥락이었습니다. 세상에 어떤 남자가 부인을 1,000명이나 두고 싶겠습니까? 이는 당시 왕권 강화를 위해 이웃 나라들과 정략적 동맹을 맺은 결과로, 솔로몬은 원치 않은 많은 부인과 첩을 두게 된 것입니다. 물론, 이처럼 하나님을 의지하지 않고, 세상을 의지함으로 인해 훗날 이스라엘이 분열되는 원인을 초래하기도 했습니다. 솔로몬의 입장에서 왕후나 후궁이 많이 있었지만, 정말 마음과 마음이 만나 서로를 온전히 내어주는 진실한 사랑은 얼마나 귀하고 목말랐을까요? 반면, 술람미 여인은 아무런 배경도 없는 시골 처녀였습니다. 솔로몬이 그녀를 포도원에 초대하여 푸른 풀밭에 누워 서로의 사랑을 고백하는 그 아름다운 장면을 떠올려 보십시오. 정말 술람미 여인은 자신의 모든 것을 희생해서라도 솔로몬의 사랑 안에서 머물고 싶었을 것입니다. 그리고 솔로몬 역시 권력이나 조건이 아닌, 오직 자신만을 바라보는 술람미 여인의 비둘기 같은 눈에 빠져들 수밖에 없었을 것입니다.

여기서 매우 중요한 메시지가 있습니다. "완전한 자"는 히브리어로 "탐마티"입니다. 이는 "완전한"을 뜻하는 "탐"에 소유격이 붙은 형태입니다. 이 단어는 "타브"와 "멤"으로 이루어져 있는데, 이는 "언약적 사랑 안에 있는 생명"을 의미합니다. 그래서 "완전함"이란 과거의 실패가 없는 무결점의 상태가 아니라, 사랑 안에서 용납받고 인정받는 상태를 의미합니다. 즉, 술람미 여인의 완전함은 그녀의 완벽한 행실 때문이 아니라, 솔로몬이 그녀를 사랑으로 붙들어주는 관계 안에서 "너는 완전하다"고 선언했기 때문에 성립된 것입니다. 술람미 여인은 사회적으로는 그저 시골의 평범한 처녀였지만, 왕이 그녀를 "유일한 자"로 택함으로써 그녀의 존재 가치와 신분이 새롭게 규정된 것입니다. 이렇게 솔로몬의 사랑을 받아 "나의 비둘기야", "나의 완전한 자야"라고 불리는 것을 다른 왕후와 후궁들과 비교해 보면, 결국 술람미 여인이 자기 자신을 높이지 않고, 솔로몬을 향해 마음을 온전히 비웠기에 왕의 사랑을 온전히 담을 수 있는 눈부신 그릇이 된 것입니다. 요한복음 21:15~17절을 다 같이 보겠습니다.

¹⁵ 그들이 조반 먹은 후에 예수께서 시몬 베드로에게 이르시되 요한의 아들 시몬아 네가 이 사람들보다 나를 더 사랑하느냐 하시니 이르되 주님 그러하나이다 내가 주님을 사랑하는 줄 주님께서 아시나이다 이르시되 내 어린 양을 먹이라 하시고 ¹⁶ 또 두 번째 이르시되 요한의 아들 시몬아 네가 나를 사랑하느냐 하시니 이르되 주님 그러하나이다 내가 주님을 사랑하는 줄 주님께서 아시나이다 이르시되 내 양을 치라 하시고 ¹⁷ 세 번째 이르시되 요한의 아들 시몬아 네가 나를 사랑하느냐 하시니 주께서 세 번째 네가 나를 사랑하느냐 하시므로 베드로가 근심하여 이르되 주님 모든 것을 아시오매 내가 주님을 사랑하는 줄을 주님께서 아시나이다 예수께서 이르시되 내 양을 먹이라

베드로는 예수님이 십자가에 달리시기 전, 주님을 세 번이나 부인하는 아픔을 겪었습니다. 심지어 마태복음 26:74절에는 "그가 저주하며 맹세하여 이르되 나는 그 사람을 알지 못하노라 하니 곧 닭이 울더라"고 기록되어 있을 정도입니다. 그러나 예수님은 요한복음 21:15~17절의 말씀과 같이 그 세 번 부인한 것을 덮어주시듯이 세 번에 걸쳐 "내 양을 먹이라"고 거룩한 사명을 맡겨 주셨습니다.

유명한 교회사 전승에 따르면, 베드로는 네로 황제의 박해 시기에 로마 교회를 목양하다가, 박해가 극심해지자 로마를 떠나려 했다고 합니다. 그때 베드로는 예수님이 십자가를 지시려고 로마를 향해 걸어오시는 환상을 보게 됩니다. 베드로가 놀라 "쿠오 바디스, 도미네?(Quo vadis, Domine?)", 즉 "주여, 어디로 가시

사랑의 세레나데

나이까?"라고 묻자, 예수님은 "나는 네가 버린 내 양들을 위해 다시 십자가에 못 박히러 로마로 간다"고 대답하셨습니다. 이 말씀을 들은 베드로는 도망치려 했던 자신을 회개하고 발길을 돌려 다시 로마로 들어갔습니다. 결국 그는 네로 황제의 박해 가운데 십자가에 못 박혀 순교하게 되는데, 감히 주님과 같은 모습으로 죽을 자격이 없다 하여 거꾸로 십자가에 달려 순교했다는 전승이 전해집니다. 베드로가 결코 온전한 자였기에 예수님이 "내 양을 먹이라"고 하신 것이 아닙니다. 실패했던 베드로는 어찌 보면 가룟 유다와 다를 바가 없는 연약한 존재였습니다. 그럼에도 불구하고 베드로는 예수님의 언약적인 사랑 안에서 온전히 마음을 비운 자가 되었기에 예수님의 사랑을 그대로 담아 세상에 쏟아낼 수 있었던 것입니다. 이처럼 실패를 지나온 사랑은 더욱 깊고 진한 법입니다.

여기에 하나님의 놀라운 사랑의 섭리가 담겨 있습니다. 하나님은 우리를 은혜로 택하시고, 우리의 연약함과 과거의 실패에도 불구하고 우리를 "거룩하고 흠 없는 자"라 선언해 주십니다. 골로새서 1:21~22절의 "전에 악한 행실로 멀리 떠나 마음으로 원수가 되었던 너희를 이제는 그의 육체의 죽음으로 말미암아 화목하게 하사 너희를 거룩하고 흠 없고 책망할 것이 없는 자로 그 앞에 세우고자 하였으니"의 말씀이 바로 이를 증언합니다. 우리는 이러한 사랑을 깊이 느끼면 느낄수록, 예수님의 사랑을 높여 드리기 위해 우리의 삶과 행실을 거룩하게 변화시켜 나아가야 합니다. 만약 예수님의 사랑을 단순히 머리로만 이해하고 마음의 중심에서의 회개가 없다면, 우리는 오히려 죄의 종노릇을 하게 될 뿐입니다. 그래서 베드로전서 2:16절에 "너희가 자유가 있으나 그 자유로 악을 가리는데 쓰지 말고 오직 하나님의 종과 같이 하라"는 말씀이 있습니다. 따라서 신앙인의 온전함이란, 스스로의 완벽함에서 오는 것이 아니라 하나님의 사랑 안에서 주어진 관계의 온전함입니다. 이렇게 볼 때, 아가서의 솔로몬과 술람미 여인의 사랑 이야기는 단순한 연애의 노래를 넘어, 그리스도와 교회의 복음을 보여주는 깊고 아름다운 언약의 메시지인 것입니다.

그의 어머니의 외딸이요 그 낳은 자가 귀중하게 여기는 자로구나

아가서 1:6절에는 "… 내 어머니의 아들들이 나에게 노하여 포도원지기로 삼았음이라 …"고 기록되어 있습니다. 고대 이스라엘 사회는 부계 중심의 가계였기 때문에 "아버지의 아들들" 또는 "형제들"이라는 표현이 일반적이나, 여기서 "어머니의 아들들"로 쓰인 것을 통해, 이들은 "다른 아버지를 둔 형제"임을 짐작해 볼 수 있습니다. 그런데 아가서 6:9절에는 "그는 그의 어머니의 외딸이요 그 낳은 자가 귀중하게 여기는 자로구나"라고 되어 있습니다. 여기서 말하는 "어머니"는 바로 친어머니라는 것을 알 수 있습니다. "외딸"은 히브리어로 "야히다"로 "유일한", "하나뿐인"이라는 의미입니다. 그러니 술람미 여인은 친어머니가 낳은 "단 하나의 딸"로서 어머니로부터 얼마나 귀하게 여김을 받고 특별한 사랑과 대우를 받았겠습니까? 그래서 솔로몬은 술람미 여인을 "내 비둘기, 내 완전한 자는 하나뿐이로구나"라고 노래하면서, 그 "하나뿐인" 술람미 여인이 자신에게 얼마나 귀한 존재인지를 "그의 어머니의 외딸이요"라는 표현을 통해 강조하고 있는 것입니다.

교회가 하나님 앞에 바로 이러한 존재입니다. 마치 아담에게 하와가 그의 갈빗대에서 나온 유일한 사랑의 존재인 것처럼 교회는 하나님에게 유일한 사랑의 결정체인 것입니다. 예수님의 신부 되는 교회를 사랑하는 마음을 드러내 주시기 위해 에베소서 5:31~32절에서 "그러므로 사람이 부모를 떠나 그의 아내와 합하여 그 둘이 한 육체가 될지니 이 비밀이 크도다 나는 그리스도와 교회에 대하여 말하노라"라고 말씀하십니다. 참으로 우리를 향한 하나님의 사랑은 놀랍기만 합니다.

한편, 왕비와 후궁들도 술람미 여인을 칭찬합니다. 당시 왕궁의 문화나 인간의 보편적인 심리 상태를 고려해 보면, 왕으로부터 특별한 총애를 받는 여인은 으레 다른 아내들의 시기와 미움을 받기 마련입니다. 그렇지만 솔로몬이 "내 완전한 자, 내 비둘기"라고 공적으로 선언했기에, 술람미 여인은 다른 왕후나 후궁과는 경쟁하지 않았습니다. 오히려 경쟁할 필요가 없었다는 표현이 더 적절할 것입니다. 술람미 여인의 순수함과 온전함 그리고 겸손한 태도는 다른 여인들에게도 신선한 감동을 주었을 것입니다. 이는 교회 안에서 어떤 성도가 하나님의 크신 은혜로 말미암아 변화된 모습을 바라볼 때 우리가 느끼는 감정과 같습니다. 우리 인간의 본성은 다른 사람이 자기보다 더 주목받거나 사랑받으면 질투하기 쉽습니다. 그러나 하나님의 은혜가 공동체 안에 충만히 흐르면, 그 변화는 시기의 대상이 아니라 하나님이 하신 놀라운 일의 증거로 보이게 됩니다. 그래서 질투가 아니라 "하나님께서 하셨다"는 찬양과 감사가 터져 나오는 것입니다. 로마서 12:15~16절은 "즐거워하는 자들고 함께 즐거워하고 우는 자들고 함께 울라 서로 마음을 같이하며 높은 데 마음을 두지 말고 도리어 낮은 데 처하며 스스로 지혜 있는 체 하지 말라"고 가르칩니다. 즉, 술람미 여인의 변화는, 교회 안에서 한 성도가 과거의 연약함을 넘어 주님의 사랑을 깊이 경험하고 온전함으로 자라갈 때 온 공동체가 함께 기뻐하며 하나님에게 영광을 돌리는 모범적인 영적 그림이라 할 수 있습니다.

아침 빛 같이 뚜렷하고 달 같이 아름답고 해 같이 맑은

아가서 6:10절의 히브리어 원문을 직역하면 "이 여자가 누구인가? 새벽처럼 나타나고, 달같이 아름답고, 해같이 맑으며, 깃발을 세운 군대처럼 위엄 있는 자!"로 표현됩니다. 한편 NIV 성경은 "깃발을 세운 군대처럼"이라는 표현을 "행진하는 별들과 같이 위엄 있는"(majestic as the stars in procession)이라고 번역하고 있습니다. 고대 근동 문화권에서는 하늘의 수많은 별을 "군대"로 불렀기 때문에, NIV 성경은 이러한 배경을 반영하여 시적인 번역을 선택한 것으로 보입니다. 이 표현은 예루살렘 딸들이 술람미 여인을 향해 부르는 노래입니다. 참으로 진정한 사랑은 보는 이들 모두를 감동시키는 힘이 있습니다.

"아침 빛"은 밤의 어둠을 깨뜨리고 세상을 밝히는 빛입니다. 앞서 술람미 여인이 예루살렘 딸들을 향하여 "내 사랑하는 자를 만나거든 내가 사랑하므로 병이 났다고 하려무나"라는 부탁을 했기에, 예루살렘 딸들은 그녀의의 간절함을 누구보다 잘 알고 있었습니다. 그래서 그들은 이제 영적 침체를 딛고 회복되어 나타난 그녀를 보며 찬란한 "아침 빛" 같다고 노래하는 것입니다. 또한 "달 같이 아름답고"라고 표현합니다. 달은 스스로 빛을 내지 못합니다. 그 자체로는 온전한 어둠일 뿐입니다. 그렇기 때문에 오직 태양의 빛을 그대로 받아 반사할 때만 찬란한 광채를 나타낼 수 있습니다. 술람미 여인도 스스로 빛을 발할 만한 어떠한 조건도 가지고 있지 않았습니다. 그러나 그녀가 아름답게 빛나는 것은 솔로몬의 사랑을 온전히 받아 세상에 그대로 드러냈기 때문입니다. 그래서 이어지는 "해 같이 맑고"라는 표현처럼, 마치 해의 강력하고 순수한 빛의 근원을 닮은 모습으로 보이는 것입니다. "깃발을 세운 군대 같이 당당한"이라는 표현은 술람미 여인이 솔로몬의 사랑 안에서 두려울 것이 전혀 없다는 의미입니다. 다른 왕후나 후궁들은 혹시라도 솔로몬과 결혼한 조건이 무너지거나 왕의 마음이 변할까 봐 얼마나 조마조마한 마음으로 살았을까요? 그러나 술람미 여인은 조건이 아닌, 솔로몬의 사랑 안에 있었기에 당당할 수 있었던 것입니다.

하나님의 사랑이 참으로 마음에 이루어진 사람들의 모습은 바로 이와 같습니다. 바람이 임의로 부는 것처럼, 인생에서는 누구나 예기치 못한 어려움을 만날 수밖에 없습니다. 더구나 이 인생은 죄 아래에 여전히 매여 있기 때문에 우리를 위협하는 상황들이 얼마나 많습니까? 그런데 우리가 하나님의 일하심을 온전히 신뢰하지 못하기 때문에, 얼마나 스스로 극복하려고 합니까? 전도서 기자는 이러한 인간의 헛됨에 대해 전도서 4:6절에 "두 손에 가득하고 수고하며 바람을 잡는 것보다 한 손에만 가득하고 평온함이 더 나으니라"라고 인생의 지혜를 설파하고 있습니다.

그렇지만 술람미 여인을 보십시오. 예루살렘 딸들에게 허겁지겁 부탁하고 맹세하던 그 모습은 사라지고, 이제 "아침 빛 같이 뚜렷하고 달 같이 아름답고 해 같이 맑고 깃발을 세운 군대 같이 당당한 여자"가 되었습니다. 이 모든 변화는 그녀가 더 이상 자신의 허물을 바라보지 않고, 솔로몬의 사랑 안에 거했기 때문에 가능했습니다. 그래서 요한일서 4:18절은 "사랑 안에 두려움이 없고 온전한 사랑이 두려움을 내쫓나니 두려움에는 형벌이 있음이라. 두려워하는 자는 사랑 안에서 온전히 이루지 못하였느니라"라고 말씀하고 있습니다. 참으로 우리가 하나님의 살아 계심과 우리를 택하신 그 사랑 그리고 성령의 내주하심을 온전히 믿을 때에야 비로소 우리는 예루살렘 딸들이 칭송했던 술람미 여인과 같은 아름답고 당당한 모습으로 살아갈 수 있는 것입니다.

내가 호도 동산으로 내려갔을 때에

아가서 6:11절의 히브리어 원문을 직역하면 "나는 호도동산으로 내려갔다. 시냇가의 푸른 새싹을 보려고, 포도나무가 꽃을 피웠는지, 석류나무가 싹을 냈는지 보려고."라고 표현됩니다. 이제 술람미 여인은 솔로몬의 사랑 안에서 솔로몬의 호도 동산을 마치 자신의 소유처럼 여기며, 그 동산을 살피기 위해 내려갔습니다. 진실로 솔로몬의 깃발 아래, 공동체 안에서 영광스러운 직분을 기쁨으로 수행하고 있는 모습입니다. 우리가 이 모습을 상상해 보면, 호도 동산에는 시냇가, 곧 골짜기의 싱그러운 새싹도 있고, 포도나무도 꽃을 피우고 있으며, 석류나무도 붉은 꽃망울을 터뜨리고 있습니다. 우리는 둘만의 호도 동산에서 훨씬 더 깊고 신비로운 비밀을 발견할 수 있습니다.

먼저 이 아름다운 동산은 과연 누가 만들었을까요? 바로 솔로몬이 사랑하는 사람과 함께하기 위해 정성껏 준비한 곳입니다. 전도서 2:4~5절의 "나의 사업을 크게 하였노라. 내가 나를 위하여 집들을 짓고 포도원을 일구며 여러 동산과 과원을 만들고 그 가운데에 각종 과목을 심었으며"라는 말씀을 통해 솔로몬이 많은 노력을 기울여 만들었음을 알 수 있습니다. 만약 이러한 동산이 오직 인생의 즐거움만을 위한 것이라면, 전도서 2:11절의 "그 후에 내가 생각해 본즉 내 손으로 한 모든 일과 내가 수고한 모든 것이 다 헛되어 바람을 잡는 것이며 해 아래에서 무익한 것이로다"라는 말씀처럼 결국 허무로 끝나고 말 것입니다. 하지만 사랑하는 사람과 그 동산을 일구는 동안에는 그 자체가 무엇과도 바꿀 수 없는 행복이 됩니다.

우리는 아가서가 하나님의 교회를 향한 사랑임을 인정하면 이사야 5:1~2절의 말씀을 통해, 인생의 참된 기쁨은 바로 사랑하는 사람과 함께 하는 것임을 알 수 있습니다. 하나님이 바로 우리와 그렇게 동행하시기를 원하고 계십니다.

> ¹ 나는 내가 사랑하는 자를 위하여 노래하되 내가 사랑하는 자의 포도원을 노래하리라 내가 사랑하는 자에게 포도원이 있음이여 심히 기름진 산에로다. ² 땅을 파서 돌을 제하고 극상품 포도나무를 심었도다. 그 중에 망대를 세웠고 또 그 안에 술틀을 팠도다 좋은 포도 맺기를 바랐더니 들포도를 맺었도다

하나님은 사랑하는 자를 위하여 포도원을 노래하시고, 그 포도원에서 좋은 포도를 맺어 기쁨을 누리며, 사랑하는 자들이 그 기쁨을 주신 하나님께 영광을 돌리기 원하셨던 것입니다. 이렇게 동산을 돌보는 모습을 사랑의 관점으로 확장하여 바라보면, 우리는 그것이 의미하는 바를 더욱 깊이 깨달을 수 있는 것입니다.

특별히 호도는 단단한 껍질을 가진 열매입니다. 겉모습은 투박해 보일지 몰라도, 그 단단한 껍질을 깨뜨리면 그 안에는 고소한 기름이 가득한 속살이 드러납니다. 이는 신앙의 성숙한 열매를

상징합니다. 그리고 이러한 성숙한 열매를 맺기 위해서는 특별한 은혜의 보호가 있어야만 됩니다. 로마서 14:2절의 "어떤 사람은 모든 것을 먹을 만한 믿음이 있고 믿음이 연약한 자는 채소만 먹느니라"는 말씀과 연결하여 그 의미를 되새겨 볼 수 있습니다.

호도 동산에는 먼저 골짜기의 푸른 초목이 있습니다. 생명은 바로 이곳, 낮고 겸손한 골짜기에서부터 자라나는 법입니다. 우리의 마음 또한 낮고 겸손한 골짜기가 될 때 생명이 움트게 됩니다. 그리고 성경에서 포도는 종종 기쁨, 사랑 그리고 언약의 축복을 의미함을 우리는 잘 알고 있습니다. 따라서 포도나무의 싹은 기쁨과 생명의 열매가 맺히기 전의 상태를 잘 보여줍니다. 또한 석류는 씨가 많아 생명의 풍성함, 다산을 상징합니다. 그래서 석류나무의 꽃은 풍성한 열매의 약속을 나타냅니다. 결국 아가서 6:11절의 장면은 왕의 동산 안에서 생명이 자라나는 모든 과정을 살피는 모습이며, 이제 술람미 여인이 왕의 동역자로서 그 생명의 성장과 풍성함을 확인하는 사역에 동참하고 있는 장면이라 할 수 있습니다. 고린도전서 3:1~9절까지 보겠습니다.

> ¹ 형제들아 내가 신령한 자들을 대함과 같이 너희에게 말할 수 없어서 육신에 속한 자 곧 그리스도 안에서 어린 아이들을 대함과 같이 하였노라 ² 내가 너희를 젖으로 먹이고 밥으로 아니하였노니 이는 너희가 감당하지 못하였음이거니와 지금도 못하리라 ³ 너희가 아직도 육신에 속한 자로다 너희 가운데 시기와 분쟁이 있으니 어찌 육신에 속하여 사람을 따라 행함이 아니리요

⁴ 어떤 이는 말하되 나는 바울에게라 하고 다른 이는 나는 아볼로에게라 하니 너희가 육의 사람이 아니리요 ⁵ 그런즉 아볼로는 무엇이며 바울은 무엇이냐 그들은 주께서 각각 주신 대로 너희로 하여금 믿게 한 사역자들이니라 ⁶ 나는 심었고 아볼로는 물을 주었으되 오직 하나님께서 자라나게 하셨나니 ⁷ 그런즉 심는 이나 물 주는 이는 아무 것도 아니로되 오직 자라나게 하시는 이는 하나님뿐이니라 ⁸ 심는 이와 물 주는 이는 한가지이나 각각 자기의 일한 대로 자기의 상을 받으리라 ⁹ 우리는 하나님의 동역자들이요 너희는 하나님의 밭이요 하나님의 집이니라

바울은 고린도 교회의 성도를 향하여 "육신에 속한 자로다"라고 말하고 있습니다. 그들은 여전히 육신에 속해 있었기에, 하나님의 복음 안에서 하나 되기보다는 "나는 바울에게 속하였다", "나는 아볼로에게 속하였다"라고 주장하면서 교회 안에 분열을 일으키고 있었습니다. 이에 바울은 자라나게 하시는 이는 오직 하나님뿐이시며, 자신들은 단지 심고 물을 주는 역할일 뿐임을 겸손히 고백합니다. 또한 하나님은 당신의 사역에 동참함에 대하여 각자의 일한 대로 상을 주시는 은혜로운 분이심을 나타내며 자신과 아볼로는 하나님의 동역자라고 하는 것입니다. 따라서 고린도 교회가 곧 하나님의 밭이요 하나님의 집이며 그들 모두 이 사역에 동참한다고 강조하고 있는 것입니다.

술람미 여인도 자기중심적인 삶에 머물러 있을 때에는 솔로몬의 사역에 동참할 수 없었습니다. 그녀는 침대에서 옷을 벗고 발을 씻은 상태로 영적인 나태함에 빠져 있었습니다. 그러나 자신의 안일한 육체를 벗고 나서부터, 그녀는 바로 솔로몬의 사역에 동참하게 되었습니다. 우리도 이제는 신앙의 어린아이 단계에서 벗어나야 합니다. 왕 같은 제사장으로서 바울과 아볼로처럼 하나님의 사역에 동참함으로써, 하나님이 예비하신 그 영광스러운 상을 향하여 힘껏 나아가야 할 것입니다.

내 귀한 백성의 수레 가운데에 이르게 하였구나

아가서 6:12절의 히브리어 원문을 직역하면 "내 영혼이 알지 못하는 사이에 나를 내의 귀한 백성의 병거 가운데 두었다"로 표현됩니다. 술람미 여인은 정말 자신의 영혼조차 알지 못하는 사이에, 갑자기 솔로몬의 병거에 오르게 되었습니다. 이는 자발적인 의지라기보다, 거부할 수 없는 솔로몬의 사랑에 이끌렸기 때문입니다. 술람미 여인은 이제 솔로몬의 사랑과 영광 속으로 갑작스럽게 들어가게 된 것입니다. 우리는 혼인을 뜻하는 히브리어 "니수인"에 "신분이 상승된다"는 의미가 있음을 보았습니다. 진실로 술람미 여인은 솔로몬과의 혼인을 통해 단순히 '사랑받는 자'로 머무는 것이 아닙니다. 그녀는 이제 솔로몬의 삶과 사명에 직접 참여하여, 솔로몬과 함께 동산을 경작하는 일에 동참하는 존재로 그 신분이 변화되었습니다.

마치 고린도전서 3:9절의 "우리는 하나님의 동역자들이요"라는 말씀처럼, 술람미 여인은 솔로몬의 진정한 동역자가 된 것입니다. 바로 이러한 동역자가 되었을 때, 술람미 여인은 자신도 모르게 귀한 백성의 병거 가운데 자신이 속해 있음을 발견하게 된 것입니다. 그래서 저는 여러분에게 하나님의 사역에 동참하시기를 간곡히 권면하는 것입니다. 과연 하나님의 사역이란 무엇입니까? 요한복음 6:28~29절은 "그들이 묻되 우리가 어떻게 하여야 하나님의 일을 하오리이까? 예수께서 대답하여 이르시되 하나님께서 보내신 이를 믿는 것이 하나님의 일이니라 하시니"라고 기록되어 있습니다. 바로 하나님의 일이라는 것은 예수님을 소개하고 그분을 믿게 하는 일, 곧 복음을 전하는 것입니다. 예수님은 이 일이 사람의 힘과 노력만으로 되는 것이 아님을 아셨기 때문에 사도행전 1:8절에 "오직 성령이 너희에게 임하시면 너희가 권능을 받고 예루살렘과 온 유대와 사마리아와 땅 끝까지 이르러 내 증인이 되리라 하시니라"고 말씀하셨습니다. 우리가 예수님을 전하다 보면, 마치 술람미 여인이 자신도 모르는 사이에 귀한 백성들의 병거 한가운데 있었던 것처럼, 우리 또한 성령의 인도함을 받게 됩니다. 한 사람의 죽어가는 영혼을 구하기 위해서는, 하나님 앞에 나아가 그 영혼을 사랑하는 간절한 마음으로 기도를 해야 합니다. 그 과정에서 하나님이 우리를 얼마나 사랑하셨는지, 그리고 예수님이 그 사랑을 이루시기 위해 오셨다는 것을 깊이 느끼게 됩니다. 바로 그때, 우리는 하나님의 사랑에 이끌려 나도 모르는 사이에 성령의 수레에 타게 되고, 하나님의 사역에 동참하게 되는 것입니다. 모든 복이 바로 여기에 있습니다.

돌아오고 돌아오라 술람미 여자야

아가서 6:13절의 히브리어 원문을 직역하면 "돌아오라, 돌아오라, 술람미 여인이여. 돌아오라, 돌아오라, 우리가 너를 보리라. 너희가 술람미 여인 안에서 무엇을 보느냐? 마치 두 진영의 춤과 같은 것을."으로 표현됩니다. 먼저 6:13절 전반부는 예루살렘 딸들이 노래하는 것으로 해석됩니다. "돌아오고 돌아오라"라는 표현은 히브리어로 "수비"라고 하는데, 이는 "슈브"의 여성 단수 명령형입니다. 즉 이 노래는 술람미 여인을 향해 돌아오라고 간청하는 것입니다. 그리고 "우리가 너를 보게 하라"라는 표현은 히브리어로 "하주–나"인데, 여기서 "하주"는 "보다"라는 동사 "하자"의 2인칭 복수 명령형입니다. 그러므로 이 부분은 예루살렘 딸들이 술람미 여인을 바라보며 노래하는 것임을 알 수 있습니다.

그런데 "돌아오다"의 히브리어인 "수비"는 문맥에 따라 "몸을 돌려서 보이다", "우리 쪽으로 시선을 돌리다"와 같은 뉘앙스를 가집니다. 그래서 아가서 6:13절은 단순히 "집으로 돌아오라"는 장소의 이동을 의미하기보다는 예루살렘 여인들이 술람미 여인의 아름다움을 가까이서 직접 보고 싶어 하는 요청이 강하게 담겨 있습니다. 예루살렘 딸들은 술람미 여인의 아름다움을 솔로몬이 극찬한 직후, 그 명성을 너무나 확인하고 싶어 "돌아오라"를 네 번이나 반복하며 그녀를 직접 보기를 간청하는 것입니다.

우리는 교회 공동체 안에서도 이러한 모습을 자주 목격합니다. 하나님의 역사가 일어난 성도들의 귀한 간증을 들을 때면 사람들은 거룩한 호기심을 갖게 됩니다. 우리 교회에도 하나님의 은혜가 임하여 얼굴이 변화된 분이 계십니다. 그렇게 되면 우리는 너나 할 것 없이 그 분을 직접 뵙고 싶어 하고, 개인적로도 더 깊이 교제 나누기를 소망합니다. 하나님은 이렇게 또 당신의 사람을 드러내십니다. 세상 사람들은 자신을 드러내기 위해 좋은 스펙을 쌓고, 기회만 있으면 자기를 자랑하려고 애씁니다. 하지만 신앙의 원리는 이와 정반대입니다. 예루살렘 딸들이 언제 술람미 여인을 보고 싶어 했습니까? 바로 그녀가 자신을 완전히 비우고, 오직 솔로몬의 사랑만을 온전히 반사하여 아침 빛같이, 달같이 아름답게 빛날 때였습니다. 그래서 마태복음 20:26절에 "너희 중에는 그렇지 않아야 하나니 너희 중에 누구든지 크고자 하는 자는 너희를 섬기는 자가 되고"라고 말씀하고 있는 것입니다.

우리는 교회의 삶에서 특히 이 점을 유의해야 합니다. 교회 공동체는 고린도전서 1:26절의 "형제들아 너희를 부르심을 보라 육체를 따라 지혜로운 자가 많지 아니하며 능한 자가 많지 아니하며 문벌 좋은 자가 많지 아니하도다"라는 말씀과 같이, 세상의 기준에서 볼 때, 고난과 어려움을 겪은 연약한 분들이 많이 모인 곳입니다. 그럼에도 불구하고 교회 안에서 자기가 인정받기 위해 타인을 지배하려 하거나, 자기의 의견이 받아들여지지 않는다고 해서 자존심을 내세우는 것은 아직 육체에 속한 미성숙한 그리스도인의 모습입니다. 이 점을 깊이 헤아려, 더욱 겸손한 마음으로 형제자매를 사랑하고 섬겨야 할 것입니다.

사랑의 세레나데

어찌하여 마하나임에서 춤추는 것으로 보는 듯 하느냐

아가서 6:13절 후반부에서는 갑자기 어조가 변화합니다. 전반부에서는 예루살렘 딸들이 술람미 여인을 보고 싶어 하는 내용이었습니다. 그런데 후반부에서는 갑자기 "너희가 어찌하여 마하나임에서 춤추는 것을 보는 것처럼 술람미 여자를 보려느냐"라고 합니다. 이때의 화자를 알기 위해서는 문법적인 검토가 필요합니다. 여기서 "보다"로 사용된 히브리어는 "테헤자"로서 미완료형의 2인칭 남성 복수 형태의 단어입니다. 그래서 "너희 남자들아 … 보려느냐"로 풀이되므로, 이는 솔로몬이 술람미 여인을 호기심 어린 눈으로 바라보는 귀족의 남성들을 상대로 묻고 있는 것입니다.

히브리어에서 사용하는 "미완료형"은 과거, 현재, 미래의 시제를 특정하는 것이 아니라 그 동작이 계속 중인 상태를 의미합니다. 술람미 여인이 왕의 사역에 동참하게 되어, 귀족들과 함께 왕의 병거에 오르게 되었습니다. 그러자 예루살렘 딸들은 솔로몬이 "내 비둘기, 내 완전한 자"로 칭송한 술람미 여인을 네 번이나 부르면서 보고 싶어 안달이 났습니다. 여기에 남성 귀족들까지도 예루살렘 딸들의 환호에 편승하여 술람미 여인을 보고 싶어 하는 것입니다. 그러나 이 남성 귀족들은 술람미 여인의 지난 삶을 잘 알지를 못합니다. 그래서 솔로몬은 "어찌하여 마하나임에서 춤추는 것을 보는 것처럼 술람미 여자를 보려느냐"라고 이

상황을 표현하고 있는 것입니다.

"마하나임"은 히브리어로 "진영, 군대"를 나타내는 "마하네"에 복수형 어미 "아임"이 붙어, 두 진영 또는 두 군대를 나타내는 단어입니다. 창세기 32:1~2절에서 "야곱이 길을 가는데 하나님의 사자들이 그를 만난지라 야곱이 그들을 볼 때에 이르기를 이는 하나님의 군대라 하고 그 땅 이름을 마하나임이라 하였더라"고 기록되어 있습니다. 창세기 31장에서 야곱은 외삼촌 라반의 압박에서 벗어나 고향으로 향합니다. 그때 야곱을 뒤쫓아 오는 라반에게 하나님이 "야곱을 선악간에 말하지 말라"(창 31:24)라고 하시면서 간섭하셨습니다. 이러한 은혜로 말미암아 결국 라반과 야곱은 길르앗에서 언약을 맺고 화해하게 됩니다. 이는 곧 야곱이 하나님이 자신을 억압과 착취에서 해방시키셨다는 사실을 생생하게 경험한 직후였습니다. 창세기 32:1~2절에서 야곱은 삼촌 라반의 억압에서 벗어난 경험이 전적인 하나님의 보호하심이라는 것을 믿게 되었고, 그 여정 속에서 "하나님의 사자들"을 본것은 그 보호가 계속되고 있다는 확신이었습니다. 따라서 야곱은 라반과의 사건을 통해 깨달은 바가 있었기에, 그 사자들과의 만남을 막연한 환상이 아닌, 유형적이고 실제적인 동행으로 이해했던 것입니다.

히브리 문학에서 "마하나임"은 대규모의 집단이 서로 마주보고 또는 함께 행진하며 움직이는 웅장한 모습을 나타낼 때 사용합니다. 즉, 장엄한 군대 행렬의 위엄과 화려함 그리고 두 진영이 조화를 이루는 환영식의 이미지를 담고 있습니다. 그런데 여기서 솔로몬은 귀족의 남성들에게 단순히 외양적인 아름다움이나 눈에 보이는 화려함에만 주목하지 말고, 신부의 내면적 성숙과 왕과의 연합에서 오는 영광을 보라는 것입니다. 술람미 여인이 비록 귀족의 수레에 타고 솔로몬의 동산을 경작하는 일에 동참하고 있지만, 사실 이러한 외적인 일들은 왕후나 후궁들도 얼마든지 할 수 있는 일입니다. 만약 겉모습만 본다면, 술람미 여인이 솔로몬의 언약적인 사랑 안에서 얼마나 군대처럼 당당하고 특별한 존재인지 발견할 수 없을 것입니다. 솔로몬은 사람들이 보지 못하는 그녀의 진면목, 바로 그 존귀한 사랑의 본질을 드러내고 싶었던 것입니다.

우리의 신앙도 마찬가지입니다. 우리가 영적인 시각으로 다른 사람의 신앙을 바라보지 않는다면, 늘 눈에 보이는 외적인 부분들로만 판단하기 쉽습니다. 고린도후서 4:6~7절에 "어두운 데에 빛이 비치라 말씀하셨던 그 하나님께서 예수 그리스도의 얼굴에 있는 하나님의 영광을 아는 빛을 우리 마음에 비추셨느니라. 우리가 이 보배를 질그릇에 가졌으니 이는 심히 큰 능력은 하나님께 있고 우리에게 있지 아니함을 알게 하려 함이라"라고 기록되어 있습니다. 사도 바울도 고린도전서 15:10절에서 "그러나 내가 나 된 것은 하나님의 은혜로 된 것이니 …"라고 표현한 바와 같이, 신앙은 오직 하나님의 은혜 안에서만 발견되고 자라가는 것입니다.

내 완전한 자는 하나뿐이로구나

솔로몬은 왕비가 육십 명이요, 후궁이 팔십 명이요, 시녀가 무수히 많았습니다. 그렇지만 진정으로 솔로몬의 언약적인 사랑 안에서 자기를 온전히 비우고 그대로 태양을 반사하는 달빛처럼 그 사랑을 비춰 주는 여인은 술람미 여인 하나뿐이었습니다. 우리가 바로 하나님 앞에 이러한 영광스러운 직분을 얻는 것은 바로 철저히 죄 아래서 오염된 가치관을 버리고 온전히 주님의 사랑 안에서 그분의 향기를 날릴 때입니다.

술람미 여인은 호도 동산에 내려갔습니다. 호도는 딱딱한 껍질 속에 아름다운 기름을 내어주는 열매를 가지고 있습니다. 이는 바로 술람미 여인의 사랑이 성숙되었다는 것을 보여줍니다. 그래서 술람미 여인은 그 동산에서 포도나무 꽃을 가꾸고 석류나무 꽃을 가꾸었습니다. 하나님은 바로 이렇게 사랑을 받은 성도들로 하여금 교회를 가꾸고 세상을 향하여 그리스도의 지경을 넓히도록 하십니다.

술람미 여인이 호도 동산에 솔로몬의 통치에 참여함으로써 술람미 여인이 귀한 백성의 수레에 이르게 된 것처럼 우리도 이러한 주의 일, 곧 하나님이 보내신 예수님을 믿게 하는 일에 참여함으로써 우리도 성령의 수레의 인도를 받는 것입니다. 진정한 신앙의 삶은 바로 하나님의 일에 동참함으로써 하나님과 동행하는 삶 속에서의 영광에 참여하는 것입니다.

12강
네 발이 어찌 그리 아름다운가

(아가 7:1~6)

> ¹ 귀한 자의 딸아 신을 신은 네 신발이 어찌 그리 아름다운가 네 넓적다리는 둥글어서 숙련공의 손이 만든 구슬 꿰미 같구나 ² 배꼽은 섞은 포도주를 가득히 부은 둥근 잔 같고 허리는 백합화로 두른 밀단 같구나 ³ 두 유방은 암사슴의 쌍태 새끼 같고 ⁴ 목은 상아 망대 같구나 눈은 헤스본 바드랍빔 문 곁에 있는 연못 같고 코는 다메섹을 향한 레바논 망대 같구나 ⁵ 머리는 갈멜 산 같고 드리운 머리털은 자주 빛이 있으니 왕이 그 머리카락에 매이었구나 ⁶ 사랑아 네가 어찌 그리 아름다운지, 어찌 그리 화창한지 즐겁게 하는구나

신을 신은 네 발이 어찌 그리 아름다운가

아가서 7:1절의 히브리어 원문을 직역하면 "네 발걸음들이 얼마나 아름다운가, 신들 속에 있는 귀한 자의 딸아. 네 허벅지의 곡선들이 보석 장식 같으니, 장인의 손이 만든 작품 같도다"라고 표현됩니다. 솔로몬은 7장에서 가장 먼저 술람미 여인의 발에 주목한 이유는 무엇일까요? 이는 술람미 여인의 발자취가 사랑의 여정을 이어오는 동안, 몇 번의 중요한 변곡점을 통과했음을 의미합니다.

* 시작(1장) 그녀는 양 떼의 발자취를 따라 솔로몬의 부름에 순종하여 설레는 마음으로 길을 나섭니다. * 망설임(2장) 솔로몬이 포도원 동산으로 초대했을 때, 그녀는 바위틈 낭떠러지 은밀한 곳에 숨어 자신을 드러내기를 다소 주저하고 망설였습니다. * 간절함(3장) 그녀는 밤중 침상에서조차도 사랑하는 솔로몬을 찾

다가, 급기야 성 안까지 그를 찾아 나서는 간절한 발걸음을 보여 주었습니다. * 온전한 연합(4장) 점점 깊어지는 사랑을 통해, 그 녀는 솔로몬의 가마를 타고 왕궁으로 오게 되었고, 솔로몬과 온 전히 하나가 되었습니다. * 좌절과 교훈(5장) 그녀는 솔로몬의 부 재를 통해, 자신의 존재는 진실로 솔로몬의 사랑 안에 있을 때에 만 의미가 있음을 깊이 깨닫게 됩니다. * 연합과 지위 상승(6장) 그녀는 온전히 솔로몬에게 속하여 호도 동산으로 발걸음을 옮겼 고, 그곳에서 생명을 가꾸는 일에 힘썼습니다. 참된 혼인을 통해 솔로몬과 같은 존귀한 위치로 상승하여 솔로몬의 통치권 행사에 동참하게 되었습니다.

술람미 여인의 이러한 놀라운 변화는 결국 그녀의 발걸음에서 부터 시작된 것입니다. 왕이 포도원을 지키던 초라한 자신을 처 음 불렀을 때, 그 부르심은 꿈을 꾸는 것만 같았을 것입니다. 그 리고 솔로몬이 사랑을 노래하며 포도원에 초대했을 때도, 그녀는 선뜻 자신을 온전히 그에게 맡기기에는 여전히 마음속에 머뭇거 림이 있었습니다. 그러나 솔로몬의 변함없는 사랑의 언약을 덕분 에 그녀는 점차 스스로를 가두었던 벽을 넘어 솔로몬의 넓고 깊 은 사랑 안으로 들어갈 수 있게 되었습니다.

우리도 술람미 여인과 동일한 위치에 있는 그리스도인입니다. 처음 교회를 접하고 성경을 통해 하나님의 택하심의 사랑을 들 었을 때, 우리의 마음속에 곧바로 온전한 믿음이 생기지는 않습 니다. 단지 "하나님이 우리를 사랑하시는구나." 정도로만 이해하고, 여전히 나의 자아에 갇혀 있을 때가 많습니다. 하지만 우리가 계속하여 믿음의 발걸음을 교회로 향할 때, 하나님은 우리를 위해 당신의 독생자이신 예수님을 십자가에 못 박으신 그 확증된 사랑을 끊임없이 부어주십니다. 이 사랑으로 우리의 마음이 활짝 열리게 됩니다. 이 과정에서 하나님의 성령이 우리 안에 내주하시면서 우리의 삶은 변화되어 갑니다. 우리는 점점 더 세상에서 최고로 여기던 가치관을 부인하고, 하나님의 거룩한 일하심에 동참하고 싶은 열망을 갖게 됩니다. 그리고 마침내 우리의 발걸음은 생명의 복음을 전하는 쪽으로 나아가게 되는 것입니다. 하나님은 이렇게 당신의 사역에 기쁨으로 동참하는 우리의 발걸음을 아름답다고 하십니다.

이사야 52:7절은 이 아름다운 발걸음을 노래합니다. "좋은 소식을 전하며 평화를 공포하며 복된 좋은 소식을 가져오며 구원을 공포하며 시온을 향하여 이르기를 네 하나님이 통치하신다 하는 자의 산을 넘는 발이 어찌 그리 아름다운가" 예수님은 실로 메시아로서 천국이 임하였다는 좋은 소식을 전하기 위해, 육신의 고단함도 잊으신 채 발걸음을 옮기셨습니다. 마가복음은 바로 이러한 하나님의 종으로 오신 예수님이 복음 사역을 위해 얼마나 헌신하셨는지를 잘 보여줍니다. 또한 요한복음 4:6절은 "거기 또 야곱의 우물이 있더라 예수께서 길 가시다가 피곤하여 우물 곁에 그대로 앉으시니 때가 여섯 시쯤 되었더라"고 기록합니다. 정말로 예수님의 발걸음은 죽음의 골짜기에 있는 인생들에게 생명을 불어넣어 주는 발걸음이었고, 절망과 질병에 갇혀 신음하

사랑의 세레나데

는 세상에 희망과 치유를 주는 발걸음이었습니다. 또한 귀신에 붙들린 영혼에게 참된 자유를 주는 발걸음이었습니다. 이 발걸음이 얼마나 아름다운 발걸음인가요?

예수님은 이제 교회로 부름 받은 우리와 아름다운 동행의 발걸음을 옮기기를 원하십니다. 마치 술람미 여인이 솔로몬과 전인격적으로 온전히 하나가 되었을 때, 기쁨으로 솔로몬의 호도 동산의 일에 동참했던 것처럼 말입니다. 예수님은 마태복음 28:19~20절에서 "그러므로 너희는 가서 모든 민족을 제자로 삼아 아버지와 아들과 성령의 이름으로 세례를 베풀고 내가 너희에게 분부한 모든 것을 가르쳐 지키게 하라. 볼지어다 내가 세상 끝날까지 너희와 항상 함께 있으리라 하시니라"고 말씀하셨습니다.

사도 바울은 이러한 뜻을 그대로 받아, 로마서 10:14~15절에 "그런즉 그들이 믿지 아니하는 이를 어찌 부르리요 듣지도 못한 이를 어찌 믿으리요 전파하는 자가 없이 어찌 들으리요. 보내심을 받지 아니하였으면 어찌 전파하리요. 기록된 바 아름답도다 좋은 소식을 전하는 자들의 발이여 함과 같으니라"라고 기록하고 있습니다. 따라서 우리의 발걸음 역시 이 세상에 좋은 소식을 전하는 아름다운 발걸음이 되어야 할 것입니다.

나아가, 솔로몬은 술람미 여인의 아름다운 넓적다리를 노래하고 있습니다. 성경에서 "넓적다리"는 특별한 의미를 가지고 있습니다. 창세기 24:2절 "아브라함이 자기 집 모든 소유를 맡은 늙은 종에게 이르되 청하건대 내 허벅지 밑에 네 손을 넣으라"라는 기록이 있습니다. 또한 창세기 47:29절에 "이스라엘이 죽을 날이 가까우매 그의 아들 요셉을 불러 그에게 이르되 이제 내가 네게 은혜를 입었거든 청하노니 네 손을 내 허벅지 아래에 넣고 인애와 성실함으로 내게 행하여 애굽에 나를 장사하지 아니하도록 하라"라는 기록이 있습니다. 즉 히브리 문화에서 넓적다리는 후손과 생명의 계승을 두고 맹세하는 행위와 깊이 연관되어 있습니다. 특히 생리학적으로도 넓적다리와 골반은 생명을 잉태하는 곳과 연결된 부위로서 생식력과 후손의 번성을 잘 보여주고 있습니다.

술람미 여인은 발걸음을 부지런하게 옮기면서 튼튼한 넓적다리를 가지게 된 것입니다. 이제 술람미 여인의 발걸음은 연약한 발걸음이 아니라, 솔로몬의 온전한 사랑을 담은 넓적다리를 가지고 생명을 돌보는 발걸음입니다. 우리 역시 이처럼 튼튼한 생명을 품는 넓적다리를 가져야 할 것입니다. 특히 가족을 돌보는 일에 결코 소홀해서는 안 될 것입니다. 디모데전서 5:8절은 "누구든지 자기 친족 특히 자기 가족을 돌보지 아니하면 믿음을 배반한 자요 불신자보다 더 악한 자니라"라고 엄중하게 말씀하고 있습니다. 여기서 말하는 "돌봄"은 물질적인 공급뿐만 아니라 영적인 돌봄을 모두 포함하는 것입니다. 우리는 복음의 발걸음을 부지런히 옮겨 다니면서, 생명을 낳고 영적으로 돌보는 사랑의 삶을 살아야 할 것입니다.

배꼽은 섞은 포도주를 가득히 부은 둥근 잔 같구나

아가서 7:2절의 히브리어 원문을 직역하면 "네 배꼽은 둥근 잔 같아서, 섞은 포도주가 부족하지 아니하도다. 네 배는 밀 무더기 같으니, 백합화로 둘러싸여 있도다"라고 표현됩니다. 한글 성경은 배꼽을 "포도주를 가득히 부은 둥근 잔"으로 비유했지만, 히브리어 원문의 뉘앙스는 단순히 모양만 둥근 것이 아니라 그 깊이가 깊어 포도주가 마르지 않는 풍성함을 표현하고 있습니다. 우리는 이 모습을 상상해 볼 수밖에 없습니다. 술람미 여인의 배는 밀 무더기 곧, 볏단을 묶은 밀단 같다고 묘사합니다. 밀을 수확할 때는 먼저 낫으로 밀을 베고 옆으로 눕혀 놓습니다. 그리고 다 베고 나면 옮겨 타작하기 좋게 옮기기 위해 그 가운데를 묶습니다. 볏단의 가운데를 묶으면, 묶은 부분은 잘록해지고 위와 아래는 풍성하게 퍼집니다. 이처럼 술람미 여인의 허리 라인은 잘록하고 아름다웠던 것입니다. 그런데 그 잘록한 허리를 백합화로 둘렀다고 하니, 참으로 순결함과 우아함으로 둘러싸인 모습이 아닐 수 없습니다.

그리고 그 가운데에 배꼽이 둥근 잔과 같이 깊이감이 있는 아름다움을 지니고 있었나 봅니다. 배꼽을 뜻하는 히브리어 "쇼레르"는 "탯줄"이라는 뜻도 함께 가지고 있습니다. 그리고 배를 뜻하는 히브리어 "베텐"은 "복부"뿐만 아니라 "자궁"의 뜻을 함께 가집니다. 우리가 어머니의 뱃속에 있을 때, 우리의 생명은 탯줄을 통해 공급되는 영양분을 흡수하고 자라납니다. 출산 후 이

탯줄을 끊은 흔적이 바로 배꼽이 됩니다. 따라서 자궁과 탯줄은 생명의 근원이자 생명의 젖줄인 것입니다. 그러므로 우리는 솔로몬이 왜 술람미 여인의 아름다움을 묘사하며 하필이면 이러한 표현들을 사용했는지, 성경의 다른 구절들을 통해 그 의미를 찾아볼 수 있습니다.

역대하 3:4~5절 "그 성전 앞에 있는 낭실의 길이가 성전의 너비와 같이 이십 규빗이요 높이가 백이십 규빗이니 안에는 순금으로 입혔으며, 그 대전 천장은 잣나무로 만들고 또 순금으로 입히고 그 위에 종려나무와 사슬 형상을 새겼고", 역대하 3:15~16절 "성전 앞에 기둥 둘을 만들었으니 높이가 삼십오 규빗이요 각 기둥 꼭대기의 머리가 다섯 규빗이라. 성소 같이 사슬을 만들어 그 기둥 머리에 두르고 석류 백 개를 만들어 사슬에 달았으며", 역대하 4:5절 "바다의 두께는 한 손 너비만 하고 그 둘레는 잔 둘레와 같이 백합화의 모양으로 만들었으니 그 바다에는 삼천 밧을 담겠으며"라고 기록되어 있습니다.

솔로몬 성전의 건축 시점은 열왕기상 6:1절 "이스라엘 자손이 애굽 땅에서 나온 지 사백팔십 년이요 솔로몬이 이스라엘 왕이 된 지 사 년 시브월 곧 둘째 달에 솔로몬이 여호와를 위하여 성전 건축하기를 시작하였더라"고 기록되어 있습니다. 또한 성전의 건축기간에 대해서는 열왕기상 6:38절 "열한째 해 불월 곧 여덟째 달에 그 설계와 식양대로 성전 건축이 다 끝났으니 솔로몬이 칠 년 동안 성전을 건축하였더라."고 기록되어 있습니다.

솔로몬은 당대 최고의 지혜자이자, 하나님을 위한 가장 아름다운 성전을 건축한 왕이었습니다. 그에게 있어 "가장 아름답고 완벽한 것"의 기준은 바로 하나님이 거하시는 성전이었습니다. 지금 솔로몬은 사랑하는 술람미 여인의 몸을 묘사하면서, 은연 중에 자신이 지은 성전의 이미지를 그녀에게 투영하고 있습니다. 술람미 여인의 배꼽을 묘사한 "둥근 잔"은 성전의 "바다(물두멍)"를 연상시킵니다. 또한 술람미 여인의 허리를 두른 "백합화" 역시 성전의 바다를 장식했던 그 거룩한 꽃입니다.

백합화는 순결과 아름다움 그리고 하나님의 창조의 정교함을 상징합니다. 마태복음 6:28~29절에 "또 너희가 어찌 의복을 위하여 염려하느냐 들의 백합화가 어떻게 자라는가 생각하여 보라. 수고도 아니하고 길쌈도 아니하느니라. 그러나 내가 너희에게 말하노니 솔로몬의 모든 영광으로도 입은 것이 이 꽃 하나만 같지 못하였느니라"고 기록된 바와 같이 성전의 장식으로 사용된 백합화는 하나님의 창조물의 아름다움과 성전이 하나님의 영광을 드러내는 장소임을 강조합니다.

또한 아가서 7:2절에는 언급되지 않았지만 종려나무는 성전의 벽, 문, 받침대 등에 새겨진 주요 장식으로, 히브리어로는 "타마르"라고 합니다. 특히 종려나무는 사막에서도 잘 자라는 나무로, 생명력과 하나님의 축복을 상징합니다. 시편 92:12절은 "의인은 종려나무 같이 번성하며 레바논의 백향목 같이 성장하리로다"라고 기록하고 있습니다.

그리고 석류는 성전의 두 기둥인 야긴(그가 세우신다)과 보아스 (그 안에 힘이 있다)의 머리 장식과 제사장의 옷자락 장식에 사용이 되었는데, 이는 풍요로움과 다산, 하나님의 축복을 나타냅니다. 민수기 13:23절에는 "또 에스골 골짜기에 이르러 거기서 포도송이가 달린 가지를 베어 둘이 막대기에 꿰어 메고 또 석류와 무화과를 따니라"고 되어 있듯이, 석류는 풍요로움을 상징하는 대표적인 열매라고 할 것입니다.

술람미 여인은 솔로몬의 사랑을 그대로 담아낸 존재입니다. 이스라엘 백성들은 그녀의 모습을 볼 때마다 솔로몬의 사랑의 향기를 맡을 수 있었을 것입니다. 그리고 술람미 여인은 솔로몬으로부터 받은 사랑을 통해 많은 생명을 잉태하고 출산함으로써, 그 왕위가 끊어지지 않도록 했을 것입니다. 결국, 술람미 여인은 솔로몬의 사랑과 생명이 담겨있는 성전과 같은 존재인 것입니다.

이는 오늘날 교회도 마찬가지입니다. 에베소서 2:20~22절에서 "너희는 사도들과 선지자들의 터 위에 세우심을 입은 자라 그리스도 예수께서 친히 모퉁잇돌이 되셨느니라. 그의 안에서 건물마다 서로 연결하여 주 안에서 성전이 되어 가고 너희도 성령 안에서 하나님이 거하실 처소가 되기 위하여 그리스도 예수 안에서 함께 지어져 가느니라"고 기록되어 있습니다. 하나님은 영이시기에, 인자로 오신 예수님을 통해 당신의 본질을 드러내셨습니다. 이제 예수님은 부활 승천하시어 하나님 우편에 계시기에, 교회를 통해, 곧 택하신 성도들의 삶의 모습을 통해 당신을 세상에 드러내려 하십니다. 그러므로 우리가 바로 세상 속에 세워진 성전입니다. 세상은 우리를 보고 예수님을 판단하게 되는 것입니다.

이러한 영적 배경을 바탕으로 술람미 여인의 "배꼽은 섞은 포도주를 가득히 부은 둥근 잔 같고 허리는 백합화로 두른 밀단 같구나"라는 모습을 다시 생각해 보십시오. 백합화가 새겨진 "바다"는 솔로몬 성전의 뜰에 설치된 거대한 청동 물두멍으로, 제사장들이 정결 의식을 위해 사용한 성물입니다. 이 "바다"는 청동으로 제작되었으며, 그 용량이 오늘날을 기준으로 약 44,000리터의 물을 담을 수 있는 거대한 물두멍으로서, 백합화 모양으로 장식된 가장자리를 가지고 있습니다. 성경에서 물은 정결과 새로운 생명을 상징합니다. 결국 솔로몬은 이 "바다"를 바라보듯, 항아리처럼 잘록하면서도 생명의 잉태와 출산이라는 기쁨의 포도주를 가득 담을 수 있는 술람미 여인의 배와 배꼽을 노래하는 것으로 보입니다. 솔로몬은 자신의 사랑을 완전히 반사하여 달같이 아름답고 해같이 맑은 술람미 여인을 통해 새로운 생명의 역사를 꿈꾸고 있는 것입니다.

하나님은 지금 교회를 통하여 이 놀라운 구원의 역사를 이루어 가고 계십니다. 이는 요한계시록 7:9절 "이 일 후에 내가 보니 각 나라와 족속과 백성과 방언에서 아무도 능히 셀 수 없는 큰 무리가 나와 흰 옷을 입고 손에 종려가지를 들고 보좌 앞과 어린 양 앞에 서서"라는 말씀과 이사야 2:2절 "말일에 여호와의 전의 산이 모든 산 꼭대기에 굳게 설 것이요. 모든 작은 산 위에 뛰어나리니 만방이 그리로 모여들 것이라"는 말씀의 성취라 할 것입니다.

하나님은 에덴 동산에서 아담을 창조하실 때, 그를 통해 하나님의 형상을 온 세상에 그대로 드러내고 당신의 영광을 나타내실 계획을 가지고 계셨습니다. 비록 첫 아담은 실패했지만, 마지막 아담이신 예수님은 바로 이러한 하나님의 섭리를 온전히 성취하시기 위해 이 땅에 오셨습니다. 마치 술람미 여인의 자기중심성으로 인해 솔로몬의 부재라는 아픔을 통과하며 비로소 솔로몬 안에서 존재의 본질을 찾아 하나가 되었던 것처럼, 우리 또한 하나님이 보여주신 참된 사랑인 예수 그리스도 안에서 동행의 발걸음을 내디뎌야 할 것입니다. 바로 우리가 걷는 이 동행의 아름다운 발걸음을 통해 하나님은 홀로 영광을 받으십니다.

두 유방은 암사슴의 쌍태 새끼 같고

아가서 7:4절의 히브리어 원문을 직역하면 "네 두 가슴은 두 새끼 노루 같으니, 암사슴의 쌍태 새끼들이라"라고 표현됩니다. 이 묘사는 아가서 4:5절에도 거의 동일하게 나타나는데, 특히 "쌍태"라고 표현함으로써 균형과 완전함을 잘 드러내고 있습니다. 아가서 4:5절은 사랑이 시작되는 단계에서 신부의 외적인 아름다움을 위에서부터 아래로 묘사하며 첫사랑의 설렘을 노래하는 것이라면, 아가서 7:3절은 결혼 후 솔로몬의 사랑으로 인해 부부로서 전인격적으로 온전히 연합한 가운데, 순결함과 아름다움뿐 아니라 생명을 잉태하고 양육하는 풍요의 의미를 더 강하게 담고 있음을 전체 문맥을 통해 알 수 있습니다. 이처럼 솔로몬은 반복적인 비유를 사용하여 사랑의 깊이를 점층적으로 표현하며, 사랑의 성숙과 언약의 견고함을 강조하고 있는 것입니다.

여인의 가슴은 혼인으로 인해, 오직 한 남자에게만 허락되는 사랑과 순결함을 나타냅니다. 동시에 생명을 잉태하고 출산한 이후에는 새로운 생명을 양육하는 풍성함을 나타내는 신비로운 곳입니다. 따라서 여인의 가슴은 남자의 사랑을 품어 생명으로 잉태하고, 그 생명을 세상에 전달하는 축복의 통로를 상징합니다. 교회의 신앙도 이러한 과정으로 성장해 나가야 합니다. 우리가 하나님의 부르심을 받았을 때에는 더 이상 세상과 하나님을 향해 두 마음을 품어서는 안 됩니다. 이를 두고 야고보서 4:8절은 "하나님을 가까이 하라. 그리하면 너희를 가까이 하시리라. 죄인들아 손을 깨끗이 하라. 두 마음을 품은 자들아 마음을 성결하게 하라"고 말씀하고 있습니다.

사도 바울은 갈라디아서 4:19절에서 "나의 자녀들아 너희 속에 그리스도의 형상을 이루기까지 다시 너희를 위하여 해산하는 수고를 하노니"라고 외치고 있습니다. 이처럼 우리는 교회 안에서 어미 닭이 그 새끼를 날개 아래 품듯이 형제자매를 품어서 성장하도록 도와야 하며, 또 세상을 향하여 닭이 알을 품듯이 새로운 생명을 위해 기도하고 복음의 생명이 전달될 수 있도록 해야 합니다. 이렇게 생명을 품는 교회에는 하나님이 복과 장수를 약속하셨습니다. 신명기 22:6절에는 "길을 가다가 나무에나 땅에 있는 새의 보금자리에 새 새끼나 알이 있고 어미 새가 그의 새끼나 알을 품은 것을 보거든 그 어미 새와 새끼를 아울러 취하지 말고 어미는 반드시 놓아 줄 것이요. 새끼는 취하여도 되나니 그리하면 네가 복을 누리고 장수하리라"고 기록되어 있습니다. 과연 이 말씀이 새를 위한 것이겠습니까? 이는 바로 복음 전하는 우리 삶의 복됨을 말씀하고 있는 것입니다. 우리가 복음을 전하기 위해 한 생명을 품고 있을 때에, 하나님은 그 복의 근원인 어미 새를 놓아 주시듯, 우리에게 하늘의 복을 놓아 주신다는 놀라운 영적 원리입니다.

눈은 헤스본 연못 같고 코는 다메섹을 향한 레바논 망대 같구나

아가서 7:4절의 히브리어 원문을 직역하면 "네 목은 상아의 망대 같고, 네 눈들은 헤스본의 못들 같으며, 바드랍빔 성문 곁에 있는 못들이라. 네 코는 레바논의 망대 같아서, 다메섹을 바라보는구나"로 표현됩니다. 한글 성경은 "헤스본 바드랍빔 문 곁에 있는 연못"이라고 번역되어 있는데, 히브리어로는 "바드랍빔이 문 곁에 있는 헤스본의 연못"이라고 되어 있어, 그 의미가 더 선명하게 다가옵니다.

헤스본은 요단강 동쪽에 위치한 도시로, 이스라엘이 가나안을 정복할 때 아모리 왕 시혼에게서 빼앗아 차지한 곳입니다. 특히 헤스본은 높은 지대에 있어 맑은 물이 가득 고여 있는 연못으로 유명하였습니다. 레바논은 이스라엘 북쪽의 산악 지역으로서 향기로운 백향목과 요새로 유명한 곳입니다. 그래서 레바논의 망대는 높은 지대에 위치하여 다메섹 방면까지 훤히 내다볼 수 있는 전략적 요충지였습니다.

한편, 아가서 4:4절에는 "네 목은 무기를 두려고 건축한 다윗의 망대 곧 방패 천 개, 용사의 모든 방패가 달린 망대 같고"라고 묘사되어 있습니다. 이에 반하여 7:4절에서는 "목은 상아 망대 같구나"라고 표현하고 있습니다. "상아"는 희고 순결하며 값비싼 보배로서, 술람미 여인의 당당함과 동시에 아름다움 그리고 존귀함을 나타내 줍니다. 이는 술람미 여인이 솔로몬의 언약적인 사랑 안에서 얼마나 아름답고 거룩하게 변화되었는지를 잘 보여 줍니다.

또한 아가서 4:1절에는 "너울 속에 있는 네 눈이 비둘기 같고"라고 되어 있는데, 7:4절에서는 "눈은 헤스본 바드랍빔 문 곁에 있는 연못 같고"라고 표현되어 있습니다. 이는 초기의 수줍음 속의 순결함을 넘어, 이제는 깊고 맑은 연못처럼 그 눈빛이 그윽하고 투명하며, 보는 이에게 안식을 주는 평화로운 눈빛임을 의미합니다. 그리고 코는 레바논의 망대처럼 높이 솟아서 멀리 내다보는 당당함과 통찰력을 보여주고 있습니다. 이러한 상아 망대 같은 고귀한 목, 한 없이 빨려 들어갈 것만 같은 헤스본 연못 같은 눈, 레바논 망대처럼 우뚝 솟은 코를 가진 술람미 여인의 자태를 상상하면, 예루살렘 딸들이 "돌아보고 돌아보라"라고 외칠 만한 압도적인 아름다움입니다. 참으로 왕의 사랑을 온전히 받은 여인만이 가질 수 있는 아름답고 당당한 모습입니다.

우리는 술람미 여인과는 비교조차 할 수 없는, 예수님의 보혈로 맺어진 사랑을 온전히 받은 그리스도인입니다. 우리는 술람미 여인의 변화된 모습을 바라보며, 과연 우리도 하나님의 사랑에 의지하여 당당한 그리스도인의 삶을 살아가고 있는지 돌아보아야 하겠습니다. 마태복음 10:29~31절에는 "참새 두 마리가 한 앗사리온에 팔리지 않느냐. 그러나 너희 아버지께서 허락하지 아니하시면 그 하나도 땅에 떨어지지 아니하리라. 너희에게는 머리털까지 다 세신 바 되었나니, 두려워하지 말라. 너희는 많은 참새보다 귀하니라", 또한 마태복음 28:20절에서는 "… 내가 세상 끝 날까지 너희와 항상 함께 있으리라 …"고 기록되어 있습니다. 진실로 하나님은 한 푼에 팔려가는 참새조차도 당신의 섭리 안에서 그 생명을 붙들고 계십니다. 하물며 머리털까지 다 세신 바 된 존귀한 자녀인 우리가, 이 술람미 여인의 모습과 같은 거룩한 당당함 속에서 살아가야 하지 않겠습니까?

이러한 당당한 모습은 손양원 목사님의 생애에 잘 나타나 있습니다. 당시 손양원 목사님은 형기를 다 마치고 석방이 임박한 상황이었습니다. 그런데 담당 검사는 손양원 목사님에게 "당신이 신사참배를 하면 석방이 되고, 신사참배를 거부하면 석방할 수 없다"고 이야기했습니다. 이때 손양원 목사님은 "당신은 덴코(전향)이 문제지만, 나는 신코(신앙)이 문제입니다. 나는 여기에 있으나 밖에 있으나 하나님과 함께 있는 것은 매한가지입니다."라고 하시면서 신사참배를 단호히 거부하셨습니다. 참으로 당당하고 아름다운 신앙인의 모습입니다. 저는 손양원 목사님의 이러한 삶을 보면서, 이것이야말로 예수님의 영이신 성령의 열매 맺음이라고 생각합니다. 그렇지 않고서야 어떻게 사랑하는 두 아들을 죽인 원수를 양아들로 입양할 수 있었겠습니까?

예수님을 깊이 생각해 봅시다. 예수님은 십자가에 달리셨음에도 불구하고 조롱하는 백성과 희롱하는 군인들을 보고 "아버지여, 저들을 사하여 주옵소서. 자기들이 하는 것을 알지 못함이니이다"라고 기도하셨습니다. 예수님은 진실로 십자가 너머의 생명을 바라보셨습니다. 그래서 요한복음 16:21절의 "여자가 해산하게 되면 그 때가 이르렀으므로 근심하나 아기를 낳으면 세상에 사람 난 기쁨으로 말마임아 그 고통을 다시 기억하지 아니하느니라"고 말씀처럼, 십자가의 죽음을 향하여 담대하게 나아가셨던 것입니다. 우리는 진실로 히브리서 12:1~2절의 "이러므로 우리에게 구름 같이 둘러싼 허다한 증인들이 있으니 모든 무거운 것과 얽매이기 쉬운 죄를 벗어 버리고 인내로써 우리 앞에 당한 경주를 하며 믿음의 주요 또 온전하게 하시는 이인 예수를 바라보자 그는 그 앞에 있는 기쁨을 위하여 십자가를 참으사 부끄러움을 개의치 아니하시더니 하나님 보좌 우편에 앉으셨느니라"라는 말씀처럼 당당한 믿음의 눈을 들어 주님을 바라보며 걸어 나가야 할 것입니다.

머리털은 자주빛이 있으니

아가서 7:5절의 히브리어 원문을 직역하면 "네 머리는 네 위에 갈멜 산 같고, 네 머리털은 자주빛(자색) 같으니, 왕이 그 흐름에 사로잡혔도다"로 표현됩니다. 먼저, 갈멜산은 이스라엘 북부에 위치한 산으로, 지중해 연안 근처에 자리 잡고 있으며 해발 약 546미터입니다. 이곳은 푸른 초목과 비옥한 경사지로 유명하며, 성경에서는 아름다움과 풍요의 상징으로 자주 등장합니다. 이처럼 갈멜산은 그 높이와 웅장함 그리고 푸른 초목이 어우러진 절경으로 인해 아름다움과 위엄의 상징으로 더할 나위 없이 적합했습니다. 나아가, 머리는 사람의 외모에서 가장 두드러진 부분으로, 고대 근동 문화에서는 품격과 영광을 상징했습니다. 그러므로 연인의 머리가 갈멜산에 비유된 것은, 그녀의 고귀함, 품위 그리고 자연스러운 아름다움을 나타냅니다. 또한 자주색은 고대 왕족과 고귀함을 상징하는 색상으로, 값비싼 염료로 만들어졌습니다. 그래서 머리털이 자줏빛으로 묘사된 것은 연인의 매혹적이고 고귀한 아름다움이 왕의 마음을 완전히 사로잡았음을 강조합니다.

앞선 아가서 4:1절은 "네 머리털은 길르앗 산 기슭에 누운 염소 떼 같구나"라고 표현되어 있었습니다. 이는 술람미 여인의 검고 풍성하며 생명력이 넘치는 자연스러운 아름다움을 나타냈습니다. 그런데 아가서 7:5절에는 "머리털은 자주 빛이 있으니"라고 묘사합니다. 이는 첫사랑의 풋풋하고 신선한 아름다움을 뛰어넘어, 이제는 솔로몬의 사랑 가운데 거하는 왕비로서의 존귀한 품격을 갖추게 되었음을 잘 보여줍니다. 참으로 머리털은 사람의 신체 부위 중 제일 위에 위치하여 늘 사람들 앞에 가장 먼저 드러날 수밖에 없는 부분입니다. 그래서 솔로몬이 그 머리카락에 더욱 깊이 매료되었는지도 모르겠습니다. 참으로 이러한 술람미 여인을 볼 때마다 예루살렘의 딸들과 귀한 백성들은 그녀를 통해 솔로몬 왕을 떠올릴 수밖에 없었을 것입니다. 이 모습을 보면서 오늘날 교회의 사명을 다시 한번 생각해 보았습니다. 마태복음 5:14~16절을 같이 보겠습니다.

> ¹⁴ 너희는 세상의 빛이라 산 위에 있는 동네가 숨겨지지 못할 것이요 ¹⁵ 사람이 등불을 켜서 말 아래에 두지 아니하고 등경 위에 두나니 이러므로 집 안 모든 사람에게 비치느니라 ¹⁶ 이같이 너희 빛이 사람 앞에 비치게 하여 그들로 너희 착한 행실을 보고 하늘에 계신 너희 아버지께 영광을 돌리게 하라

교회는 착한 행실을 통해서 세상에 빛이 되어야 합니다. 어둠 가운데 있는 사람들에게 참된 길을 비추는 등대가 되어, 하나님의 영광을 높이는 거룩한 사명을 감당해야 합니다. 마치 술람미 여인이 솔로몬의 사랑 안에서 생명을 잉태하고 왕의 통치에 참여하는 그 고귀한 모습을 통해 솔로몬의 영광을 세상에 드러냈듯이 말입니다. 그런데 오늘날 우리는 내 안의 빛이 조금이라도 세상에 드러날까 봐 두려워하며, 오히려 세상과 다를 바 없는 모습으로 살아가고 있는 것은 아닐까요? 혹시 주일에만 교회에 참석

하는 것으로 안위하며 살아가고 있지 않은지 조심스럽게 돌아봅니다. 우리는 술람미 여인의 모습을 보면서, 진정 우리가 예수님의 신부된 자로서의 어떠한 삶을 살아가야 할 것인지 깊이 있게 생각하는 시간을 가져야 할 것입니다.

사랑아 네가 어찌 그리 아름다운지

아가서 7:6의 히브리어 원문을 직역하면 "네가 얼마나 아름다운가, 또 얼마나 즐거운가, 기쁨들 가운데 있는 사랑아"라고 표현됩니다. 한글 성경은 "화창한지"라는 표현을 사용하여 그 기쁨을 주는 모습을 강조하고 있습니다. 여기서 주목할 부분은 "사랑아"라고 표현된 히브리어는 "아하바"로서, "아하브"가 나타내는 "사랑"을 사용했다는 것입니다. 그동안 솔로몬 왕과 술람미 여인은 서로를 부를 때, "도디(나의 사랑하는 자)"라고 하여 신랑 안에서 보호받는 존재를 나타내거나, "라야티(나의 사랑)"라고 하여 깊은 애정 관계를 표현해 왔습니다. 그러나 여기서 사용된 "아하브"는 사랑의 본질, 혹은 사랑의 힘을 가리킬 때 사용됩니다. 우리가 앞서 "아하브"는 "장막 안에서 서로 호흡하는 친밀한 사랑"을 나타내는 것임을 보았습니다. 창세기 24:67절 "이삭이 리브가를 인도하여 그의 어머니 사라의 장막으로 들이고 그를 맞이하여 아내로 삼고 사랑하였으니 이삭이 그의 어머니를 장례한 후에 위로를 얻었더라"는 말씀과 같이 "장막 안에서 서로 사랑하는 모습"이 바로 "아하브"인 것입니다.

솔로몬은 술람미 여인의 발, 넓적다리, 배꼽, 배, 유방, 목, 눈, 코, 머리, 머리털을 하나하나 바라보며 그 아름다움을 묘사했습니다. 그러나 그녀의 아름다움을 부분적으로 표현하기에는 언어가 부족했나 봅니다. 그래서 솔로몬은 술람미 여인을 향해 "사랑아 네가 어찌 그리 아름다운지, 어찌 그리 화창한지 즐겁게 하는구나!"라고 감탄하는 것입니다. 참으로 언약적인 사랑의 완성을 너무나 잘 보여주는 고백입니다.

삼위일체 하나님은 분명히 세 분이시지만, 동시에 분명히 한 분이신 관계입니다. 성부 하나님, 성자 하나님, 성령 하나님이 서로를 향해 완전히 내어 드리고, 서로를 온전히 반사해 주시기 때문에 "한 분 하나님"이심을 우리는 고백할 수 있는 것입니다. 하나님은 우리 인간을 당신의 형상을 따라 만드셨습니다. 그래서 우리 인간도 혼인을 통해 부부로서 분명히 두 사람이지만, "한 몸"을 이루라고 하셨습니다. 비록 죄로 인해 우리가 온전히 부패하여 그 형상이 흐려졌지만, 사랑이라는 창을 통하여 그리고 다시금 회복된 부부의 모습을 통하여 하나님의 사랑을 생각할 수 있도록 역사하시고 계십니다. 이에 대한 충분한 이해를 위해 마태복음 19:1~12절을 같이 보도록 하겠습니다.

<blockquote>
¹ 예수께서 이 말씀을 마치시고 갈릴리를 떠나 요단 강 건너 유대 지경에 이르시니 ² 큰 무리가 따르거늘 예수께서 거기서 그들의 병을 고치시더라 ³ 바리새인들이 예수께 나아와 그를 시험하여 이르되 사람이 어떤 이유가 있으면 그 아내를 버리는
</blockquote>

것이 옳으니이까 ⁴ 예수께서 대답하여 이르시되 사람을 지으신 이가 본래 그들을 남자와 여자로 지으시고 ⁵ 말씀하시기를 그러므로 사람이 그 부모를 떠나서 아내에게 합하여 그 둘이 한 몸이 될지니라 하신 것을 읽지 못하였느냐 ⁶ 그런즉 이제 둘이 아니요 한 몸이니 그러므로 하나님이 짝지어 주신 것을 사람이 나누지 못할지니라 하시니 ⁷ 여짜오되 그러면 어찌하여 모세는 이혼 증서를 주어서 버리라 명하였나이까 ⁸ 예수께서 이르시되 모세가 너희 마음의 완악함 때문에 아내 버림을 허락하였거니와 본래는 그렇지 아니하니라 ⁹ 내가 너희에게 말하노니 누구든지 음행한 이유 외에 아내를 버리고 다른 데 장가드는 자는 간음함이니라 제자들이 이르되 ¹⁰ 만일 사람이 아내에게 이같이 할진대 장가들지 않는 것이 좋겠나이다 ¹¹ 예수께서 이르시되 사람마다 이 말을 받지 못하고 오직 타고난 자라야 할지니라 ¹² 어머니의 태로부터 된 고자도 있고 사람이 만든 고자도 있고 천국을 위하여 스스로 된 고자도 있도다 이 말을 받을 만한 자는 받을지어다

예수님의 말씀을 묵상해 보면, 부부는 본래 한 몸이기 때문에 하나님이 짝지어 주신 것을 사람이 결코 나눌 수 없다고 하십니다. 이는 하나님이 태초에 아담에게 하와를 이끌어 한 몸이 되게 하신 그 본래의 참뜻을 가르쳐 주시는 것입니다. 이미 한 몸인데 어떻게 이를 나눌 수 있겠습니까? 그런데 죄가 세상에 들어오면서 사람들의 마음이 완악해졌고, 모세는 이혼 증서를 통한 분리를 허용하게 되었습니다. 이 "완악함"의 헬라어는 "쉬크레로 카르디아"라고 합니다. 이는 "쉬클레로스"라는 "단단한, 굳은"의 단어

와 "카르디아"라는 "마음"의 합성어입니다. 결국 이혼이란 서로가 서로에게 마음을 열지 못하는 굳은 상태에 있는 것으로서, 서로를 받아들이지 못해 분리가 되는 상태를 의미합니다. 사랑은 서로에게 스며드는 것인데, 마음이 돌처럼 굳어버려 서로를 밀어내는 아픔이 된 것입니다.

하나님은 이러한 인간의 완악한 상태를 아셨기에, 더 이상 중한 범죄로 나아가지 않고 부부관계를 회복시켜 주시기 위해 민수기 5:11~31절에서 아내의 간통을 밝히는 절차를 상세하게 규정을 하고 있습니다.

[11] 여호와께서 모세에게 말씀하여 이르시되 [12] 이스라엘 자손에게 말하여 그들에게 이르라 만일 어떤 사람의 아내가 탈선하여 남편에게 신의를 저버렸고 [13] 한 남자가 그 여자와 동침하였으나 그의 남편의 눈에 숨겨 드러나지 아니하였고 그 여자의 더러워진 일에 증인도 없고 그가 잡히지도 아니하였어도 [14] 그 남편이 의심이 생겨 그의 아내를 의심하였는데 그의 아내가 더럽혀졌거나 또는 그 남편이 의심이 생겨 그의 아내를 의심하였으나 그의 아내가 더럽혀지지 아니하였든지 [15] 그 아내를 데리고 제사장에게로 가서 그를 위하여 보리 가루 십분의 일 에바를 헌물로 드리되 그것에 기름도 붓지 말고 유향도 두지 말라 이는 의심의 소제요 죄악을 기억나게 하는 기억의 소제라 [16] 제사장은 그 여인을 가까이 오게 하여 여호와 앞에 세우고 [17] 토기에 거룩한 물을 담고 성막 바닥의 티끌을 취하여 물에 넣고 [18] 여인을 여호와 앞에 세우고 그의 머리를 풀

게 하고 기억나게 하는 소제물 곧 의심의 소제물을 그의 두 손에 두고 제사장은 저주가 되게 할 쓴 물을 자기 손에 들고 [19] 여인에게 맹세하게 하여 그에게 이르기를 네가 네 남편 두고 다른 남자와 동침하여 더럽힌 일이 없으면 저주가 되게 하는 이 쓴 물의 해독을 면하리라 [20] 그러나 네가 네 남편의 두고 탈선하여 몸을 더럽혀서 네 남편 아닌 사람과 동침하였으면 [21] (제사장이 그 여인에게 저주의 맹세를 하게 하고 그 여인에게 말할지니라) 여호와께서 네 넓적다리가 마르고 네 배가 부어서 네가 네 백성 중에 저줏거리, 맹셋거리가 되게 하실지라 [22] 이 저주가 되게 하는 이 물이 네 창자에 들어가서 네 배를 붓게 하고 네 넓적다리를 마르게 하리라 할 것이요 여인은 아멘 아멘 할지니라 [23] 제사장이 이 저주의 말을 두루마리에 써서 그 글자를 쓴 물에 빨아 넣고 [24] 여인에게 그 저주가 되게 하는 쓴 물을 마시게 할지니 그 저주가 되게 하는 물이 그의 속에 들어가서 쓰리라 [25] 제사장이 먼저 그 여인의 손에서 의심의 소제를 취하여 그 소제물을 취하여 그 소제물을 여호와 앞에 흔들고 제단으로 가지고 가서 [26] 제사장은 그 소제물 중에서 한 움큼을 취하여 그 여자에게 기억나게 하는 소제물로 제단 위에 불사르고 그 후에 여인으로 그 물을 마시게 할지라 [27] 그 물을 마시게 한 후에 만일 여인이 몸을 더럽혀서 그 남편에게 범죄하였으면 그 저주가 되게 하는 물이 그의 속에 들어가서 쓰게 되어 그의 배가 부으며 그의 넓적다리가 마르리니 그 여인이 그의 백성 중에서 저줏거리가 될 것이니라 [28] 그러나 여인이 더럽힌 일이 없고 정결하면 해를 받지 않고 임신하리라 [29] 이는 의심의 법이니 아내가 그의 남편의 두고 탈선하여 더럽힌 때나 [30] 또는 그 남편의 의심이 생겨서 자기의 아내를 의심할 때에 여인

을 여호와 앞에 두고 제사장이 이 법대로 행할 것이라 ³¹ 남편
은 무죄할 것이요 여인은 죄가 있으면 당하리라

민수기 5:11~31절의 말씀은 "아내의 의심의 법"이라고 합니다.
히브리어로 "소타 의식"이라고 하는데, "소타"는 "빗나간 여자, 탈
선한 여자"라는 뜻으로 "사타"의 "빗나가다", "길에서 벗어나다"의
동사에서 유래했습니다. 소타 의식의 내용을 보면, 남편이 아내
가 간음을 했다는 확실한 증거는 없으나 의심이 드는 것입니다.
이러한 경우, 남편은 온전히 아내와 하나가 되어서 부부관계를
유지하는데 마음에 장벽이 있는 것입니다. 그러면 여인을 제사장
에게 데려가고 제사장은 보리 가루로 소제물을 먼저 드립니다.
그런 다음에 여인에게 "만약 간음하지 않았다면 해가 없고, 간
음했다면 저주가 임한다"는 맹세를 하게 합니다. 그리고 저주의
물을 마셔서 죄가 있다면 배가 부어지고 넓적다리가 마르며(불임
이나 신체적 저주의 은유), 백성 중에 저주거리가 되는 것입니다.
그러나 죄가 없다면 아무 해가 없고 오히려 임신의 복을 받는 것
입니다.

참으로 사랑은 너무나 아름다운 것으로, 하나님의 본질을 그
대로 담고 있습니다. 마치 술람미 여인이 온전히 솔로몬의 사랑
을 받아서 너무나 화창한 기쁨을 주는 모습처럼 말입니다. 그런
데 이러한 사랑은 바로 죄로 인하여 깨지게 된 것입니다. 이 죄
는 "하타트"라고 하며 "사타"와 그 뜻이 같습니다. 결국 하나님이
정하신 길에서 벗어났다는 것입니다. 결혼은 서로가 서로만을 향

해야 온전히 하나가 되는 것입니다. 그런데 이것이 왜 깨지고 서로 완악하게 되는 것일까요? 이는 하와를 속인 사탄의 행동을 보면 알 수 있습니다. 사탄은 하와에게 먼저 "하나님이 참으로 너희에게 동산 모든 나무의 열매를 먹지 말라 하시더냐"라고 물으며, 하와의 마음에 하나님의 말씀이 굳게 섰는지 알아보았습니다. 그런데 하와의 마음 가운데에 말씀이 명확하게 자리 잡지 않은 것을 보고 뱀이 여자에게 이르되 "너희가 결코 죽지 아니하리라. 너희가 그것을 먹는 날에는 너희 눈이 밝아져 하나님과 같이 되어 선악을 알 줄을 하나님이 아심이라"고 하였습니다. 그러한 불신의 눈과 탐심으로 그 나무를 본 즉, 먹음직도 하고 보암직도 하며 지혜롭게 할 만큼 탐스럽기도 한 나무로 보였던 것입니다. 그래서 이러한 마음을 두고 요한일서 2:16절에는 "이는 세상에 있는 모든 것이 육신의 정욕과 안목의 정욕과 이생의 자랑이니 다 아버지께로부터 온 것이 아니요 세상으로부터 온 것이라"고 이야기 하고 있는 것입니다.

이제 온전히 사랑 가운데 하나가 되기 위해서는 바로 이 탐심과 불신을 거꾸로 삭제해 가야 합니다. 그런데 우리 인간의 타락한 본성으로는 이것이 도저히 나올 수가 없습니다. 그래서 소타의식을 두었던 것입니다. 이것을 극복하기 위해서는 예수님의 사랑을 깊이 묵상해야 합니다. 예수님은 간음하다 현장에서 잡힌 여자를 두고 "나도 너를 정죄하지 아니하노니 가서 다시는 죄를 범하지 말라"고 하신 모습이 요한복음 8:11절에 나타나 있습니다. 예수님이 그냥 그 여인이 불쌍해서 그렇게 이야기하신 것이 아닙니다. 죄의 삯은 반드시 사망이기 때문입니다. 예수님이 이렇게 말씀하신 이유는, 당신이 그 간음하다가 현장에서 붙들려 돌에 맞아 죽을 여인의 죄도 십자가에서 심판 받을 것을 믿음으로 바라보셨기 때문입니다.

부부 사이에서도 우리는 모두 허물투성이며 서로에 대한 불신 또한 가득합니다. 부부만큼 서로를 잘 아는 관계가 또 어디 있겠습니까? 그래서 아무리 서로에게 좋은 말을 하더라도 진정으로 믿지 못하는 경우가 많습니다. 이러한 허물을 온전히 덮기 위해서는 예수님의 사랑이 부부 사이에 그대로 흘러야만 가능한 것입니다. 그래야만 우리는 서로 불신하지 않고 하나로 나아갈 수 있습니다. 따라서 온전한 부부가 되기 위해서는 예수님 안에서 하나가 되어야 하는 것입니다. 마치 삼위일체 하나님의 사랑의 본질처럼 말입니다.

술람미 여인이 이처럼 솔로몬으로부터 "아하브"의 사랑의 노래를 들을 수 있었던 것은, 바로 솔로몬의 사랑 안에서 자기 자신이 새롭게 발견되었기 때문입니다. 실패를 지나온 사랑은 이렇게 더욱 성숙한 사랑으로 나아가는 것입니다. 마찬가지로 우리의 신앙도 이렇게 성숙해 나가야 합니다. 매번 죄를 짓고 회개할 것이 아니라, 우리의 허물조차도 당신의 영원한 보혈로 우리를 덮어주시고 사랑해 주신 십자가를 더욱 영광스럽게 드러낼 수 있도록 우리는 더욱 성숙해 나아가야 할 것입니다.

네 발이 어찌 그리 아름다운가

술람미 여인의 발걸음은 많은 변곡점이 있었습니다. 양 떼의 발자취, 포도원 동산, 성 안을 찾아 나선 발걸음은 솔로몬의 가마를 타고 왕비가 되었습니다. 그렇지만 영적인 나태함으로 말미암아 솔로몬의 부재를 경험하였습니다. 이제 술람미 여인은 그 솔로몬이 있는 동산에서 더욱 하나가 되었습니다.

이러한 모습은 바로 그리스도인의 신앙의 성숙한 모습과 동일합니다. 처음에는 하나님의 은혜에 기뻐하여서 교회를 다니다가, 점점 더 자기를 부인하고 예수님이 가신 그 길을 따라가면서 예수님과 하나가 되는 것입니다. 하나님은 바로 이 걸음을 보고 "네 발이 어찌 그리 아름다운가"하시는 것입니다.

이러한 관계 속에서 솔로몬은 술람미 여인을 향하여 더욱 더 심화되어 가는 아름다움을 표현하였습니다. 특히 "목은 상아 망대 같구나 눈은 헤스본 바드랍빔 문 곁에 있는 연못 같고 코는 다메섹을 향한 레바논 망대 같구나"라고 노래하였습니다. 정말 하나 되는 과정에서 겪은 돌아봄을 통하여 더욱 깊은 사랑 속에서 작은 것에도 흔들리지 않는 모습을 보여주고 있습니다. 우리도 바로 비록 발은 이 땅을 딛고 살아가지만 우리의 목과 눈은 하나님이 계신 그 본향을 향하여 높이 바라보아야 할 것입니다. 그래야만 우리는 이 세상의 작은 혼동 속에서도 흔들리지 않는 것입니다.

솔로몬은 바로 이러한 술람미 여인을 보고 "사랑아 네가 어찌 그리 아름다운지, 어찌 그리 화창한지 즐겁게 하는구나"라고 노래하고 있습니다.

13강

그 가지를 잡으리라

(아가 7:7~13)

7 네 키는 종려나무 같고 네 유방은 그 열매송이 같구나 8 내가 말하기를 종려나무에 올라가서 그 가지를 잡으리라 하였나니 네 유방은 포도송이 같고 네 콧김은 사과 냄새 같고 9 네 입은 좋은 포도주 같을 것이니라 이 포도주는 내 사랑하는 자를 위하여 미끄럽게 흘러 내려서 자는 자의 입을 움직이게 하느니라 10 나는 내 사랑하는 자에게 속하였도다 그가 나를 사모하는구나 11 내 사랑하는 자야 우리가 함께 들로 가서 동네에서 유숙하자 12 우리가 일찍 일어나서 포도원으로 가서 포도 움이 돋았는지, 꽃술이 퍼졌는지, 석류 꽃이 피었는지 보자 거기에서 내가 내 사랑을 네게 주리라 13 합환채가 향기를 뿜어내고 우리의 문 앞에는 여러 가지 귀한 열매가 새 것, 묵은 것으로 마련되었구나 내가 내 사랑하는 자 너를 위하여 쌓아 둔 것이로다

그 가지를 잡으리라

아가서 7:7~8절의 히브리어 원문을 직역하면 "네 키는 종려나무 같고, 네 가슴은 그 송이송이 열매 같구나. 내가 말하기를, 내가 종려나무에 올라가서, 그 가지를 붙잡으리라 하였노라. 네 가슴이 포도송이 같기를 원하고, 네 코의 향기가 사과 같기를 원하노라"로 표현됩니다. 한글 성경과 비교하여 보면 전반적으로 비슷한 이미지를 노래합니다. 다만 한글 성경은 "네 콧김은 사과 냄새 같고"라고 되어 있는 반면, 히브리어는 "네 코의 향기가 사과 같기를 원하노라"로 표현되면서 조금 더 은유적인 표현을 쓰고 있습니다. 그러나 결국 호흡은 코의 향기와 연관되기 때문에 의미상으로는 큰 차이가 없어 보입니다.

사랑의 세레나데

솔로몬은 술람미 여인의 유방을 아가서 7:3절에 이어 다시 노래하고 있습니다. 아가서 7:3절에서는 "네 두 유방은 암사슴의 쌍태 새끼 같고"라고 노래하며 사랑의 순결, 조화로움을 노래했습니다. 이어지는 7:7절에서는 "네 키는 종려나무 같고 네 유방은 그 열매송이 같구나"라고 표현하며 사랑의 성숙, 풍성한 열매 그리고 존귀함을 더욱 강조하고 있습니다. 성경에서 자주 언급되는 종려나무는 주로 대추야자나무를 의미합니다. 열대 및 아열대 지역에서 자라는 이 상록수는 15~25m 높이까지 솟아오릅니다. 특히 긴 줄기와 깃털 모양의 잎사귀가 특징인 종려나무는 달콤하고 영양가 높은 열매(대추야자)를 맺어 중요한 식량 자원이 되기도 합니다. 그래서 고대 근동 문화에서 종려나무는 풍요와 아름다움, 생명력 그리고 승리의 상징으로 여겨졌습니다. 아가서 7:7절의 "네 키가 종려나무 같고 네 유방은 그 열매 송이 같구나"라는 표현은 종려나무의 크고 우아한 자태와 풍요로운 열매를 빗대어 연인의 아름다움과 매력을 비유적으로 표현한 것입니다. 또한 아가서 7장의 전반부에서 살펴본 바와 같이, 솔로몬의 성전 안에는 종려나무가 새겨져 있습니다(왕상 6:29).

한편, 레위기 23:40절에는 "첫 날에는 너희가 아름다운 나무 실과와 종려나무 가지와 무성한 나무 가지와 시내 버들을 취하여 너희의 하나님 여호와 앞에서 이레 동안 즐거워할 것이라"고 기록되어 있습니다. 이처럼 초막절에는 종려나무를 사용하여 하나님 앞에 감사와 찬양을 드리는 의식을 행하였습니다. 요한복음 12:12~13절은 예수님이 십자가를 지시기 위해 예루살렘에 입성하시던 장면을 묘사합니다. "그 이튿날에는 명절에 온 큰 무리가 예수께서 예루살렘으로 오신다는 것을 듣고 종려나무 가지를 가지고 맞으러 나가 외치되 호산나 찬송하리로다 주의 이름으로 오시는 이 곧 이스라엘의 왕이시여 하더라" 종려나무의 의미를 더 잘 이해하기 위해서는 초막절과 예수님의 예루살렘 입성의 장면을 살펴볼 필요가 있습니다. 초막절은 레위기 23:33~44절에 명시된 하나님의 절기 중 하나로, 유대력 7월 15일부터 7일간 지켜집니다. 이는 이스라엘 백성이 광야 생활 중 초막에 거하며 하나님의 인도하심을 받았던 것을 기념하는 축제입니다. 이때 백성들은 종려나무 가지와 버드나무 가지 등으로 초막을 짓고 거주했는데, 이는 광야 40년 동안 베풀어 주신 하나님의 보호와 공급을 상징합니다. 더불어 초막절은 농작물 수확을 감사하며 하나님의 은혜를 기뻐하는 축제의 절기이기도 합니다(신 16:13~15).

오늘날 초막절은 이 땅에서 잠시 머무는 "외국인과 나그네"(히 11:13) 같은 그리스도인이 하나님의 영원한 본향을 소망하는 삶을 상징합니다. 우리는 연약하고 임시적인 육신의 장막을 벗고, 영원한 하나님의 집인 본향으로 돌아가 그분의 품에 안길 것을 믿음으로 바라보며 남은 생을 살아가는 것입니다. 예수님이 십자가를 지시기 위해 예루살렘에 입성하신 것은 바로 이 영원한 본향, 곧 하나님 나라가 이 땅에 임하였다는 승리의 소식을 선포하기 위한 발걸음이었습니다. 그러므로 종려나무는 승리와 축복의 상징이 됩니다.

솔로몬은 이제 그의 사랑을 온전히 받은 술람미 여인이 목은 상아 망대 같고, 눈은 헤스본 바드랍빔 문 곁에 있는 연못 같으며, 코는 다메섹을 향한 레바논 망대 같다고 노래합니다. 이는 왕의 신부로서 존귀하고 고결하며 위엄 있는 그녀의 모습을 묘사한 것입니다. 술람미 여인이 온전히 종려나무와 같은 자태를 갖추고 포도송이처럼 생명을 양육하는 유방을 가지게 된 비결은 다름 아닌 솔로몬이라는 나무에 접붙임을 받아 그 사랑의 진액을 받았기 때문입니다. 이는 요한복음 15:5절의 "나는 포도나무요 너희는 가지라 그가 내 안에, 내가 그 안에 거하면 사람이 열매를 많이 맺나니 나를 떠나서는 너희가 아무것도 할 수 없음이라"의 말씀과 같은 원리입니다. 그 진액을 온전히 흘러 받기 위해서는 나의 옛 본성을 죽여야 합니다. 곧 자기중심적인 사랑을 내려놓을 때, 솔로몬의 사랑을 그대로 받아들여, 그 사랑을 반사할 수 있습니다. 마치 달이 햇빛을 반사하여 해처럼 빛이 나듯이 말입니다.

저는 이러한 영적 원리를 깊이 체험한 적이 있습니다. 과거에 한 형제님이 두 팔이 안으로 굽혀지지 않는 병을 앓고 계셨습니다. 처음에는 '혹시 같이 식사를 하면 그 병이 내게 옮지는 않을까?' 하는 인간적인 염려가 있었습니다. 그런데 어느 날 그 형제님이 사무엘하 9장에 나오는, 다윗이 므비보셋을 왕의 상에서 먹도록 하는 모습에 대한 말씀 나눔을 하셨습니다. 사무엘하 5:6절을 보면 다윗이 여부스 성을 점령할 때, 여부스 사람들이 다윗을 향해 "… 맹인과 다리 저는 자라도 너를 물리치리라 …"고 조롱한 일이 나옵니다. 이로 인해 다윗에게는 다리 저는 자에 대한 거부감이 있었을 것입니다. 게다가 므비보셋은 두 다리를 모두 저는 자였으며, 자기를 죽이려 했던 사울의 손자였습니다. 그럼에도 불구하고 다윗이 므비보셋을 품고 사랑할 수 있었던 것은 사울의 아들 요나단과의 맺은 기이한 사랑의 언약 때문이었습니다.

이 이야기는 하나님이 우리를 예수 그리스도 안에서 사랑하시는 이유를 잘 보여주고 있습니다. 우리는 므비보셋처럼 하나님 앞에 내세울 공로가 전혀 없으며, 하나님이 미워하시는 죄악의 종자요 절름발이 인생일 뿐입니다. 그럼에도 하나님이 우리를 사랑하시는 이유는 오직 예수님과 삼위일체이신 하나님의 신비한 사랑 때문입니다. 그러므로 우리는 언제나 예수 그리스도 안에 머물러 있어야만 합니다. 비록 지금은 그 깊은 영적 세계를 이해하고 있지만, 당시에는 형제님의 말씀을 듣는 동안 조금 전까지 식사하는 것조차 부담스러웠던 그분이 마치 큰 나무처럼 느껴졌습니다. 세상적인 기준으로는 보잘 것 없어 보일지라도, 그 마음 가운데 담긴 하나님의 말씀을 그대로 전할 때, 그 형제님은 하나님의 형상을 그대로 반사하는 듯 참으로 존귀하고 고귀한 분으로 보였습니다. 그 형제님의 입술에서 생명력 넘치는 말씀이 흘러나와 사람들의 마음을 기쁘게 했듯이, 하나님은 우리 교회가 주님의 말씀에 깊이 뿌리를 내리기를 원하십니다. 그리하여 대추나무의 달콤한 향기처럼 세상에 그리스도의 향기를 발산하고, 풍성한 열매를 통해 새로운 생명을 낳고 양육하는 성숙한 사랑으로 나아가기를 바라고 계십니다.

술람미 여인은 솔로몬의 사랑을 받아, 그 모습이 종려나무 같 았고, 솔로몬이 그 열매송이를 맛보며 가지를 잡고 싶어 할 만큼 성장했습니다. 그러나 훗날 유대인들은 이러한 삶을 살아내는 데 실패하고 말았습니다. 이를 잘 보여주는 누가복음 13:6~9절을 함께 보겠습니다.

> 6 이에 비유로 말씀하시되 한 사람이 포도원에 무화과나무를 심은 것이 있더니 와서 그 열매를 구하였으나 얻지 못한지라 7 포도원지기에게 이르되 내가 삼 년을 와서 이 무화과나무에서 열매를 구하되 얻지 못하니 찍어버리라 어찌 땅만 버리게 하겠 느냐 8 대답하여 이르되 주인이여 금년에도 그대로 두소서 내 가 두루 파고 거름을 주리니 9 이 후에 만일 열매가 열면 좋거 니와 그렇지 않으면 찍어버리소서 하였다 하시니라

만일 하나님이 지금 당장 당신의 크신 사랑과 은혜를 기준으 로 우리의 삶을 평가하신다면, 어쩌면 우리는 땅만 차지한 채 열 매 없는 무화과나무처럼 찍혀 버려야 할 마땅한 존재일지도 모릅 니다. 예수님이 요한계시록 2장~3장을 통해 교회를 엄중히 책망 하셨습니다. 특히 에베소 교회에게는 "너희가 처음 사랑을 버렸 느니라"고 하셨고, 사데 교회에게는 "살았다 하는 이름은 가졌으 나 죽은 자로다."고 하셨으며, 라오디게아 교회에게는 "네가 차지 도 아니하고 뜨겁지도 아니하니 … 네가 말하기를 나는 부자라 부요하여 부족한 것이 없다 하나 실상은 가련하고 가난하고 눈 멀고 벌거벗은 자로다."라고 엄히 꾸짖으셨습니다. 이처럼 요한계

시록의 교회들은 무화과나무와 같이 겉모습은 그럴듯하나, 실상은 열매가 없는 신앙으로 인해 책망을 받았습니다. 지금 우리가 은혜의 시대를 조금 더 살아가는 것은, 오직 하나님 우편에서 우리를 위해 끊임없이 중보하시는 예수 그리스도의 은혜 덕분입니다. 우리는 이 크신 은혜를 결코 헛되이 여겨서는 안 될 것입니다. 우리도 술람미 여인의 아름다운 발걸음처럼, 솔로몬의 사랑을 온전히 반사하여 생명의 열매를 맺는 삶을 살아가야 합니다.

네 콧김은 사과냄새 같고
네 입은 좋은 포도주 같을 것이니라

술람미 여인의 호흡에서는 향긋한 사과의 향기가 풍겨 나왔습니다. 고대 근동에서 사과는 신선함과 달콤함 그리고 생명력을 상징했습니다. 앞서 아가서 2:3절은 "남자들 중에 나의 사랑하는 자는 수풀 가운데 사과나무 같구나 내가 그 그늘에 앉아서 심히 기뻐하였고 그 열매는 내 입에 달았도다"라고 노래했습니다. 이는 솔로몬의 사랑이 술람미 여인에게 참된 안식과 달콤함을 주는 사과나무와 같다는 의미였습니다. 그러나 7:8절에서 술람미 여인은 사과나무 같은 솔로몬의 사랑을 그대로 담아내어, 호흡할 때마다 신랑의 성품과 향기를 세상에 내뿜으며 생명과 기쁨을 흘려보내는 존재가 된 것입니다.

또한 솔로몬은 술람미 여인을 향해 "네 입은 좋은 포도주 같을 것이니라."고 노래합니다. 시편 104:15절에 "사람의 마음을 기쁘게 하는 포도주와 사람의 얼굴을 윤택하게 하는 기름과 사람의 마음을 힘있게 하는 양식을 주셨도다"라고 기록된 것처럼, 포도주는 기쁨과 축제를 상징합니다. 술람미 여인은 아가서 1:2절에서 "네 사랑이 포도주보다 나으므로"라고 표현하며 신랑의 사랑이 포도주보다 낫다고 고백했습니다. 그런데 이제 7:9절에서는 신랑이 신부의 입술이 포도주 같다고 화답했습니다. 정말 신부가 신랑의 사랑을 그대로 닮아, 그 사랑을 나누고 흘려보내는 축복의 통로가 된 것입니다. 사도 바울은 우리를 "그리스도의 향기"로 표현하고 있습니다. 이와 관련된 고린도후서 2:14~17절을 같이 보도록 하겠습니다.

> ¹⁴ 항상 우리를 그리스도 안에서 이기게 하시고 우리로 말미암아 각처에서 그리스도를 아는 냄새를 나타내시는 하나님께 감사하노라 ¹⁵ 우리는 구원받는 자들에게나 멸망하는 자들에게나 하나님 앞에서 그리스도의 향기니 ¹⁶ 이 사람들에게는 사망으로부터 사망에 이르는 냄새요 저 사람들에게는 생명으로부터 생명에 이르는 냄새라 누가 이 일을 감당하리요 ¹⁷ 우리는 수많은 사람들처럼 하나님의 말씀을 혼잡하게 하지 아니하고 곧 순전함으로 하나님께 받은 것 같이 하나님 앞에서 그리스도 안에서 말하노라

우리는 그리스도의 향기입니다. 마치 술람미 여인이 솔로몬의 향기인 것처럼 말입니다. 그런데 이 복음은 모든 사람에게 전파되지만, 그 결과는 듣는 이의 반응에 따라 달라집니다. 구원받는

자에게는 복음이 "생명으로부터 생명에 이르는 냄새"로, 즉 영적 생명을 주는 메시지가 됩니다. 반면에, 복음을 거부하는 자에게는 "사망으로부터 사망에 이르는 냄새"가 되어 심판과 멸망을 드러냅니다. 그래서 복음은 양면성을 가집니다. 복음은 하나님의 은혜를 전파하지만, 동시에 사람의 마음을 드러내고 선택을 요구합니다. 따라서 그리스도인의 삶은 막중한 책임을 지니는 것입니다. 이러한 책임 앞에서 사도 바울은 "누가 이 일을 감당하리요"라고 고백합니다. 그리고 사도 바울은 하나님의 말씀을 혼잡하게 하지 아니하고 곧 순전함으로 하나님께 받은 것같이 하나님 앞에서 그리스도 안에서 말하고 있습니다. 이는 술람미 여인이 솔로몬의 사랑을 자신의 것과 섞지 않고 그대로 흘려보내는 모습과 같은 것입니다. 진실로 우리는 그리스도의 향기인 것입니다.

이 포도주는 자는 자의 입을 움직이게 하느니라

아가서 7:9절의 히브리어 원문을 직역하면 "네 입은 좋은 포도주 같구나. 그것이 내 사랑하는 자에게로 곧게 흘러가며, 잠자는 이들의 입술을 움직이게 한다."라고 표현됩니다. 여기서 "자는 자"에 대한 해석이 다양합니다. 술람미 여인이 솔로몬의 사랑을 받은 후 그 사랑을 그대로 전달받는 사람들이라고 해석하기도 하고, "잠자는 자들"은 복수형이지만 과장법을 사용하여 술람미 여인의 사랑에 흠뻑 취한 솔로몬을 나타내는 것으로 보는 견해도 있습니다. 그러나 아가서 7:9절은 술람미 여인이 솔로몬을 향해 노래하고 있는 것으로 보는 것이 문맥상 더 적절합니다. 술람미 여인이 솔로몬과 함께 포도원과 동네로 나가는 모습은 7:11절에서부터 이어지기 때문입니다. 따라서 아가서 7:9절의 후반부는, 술람미 여인이 솔로몬으로부터 받은 사랑을 다시 솔로몬에게 그대로 돌려주는데, 그것이 너무나 감미로워서 솔로몬도 그 사랑에 취하는 모습을 노래하는 것으로 보는 것이 더욱 자연스럽습니다. 정말 받은 사랑을 그대로 흘려보내는 사랑이야말로 하나님을 참으로 기쁘시게 하는 것입니다. 마태복음 25:34~40절을 같이 보도록 하겠습니다.

> [34] 그 때에 임금이 그 오른편에 있는 자들에게 이르시되 내 아버지께 복 받을 자들이여 나아와 창세로부터 너희를 위하여 예비된 나라를 상속받으라 [35] 내가 주릴 때에 너희가 먹을 것을 주었고 목마를 때에 마시게 하였고 나그네 되었을 때에 영접하였고 [36] 헐벗었을 때에 옷을 입혔고 병들었을 때에 돌보았고 옥에 갇혔을 때에 와서 보았느니라 [37] 이에 의인들이 대답하여 이르되 주여 우리가 어느 때에 주께서 주리신 것을 보고 음식을 대접하였으며 목마르신 것을 보고 마시게 하였나이까 [38] 어느 때에 나그네 되신 것을 보고 영접하였으며 헐벗으신 것을 보고 옷 입혔나이까 [39] 어느 때에 병드신 것이나 옥에 갇히신 것을 보고 가서 뵈었나이까 하리니 [40] 임금이 대답하여 이르시되 내가 진실로 너희에게 이르노니 너희가 여기 내 형제 중에 지극히 작은 자 하나에게 한 것이 곧 내게 한 것이니라 하시고

이 비유에서 예수님은 형제자매들에 대한 사랑과 섬김이 곧

예수님 당신을 섬기는 것으로 간주하고 계십니다. 예수님이 요한복음 14:21절에서 "나의 계명을 지키는 자라야 나를 사랑하는 자니 나를 사랑하는 자는 내 아버지께서 사랑을 받을 것이요 나도 그를 사랑하여 그에게 나를 나타내리라"고 말씀하셨습니다. 진실로 형제자매를 향한 사랑과 섬김은 예수님에게 "좋은 포도주"처럼 다가가 그분을 기쁘시게 하며, 궁극적으로 영원한 본향으로 초대 받는 길이 되는 것입니다.

나는 내 사랑하는 자에게 속하였도다

아가서 7:10절의 히브리어 원문을 직역하면 "나는 나의 사랑하는 자에게 속하였고, 그의 갈망이 나를 향하였도다."라고 표현됩니다. 한글 성경은 이 구절을 "그가 나를 사모하는구나"처럼 번역하여, 마치 솔로몬이 술람미 여인을 사랑하는 것처럼 읽혀지는 면이 있습니다. 그러나 이 구절은 히브리어 원문를 통해 해석하는 것이 그 본질적인 의미를 더욱 잘 보여주는 듯합니다. 앞서 아가서 2:16절에서 술람미 여인은 "내 사랑하는 자는 내게 속하였고 나는 그에게 속하였도다."라고 노래하며 자기중심적인 사랑을 표현했습니다. 이후 아가서 6:3절에는 "나는 내 사랑하는 자에게 속하였고 내 사랑하는 자는 내게 속하였도다."라고 노래하며 술람미 여인이 솔로몬에게 속하였음을 표현했습니다. 그런데 7:10절에서는 "나는 내 사랑하는 자에게 속하였도다 그가 나를 사모하는구나"라고 고백합니다. 이는 단순한 소유의 관계를 넘어, "나는 그에게 속했다"는 헌신의 고백으로 나아간 것입니다. 특히 "그가 나를 사모하는구나"라고 구절이 히브리어 원문에서는 "그의 갈망이 나를 향하였도다"라고 하는 부분에 주목해야 합니다. 여기서 "갈망"은 "테슈카"로 "갈망하다, 끌어당기다"의 뜻을 가진 동사 "슈카"의 명사형입니다. 그래서 이 단어는 아주 강한 갈망이 완성된 상태를 의미하고 있습니다. 진실로 솔로몬이 술람미 여인을 아주 강렬하게 갈망하고 있다는 뜻입니다.

창세기 3:16절에는 "또 여자에게 이르시되 내가 네게 임신하는 고통을 크게 더하리니 네가 수고하고 자식을 낳을 것이며 너는 남편을 원하고 남편은 너를 다스릴 것이니라 하시고"라고 기록되어 있습니다. 여기서 남편을 "원하고"라는 단어가 바로 "테슈카"를 어근으로 하고 있습니다. 본래 하나님은 아담과 하와에게 "둘이 한 몸을 이룰지로다"라고 말씀하셨습니다. 그런데 죄가 들어오면서 아담은 하나님을 원망하며 그 책임을 하와에게 돌렸습니다. 그 결과 하나님은 심판으로 여자는 남편을 강력하게 사모하면서도 남편으로부터 다스림을 받게 될 것이라고 하셨습니다. 곧 저주가 임했던 것입니다. 그런데 아가서 7:10절에서는 그 갈망의 방향이 완전히 바뀌었습니다. 이제는 신랑이 신부를 향해 사랑의 갈망을 품게 된 것입니다. 이는 타락 이후 왜곡되었던 부부 관계가 회복되고, 언약적 사랑으로 새롭게 세워졌음을 보여줍니다.

하나님의 사랑이 그러했습니다. 하나님은 이스라엘을 택하시고, 그들이 진정으로 하나님의 사랑과 공의를 드러내는 참된 제사장 나라가 되기를 갈망하셨습니다. 이스라엘이 우상 숭배로 무수히 나아갔지만, 호세아 2:19~20절에서 "내가 네게 장가 들어 영원히 살되 공의와 정의와 은총과 긍휼히 여김으로 네게 장가 들며 진실함으로 네게 장가 들리니 네가 여호와를 알리라."고 하셨습니다. 진실로 하나님은 이스라엘을 포기하지 않고 갈망하셨던 것입니다. 이러한 마음은 예수님이 이 땅에 오셔서, 오늘날 우리에게도 동일하게 말씀하시고 계십니다. 요한계시록 3:20절에는 "볼지어다 내가 문 밖에 서서 두드리노니 누구든지 내 음성을 듣고 문을 열면 내가 그에게로 들어가 그와 더불어 먹고 그는 나와 더불어 먹으리라"고 하십니다. 그리고 요한계시록 21:2절에서는 "또 내가 보매 거룩한 성 새 예루살렘이 하나님께로부터 하늘에서 내려오니 그 준비한 것이 신부가 남편을 위하여 단장한 것 같더라"고 하십니다.

우리는 신앙의 초보단계에 있을 때는 "주님은 나의 것, 나의 기쁨, 나의 위로"라고 고백합니다. 그러나 성숙한 단계에 이르면 "나는 주님의 것"이라고 고백하게 됩니다. 그리고 이러한 고백이 점점 성장할수록, 우리는 우리를 향한 하나님의 예정하신 택하심과 사랑의 갈망의 소리를 듣게 됩니다. 그렇게 되면 우리는 점점 더 하나님의 계명을 사랑하게 되며, 작은 예수가 되어 어둠에 있는 세상 사람들에게 빛으로 나아가게 되는 것입니다. 진정으로 교회가 그리스도의 소유이며, 그분의 갈망이 교회를 향한다는 사실을 명심해야 할 것입니다.

함께 들로 가서 동네에서 유숙하자

아가서 7:11절의 히브리어 원문을 직역하면 "오라, 나의 사랑하는 자여, 우리가 들로 나가서, 우리가 마을들에서 유숙하자."로 표현됩니다. 이 구절은 술람미 여인이 솔로몬을 자신의 삶의 현장인 들과 마을로 초청하는 장면입니다. 화려한 궁궐이 아닌 평범한 들과 마을 속에서 함께 하기를 원하는 모습입니다. 술람미 여인이 갑자기 솔로몬을 향해 "우리가 함께 들로 가서 동네에서 유숙하자"고 한 이유는 무엇일까요? 그것은 술람미 여인은 솔로몬이 자기를 갈망하고 있다는 것, 즉 "테슈카"를 확인했기 때문입니다. 술람미 여인은 자기를 온전히 솔로몬에게 드리기를 원했습니다. 그러나 단순히 둘 만의 관계 속에서만 그 사랑을 나누는 것이 아니라, 예루살렘 딸들을 넘어 평범한 사람들의 삶의 공간인, 들과 동네에서 이 사랑의 향기를 모두에게 전달하고 싶었습니다. 그녀는 동네에서 유숙하며 솔로몬을 드러내고, 사랑으로 변화된 자신의 모습을 드러내어 솔로몬에게 자신의 사랑을 주고 싶었던 것입니다.

이 노래를 보면서 예수님을 떠올리지 않을 수 없었습니다. 예수님은 하나님의 본체이십니다. 그러나 근본 하나님과 동등됨을 취할 것을 여기지 아니하시고 오히려 자기를 비워 종의 형체를 가지사 사람들과 같이 되셨습니다(빌 2:6~7). 예수님은 영이신 아버지 하나님의 사랑을 우리에게 보여주시기 위해 이 땅에 오셨습니다. 마치 술람미 여인이 솔로몬의 사랑과 하나가 되어 솔로몬의 사랑을 드러내기 위하여 들과 동네로 나아간 모습과 같은 것입니다.

하나님은 아담을 동쪽으로 쫓아내신 후, 아브라함, 이삭과 야곱을 부르시고 야곱에게서 이스라엘 12지파를 세우셨습니다. 그리고 애굽에서 그들을 400년간 크게 번성하게 하시고 불러내셨습니다. 광야 시절부터 솔로몬의 성전이 세워지기까지는 성막의 모형을 통해 이스라엘과 동행하심을 상징적으로 보여주셨고, 솔로몬의 성전이 완성된 후에는 성전에서 하나님의 영광을 드러내셨습니다. 하나님은 참으로 이스라엘이 하나님의 선하심과 사랑을 온 세상에 전파하는 제사장 나라가 되기를 간절히 원하셨습니다. 그러나 이스라엘은 우상 숭배로 나아가 실패하였습니다. 이스라엘이 우상 숭배로 나아간 이유는 무엇입니까? 바로 하나님의 사랑을 온전히 받아들이지 못했기 때문입니다. 그래서 하나님은 이스라엘을 심판하시고 바벨론으로 70년간의 포로생활을 살게 하셨습니다. 이 일은 하나님의 부재를 경험함으로써, 그들의 삶이 오직 하나님의 사랑에 의지해야 함을 깨닫게 하기 위함이었습니다.

술람미 여인 또한 그러한 과정을 겪었습니다. 솔로몬의 부재는 그녀로 하여금 자신을 돌아보게 했습니다. 솔로몬이 없는 술람미 여인은 게달의 장막처럼 거무스름한 시골 촌뜨기 출신의 평범하고도 지극히 낮은 한 여인에 불과했습니다. 그런데 술람미 여인은 솔로몬과 혼인 후 잠시나마 자신이 대단한 존재라도 된

듯이 교만해지도 했습니다. "자아"가 반듯이 선 자리에 "사랑"이 차지할 공간은 없는 법입니다. 술람미 여인은 비로소 자신의 진정한 존재의 가치는 오직 솔로몬에게 속해 있을 때 빛난다는 사실을 깨닫고 이를 고백하게 되었습니다.

교회는 예수님의 발자취를 따라 걷는 신부들입니다. 그렇다면 하나님 우편에서 우리를 위해 중보하시는 예수님께 우리가 사랑을 드리는 방법은 무엇이겠습니까? 그것은 바로 예수님을 우리의 삶의 공간에 초청하여, 이 땅에 그분을 드러내는 것일 것입니다. 우리가 교회를 사랑하고, 형제를 사랑하며, 복음을 전할 때에 비로소 이 사랑을 온전히 드러낼 수 있습니다.

여기서 "유숙한다"는 것은 단순히 하룻밤 머물다 가는 것이 아니라, 평범한 삶의 자리에 함께 머문다는 의미입니다. 이는 마치 예수님이 사람들과 함께 먹고, 자고, 그들의 삶을 살아내신 것과 같습니다. 예수님이 이러한 삶을 다 사신 후에 요한복음 17:4~5절 "아버지께서 내게 하라고 주신 일을 내가 이루어 아버지를 이 세상에서 영화롭게 하였사오니 아버지여 창세 전에 내가 아버지와 함께 가졌던 영화로써 지금도 아버지와 함께 나를 영화롭게 하옵소서"라고 기도하셨습니다. 예수님의 삶은 아버지 하나님을 영화롭게 하는 일이 전부였습니다. 술람미 여인이 들로 나가 동네에서 유숙하자고 한 것도 바로 솔로몬의 사랑을 영화롭게 하기 위함이었습니다. 참으로 교회는 성전 안에서만 주님을 모시는 것이 아니라 세상 가운데로 나아가 그곳에서 하나님을 영화롭게 해야 합니다.

내가 네 사랑을 네게 주리라

아가서 7:12~13절의 히브리어 원문을 직역하면 "우리가 일찍 일어나 포도원들로 가서 보자, 포도나무가 피어났는지, 꽃송이가 터졌는지, 석류나무가 꽃피었는지. 거기서 내가 내 사랑을 네게 드리리라. 합환채가 그 향기를 내었고, 우리 문 앞에는 모든 귀한 열매가 있도다. 새것도 있고 묵은 것도 있도다. 내 사랑하는 자여, 내가 그것들을 네게 간직하였노라."라고 표현됩니다. 이 구절은 술람미 여인이 솔로몬을 초청하여 들로 가서 동네에서 유숙하자고 하는 이유를 잘 표현하고 있습니다. 술람미 여인은 솔로몬과 같이 포도 움이 돋았는지, 꽃술이 퍼졌는지, 석류 꽃이 피었는지 보자고 합니다. 포도는 장차 기쁨과 생명이 될 것이고, 꽃술은 열매를 맺게 할 것입니다. 그리고 석류 꽃이 더욱 자라면 그 안에 촘촘히 많은 열매가 박힌 석류 열매를 품어낼 것입니다. 이제 술람미 여인은 생명의 열매 맺는 일에 헌신하고자 하는 것입니다. 이러한 열망은 합환채를 통해 더욱 깊이 표현됩니다. 고대 근동에서 합환체는 약용(진정제, 마취제)으로 사용되었으며, 특히 사랑과 다산을 촉진하는 "최음제"로 여겼습니다. 창세기 30:14~17절을 다 같이 보도록 하겠습니다.

¹⁴ 밀 거둘 때 르우벤이 나가서 들에서 합환채를 얻어 그의 어머

니 레아에게 드렸더니 라헬이 레아에게 이르되 언니의 아들의 합환채를 청구하노라 15 레아가 그에게 이르되 네가 내 남편을 빼앗은 것이 작은 일이냐 그런데 네가 내 아들의 합환채도 빼앗고자 하느냐 라헬이 이르되 그러면 언니의 아들의 합환채 대신에 오늘 밤에 내 남편이 언니와 동침하리라 하니라 16 저물 때에 야곱이 들에서 돌아오매 레아가 나와서 그를 영접하며 이르되 내게로 들어오라 내가 내 아들의 합환채로 당신을 샀노라 그 밤에 야곱이 그와 동침하였더라 17 하나님이 레아의 소원을 들으셨으므로 그가 임신하여 다섯째 아들을 야곱에게 낳은지라

창세기 30:14~17절을 보면, 라헬이 소위 '시력이 약한' 언니 레아로부터 야곱의 사랑을 거의 독점하고 있었음에도 불구하고, 정작 라헬은 임신을 하지 못했습니다. 그러던 중에 라헬은 합환채를 야곱에게 먹이고 동침하여 임신을 하고자 했습니다. 그러나 정작 임신을 한 사람은 라헬이 아니라 레아였습니다. 술람미 여인이 노래한 합환채는 라헬과 같은 합환채 그 자체를 의미하는 것이 아닙니다. 술람미 여인은 포도원에서 합환채가 "향기를 뿜어내고" 있다고 말합니다. 이는 그녀의 사랑이 솔로몬을 매혹하고 감동시킬 준비가 되었음을 암시합니다. 이 고백은 7:12절의 "거기서 내가 내 사랑을 네게 주리라"는 구절과 연결되어, 그녀의 전적인 헌신과 열정을 강조하고 있는 것을 볼 수 있습니다. 참으로 술람미 여인은 솔로몬에게 속하여 그 사랑으로 인해, 합환채의 향기를 뿜어내며 자신이 받은 사랑을 그대로 솔로몬에게 되돌려 드리고 싶었던 것입니다.

이는 오늘날 현대 교회에 많은 시사점을 주고 있는 듯합니다. 우리가 진정으로 하나님 앞에 예배를 드리는 것은, 하나님으로부터 받은 사랑을 그대로 세상에 드러내고 그 영광을 하나님 앞에 올려드리는 것입니다. 이것이 바로 합환채가 향기를 뿜어내는 것과 같습니다. 그러나 안타깝게도 신령과 진정으로 드리는 예배가 아닌, 소위 "보여주기식(SHOW)" 예배가 얼마나 많은지 모릅니다. 마음속에 하나님 사랑과 이웃 사랑이 없으면서, 겉으로만 거룩한 척하며 하나님 앞에 나아가는 것은 바로 술람미 여인의 합환채가 아니라, 라헬의 합환채입니다. 즉 우리의 인간적인 방법으로 생명을 맺고자 하는 것과 다를 바가 없습니다.

술람미 여인은 오랜 믿음의 여정과 헌신으로 맺은 귀한 열매들 곧 새 것, 묵은 것으로 사랑의 결실을 맺을 준비를 합니다. 술람미 여인은 솔로몬으로부터 받은 사랑을, 그 문 앞을 지나는 모든 사람에게 향기가 풍기도록 귀한 열매를 쌓아 둡니다. 이 문 앞을 지나는 사람은 누구나 그 향기를 맡을 때마다 술람미 여인을 기억하고, 더 나아가 솔로몬의 사랑의 기억하게 될 것입니다. 이로써 술람미 여인은 자신이 받은 사랑을 다시 솔로몬에게 온전히 돌려주고 있는 것입니다. 그녀는 들로 나가고, 포도원으로 가서 포도 움이 돋았는지, 꽃술이 퍼졌는지, 석류 꽃이 피었는지를 살피며 어떤 수고도 마다하지 않습니다. 오직 사랑의 기쁨에 취해 합환채의 향기를 뿜어내는 모습을 보이고 있습니다.

하나님은 아담과 하와를 에덴 동산에 두시고, 그들이 하나님과 동행하며 그분의 사랑을 온 세상에 전파하기를 바라셨습니다. 그러나 그들은 하나님과 다른 마음을 품어 죄의 유혹에 빠져버렸고 심판을 받았습니다. 그에 대한 대가로 "땅은 너로 말미암아 저주를 받고 너는 네 평생에 수고하여야 그 소산을 먹으리라. 땅이 네게 가시덤불과 엉겅퀴를 낼 것이라 네가 먹을 것은 밭의 채소인즉 네가 흙으로 돌아갈 때까지 얼굴에 땀을 흘려야 먹을 것을 먹으리니 네가 그것에서 취함을 입었음이라"고 하셨습니다.

술람미 여인이 이렇게 들로 나가서 동네에서 유숙하며 포도원을 돌보는 일이 그녀에게 기쁨이 된 것은 바로 사랑하는 솔로몬과 함께 하기 때문입니다. 결국, 아담에게 내려진 저주가 다시 회복되는 길은 오직 하나님의 사랑을 회복하는 길 외에는 없는 것입니다. 궁극적으로 우리는 요한계시록 22:2절의 "… 강 좌우에 생명나무가 있어 열두 가지 열매를 맺되 달마다 그 열매를 맺고 그 나무 잎사귀들은 만국을 치료하기 위하여 있더라"는 말씀처럼 영원한 본향에서 우리가 받은 사랑을 하나님 앞에 돌려드릴 것입니다. 진실로 교회는 앞서 말했듯이, 우리를 통해 그리스도를 아는 향기가 드러나야 합니다. 그리하여 우리는 구원받는 자들에게 그리스도의 향기를 내뿜어, 생명으로부터 생명에 이르는 향기를 온 동네에 가득 풍겨야 할 것입니다.

그 가지를 잡으리라

술람미 여인은 키가 종려나무 같고 그 유방은 열매송이 같았습니다. 이는 온전히 솔로몬의 언약적인 사랑에서 흘러나온 그 진액을 가지로 받았기 때문인 것입니다. 우리에게서 믿음이 나오는 것도 사랑이 나오는 것도 모두 동일한 것입니다. 우리의 육체의 본질에서는 도저히 믿음, 소망, 사랑이 나올 수 없습니다. 오직 포도나무이신 예수님의 가지에 붙어 있어야만 가능한 것입니다. 그러기 위해서는 우리는 더욱 우리의 본성을 잃어버려야만 술람미 여인처럼 열매를 맺을 수 있는 것입니다.

술람미 여인은 솔로몬으로부터 받은 사랑과 하나가 되어서 그 호흡마다 생명의 향기를 내뿜었고, 그 입술에는 기쁨의 포도주가 흘러내렸습니다. 그리고 이러한 사랑이 가득함으로써 솔로몬이 오히려 술람미 여인을 갈망하게 만들었습니다. 진실로 신랑이 신부를 갈망하는 모습을 통하여 역경이 사랑으로 말미암아 극복되었습니다.

술람미 여인은 이렇게 받은 사랑을 들로 가서 동네에 유숙하면서 생명의 열매를 맺는 일에 동참하였습니다. 술람미 여인은 자신의 온몸이 사랑을 발산하는 합환채가 되어 많은 사람들에게 그 향기를 날리면서 솔로몬으로부터 받은 사랑을 그대로 세상에 전달하고, 세상은 다시 솔로몬에게 그 사랑을 돌려주는 방법으로 신부의 사랑을 신랑에게 돌려드렸습니다. 참으로 그리스도인의 삶이 어떠해야 하는가를 너무나 잘 보여주는 사랑의 모습입니다.

14강

사랑은 죽음 같이 강하고

(아가 8:1~7)

¹ 네가 내 어미의 젖을 먹은 오라비 같았더라면 내가 밖에서 너를 만날 때에 입을 맞추어도 나를 업신여길 자가 없었을 것이라 ² 내가 너를 이끌어 내 어머니 집에 들이고 네게서 교훈을 받았으리라 나는 향기로운 술 곧 석류즙으로 네게 마시게 하겠고 ³ 너는 왼팔로는 내 머리를 고이고 오른손으로는 나를 안았으리라 ⁴ 예루살렘 딸들아 내가 너희에게 부탁한다 내 사랑하는 자가 원하기 전에는 흔들지 말며 깨우지 말지니라 ⁵ 그의 사랑하는 자를 의지하고 거친 들에서 올라오는 여자가 누구인가 너를 말미암아 네 어미가 고생한 곳 너를 낳은 자가 애쓴 그 곳 사과나무 아래서 내가 너를 깨웠노라 ⁶ 너는 나를 도장 같이 마음에 품고 도장 같이 팔에 두라 사랑은 죽음 같이 강하고 질투는 스올 같이 잔인하며 불길 같이 일어나니 그 기세가 여호와의 불과 같으니라 ⁷ 많은 물도 이 사랑을 끄지 못하겠고 홍수라도 삼키지 못하나니 사람이 그의 온 가산을 다 주고 사랑과 바꾸려 할지라도 오히려 멸시를 받으리라

네가 오라비 같았더라면

아가서 8:1절의 히브리어 원문을 직역하면 "누가 너를 내게 오빠 같게 하겠는가, 내 어머니의 가슴을 빠는 자와 같이, 내가 너를 길에서 만나 입 맞추어도, 사람들이 나를 멸시하지 아니하리라."로 표현됩니다. 술람미 여인은 솔로몬과 함께 들로 가고 동네에 유숙하며 포도원을 가꾸면서 그녀의 사랑을 주었습니다. 하지만 이제 술람미 여인은 솔로몬과 함께 있으면서도 여전히 사랑에 대한 목마름을 느끼는 듯합니다. 그녀는 길에서도 솔로몬과 입 맞추기를 간절히 원합니다. 그러나 당시의 사회적 통념상 신랑과

의 사랑을 공개적으로 표현하기에는 제약이 따랐던 것 같습니다. 그래서 "차라리 당신이 내 오빠였다면 내가 거리에서도 자유롭게 입 맞추었을 텐데"라고 고백합니다. 이는 단순한 연인의 탄식이 아닙니다. 사랑하는 사람을 향한 마음을 숨기지 않고, 세상 앞에서 완전히 드러내고 싶어 하는 간절한 갈망의 표현입니다.

히브리어로 오빠(오라비)를 "아흐"라고 합니다. 이는 "알페프"와 "헤트"로 이루어진 단어로, 아버지의 울타리 안에 있는 친밀한 관계를 의미합니다. 한 어머니의 젖을 나눈 오빠와 동생은 그 무엇도 가로막을 수 없는 우애로 묶여 있습니다. 그래서 술람미 여인은 솔로몬이 차라리 자신의 오빠였으면 얼마나 좋았을까 하며 소망하는 것입니다. 이는 솔로몬에게서 받은 사랑이 너무나 넘쳐 흘러, 더 이상 억누를 수 없는 갈망을 노래하는 술람미 여인의 애틋한 마음입니다. 이처럼, 우리는 사랑을 받으면 받을수록 더 깊이 사랑하게 되고, 그 사랑을 세상에 나누고 싶은 충동을 느끼게 됩니다.

하나님은 아브라함을 "벗"이라 부르셨습니다. 이사야 41:8절에는 "그러나 나의 종 너 이스라엘아 내가 택한 야곱아 나의 벗 아브라함의 자손아"라고 기록되어 있습니다. 또한 야고보서 2:23절에는 "이에 성경에 이른바 아브라함이 하나님을 믿으니 이것을 의로 여기셨다는 말씀이 이루어졌고, 그는 하나님의 벗이라 칭함을 받았나니"라고 기록된 것처럼 아브라함의 믿음은 단순한 지식에 그친 것이 아니라 행함으로 증명된 것이었습니다. 이삭을 제물로 바치려 했던 그 순종은 하나님의 마음을 깊이 헤아리는 벗의 증거였습니다. 하나님이 아브라함을 "나의 벗"으로 칭하신 것은, 그분의 비밀을 공유할 만큼 가까운 관계로 변화되었기 때문입니다. 아브라함처럼, 우리도 하나님의 사랑을 깊이 체험할 때, 그분의 뜻을 깨닫고 순종하며 사랑을 온전히 표현하는 진정한 벗이 됩니다.

예수님은 우리를 단순한 종이 아니라 친구로 부르십니다. 요한복음 15:15절은 "이제부터는 너희를 종이라 하지 아니하리니 종은 주인이 하는 것을 알지 못함이라. 너희를 친구라 하였노니 내가 내 아버지께 들은 것을 다 너희에게 알게 하였음이라."고 기록되어 있습니다. 여기서 "친구"라는 칭호는 단순한 호칭이 아닙니다. 이는 예수님이 당신의 마음과 비밀을 다 나눠 주시는 친밀한 관계를 의미합니다. 종은 명령만 따를 뿐이지만, 친구는 주인의 마음을 알고 함께 동행합니다. 예수님의 마음은 이러함에도 불구하고, 우리는 종종 그분의 사랑을 진정으로 알지 못할 때가 많습니다. 이는 우리의 자아로 말미암아 그분의 사랑을 충분히 "흘려받지" 못했기 때문입니다. 하지만 예수님의 사랑을 가득 받는 순간, 놀라운 변화가 일어납니다. 그 사랑은 우리를 채우고, 넘치게 하여 예수님의 마음을 이해하게 합니다. 이러한 깊은 이해는 단순한 지식을 넘어, 술람미 여인처럼 사랑을 표현하고 싶은 간절한 열망으로 이어집니다. 예수님의 십자가 사랑, 곧 자기 목숨을 버리신 그 희생(요 15:13)을 깨달을 때, 우리는 그분을 더욱 사랑하게 되고, 그 사랑을 이웃에게 흘려보내게 됩니다. 결국 이 모든 것은 사랑의 아름다운 순환입니다. 받은 사랑은 표현하는 사랑으로 드러나고, 이는 더욱 하나 되는 관계로 발전합니다. 진정으로 관계가 회복될 때, 우리는 예수님과 벗이 되어 그분과 동행할 수가 있는 것입니다.

교회의 본질은 술람미 여인처럼 그리스도의 신부임을 입술의 고백과 삶으로 증거하는 것입니다. 예수님은 마태복음 10:32절에서 "누구든지 사람 앞에서 나를 시인하면 나도 하늘에 계신 내 아버지 앞에서 그를 시인할 것이요"라고 하셨습니다. 우리가 예수님의 신부임을 고백하기를 주저한다면, 어떻게 예수님이 우리를 신부로 온 세상에 공표하시며 우리와 동행하실 수 있겠습니까? 그러므로 우리는 더욱더 술람미 여인의 고백과 그녀의 삶을 깊이 돌아보아야 합니다. 진실로 우리는 천지를 지으신 창조주의 택하신 제사장이요, 왕 같은 존재입니다. 이것은 결코 우연히 이루어진 것이 아닙니다. 우리의 닫힌 마음을 사랑으로 열게 하신, 피 묻은 예수님의 손길이 있었기에 가능한 일이었습니다. 혹여 우리가 그 사랑의 노크를 부끄럽게 여기거나, 그 사랑의 참된 가치를 모르기 때문에 술람미 여인과 같은 강렬한 고백을 주저하고 있는 것은 아닐까요? 진실로 우리는 하나님의 살아계심과 성령의 내주하심을 통해 본향을 향하는 나그네임을 담대히 고백하고, 예수님의 정결한 신부로서 기쁨으로 혼인 잔치를 준비하는 거룩한 삶을 살아가야 할 것입니다.

내 어머니 집에 들이고 네게서 교훈을 받았으리라

아가서 8:2~4절의 히브리어 원문을 직역하면 "내가 너를 인도하여, 내가 너를 내 어머니의 집으로 데려가리라. 거기서 그녀가 나를 가르치리라. 내가 네게 마시우리니, 향기로운 포도주를, 내 석류즙을. 그의 왼팔이 내 머리 아래 있고, 그의 오른팔이 나를 안아 주는구나. 예루살렘 딸들아, 내가 너희에게 부탁한다. 너희는 사랑을 깨우지 말고, 또 흔들어 깨우지 말라, 그것이 기뻐하기 전까지는"으로 표현됩니다.

한글 성경과 원문의 표현에서 눈에 띄는 차이점은 8:2절에 나타난 "가르치는 주체"입니다. 히브리어 원문에서는 가르치는 주체가 3인칭 여성 단수형으로 표현되지만, 한글 성경에서는 2인칭 남성 단수형으로 번역되어 있습니다. 히브리어 원문에서 쓰인 단어는 "텔라므디니"입니다. 이는 "가르치다"라는 동사 "라메드"에 3인칭 여성 단수의 접두어인 "타브"와 1인칭 여성단수의 어미 "니"가 결합한 형태로, "그녀가 나를 가르치다"는 의미가 됩니다. 그렇다고 해서 한글 성경의 번역이 잘못되었다고 단정할 필요는 없습니다. 문맥적으로 볼 때, 아가서 8:2~4절은 술람미 여인이 솔로몬과의 내적인 깊은 관계를 통해 더욱 그 사랑 안에 거하려는 모습을 나타내고 있기 때문입니다. 이는 아가서 8:1절에서 술람미 여인이 외적으로 솔로몬과의 사랑을 강하게 표현하고 싶어했던 열망과 대조를 이루며, 사랑의 깊이를 더해줍니다. 또한 아가서가 시적인 노래라는 점도 주목해야 합니다. 히브리어의 시는

사랑의 세레나데

많은 유연성을 가지고 있기 때문에 우리는 그 의미에 더욱 깊은 초점을 맞추어야 합니다.

고대 근동에서 "아버지의 집"이 권위와 재산 그리고 사회적 관계를 상징한다면, "어머니의 집"은 자녀가 성장하며 돌봄을 받던 정서적이고 개인적인 친밀감의 공간을 의미했습니다. 따라서 신부가 신랑을 어머니의 집으로 초대한다는 것은, 가장 깊고 사적인 사랑의 자리로 초대한다는 뜻입니다. 우리가 앞서 언급했듯이, 창세기 24:67절에 이삭이 리브가를 만나 사랑을 나누는 모습이 잘 묘사되어 있습니다. "이삭이 리브가를 인도하여 그의 어머니 사라의 장막으로 들이고 그를 맞이하여 아내로 삼고 사랑하였으니 이삭이 그의 어머니를 장례한 후에 위로를 얻었더라" 이처럼 어머니의 집은 가장 깊은 사랑의 자리를 의미합니다.

아가서 8:1절과 2절을 비교해 보면, 술람미 여인은 솔로몬을 향해 단순히 가족처럼 사회적 시선에 구애받지 않고 사랑을 표현하는 관계만을 소망하는 것이 아님을 알 수 있습니다. 그녀는 지금의 사랑보다 더 깊고 친밀해져서, 가족 이상으로 하나가 되고 싶다는 열망을 비유적으로 표현하고 있는 것입니다. 술람미 여인은 자신의 육체적 생명이 잉태되고 양육되었던 그 "어머니의 집"에서 솔로몬으로부터 더 깊은 사랑의 힘을 받기를 원하고 있습니다.

그리고 그녀는 솔로몬에게 향기로운 술, 곧 석류즙을 마시게 하고 싶어 합니다. 석류는 아가서에서 여러 차례 등장하는 중요한 소재입니다. 아가서 4:3절에 "네 입술은 홍색 실 같고 네 입은 어여쁘고 너울 속의 네 뺨은 석류 한 쪽 같구나"라고 표현되어 있고, 4:13절에는 "네게서 나는 것은 석류나무와 …"라고 언급되어 있습니다. 또한 6:7절에서는 "너울 속의 네 뺨은 석류 한 쪽 같구나", 6:11절은 "… 석류나무가 꽃이 피었는가 알려고 내가 호도 동산으로 내려갔을 때에", 7:12절은 "… 석류 꽃이 피었는지 보자 …"라고 되어 있고, 여기 8:2절에서는 "석류즙으로 네게 마시게 하겠고"라고 기록되어 있습니다. 이처럼 석류는 한 개의 열매 안에 200~1,400개까지 붉은 과육의 씨앗이 가득 차 있어서 "풍요로운 사랑의 열매"로 비유됩니다. 따라서 8:2절에서 "내 석류의 즙"으로 표현된 것은, 신부가 자신의 사랑의 열매를 짜내어 신랑에게 줌으로써 그를 기쁘게 하려는 열망을 보여줍니다. 예수님의 삶이 온전히 그러하셨습니다. 예수님은 당신의 모든 것을 쏟아부어 온전히 하나님의 영광을 드러내셨고, 아버지 하나님은 바로 예수님을 영광스럽게 하셨습니다.

여러분은 이러한 술람미 여인의 마음이 느껴지십니까? 이는 솔로몬으로부터 받은 넘치는 사랑을 공개적으로 표현하고 싶은 열망에 그치는 것이 아니라, 그 은밀한 생명이 잉태되었던 어머니의 집에서 솔로몬의 사랑을 깊이 받아, 자신 또한 모든 것을 솔로몬에게 아낌없이 흘려보내 드리겠다는 마음입니다. 술람미 여인은 이 사랑을 더욱 받아서, 솔로몬의 사랑이 온 세상에 넘쳐 흐르도록 했을 것입니다. 이 말씀을 보면, 누가복음 22:39~46절의 말씀이 떠오릅니다.

³⁹ 예수께서 나가사 습관을 따가 감람 산에 가시매 제자들도 따라갔더니 ⁴⁰ 그곳에 이르러 그들에게 이르시되 유혹에 빠지지 않게 기도하라 하시고 ⁴¹ 그들을 떠나 돌 던질 만큼 가서 무릎을 꿇고 기도하여 ⁴² 이르시되 아버지여 만일 아버지의 뜻이거든 이 잔을 내게서 옮기시옵소서 그러나 내 원대로 마시옵고 아버지의 원대로 되기를 원하나이다 하시니 ⁴³ 천사가 하늘로부터 예수께 나타나 힘을 더하더라 ⁴⁴ 예수께서 힘쓰고 애써 더욱 간절히 기도하시니 땀이 땅에 떨어지는 핏방울 같이 되더라 ⁴⁵ 기도 후에 일어나 제자들에게 가서 슬픔으로 인하여 잠든 것을 보시고 ⁴⁶ 이르시되 어찌하여 자느냐 시험에 들지 않게 일어나 기도하라 하시니라

누가복음의 병행 구절인 마태복음 26:36~46절을 보면, 마태복음에서는 감람산을 "겟세마네"라고 표현합니다. 이 "겟세마네"는 아람어 또는 히브리어에서 유래한 단어로 "기름 짜는 곳"을 의미합니다. 예수님은 아버지 하나님의 뜻을 이루시기 위해, 그리고 삼위일체 하나님으로부터의 받은 사랑을 온전히 드리고자 당신의 모든 것을 기름 짜내듯 쏟으셨습니다. 땀방울이 핏방울처럼 되도록 간절히 기도하신 것입니다. 마치 구약 성경에서 성전의 등불을 밝히던 감람유처럼, 하나님의 사랑을 이 어두운 세상에 비추시기 위해 온전히 자신을 태워 기도하시고, 십자가에서 그 사랑을 우리에게 흘러보내 주셨습니다.

교회는 바로 예수님의 신부된 자로서 주님의 자취를 따라가는 거룩한 공동체입니다. 에베소서 5:25절에는 "남편들아 아내 사랑하기를 그리스도께서 교회를 사랑하시고 그 교회를 위하여 자신을 주심 같이 하라"고 기록되어 있습니다. 진실로 예수님은 아담의 갈빗대에서 하와가 나왔듯이, 예수님은 십자가에서 찢긴 당신의 몸을 통해 우리에게 교회를 주셨습니다. 그래서 우리는 예수님과 하나가 되고, 예수님 안에서 하나님과 하나 되어 영원하고 아름다운 동행을 하는 것입니다. 비록 육체적으로는 먼지이고 구더기와 같은 존재이지만, 택하신 족속으로서는 술람미 여인보다도 더 큰 사랑을 받은 존귀한 존재임을 한 순간도 잊어서는 안 될 것입니다.

술람미 여인은 "너는 왼팔로는 내 머리를 고이고 오른 손으로는 나를 안았으리라"고 노래합니다. 그녀는 솔로몬과의 내면 깊은 사랑의 교제를 나누는 순간, 신랑의 품 안에서 안식과 평안을 누립니다. 그리고 그 깊은 사랑이 때가 되어 충분히 성숙할 수 있도록 예루살렘 딸들에게 "내가 너희에게 부탁한다. 내 사랑하는 자가 원하기 전에는 흔들지 말며 깨우지 말지니라"라고 부탁합니다.

예수님은 마가복음 1:35절의 "새벽 아직도 밝기 전에 예수께서 일어나 나가 한적한 곳으로 가사 거기서 기도하시더니", 그리고 누가복음 6:12절의 "이 때에 예수께서 기도하시러 산으로 가사 밤이 새도록 하나님께 기도하시고"라는 말씀처럼 사셨습니다. 예수님은 새벽 아직도 밝기 전부터 때로는 밤이 새도록 기도하시며, 하나님 아버지의 품 안에서 마치 "너는 왼팔로는 내 머리를

사랑의 세레나데

고이고 오른손으로는 나를 안았으리라"는 표현처럼 안식과 평안을 얻었습니다. 그리고 예수님은 하나님으로부터 받은 평안을 마태복음 11:28~30절의 "수고하고 무거운 짐 진 자들아 다 내게로 오라. 내가 너희를 쉬게 하리라. 나는 마음이 온유하고 겸손하니 나의 멍에를 메고 내게 배우라. 그리하면 너의 마음이 쉼을 얻으리니 이는 내 멍에는 쉽고 내 짐은 가벼움이라 하시니라"는 말씀과 같이 우리에게 주셨습니다.

예수님의 신부된 교회가 가야 할 방향도 바로 여기에 있습니다. 우리는 진실로 예수님의 사랑 가운데에서, 기도와 말씀 묵상을 통한 내적 교제에서 능력을 얻어야 합니다. 그래야만 세상을 향하여 하나님의 사랑과 평안 그리고 참된 안식을 증거할 수 있습니다. 먼저 우리가 하나님 안에서 사랑을 충분히 흘려받지 못하는데, 어떻게 세상에 그 사랑을 흘러넘치도록 할 수 있겠습니까? 우리 안에 평안과 안식이 없는데, 어떻게 세상을 향하여 평안과 안식의 주인이신 예수님을 소개할 수 있겠습니까?

이용도 목사님은 1901년에 태어나 1933년까지 짧은 생을 사셨지만, 당시 타락해 가던 한국 교회에 큰 영적 부흥의 울림을 주신 분입니다. 이용도 목사님은 바로 예수님과 같은 기도의 삶을 살았습니다. 그는 13세 때 어머니의 눈물 어린 기도를 보고 교회 종탑에 올라가 새벽부터 여러 시간 기도하는 습관을 가지게 되었습니다. 가난과 아버지의 방탕으로 인한 고통스런 가정환경 속에서도, 그는 "나의 오늘 있음은 오로지 나의 어머니의 기도에 기인함이로다."라고 고백했습니다. 특히 1925년, 24세에 폐병 3기 진단을 받고 절망하던 이용도 목사님은 친구의 안내로 강동의 한 작은 교회 부흥회를 초대를 받았습니다. 그때 목사님은 밤 늦게까지 기도하며 성령의 깊은 체험을 했습니다. 당시 일기에 그는 "기도 가운데 주님의 십자가 공로와 사랑을 우러러 감사하며, 죄를 참회하는 생활"이라고 기록하였습니다. 이 영적인 힘으로 그는 부흥사로서 전국을 돌며 영혼 구원에 나섰습니다.

진실로 우리는 기도의 삶을 살아야 합니다. 하나님의 말씀을 늘 마음에 품고 주님과 동행하는 삶을 살아야 합니다. 우리가 기도하지 못하는 이유는 우리 마음이 세상의 너무 많은 것으로 가득 차 있기 때문이며, 하나님의 의가 되시는 예수님을 깊이 있게 알지 못하기 때문입니다. 술람미 여인은 솔로몬의 사랑 안에서 자신의 모든 것을 짜내어 그 사랑에 보답하려고 했습니다. 우리도 더욱 그러해야 할 것입니다.

그의 사랑하는 자를 의지하고 거친 들에서 올라오는 여자가 누구인가

아가서 8:5절 전반부의 히브리서 원문을 직역하면 "이것이 누구인가, 광야에서 올라오는 자, 그의 사랑하는 이에게 의지하는구나"로 표현됩니다. 이렇게 노래하는 화자는 바로 술람미 여인의 변화된 모습을 지켜본 제삼자입니다. 이 구절은 아가서 3:6절의 "몰약과 유향과 상인의 여러 가지 향품으로 향내 풍기며 연기 기둥처럼 거친 들에서 오는 자가 누구인가"라는 구절과 비교해 볼 수 있습니다. 3:6절에서는 솔로몬이 광야를 정복하며 등장하는 장엄한 모습으로, 마치 술람미 여인의 구원자처럼 나타났습니다. 그런데 8:5절에서는 그 사랑을 받은 여인이 이제 사랑하는 자를 의지하고 거친 들에서 올라오고 있습니다.

성경에서 광야는 시련과 유혹의 상징입니다. 사랑의 힘으로 그곳을 정복하는 술람미의 모습은, 그녀가 더 이상 수동적인 존재로 머물러 있지 않음을 보여줍니다. 술람미 여인이 거친 들을 올라올 수 있는 힘은 바로 "그의 사랑하는 자를 의지하고" 오기 때문입니다. 이는 술람미 여인이 솔로몬의 사랑을 통해 얼마나 강인해졌는지를 보여주는 증거입니다. 술람미 여인은 8:2~4절의 "깊은 내적 사랑"의 교제를 통해 새롭게 변화된 것입니다.

이는 곧 예수님의 사랑을 의지하는 교회의 모습을 잘 보여줍니다. 교회는 세상이라는 광야(죄, 유혹, 박해)에서 오직 "예수님의 사랑을 의지하고" 올라와야 합니다. 에베소서 5:26~27절의 "이는 곧 물로 씻어 말씀으로 깨끗하게 하사 거룩하게 하시고, 자기 앞에 영광스러운 교회로 세우사 티나 주름 잡힌 것이나 이런 것들이 없이 거룩하고 흠이 없게 하려 하심이라"는 말씀처럼, 교회가 광야를 지나 약속의 땅으로 나아가는 것은 그리스도를 전적으로 의지할 때에만 가능합니다. 결국 받은 사랑이 변화를 이끌어내고 사명을 감당하게 합니다. 모든 교회가 예수님의 품에서 안식을 얻고, 광야 같은 세상을 넘어 영혼들을 인도하는 술람미 여인과 같이 되기를 소망합니다.

사과나무 아래에서 내가 너를 깨웠노라

아가서 8:5절 후반부의 히브리어 원문을 직역하면 "사과나무 아래에서 내가 너를 깨우노라. 거기서 네 어머니가 너를 해산하였고, 거기서 너를 낳은 자가 너를 해산하였도다."라고 표현됩니다. 한글 성경은 "너로 말미암아"라는 부분을 삽입하여 그 뜻을 더욱 강조했습니다. "너로 말미암아 네 어머니가 고생한 곳 너를 낳은 자가 애쓴 그곳 사과나무 아래에서 내가 너를 깨웠노라" 라고 번역되어 있습니다.

한편, 앞서 아가서 2:3절에서 술람미 여인은 "남자들 중에 나의 사랑하는 자는 수풀 가운데 사과나무 같구나. 내가 그 그늘에 앉아서 심히 기뻐하였고 그 열매는 내 입에 달았도다"라고 고백했습니다. 술람미 여인은 2:3절에서는 솔로몬으로부터 사랑을 받아 새로운 생명의 싹을 틔웠지만, 그 이후의 과정을 보면 그 사랑의 성장에는 한계가 있었습니다. 그러나 이제 술람미 여인은 솔로몬과의 부재와 재회 그리고 솔로몬과의 깊은 사랑의 교제를 통해, 영적으로 새롭게 재탄생한 모습입니다. 술람미 여인은 육체적으로는 어머니의 해산의 수고를 통해 태어났지만, 이제는 솔로몬의 사랑 안에서 영적으로 거듭난 것입니다. 술람미 여인이 거듭난 곳은 바로 "사과나무 아래"입니다. 사과나무는 기쁨과 생명을 상징하는 나무로서, 에덴 동산의 생명나무와 비교됩니다

사랑의 세레나데

다. 술람미 여인은 이제 솔로몬의 사랑 안에서 죽음보다 강한 사랑을 얻었기에, 진실로 생명나무의 열매를 먹은 것과 다름없습니다.

예수님의 교회를 향한 사랑이 바로 이러합니다. 요한복음 16:21~22절에는 "여자가 해산하게 되면 그 때가 이르렀으므로 근심하나 아기를 낳으면 세상에 사람 난 기쁨으로 말미암아 그 고통을 다시 기억하지 아니하느니라. 지금은 너희가 근심하나 내가 다시 너희를 보리니 너희 마음이 기쁠 것이요 너희 기쁨을 빼앗을 자가 없으니라"라고 기록되어 있습니다. 솔로몬이 술람미 여인을 사과나무 아래에서 다시 태어나게 했듯이, 예수님은 십자가의 사랑 안에서 자신을 내어주시며 우리를 해산하셨습니다. 요한복음 6:35절에는 "예수께서 이르시되 나는 생명의 떡이니 내게 오는 자는 결코 주리지 아니할 터이요, 나를 믿는 자는 영원히 목마르지 아니하리라"고 말씀하십니다. 바로 예수님이 에덴 동산에서의 생명나무의 열매이며, 에덴 동산에서 발원하는 생명수이신 것입니다.

참으로 사랑은 눈에 보이지 않습니다. 그래서 서로의 마음의 문을 열어야만 사랑을 흘려받을 수 있고, 또한 흘려보낼 수 있습니다. 요한복음 3장에는 니고데모가 예수님에게 "… 사람이 늙으면 어떻게 날 수 있사옵나이까 두 번째 모태에 들어갔다가 날 수 있사옵나이까"라고 묻자(요 3:4), 이에 예수님은 "바람이 임의로 불매 네가 그 소리는 들어도 어디서 와서 어디로 가는지 알지 못하나니 성령으로 난 사람도 다 그러하니라"(요 3:8)라고 대답하셨습니다. 진실로 바람은 눈에 보이지 않지만, 바람이 분다는 것은 알 수 있습니다. 사랑도 그러합니다. 사랑은 눈에 보이지 않지만, 우리는 사랑이 있다는 것을 알 수 있습니다. 사랑은 반드시 새로운 생명을 잉태하고 양육하며, 모든 것을 변화시키고 성장시키기 때문입니다.

술람미 여인을 보십시오. 그녀가 사랑하는 자를 의지하고 거친 들에서 올라오는 모습으로 변화된 것은 바로 그 사랑 덕분입니다. 사랑은 눈에 보이지 않지만, 우리는 사랑의 열매를 통해 솔로몬과 술람미 여인의 사랑을 보았습니다. 하나님의 열심이 반드시 우리에게도 이 술람미 여인과 같은 모습이 드러나도록 역사하실 것입니다. 우리도 솔로몬의 사랑으로 변화된 술람미 여인처럼, 예수님의 사랑으로 변화를 받아, 히브리서 12:1~2절의 말씀을 마음에 품고 영광의 푯대를 위해 달려 나가야 할 것입니다. "이러므로 우리에게 구름같이 둘러싼 허다한 증인들이 있으니 모든 무거운 것과 얽매이기 쉬운 죄를 벗어 버리고 인내로써 우리 앞에 당한 경주를 하며 믿음의 주요 또 온전하게 하시는 이인 예수를 바라보자 그는 그 앞에 있는 기쁨을 위하여 십자가를 참으사 부끄러움을 개의치 아니하시더니 하나님 보좌 우편에 앉으셨느니라"

사랑은 죽음 같이 강하고 질투는 스올 같이 잔인하며 불길 같이 일어나니

아가서 8:6~7절의 히브리어 원문을 직역하면 "나를 도장같이 네 마음 위에 두고, 도장같이 네 팔 위에 두라. 사랑은 죽음 같이 강하고, 질투는 스올 같이 잔혹하니, 그 불꽃은 불꽃들이요, 여호와의 맹렬한 불과 같도다. 많은 물도 사랑을 끌 수 없고, 강들도 그것을 휩쓸지 못하리라. 사람이 자기 집의 모든 재물을 사랑과 바꾼다 할지라도, 오히려 그것을 멸시하리라."고 표현됩니다.

참으로 아름답고 웅장한 사랑의 노래입니다. "너는 나를 도장 같이 마음에 품고 도장 같이 팔에 두라"고 표현합니다. 고대 근동에서 도장은 신분과 소유 그리고 언약을 나타내는 가장 강력한 표식이었습니다. 이를 잘 보여주는 부분이 창세기 38:13~26 절입니다.

> ¹³ 어떤 사람이 다말에게 말하되 네 시아버지가 자기의 양털을 깎으려고 딤나에 올라왔다 한지라 ¹⁴ 그가 그 과부의 의복을 벗고 너울로 얼굴을 가리고 몸을 휩싸고 딤나 길 곁 에나임 문에 앉으니 이는 셀라가 장성함을 보았어도 자기를 그의 아내로 주지 않음으로 말미암음이라 ¹⁵ 그가 얼굴을 가리었으므로 유다가 그를 보고 창녀로 여겨 ¹⁶ 길 곁으로 그에게 나아가 이르되 청하건대 나로 네게 들어가게 하라 하니 그의 며느리인 줄을 알지 못하였음이라 그가 이르되 당신이 무엇을 주고 내게 들어

오려느냐 ¹⁷ 유다가 이르되 내가 내 떼에서 염소 새끼를 주리라 그가 이르되 당신이 그것을 줄 때까지 담보물을 주겠느냐 ¹⁸ 유다가 이르되 무슨 담보물을 네게 주랴 그가 이르되 당신의 도장과 그 끈과 당신의 손에 있는 지팡이로 하라 유다가 그것들을 그에게 주고 그에게로 들어갔더니 그가 유다로 말미암아 임신하였더라 ¹⁹ 그가 일어나 떠나가서 그 너울을 벗고 과부의 의복을 도로 입으니라 ²⁰ 유다가 그 친구 아둘람 사람의 손에 부탁하여 염소 새끼를 보내고 그 여인의 손에서 담보물을 찾으려 하였으나 그가 그 여인을 찾지 못한지라 ²¹ 그가 그 곳 사람에게 물어 이르되 길 곁 에나임에 있던 창녀가 어디 있느냐 그들이 이르되 여기는 창녀가 없느니라 ²² 그가 유다에게로 돌아와 이르되 내가 그를 찾지 못하였고 그 곳 사람도 이르기를 거기에는 창녀가 없다 하더이다 하더라 ²³ 유다가 이르되 그로 그것을 가지게 두라 우리가 부끄러움을 당할까 하노라 내가 이 염소 새끼를 보냈으나 그대가 그를 찾지 못하였느니라 ²⁴ 석 달쯤 후에 어떤 사람이 유다에게 일러 말하되 네 며느리 다말이 행음하였고 그 행음함으로 말미암아 임신하였느니라 유다가 이르되 그를 끌어내어 불사르라 ²⁵ 여인이 끌려나갈 때에 사람을 보내어 시아버지에게 이르되 이 물건 임자로 말미암아 임신하였나이다 청하건대 보소서 이 도장과 그 끈과 지팡이가 누구의 것이니이까 한지라 ²⁶ 유다가 그것들을 알아보고 이르되 그는 나보다 옳도다 내가 그를 내 아들 셀라에게 주지 아니하였음이로다 하고 다시는 그를 가까이 하지 아니하였더라

유다는 며느리 다말에게 셋째 아들 셀라를 주어 대를 잇게 해야 했지만, 혹여나 셀라까지 죽게 될까 두려워 다말에게 셀라를

주지 않았습니다. 그래서 다말은 창녀로 변장하여 시아버지인 유다를 통해 임신을 하게 되었습니다. 그런데 유다는 다말이 임신한 아들이 자신의 아들인 줄 모르고 다말을 죽이고자 했습니다. 이때 다말이 유다에게 담보물로 받았던 도장과 끈 그리고 지팡이를 유다에게 보여주고 목숨을 건졌습니다. 그리고 이 다말의 자손으로 말미암아 생명 되시는 예수 그리스도의 족보가 이어지게 됩니다.

도장은 계약을 체결할 때 자신의 정체성을 나타내는 것이고, 끈은 이 도장을 목에 걸고 다니는 용도였습니다. 또한 지팡이 역시 민수기 17장에서 하나님이 이스라엘 각 가문의 지팡이를 가져오게 하신 것처럼, 그 가문의 정체성을 상징하는 것입니다. 따라서 "도장 같이 마음에 품고 도장 같이 팔에 두라"는 요청은 당신에게 영원히 속한 존재로 삼아 달라는 고백입니다. 이는 사랑이 일시적인 감정에 머물지 않고, 도장이 찍히듯 변치 않는 영원한 약속이 되기를 바라는 열망을 담고 있습니다. 그러나 이는 술람미 여인보다 솔로몬이 더욱 간절히 원했던 것임에 의심의 여지가 없습니다. 바로 솔로몬의 사랑이 술람미 여인으로 하여금 이렇게 노래하게 만들었기 때문입니다.

하나님은 이스라엘을 이처럼 택하셨습니다. 이사야 49:15~16절에서 "여인이 어찌 그 젖 먹는 자식을 잊겠으며 자기 태에서 난 아들을 긍휼히 여기지 않겠느냐 그들은 혹시 잊을지라도 나는 너를 잊지 아니할 것이라. 내가 너를 내 손바닥에 새겼고 너의 성벽이 항상 내 앞에 있나니"라고 말씀하십니다. 참으로 하나님은 그 택한 백성을 이토록 깊이 새기고 계십니다. 비록 이스라엘 백성이 우상 숭배로 나아갔을 때 그들을 징계하여 바벨론 포로로 보내셨지만 그들이 낙담하지 않도록 이사야를 통해 당신의 사랑을 다시 선포하셨습니다. 이 성경을 읽는 우리는, 우리를 위해 하나님의 독생자를 내어주신 사랑 앞에 무릎을 꿇을 수밖에 없습니다.

요한계시록 20:15절은 "누구든지 생명책에 기록되지 못한 자는 불못에 던져지더라"고 기록합니다. 우리가 이 육신을 벗는 순간에도, 그리고 언젠가 하나님 앞에 서는 그날에도, 우리는 술람미 여인처럼 당신에게 속한 존재로 영원히 남게 해달라고 고백할 것입니다. 그렇다면 우리는 어떻게 생명책에 기록된 것을 알 수 있을까요? 요한복음 10:3~4절에는 "문지기는 그를 위하여 문을 열고 양은 그의 음성을 듣나니 그가 자기 양의 이름을 각각 불러 인도하여 내느니라 자기 양을 다 내놓은 후에 앞서 가면 양들이 그의 음성을 아는 고로 따라오되"라고 기록되어 있습니다. 진실로 우리의 구원은 막연한 것이 아닙니다. 이 세상에 사는 동안 기도하고 말씀을 사모하고 예배하는 가운데 하나님의 음성을 듣고, 예수님이 가신 그 길을 따르는 자만이 죽음과 심판 앞에서 담대하게 가슴을 열 수 있습니다. 그리고 이렇게 고백할 수 있을 것입니다. "주님, 이 마음 판에 있는 예수 그리스도의 보혈을 보십시오. 저는 당신의 택한 자녀입니다. 이 모든 것이 주의 영원하신 사랑의 열매입니다." 이렇게 예수님처럼 자신의 영혼을 온

사랑의 세레나데

전히 하나님께 맡겨드릴 수 있어야 합니다. 만약 이렇게 살지 못한다면, 고린도전서 3:15절의 "누구든지 그 공적이 불타면 해를 받으리니 그러나 자신은 구원을 받되 불 가운데서 받은 것 같으리라"는 말씀처럼, 하나님 앞에서 감히 고개를 들지 못하는 "부끄러운 구원" 받게 될 것입니다. 그러므로 우리에게 남은 인생은 구원받은 자로서 너무나 소중한 시간입니다.

"사랑은 죽음 같이 강합니다." 사랑은 죽음처럼 그 누구도 피할 수 없고, 반드시 다가오는 강력한 힘을 가지고 있습니다. 인간이라면 누구도 죽음을 피할 수 없듯이, 진정한 사랑은 그 어떤 장애물도 막을 수 없습니다. 그래서 이 구절은 그 어떤 상황이나 시련도 결코 사랑을 꺾을 수는 없다는 의미입니다. 술람미 여인이 이토록 확신에 차서 사랑을 노래할 수 있는 이유는 그녀가 바로 그런 사랑을 솔로몬에게 받았기 때문입니다.

참으로 예수님의 사랑이 이와 같습니다. 우리를 향한 예수님의 사랑이 너무나 강해서 십자가의 죽음조차도 삼켜버렸습니다. 그래서 로마서 8:38~39절에는 "내가 확신하노니 사망이나 생명이나 천사들이나 권세자들이나 현재 일이나 장래 일이나 능력이나 높음이나 깊음이나 다른 어떤 피조물이라도 우리를 우리 주 그리스도 예수 안에 있는 하나님의 사랑에서 끊을 수 없으리라"고 기록되어 있습니다. 이러한 사랑을 받은 우리는, 이 사랑을 다시 하나님 앞에 그대로 돌려드리는 사랑의 선순환을 이어나가야 할 것입니다.

"질투는 스올 같이 잔인하고 불길 같이 일어나니 그 **기세가** 여호와의 불과 **같다**"고 합니다. 여기서 질투는 히브리어 "**칸나**"로 "열심을 내다", "**불타오르다**", "보호적으로 지키다"는 뜻을 품고 있습니다. 고대 히브리 문화에서는 어미 새의 질투가 새끼를 지키는 위해 쏟는 열심을 나타내는 이미지로 사용되었습니다. 그래서 이를 영어로 번역할 때도 단순히 질투를 뜻하는 "jealousy"로 표기하기보다는, 열심을 뜻하는 "zeal"로 번역하여 그 의미를 잘 표현한 것으로 보입니다. 참으로 질투 없는 사랑은 진정한 사랑이라고 할 수 없습니다. 아가서에 나타난 술람미 여인의 솔로몬을 향한 질투는 "죽음 같이 강한" 사랑의 증거입니다. 이 질투는 부정적 의미의 시기(Envy)가 아니라 사랑하는 대상을 향한 강렬한 열정이자 보호적이고 독점적인 헌신입니다. 사랑은 하나가 되고 싶은 욕구이기에, 배신의 가능성 앞에서 불타오르는 것입니다. 그러나 이 불꽃은 파괴하는 불이 아니라, "여호와의 불"처럼, 정화하고 영광스럽게 만드는 거룩한 불길입니다. 오직 서로가 서로만을 바라보게 만드는 사랑의 불입니다.

요한일서 4:19절에 "우리가 사랑함은 그가 먼저 우리를 사랑하셨음이라"고 말씀하고 있습니다. 이 말씀은 술람미 여인의 사랑 고백을 잘 반영해 줍니다. 솔로몬이 먼저 술람미 여인의 전부를 사랑하고 질투하였기에, 술람미 여인도 그러한 사랑으로 반응하는 것입니다. 하나님은 이스라엘 백성을 이렇게 사랑하셨습니다. 출애굽기 34:14절에서 "너는 다른 신에게 절하지 말라 여호와는 질투라 이름하는 질투의 하나님임이니라"고 하시며, 하나님은 자신의 이름을 "질투하는 자", 곧 "엘 칸나"로 선포하십니다. 하나님은 이사야 48:11절에서 "… 내 영광을 다른 자에게 주지 아니하리라"고 선포하신 것처럼, 하나님은 자신의 영광을 다른 신이나 세상에 빼앗기지 않으시고, 오직 이스라엘을 통해 드러내려 하십니다. 이 질투는 두려움에서 오는 것이 아니라, 사랑의 본질적인 속성이기 때문에 생기는 것입니다. 그래서 호세아 2:19~20절에는 "내가 네게 장가 들어 영원히 살되 공의와 정의와 은총과 긍휼히 여김으로 네게 장가들며 진실함으로 네게 장가 들리니 네가 여호와를 알리라"고 기록되어 있습니다.

이제 우리는 이스라엘보다 더 큰 사랑을 입은 자들입니다. 예수님의 십자가는 하나님의 질투가 절정에 달한 순간이며, "하나님의 사랑이 우리를 위해 쏟아진 피"(로마서 5:8)입니다. 신약 시대를 사는 우리에게도 이 질투는 여전히 살아 숨 쉬고 있습니다. 야고보서 4:5절의 "너희는 하나님이 우리 속에 거하게 하신 성령이 시기하기까지 사모한다 하신 말씀을 헛된 줄로 생각하느냐"라는 말씀처럼, 성령은 우리를 그리스도에게 온전히 바치려는 질투를 품습니다. 진정 이 질투는 우리를 옭아매는 두려움이 아니라, 우리를 향한 사랑의 깊이를 증명하는 것입니다. 예수님의 십자가를 받은 우리 모두가 이 사랑의 불꽃 안에서 온전히 하나가 되어 하나님께 영광 돌리는 삶을 살아가기를 간절히 소망합니다.

그렇기에 그 사랑의 질투는 여호와의 불과 같아서, 많은 물도 이 사랑을 끄지 못하고 홍수라도 삼키지 못합니다. 만일 그 사랑이 온 가산을 다 주고 바꾸려 한다면 오히려 멸시를 받을 것입니다. 결코 온전히 하나 된 사랑은 거래나 교환의 대상이 될 수 없으며, 오직 찬송과 영광의 대상입니다.

오늘 이 말씀을 통해 우리는 깊이 생각해 보아야 할 것입니다. 하나님은 신명기 32:10절의 "여호와께서 그를 황무지에서, 짐승이 부르짖는 광야에서 만나시고 호위하시며 보호하시며 자기의 눈동자 같이 지키셨도다"라는 말씀처럼 우리를 지키고 계십니다. 주님은 한시도 우리에게서 눈을 떼지 못할 만큼 질투하며 사랑하시는데, 정작 우리는 늘 하나님 이외의 다른 것에 눈을 향하고 있는 것은 아닌지, 우리의 발걸음이 세상을 향하여 달려가고 있는 것은 아닌지 돌아보아야 할 것입니다. 우리의 눈과 발걸음과 마음이 세상을 향하면 향할수록 하나님의 사랑의 질투는 더욱 불같이 일어나 그 헛된 대상을 향하는 마음을 불태우면서 다시금 우리를 찾으실 것입니다.

사랑은 죽음 같이 강하고

술람미 여인은 솔로몬으로부터 받은 사랑이 흘러넘쳐 이제는 밖에서도 오라비 같이 입맞춤을 하고 싶은 강렬한 사랑이 솟구쳐 올라왔습니다. 그리고 내적으로는 어머니의 집에서 깊은 교훈을 통하여 완전히 하나가 되기를 노래하고 있습니다. 그래서 솔로몬으로부터 받은 알알이 맺힌 사랑을, 석류즙의 향기로운 술을 드리고 싶어 합니다.

그리스도인은 이렇게 성장하여 가야만 합니다. 육체적인 그리스도인으로 머물 것이 아니라 하나님으로부터 받은 그 크신 독생자를 십자가에 못 박으신 사랑을 깊이 흘러 받음으로써 세상을 향하여 우리도 예수님의 전하고 싶은 마음이 온통 우리 가운데에 넘쳐나야만 합니다. 그러기 위해서는 우리도 술람미 여인처럼 하나님 안에서의 기도와 깊은 내적 교제를 통하여 더욱 사랑과 평강의 힘을 받아야 할 것입니다.

술람미 여인은 이제 사랑하는 자를 의지하여 거친 들에서 올라왔습니다. 이를 본 사람들은 감탄을 금치 못합니다. 솔로몬은 바로 이러한 모습을 보고 술람미 여인을 향하여 "사과나무 아래에서 내가 너를 깨웠노라"고 노래합니다. 진정으로 술람미 여인은 솔로몬의 사랑 안에서 거듭났습니다. 그래서 이제는 솔로몬을 향하여 "너는 나를 도장 같이 마음에 품고 도장 같이 팔에 두라"고 하면서 온전히 마음 판에 새겨줄 것을 요청합니다. 우리는 십자가 아래에서 새로 태어났습니다. 그래서 우리의 이름도 이제는 하늘나라의 생명책에 녹명되어 있는 것입니다.

15강
내 사랑하는 자야 빨리 달리라

(아가 8:8~14)

⁸ 우리에게 있는 작은 누이는 아직도 유방이 없구나 그가 청혼을 받는 날에는 우리가 그를 위하여 무엇을 할까 ⁹ 그가 성벽이라면 우리는 은 망대를 그 위에 세울 것이요 그가 문이라면 우리는 백향목 판자로 두르리라 ¹⁰ 나는 성벽이요 내 유방은 망대 같으니 그러므로 나는 그가 보기에 화평을 얻은 자 같구나 ¹¹ 솔로몬이 바알하몬에 포도원이 있어 지키는 자들에게 맡겨 두고 그들로 각기 그 열매로 말미암아 은 천을 바치게 하였구나 ¹² 솔로몬 너는 천을 얻겠고 열매를 지키는 자도 이백을 얻으려니와 내게 속한 내 포도원은 내 앞에 있구나 ¹³ 너 동산에 거주하는 자야 친구들이 네 소리에 귀를 기울이니 내가 듣게 하려무나 ¹⁴ 내 사랑하는 자야 너는 빨리 달리라 향기로운 산 위에 있는 노루와도 같고 어린 사슴과도 같아라

우리에게 있는 작은 누이는 아직도 유방이 없구나

아가서 8:8~9절의 히브리어 원문을 직역하면 "우리에겐 어린 누이가 있는데, 그에게는 아직 가슴이 없구나. 그가 말하게 될 날에, 우리가 우리 누이를 위해 무엇을 하리요? 만일 그녀가 성벽이라면, 우리가 그 위에 은 망대를 세우리라. 만일 그녀가 문이라면, 우리가 그 위에 백향목 널판으로 두르리라."라고 표현됩니다. 특히 "그가 말하게 될 날에"라는 표현은 술람미 여인이 혼인을 이야기할 때를 뜻합니다. 한글 성경과 비교해 보면 한글 성경은 "그가 청혼을 받는 날"로 의역하여 "그가 말하게 될 날"의 의미를 좀 더 명확하게 보여주고 있습니다.

우리는 술람미 여인의 오빠가 갑자기 등장하는 장면에서 다소 의아함을 느낄 수 있습니다. 앞서 아가서 1:6절에는 "… 내 어머니의 아들들이 나에게 노하여 포도원지기로 삼았음이라. 나의 포도원을 지키지 못하였구나"라고 되어 있어, 술람미 여인의 의붓 오빠들이 술람미 여인을 아껴주는 듯한 모습을 찾아보기 어려웠습니다. 오히려 아가서 6:9절에는 "내 비둘기, 내 완전한 자는 하나뿐이로구나 그는 그의 어머니의 외딸이요, 그 낳은 자가 귀중하게 여기는 자로구나…"라고 표현되어 있어서, 술람미 여인에게는 형제가 없는 것처럼 보이기도 합니다. 게다가 술람미 여인은 이미 솔로몬과 혼인하였고, 솔로몬의 사랑을 의지하여 거친 들에서 올라왔으며, 사과나무 아래에서 사랑으로 말미암아 새롭게 태어났습니다. 그런데 갑자기 술람미 여인의 오빠들이 술람미 여인의 결혼을 걱정하는 듯한 모습에 의아한 것입니다.

먼저 아가서 8:8~9절의 뜻을 살펴보고, 10절과 비교하여 그 노래가 담고 있는 의미를 확인해 보겠습니다. 오빠들은 술람미 여인의 혼인에 관한 이야기가 오갈 때를 염려하고 있습니다. 구약 성경에는 혼인에 관한 특별한 규례가 있습니다. 신명기 22:13~21절을 보도록 하겠습니다.

> [13] 누구든지 아내를 맞이하여 그에게 들어간 후에 그를 미워하여 [14] 비방거리를 만들어 그에게 누명을 씌워 이르되 내가 이 여자를 맞이하였더니 그와 동침할 때에 그가 처녀임을 보지 못하였노라 하면 [15] 그 처녀의 부모가 그 처녀의 처녀인 표를 얻어

가지고 그 성문 장로들에게로 가서 ¹⁶ 처녀의 아버지가 장로들에게 말하기를 내 딸을 이 사람에게 아내로 주었더니 그가 미워하여 ¹⁷ 비방거리를 만들어 말하기를 내가 네 딸에게서 처녀임을 보지 못하였노라 하나 보라 내 딸의 처녀의 표적이 이것이라 하고 그 부모가 그 자리옷을 그 성읍 장로들 앞에 펼 것이요 ¹⁸ 그 성읍 장로들은 그 사람을 잡아 때리고 ¹⁹ 이스라엘 처녀에게 누명을 씌움으로 말미암아 그에게서 은 일백 세겔을 벌금으로 받아 여자의 아버지에게 주고 그 여자는 그 남자가 평생에 버릴 수 없는 아내가 되게 하려니와 ²⁰ 그 일이 참되어 그 처녀에게 처녀의 표적이 없거든 ²¹ 그 처녀를 그의 아버지 집 문에서 끌어내고 그 성읍 사람들이 그를 돌로 쳐죽일지니 이는 그가 그의 아버지 집에서 창기의 행동을 하여 이스라엘 중에서 악을 행하였음이라 너는 이와 같이 하여 너희 가운데서 악을 제할지니라

이 말씀은 순결에 관한 법입니다. 어떤 경우에 딸을 시집보냈는데, 그 남편이 아내를 미워하여 처녀임에도 불구하고 처녀가 아니라고 비방거리를 만드는 경우가 있습니다. 이때 그 처녀의 아버지가 처녀의 표적을 가지고 성읍 장로들에게 가서 고발하면, 성읍 장로들은 그 남편을 잡아 때리고 그 아내를 평생에 버릴 수 없게 합니다. 그러나 실제로 처녀가 아니면, 그의 아버지 집에서 창기의 행동을 하여 악을 행했다는 이유로 성읍 사람들이 돌로 쳐 죽여 악을 제하게 됩니다. 이렇듯 혼인의 순결은 개인의 문제가 아니라 공동체의 문제임을 잘 보여주고 있습니다. 고대 근동 사회에서 여인의 처녀성은 가문의 명예와 직결되었습니다. 결혼

은 두 가문 간의 계약이었기에, 처녀성이 보장되지 않으면 계약 위반으로 간주되었습니다. 하나님은 이 법을 통해 여성의 순결을 지켜 가문의 명예를 보전하게 하시고, 동시에 거짓 비난으로부터 여성을 보호하고자 하셨던 것입니다.

오늘날 이러한 이야기를 하면, 대다수의 사람들은 주의 깊게 듣지 않고 오히려 배척하려 할 것입니다. 그러나 사랑은 결코 나누어질 수 없는 것입니다. 아가서를 통해 우리가 나눈 말씀처럼, 사랑은 전적인 헌신과 배타적 관계를 요구합니다. 그래서 성경은 질투는 스올같이 잔인하며 불길같이 일어나니 그 기세가 여호와의 불과 같다고 말씀했습니다. 이것이 바로 삼위일체 하나님의 사랑의 본질인 것입니다. 하나님은 이스라엘이 우상 숭배로 나아갔을 때, 호세아에게 하신 말씀이 이를 잘 보여줍니다. 호세아 1:2절의 "여호와께서 처음 호세아에게 말씀하실 때 여호와께서 호세아에게 이르시되 너는 가서 음란한 여자를 맞이하여 음란한 자식들을 낳으라. 이 나라가 여호와를 떠나 크게 음란함이니라 하시니"라고 말씀하신 것입니다. 호세아 이야기는 우상 숭배가 하나님과의 언약을 깨뜨리는 영적인 간음임을 폭로하는 동시에, 우리를 향한 하나님의 배타적이면서도 헌신적인 사랑을 깊이 알려줍니다.

술람미 여인의 오빠들은 비록 같은 피를 나눈 사이는 아닐지라도, 혹시라도 술람미 여인으로 말미암아 그들 가문에 오명이 닥칠까 염려하는 모습으로 보입니다. 이는 8:9절의 "그가 성벽이라면 은 망대를 그 위에 세울 것이요"이라는 표현을 통해 짐작할 수 있습니다. "성벽"은 외부의 침입을 막는 견고한 방어 시설입니다. 즉 오빠들은 술람미 여인이 순결을 굳게 지킨다면 그 위에 은 망대와 같은 장식을 더 하겠다는 것입니다. 그리고 "그가 문이라면 우리는 백향목 판자로 두르리라"고 말합니다. 이는 술람미 여인을 보호하여 그녀의 순결을 지키겠다는 단호한 마음을 보여주는 것입니다.

우리는 여기서 또 하나의 중요한 사실을 발견하게 됩니다. 술람미 여인이 과거의 원망스러운 기억, 즉 오빠들이 자신에게 포도원을 지키게 했던 일에 매여 있지 않는다는 점입니다. 오히려 자기를 염려해 주었던 그 아름다운 마음들을 추억으로 간직하고 있습니다. 정말 술람미 여인은 솔로몬의 사랑 안에서 새롭게 태어난 후, 더 이상 과거의 상처에 머물지 않습니다. 이 성숙한 모습을 보니, 요셉을 떠올리게 됩니다. 창세기 45:1~8절까지 보도록 하겠습니다.

> ¹ 요셉이 시종하는 자들 앞에서 그 정을 억제하지 못하여 소리 질러 모든 사람을 자기에게서 물러가라 하고 그 형제들에게 자기를 알리니 그 때에 그와 함께 한 다른 사람이 없었더라 ² 요셉이 큰 소리로 우니 애굽 사람에게 들리며 바로의 궁중에 들리더라 ³ 요셉이 그 형들에게 이르되 나는 요셉이라 내 아버지께서 아직 살아 계시니이까 형들이 그 앞에서 놀라서 대답하지 못하더라 ⁴ 요셉이 형들에게 이르되 내게로 가까이 오소서 그

들이 가까이 가니 이르되 나는 당신들의 아우 요셉이니 당신들이 애굽에 판 자라 ⁵ 당신들이 나를 이 곳에 팔았다고 해서 근심하지 마소서 한탄하지 마소서 하나님이 생명을 구원하시려고 나를 당신들보다 먼저 보내셨나이다 ⁶ 이 땅에 이 년 동안 흉년이 들었으나 아직 오 년은 밭갈이도 못하고 추수도 못할지라 ⁷ 하나님이 큰 구원으로 당신들의 생명을 보존하고 당신들의 후손을 세상에 두시려고 나를 당신들보다 먼저 보내셨나니 ⁸ 그런즉 나를 이리로 보낸 이는 당신들이 아니요 하나님이시라 하나님이 나를 바로에게 아버지로 삼으시고 그 온 집의 주로 삼으시며 애굽 온 땅의 통치자로 삼으셨나이다

요셉의 형들은 요셉을 애굽에 팔아넘겼습니다. 요셉은 애굽에서 얼마나 많은 고난을 겪었습니까? 보디발의 집에서 나름대로 가정 총무까지 세워졌지만, 보디발의 아내의 무고로 인해 왕의 죄수들을 가두는 옥에 갇히고 말았습니다. 그곳에서도 그는 제반 사무를 처리하며 인정을 받았고, 술 맡은 관원장과 떡 굽는 관원장의 꿈을 해석해 주었습니다. 그 꿈대로 술 맡은 관원장은 복직되었으나, 안타깝게도 그는 요셉과의 약속을 잊어버렸습니다. 요셉은 얼마나 긴 시간 동안 형들을 원망했겠습니까? 정말 보디발의 아내의 모함은 그의 생명조차도 담보하기 어려운 위험한 상황으로 몰아넣었습니다. 진정 자신의 포도원은 지키지 못한 채, 억울한 누명과 고통 속에 놓이게 된 것입니다.

그런데 창세기 45장에서 요셉은 형들을 용서하는 놀라운 모습을 보여줍니다. 요셉이 이토록 관대하게 용서할 수 있었던 이

유는 하나님의 섭리를 깊이 깨달았기 때문입니다. 곧 이스라엘에 있는 가족들의 생명을 구원하시기 위해 하나님이 자신에게 먼저 고난을 허락하시고, 마침내 애굽의 총리까지 세우셨다는 사실을 알게 된 것입니다. 이제 그 크신 하나님의 섭리를 깨달은 요셉은, 형들의 행위는 악했을지라도 자신이 하나님의 구원 역사를 위한 도구로 쓰임 받았음을 이해하고 감사하게 된 것입니다.

오늘 술람미 여인도 요셉과 같은 마음으로 오빠들을 바라보고 있는 것입니다. 술람미 여인은 어떻게 보면 어머니의 아들들의 포도원을 지키느라 햇볕에 그을려 거무스름하였지만, 바로 그 모습 때문에 솔로몬의 눈에 띄게 되었습니다. 그래서 술람미 여인은 솔로몬의 언약적인 사랑 안에서, 사과나무 아래에서 새롭게 태어났습니다. 우리도 진정으로 예수님의 사랑을 만나게 되면, 과거의 상처를 넘어 원수까지도 사랑할 수는 넓은 마음을 품게 됩니다.

나는 그가 보기에 화평을 얻은 자 같구나

아가서 8:10절의 히브리어 원문을 직역하면 "나는 성벽이요, 나의 가슴은 망대들과 같도다. 그 때에 나는 그의 눈에 화평을 얻은 자와 같았도다."라고 표현됩니다. 술람미 여인은 이제 오빠들을 회상하며, 그들의 염려와는 달리 자신이 솔로몬의 사랑 가운데에서 얼마나 아름답고 성숙한 신부가 되었는지를 선포하고 있습니다. 그녀는 과거의 연약했던 모습과 현재의 당당한 모습을

사랑의 세레나데

대조하며, 사랑 안에서 새롭게 거듭난 모습을 부각하고 있습니다. 그래서 술람미 여인은 "나는 성벽이요"라고 하면서 자신의 순결과 정절을 지켜왔음을 선언하고 있습니다. 그리고 "내 유방은 망대 같으니"라는 표현을 통해, 오빠들이 걱정했던 미숙함을 사라지고 이제는 망대처럼 높이 솟아 많은 생명을 잉태하고 양육할 수 있을 만큼 성숙한 신부가 되었음을 노래하고 있습니다. 이처럼 술람미 여인은 솔로몬의 사랑 안에서 순결을 지키고 사랑의 양분을 받아, 마침내 신랑에게 인정받고 사랑받는 신부로 성장했다는 것을 고백합니다.

여기서 "화평(shalom)"은 히브리어로 "샬롬"입니다. 이는 단순한 "평화"를 넘어 "전체성, 완전함 그리고 안식"을 뜻합니다. 전쟁이 끝난 후의 평안, 몸과 마음이 조화된 충만함 그리고 하나님과의 화목을 아우르는 단어입니다. 그래서 NIV 성경은 이를 "contentment"(만족)로 번역하여 이러한 뉘앙스를 담고 있습니다. 오빠들이 그녀가 문처럼 쉽게 열리거나 미숙할까 봐 걱정했지만, 술람미 여인은 솔로몬의 사랑으로 "성벽"이 되고, "망대"처럼 열매를 맺는 존재가 되었습니다. 그녀의 유방(가슴)은 더 이상 미숙한 싹이 아니라, 생명을 품고 키우는 든든한 요새가 되었습니다. 이는 과거의 오빠들로부터 받았던 상처를 넘어, 이제는 솔로몬의 시선 안에서 화평을 얻은 자로 인정받은 변화입니다.

이 고백은 우리 그리스도의 신부인 교회를 향한 예수님의 초대입니다. 에베소서 4:15에서 "오직 사랑 안에서 참된 것을 하여 범사에 그에게까지 자랄지라 그는 머리니 곧 그리스도라"고 말씀하십니다. 미숙한 "문"과 같던 어린 교회는 예수님의 사랑으로 "성벽"이 됩니다. 세상의 비난과 유혹이 오더라도, 그분의 품 안에서 "샬롬"을 얻습니다. 예수님은 십자가를 지시기 전, "… 나의 평안을 너희에게 주노라 내가 너희에게 주는 것은 세상이 주는 것과 같지 아니하리라"(요 14:27)라고 약속하셨습니다. 이 화평은 죄의 무게를 덜어내고, 성령으로 충만해지는 진정한 안식입니다.

바로 이러한 평안 가운데 거할 때, 우리는 지난날의 고난을 새롭게 바라볼 수 있습니다. 우리에게 상처 입힌 사람들을 용서할 수 있고, 우리에게 허락되었던 고난을 감사할 수 있는 것입니다. 빌립보서 4:4~7절에서는 "주 안에서 항상 기뻐하라. 내가 다시 말하노니 기뻐하라. 너희 관용을 모든 사람에게 알게 하라. 주께서 가까우시니라. 아무것도 염려하지 말고 다만 모든 일에 기도와 간구로, 너희 구할 것을 감사함으로 하나님께 아뢰라. 그리하면 모든 지각에 뛰어난 하나님의 평강이 그리스도 예수 안에서 너희 마음과 생각을 지키시리라"고 말씀하십니다. 참으로 술람미 여인의 노래는 예수 그리스도의 신부 된 교회가 이 세상을 어떻게 살아가야 할지, 그 방향을 아름답게 보여주고 있습니다.

너는 천을 얻겠고 열매를 지키는 자도 이백을 얻으려니와

아가서 8:11~12절의 히브리어 원문을 직역하면 "솔로몬에게 바알하몬에 포도원이 있었는데, 그가 그 포도원을 지키는 자들에게 맡겼더니, 각각 그 열매로 은 천을 가져오게 하였도다. 내 포도원은 내 앞에 있나니, 오 솔로몬, 그 천은 당신의 것이 되고, 그 이백은 그 열매를 지키는 자들에게 돌아갈지니라."로 표현됩니다. 여기서 "내 앞에"에 해당하는 히브리어는 "렐폴라티"입니다. 이는 "내가 지키는", "내가 처분할 수 있는"으로 다의적으로 해석됩니다. 아가서에서 술람미 여인의 포도원은 그녀의 몸과 사랑을 상징합니다. 따라서 솔로몬의 포도원과 대비하여, 그녀의 포도원은 돈으로 환산하거나 거래할 수 없고 오직 "자발적인 사랑으로 주는 것"임을 강조하기 위해 "내가 줄 수 있는 것"으로 해석하는 것이 가장 적절합니다.

"바알하몬"은 성경 전체에서 한 번만 언급되는 지명입니다. 정확한 위치에 대해서는 여러 견해가 있지만, 에브라임 산지로서 북이스라엘 산악 지대에 위치했을 것이라는 의견이 일반적입니다. 이 지역은 포도 재배에 적합한 비옥한 토지로 유명하다고 합니다. 이러한 배경을 바탕으로 아가서 8:11절을 보면, 솔로몬은 바알하몬에 위치한 대규모의 포도원을 소유하고 있었습니다. 그는 여기에서 은 1,000세겔을 바치게 했습니다. 출애굽기 21:32절을 보면 노예 한 명의 몸값이 은 30세겔이었습니다. 이를 고려할 때, 은 1,000세겔은 약 33명의 노예를 살 수 있는 막대한 금액임을 알 수 있습니다.

술람미 여인은 앞서 7절에서 "그의 온 가산을 다 주고 사랑과 바꾸려 할지라도 오히려 멸시를 받으리라"라고 고백했습니다. 이제 그녀는 자신의 사랑이 세상 그 어떤 물질적 가치와도 비교할 수 없는 고귀한 것임을 삶으로 표현하려 합니다. 그래서 12절에서 "솔로몬 너는 천을 얻겠고 열매를 지키는 자도 이백을 얻으려니와 내게 속한 내 포도원은 내 앞에 있구나"라고 고백하는 것입니다. 술람미 여인은 솔로몬에게 은 1,000세겔을 주고, 그것을 지키는 자에게 은 200세겔을 주겠다고 말합니다. 이 포도원의 규모가 얼마나 컸는지는 알 수 없으나, 술람미 여인은 자신의 사랑을 돈으로 환산할 수 없음을 보여주기라도 하듯, 자신에게는 아무것도 남기지 않고 오직 솔로몬에게 은 1,000세겔을 주겠다고 합니다. 그리고 그 열매를 위해 수고한 자에게도 이백을 주겠다고 합니다. 이렇게 술람미 여인은 자기의 포도원에서 나오는 모든 것을 솔로몬과 그 열매를 키워내는 자에게 다 바치고 자기는 얼마를 받겠다는 말을 하지 않습니다. 성경에서 나오는 1,000은 "충만함"을 상징합니다. 성막의 지성소는 그 규격이 가로, 세로, 높이가 모두 10규빗인데, 이를 부피로 환산하면 1,000규빗이 됩니다. 술람미 여인은 솔로몬에게 모든 것을 온전히 다 드리는 것입니다.

이러한 아름다운 모습이 성경의 곳곳에 있습니다. 먼저 마태복음 13:44~46절은 "천국은 마치 밭에 감추인 보화와 같으니 사람이 이를 발견한 후 숨겨 두고 기뻐하며 돌아가서 자기의 소유를 다 팔아 그 밭을 사느니라. 또 천국은 마치 좋은 진주를 구하는 장사와 같으니 극히 값진 진주 하나를 발견하매 가서 자기의 소유를 다 팔아 그 진주를 사느니라."고 말씀하고 있습니다. 진실로 사랑받은 술람미 여인의 지혜로운 모습이 이 비유 속에 그대로 담겨 있습니다. 또한 빌립보서 3:7~8절에는 "그러나 무엇이든지 내게 유익하던 것을 내가 그리스도를 위하여 다 해로 여길 뿐더러 또한 모든 것을 해로 여김은 내 주 그리스도 예수를 아는 지식이 가장 고상하기 때문이라. 내가 그를 위하여 모든 것을 잃어버리고 배설물로 여김은 그리스도를 얻고."라고 말씀하고 있습니다.

정말 예수를 아는 지식이 가장 고상합니다. 우리가 예수님을 알면 하나님의 크신 사랑을 알 수 있습니다. 하나님은 당신의 그 크신 사랑을 보여주시고 굳게 닫힌 우리의 마음의 문을 여시기 위해, 독생자를 인자로 보내어 십자가에 못 박으셨습니다. 또한, 예수님을 알면 하나님의 크신 지혜를 알 수 있습니다. 사탄은 아담과 하와를 유혹하여 선악과를 먹게 함으로써 인간을 교만하게 만들려 했습니다. 그러나 하나님은 당신의 본체이신 예수님을 가장 낮은 종의 모습으로, 세상의 가장 비천한 마구간 구유에 태어나게 하심으로써, 온 세상을 다 품을 수 있게 하셨습니다. 그리고 사탄이 유대인을 부추겨 예수님을 십자가에 못 박게 했습니다. 그러나 바로 여기에 하나님의 지혜가 숨어 있었습니다. 사탄은 예수님을 십자가에 못 박는다고 생각했지만, 정작 세상 죄를 짊어지신 예수님이 십자가에 달리신 그 순간은 사탄이 스스로의 심판을 자초한 순간이었습니다. 이 때문에 골로새서 2:15절은 "통치자들과 권세들을 무력화하여 드러내어 구경거리로 삼으시고 십자가로 그들을 이기셨느니라"고 선포하는 것입니다.

십자가에는 하나님의 신실하심이 그대로 드러나 있습니다. 하나님은 아담이 선악과를 먹고 죄를 범하자, 곧 유혹자인 사탄의 머리를 상하게 할 여자의 후손을 약속하셨습니다. 그리고 아브라함, 이삭, 야곱, 다윗을 통해 그 영원히 왕위를 이를 후손을 구체적으로 약속해 주셨습니다. 바로 예수님은 성령으로 잉태되어 마리아의 몸에서 태어나심으로 예언대로 "여자의 후손"으로 오셨고, 마리아의 남편 요셉은 다윗의 후손으로서 법적으로 후손이 되셨습니다. 참으로 하나님은 당신의 약속에 신실하신 분이십니다. 이사야 9:6~7절을 보도록 하겠습니다.

> 6 이는 한 아기가 우리에게 났고 한 아들을 우리에게 주신 바 되었는데 그의 어깨에는 정사를 메었고 그의 이름은 기묘자라, 모사라, 전능하신 하나님이라, 영존하시는 아버지라, 평강의 왕이라 할 것임이라 7 그 정사와 평강의 더함이 무궁하며 또 다윗의 왕좌와 그의 나라에 군림하여 그 나라를 굳게 세우고 지금 이후로 영원히 정의와 공의로 그것을 보존하실 것이라 만군의 여호와의 열심이 이를 이루시리라

진실로 예수님은 전능하신 하나님이시요, 영존하시는 아버지입니다. 그분은 땅과 하늘의 정사를 어깨에 메시고, 지혜로 죄를 심판하시는 기묘자이십니다. 또한 우리가 당신의 사랑 가운데 머물면 모든 평안을 더하여 주시는 평강의 왕이십니다. 그러므로 우리는 예수님을 아는 지식에 더욱 깊이 성장해야 할 것입니다.

술람미 여인도 결국 자기의 포도원에서 나는 모든 소출을 솔로몬에게 드릴 수 있었던 것은 솔로몬을 아는 지식이 더욱 자랐기 때문입니다. 그야말로 솔로몬 안에 모든 것이 있기에, 자신이 얼마를 소유한다는 것이 어리석은 일임을 깨달았습니다. 자신만을 위해 무언가를 더 소유하려 할수록, 오히려 솔로몬과는 더욱더 멀어지게 되는 것입니다. 우리가 이 세상과 벗하면 벗할수록, 우리는 하나님과 멀어질 수밖에 없습니다.

한편, 술람미 여인은 그 열매를 지키는 자에게도 은 이백을 줍니다. 우리는 이 부분을 눈여겨볼 필요가 있습니다. 술람미 여인의 사랑은 결코 그녀의 혼자만의 힘으로 이루어진 것이 아니었습니다. 아가서를 보면 예루살렘 딸들이 있었고, 성 안을 순찰하는 자들이 있었으며, 술람미 여인이 사랑하는 자를 의지하여 거친 들을 올라올 때 감탄하며 노래하는 사람들도 있었습니다. 이 모든 이들의 도움이 어우러져서 아름다운 포도원의 포도 열매가 맺힐 수 있었던 것입니다. 예수 그리스도의 신부된 교회의 모습을 우리가 한번 돌아봅시다. 우리는 결코 혼자서 이 신앙의 길을 완주할 수 없습니다. 하나님 아버지의 사랑과 예수 그리스도의 보혈의 은혜 그리고 성령의 내주하심이 있기에 우리는 세상으로부터 부름을 받아 교회라는 울타리 안에 거할 수 있는 것입니다. 또한 우리가 교회로 부름을 받았다고 해서 당장 온전하고 거룩한 삶을 살 수 있는 것은 아닙니다. 우리는 여전히 세상의 육체를 그대로 가지고 세상에 발을 디딘 채 본향을 향해 나아가고 있습니다. 그래서 교회 안에도 세상에 일어나는 일들이 똑같이 일어나는 것입니다.

고린도 교회를 보십시오. 고린도 교회 안에서는 바울파, 아볼로파, 게바(베드로)파 그리고 예수 그리스도파로 나뉘어 분쟁이 일어났습니다. 심지어 아버지의 아내를 취하는 일도 발생했고, 형제간의 송사도 있었습니다. 이러한 모습을 보고 실망하여 교회를 떠나는 사람이 많이 있었습니다. 그러나 우리는 여기에서 조심해야 합니다. 요한계시록 1장을 보면, 사도 요한이 교회의 머리 되시는 예수님의 계시를 받고 일곱 교회에 편지를 보내는 모습이 나옵니다. 예수님은 교회의 연약한 모습 속에서도 때로는 징계하시고 책망하시며, 당신의 교회를 점점 흠 없는 거룩한 모습으로 변화시켜 나가십니다. 그런데 교회의 연약함이 싫어서 떠나버린다면, 그것은 자기를 부인하는 신앙이 아니라, 교회와 형제자매를 판단하는 선악의 세계에 머무르는 것입니다. 사탄은 바로 이 점을 노립니다. 따라서 교회에서 책망을 받을 때에도 사람의 말로만 받아서는 안 됩니다. 비록 목회자들에게 인간적인 허물이 있다 하더라도, 하나님이 종으로 세우셨다면 그 권위는 하나님으로부터 온 것입니다. 만일 교회에서 목회자를 함부로 판단한다면, 결국 그 목회자를 세우신 하나님을 판단하는 것과 마찬가지입니다. 물론 목회자들 역시 야고보서 3:1절의 "내 형제들아 너희는 선생된 우리가 더 큰 심판을 받을 줄 알고 선생이 많이 되지 말라"는 말씀에 유념하여, 삶으로서 하나님의 종 된 본을 보여야 할 것입니다.

교회의 질서에 대해 장황하게 이야기를 한 이유는, 바로 술람미 여인이 열매를 지키는 자에게 이백을 주는 모습이 곧 우리가 교회를 향해 헌신하는 모습임을 보여주기 때문입니다. 구약 시대에 이스라엘 백성은 그들의 농산물, 가축 등 소출의 십일조(10%)를 하나님께 드려야 했습니다. 이는 민수기 18:21~24, 레위기 27:30~33, 신명기 14:22~29에 잘 나타나 있습니다. 레위인들은 이 십일조를 받아 생활했으며, 그들 역시 받은 것의 십일조를 제사장에게 드렸습니다(민 18:26~28). 한편, 신명기 14:22~27절에는 축제를 위한 십일조를 규정하고 있습니다. 이스라엘 백성들은 매년 소출의 10%를 구별하여 가족과 함께 예루살렘에서 열리는 유월절, 오순절, 초막절 등의 절기 때 먹고 마시며 기뻐했습니다. 만약 예루살렘까지 가는 거리가 멀다면, 소출을 돈으로 바꾸어 예루살렘에서 사용하게 했습니다. 이는 하나님 앞에서 공동체가 함께 기뻐하며 예배하는 데 초점이 맞춰져 있었습니다.

그 이외에도 3년마다 고아와 과부, 나그네를 위한 십일조가 신명기 14:28~29, 26:12~15절에 규정되어 있습니다. 이처럼 이스라엘 백성들은 매년 적어도 10%를 하나님을 섬기는 데 사용했습니다. 이렇게 해야만 제사장과 레위인들이 부족함 없이 하나님을 섬기고 율법을 백성들에게 가르칠 수 있었으며, 이를 통해 하나님을 향한 섬김과 가르침이 온 백성에게 전파되어 가나안 땅이 더욱 축복받을 수 있었기 때문입니다. 술람미 여인이 자신의 포도원에서 나온 소출 중 이백을 열매 맺도록 수고한 자들에게 주는 것은, 바로 이러한 모습을 잘 보여주는 것이라고 할 수 있습니다. 진실로 우리가 예수님을 아는 지식에 더욱 자라갈수록, 우리는 술람미 여인처럼 하나님을 섬기며 자신의 모든 것을 자발적으로 헌신을 하게 되는 것입니다.

내가 듣게 하려무나

아가서 8:13절의 히브리어 원문을 직역하면 "동산들에 거하는 여인이여, 친구들이 네 목소리에 귀 기울이니, 나로 하여금 그것을 듣게 하라."고 표현됩니다. 이 표현은 솔로몬이 "많은 사람들이 신부의 노래와 고백에 주목하고 있지만 특별히 자기에게 직접 들려 달라"고 요청하는 장면입니다. 이는 예수님과 교회의 관계로 확장해 보면, 비록 교회가 세상의 빛과 소금의 역할을 함으로써 세상이 주목한다고 하더라도, 주님은 교회로부터 직접 사랑의 고백과 찬양 받기를 원하신다는 것을 알 수 있습니다. 진실로 교회의 사명은 하나님을 영광스럽게 하는 것입니다. 창세기 3:8~10절을 보겠습니다.

> [8] 그들이 그 날 바람이 불 때 동산에 거니시는 여호와 하나님의 소리를 듣고 아담과 그의 아내가 여호와 하나님의 낯을 피하여 동산 나무 사이에 숨은 지라 [9] 여호와 하나님이 아담을 부르시며 그에게 이르시되 네가 어디 있느냐 [10] 이르되 내가 동산에서 하나님의 소리를 듣고 내가 벗었으므로 두려워하여 숨었나이다

하나님은 당신의 형상을 따라 인간을 창조하셨습니다. 그래서 인간의 음성을 듣고 그들과 동행하기를 원하셨습니다. 그런데 아담과 하와가 하나님의 명령을 어김으로써 죄 아래에 놓이게 되었습니다. 그럼에도 하나님은 인간을 찾아오셔서 그의 음성을 듣고 싶어 하셨습니다. 하지만 아담은 두려움에 사로잡혀 숨어 버리고 말았었습니다. 마치 아가서 8:13절의 모습은 창세기 3:8~10절에서 깨어졌던 그 관계가 완전히 회복되는 모습처럼 느껴집니다. 정말 솔로몬은 술람미 여인이 그녀의 포도원에서 나오는 모든 것을 헌신하는 모습 속에서, 자신이 온전히 비워진 모습을 발견했습니다. 이것이 솔로몬에게는 얼마나 큰 기쁨이 되었겠습니까? 온전히 솔로몬의 형상을 그대로 비추어 내는 술람미 여인을 바라보는 기쁨은 이루 말할 수 없을 것입니다. 그래서 솔로몬은 이제 이러한 술람미 여인의 작은 목소리 하나에도 더욱 귀를 기울이고 싶은 것입니다.

우리는 종종 우리의 기도 소리를 들어달라고 하나님 앞에 큰 소리로 간구하며, 때로는 금식으로 우리의 마음을 표현하곤 합니다. 그런데 솔로몬의 이 노래를 통해 하나님이 언제 우리의 작은 신음 소리 하나라도 더 듣고 싶어 하시는지 알 수 있습니다. 참으로 사랑이라는 것은 서로가 서로에게 온전히 자리를 온전히 내어 주는 "관계의 회복"임을 우리는 볼 수 있습니다. 이제 우리는 그리스도 안에서 새로운 피조물이 되었기에 하나님과 화목해야 할 것입니다. 고린도후서 5:17~21절을 같이 보도록 하겠습니다.

¹⁷ 그런즉 누구든지 그리스도 안에 있으면 새로운 피조물이라 이전 것은 지나갔으니 보라 새 것이 되었도다 ¹⁸ 모든 것이 하나님께로서 났으며 그가 그리스도로 말미암아 우리를 자기와 화목하게 하시고 또 우리에게 화목하게 하는 직분을 주셨으니 ¹⁹ 곧 하나님께서 그리스도 안에 계시사 세상을 자기와 화목하게 하시며 그들의 죄를 그들에게 돌리지 아니하시고 화목하게 하는 말씀을 우리에게 부탁하셨느니라 ²⁰ 그러므로 우리가 그리스도를 대신하여 사신이 되어 하나님이 우리를 통하여 너희를 권면하시는 것 같이 그리스도를 대신하여 간청하노니 너희는 하나님과 화목하라 ²¹ 하나님이 죄를 알지도 못하신 이를 우리를 대신하여 죄로 삼으신 것은 우리로 하여금 그 안에서 하나님의 의가 되게 하려 하심이라

하나님의 부르심에 숨었던 아담의 모습이 아니라, 이제 우리는 예수 그리스도로 말미암아 하나님과 온전히 화목한 관계를 회복해야 합니다. 따라서 우리의 모든 것이 하나님의 것이 될 때, 우리의 머리털까지 다 세신 바 되신 하나님을 깊이 만날 수 있습니다.

내 사랑하는 자야 너는 빨리 달리라

마지막 8:14절의 히브리어 원문을 직역하면 "달려라, 나의 사랑하는 자여, 노루나 어린 사슴 같이 향기로운 산들 위에서."로 표현됩니다. 술람미 여인은 솔로몬을 향한 사랑의 열망을 마지막 순간까지 표현하며, 노루처럼 그리고 사슴처럼 향기로운 산 위로 함께 달려가자고 간청합니다. 이는 술람미 여인이 솔로몬과의 사

랑을 더욱 속히 누리고 싶다는 간절한 갈망을 표현하며 대단원의 막을 내리는 것입니다. 이러한 술람미 여인의 모습은 우리가 예수님의 재림을 너무나 간절히 소망하는 모습과 비견됩니다. 여기서 "향기로운 산"은 죄악으로 인해 온갖 악취가 풍기는 이 세상이 아니라, 우리가 간절히 바라보는 영원한 본향, 곧 새 하늘과 새 땅을 상징합니다.

창세기 3장에서 아담은 하나님의 소리를 듣고 두려워 숨었지만, 사랑으로 하나가 된 신부는 연인을 향해 "빨리 오라"고 외칩니다. 이는 교회가 그리스도를 통해 죄의 장벽을 허물고, 하나님 앞에 담대히 나아갈 수 있게 되는 회복된 관계를 너무나 잘 보여주고 있습니다.

요한계시록 22:20절에는 "이것들을 증언하신 이가 이르시되 내가 진실로 속히 오리라 하시거늘 아멘 주 예수여 오시옵소서"라고 기록되어 있습니다. 우리가 진실로 하나님 앞에서 사랑의 관계를 회복하지 못한 상태라면, 예수님이 속히 오시는 것이 얼마나 부담스럽겠습니까? 마치 아담이 숨는 것처럼 우리는 예수님의 재림이 두려울 수 있습니다. 그러나 우리가 술람미 여인처럼 기쁨으로 "아멘 주 예수여 오시옵소서."라고 노래할 수 있는 비결은 오로지 우리는 비워지고, 그 자리에 하나님의 사랑만이 가득할 때입니다. 그렇게 될 때, 비로소 우리는 참된 에덴 동산, 곧 새 하늘과 새 땅에서 영원히 우리의 왕 되신 예수 그리스도 안에서 그리고 삼위일체 하나님 품 안에서 하나님이 본래 우리를 창조하신 뜻이 온전히 성취되는 영광을 누리게 될 것입니다.
아멘! 주 예수여 오시옵소서!

내 사랑하는 자야 빨리 달리라

술람미 여인은 솔로몬으로부터 받은 사랑 안에서, 지난날 자신에게 노하여 그들의 포도원을 지키게 했던 오빠들이 용서가 되었습니다. 시편 119:71절에는 "고난 당한 것이 내게 유익이라 이로 말미암아 내가 주의 율례들을 배우게 되었나이다"라고 기록하고 있습니다. 우리 인생의 모든 문제는 오직 하나님 안에서만 화평하게 변화될 수 있습니다.

술람미 여인은 자기 앞에 있는, 곧 자기가 처분할 수 있는 포도원에서 나오는 소출의 천을 솔로몬을 위하고, 이백은 그 열매를 지키는 자를 위하고 자신의 몫은 노래하지 않았습니다. 진실로 술람미 여인은 온전히 솔로몬 전부를 소유하였습니다. 자신의 것을 지키려고 하면 할수록 솔로몬과의 거리는 더욱 멀어지는 것입니다. 우리의 신앙도 온전히 하나님 앞에 맡겨질 때에 요한복음 14:10절의 "내가 아버지 안에 거하고 아버지께서 내 안에 계심을 믿으라 …"라는 말씀처럼 우리도 온전히 예수님 안에서 하나님과 하나가 되는 것입니다.

우리가 이러한 마음 가운데 거룩한 삶을 살아갈 때, 우리의 마음과 우리의 입술은 향기로운 산이 되어서 "아멘 주 예수여 오시옵소서."라는 찬양을 올릴 수 있는 것입니다. 진실로 하나님은 사랑이십니다.

하나님이 우리를 사랑하시는 사랑을
우리가 알고 믿었노니 하나님은 사랑이시라
사랑 안에 거하는 자는 하나님 안에 거하고
하나님도 그의 안에 거하시느니라
(요일 4:16)